AF145066

Martin Arndt

Kroatien – Zwischen Wildheit und Zivilisiertheit

Ein Kulturreiseführer

novum 📖 pocket

Bibliografische Information
der Deutschen Nationalbibliothek:

Die Deutsche Nationalbibliothek
verzeichnet diese Publikation in der
Deutschen Nationalbibliografie.
Detaillierte bibliografische Daten
sind im Internet über
http://www.d-nb.de abrufbar.

Gedruckt in der Europäischen Union
auf umweltfreundlichem, chlor- und
säurefrei gebleichtem Papier.

© 2022 novum Verlag

ISBN 978-3-903382-83-1
Umschlagfoto:
Sorin Colac | Dreamstime.com
Umschlaggestaltung: novum Verlag
Layout & Satz: Martin Arndt
Autorenfoto: Martin Arndt

www.novumverlag.com

Climate neutral
Print product
ClimatePartner.com/16547-2201-1002

Ein Kulturreiseführer

Vorwort

Entstehen des Projektes

Die Idee zu dem vorliegenden Buch ist während eines langjährigen Arbeitsaufenthaltes in Kroatien entstanden. Mit dem Beginn des

Wochenendes konnte der Verfasser sich aufmachen und das ihm zunächst so fremde Land er - fahren. Auf dem festen Land lebend kann der Mensch ja gerade in Kroatien das Andere zu seiner stationären Lebensweise erleben: Küsten, Inseln, Häfen, Meer (‚Vitamin Sea‘), Riffs und Stürme, Untiefen und Windstillen, Segel und Steuerruder, Steuermänner und Ankergründe, Leuchttürme und Kompass. Zurückgekehrt von den Erkundungen auf den unzähligen Inseln Kroatiens genießt man abends die Behaglichkeit und Heiterkeit in den Hafenstädten, in denen die Seefahrt ihr Ende findet. Man macht sich morgens erneut auf – und es kann einem z. B. im herrlichen Dubrovnik bei schönem Wetter gegen Abend passieren, dass man sich bei einem Weinhaus einfindet. Die Idee nahm dann konkrete Form an, als dem Verfasser bei seinen spannenden Besuchen in verschiedenen kroatischen Städten bewusst wurde, welche intensiven Beziehungen dieses Land zu deutschsprachigen Ländern hatte. Das zunächst als anders Erscheinende, das clichéhaft dem „Balkan" zugeordnet wird, nahm so die Form der Vertrautheit an, die freilich auch ambivalent ist, weil das Andere nur allzu leicht nur als das Eigene erscheint. Zu mindestens Istrien kommt dem Besucher vor wie ein friedliches, pastorales Land. Es ähnelt jenem Arkadien, das als geistige Landschaft und Lebensform in der europäischen Literatur eine so gewichtige Rolle spielt. Man lebt in Arkadien ja der Musik, dem Trinken und vor allem der Liebe" wegen."[1] Um Kroatien auch nur halbwegs kennenzulernen, muss man wie ein Archäologe arbeiten. Innerhalb weniger Stunden ist er da – im Land, von dem nach bisher unbestätigten Informationen Friedrich Nietzsche geträumt haben soll: Vom Land der Wolken-Jäger, wo man auf tausend Wellen-Rücken mit den Winden tanzen – und den Welten-Schwärzern und Wolkenschiebern entkommen – kann.

„Und da stehe ich schon, als Europäer, ich kann nicht anders. Ich kann nicht anders, Gott helfe mir! Amen."[2] (Nietzsche, *Also Sprach Zarathustra*)

Trotz seines unendlichen Suchens nach einem ihm zuträglichen Klima kommt der homo errans Nietzsche, der in den Wintern 1879 bis 1883 Wochen in Genua in der Region Ligurien verbrachte und Teile des Zarathustra schrieb, nicht in das per Landweg

---

[1] Ulrich Suerbaum, *Shakespeares Dramen*. Tübingen/Basel 1996, S. 205.
[2]

https://www.deutschestextarchiv.de/book/view/nietzsche_zarathustra04_1891?p=114

ca. 600 km entfernte Kroatien. Was hat er dennoch mit Kroatien zu tun? Er ist durch die Arbeiten von Milan Marjanović[3] in Kroatien bekannt: (*Friedrich Nietzsche, Život,* 1898; *Umro,* 1900) – und verstärkt durch Antun Gustav Matoš (1873 – 1914), Miroslav Krleža (1893/Zagreb – 1981/Zagreb)[4] und Antun=Ante Branko Šimić (1898 Drinovci-Gemeinde Grude=Груде/Bosnien-Herzegowina – 1925/Zagreb)[5]. Die Rezeption Nietzsches

---

[3] 1879/Kastav=Castua Gespanschaft Primorje-Gorski kotar =Primorsko-goranska županija – Zagreb 1955.

[4] *Siehe z. B. Tihomir Engler,* Der metaphysische Horizont des Geschichtlichen in Manns "Joseph"-Tetralogie und in Krležas "Balladen des Petrica Kerempuh" im Spiegel der Nietzsche-Rezeption*, Aachen, 2018.* Cf. Ulrich Dronske, *Kriegsgeschichten. Mit Krleža gegen Jünger, mit Jünger gegen Krleža,* in: Kulcsár Szabó, Ernő/Oraić Tolić, Dubravka (Hg.): Kultur in Reflexion. Beiträge zur Geschichte der mitteleuropäischen Literaturwissenschaften, Wien, Braumüller 2008 (Wiener Arbeiten zur Literatur 24), S. 191ff.

[5] Hrsg. Reinhard Lauer, *Serbokroatische Autoren in deutscher Übersetzung*, Harrassowitz Verlag. Wiesbaden, 1995. Vladimir Jelkić, *Matoševa recepcija Nietzschea, O 100. obljetnici smrti Antuna Gustava Matoša (1914-2014)*, Nova prisutnost 12 (2014) 1, SS. 37ff.

Rezeption (Neovitalismus, Materialismus) beginnt um 1912 mit Albert Bazala (1877/Brno=Brünn-1947/Zagreb). Immerhin forderte Nietzsche, man solle das Leben tanzen – wozu Kroatien immer einlädt; zudem sind Nietzsches Bücher nahezu alle ins Kroatische übersetzt und haben einen großen Einfluss auf die kroatische Moderne etc., etc.... (Mirjana Stančić, *Friedrich Nietzsche I Hrvatska Moderna,* Zagreb 1991[6]).

Die Autorin, ehemalige Studentin der Alexander-von-Humboldt-Stiftung in Münster, hebt hervor, dass

- in diesem Gebiet seit dem Mittelalter Deutsche ansiedelten,

- dass kein Geringerer als der deutsche Schuhmacherpoet und Meistersinger Hans Sachs (1494 – 1576) vor allem nach der ersten Belagerung Wiens (1529), über die "grausam Wüterey des grausamen Türgken" klagte, die, so Sachs, Armenien, Syrien, Arabien, Palästina und das „Gelobte Land" geschädigt haben[7]

---

[6] *Verschüttete Literatur Die Deutschsprachige Literatur auf dem Gebiet des Ehemaligen Jugoslawiens von 1800-1945,* Böhlau Verlag, Wien-Köln-Weimar, 2013. Sie erarbeitete (1994) auch die Rezeption Arthur Schopenhauers in der kroatischen Literatur und Dichtung.

[7] Christiane Ackermann, Rebecca Nöcker, *Wann gantz geferlich ist die zeit Zur Darstellung der*

und dass

- 1699 Slawonien[8] im Osten Kroatiens unter die Herrschaft der Habsburger Monarchie geriet.

Der Deutsche Hans Sachs mit seinem der Belustigung dienenden Fastnachtspiel *Der farendt Schuler im Paradeiß* (ca. 1540) diente als Vorlage für die von Jakov Gotovac (1895 Split/damals Österreich-Ungarn – 1982/Zagreb) geschriebene komische Oper *Ero s onoga svijeta* (=Ero aus einer anderen Welt; vielleicht: Ero, der Schelm, einer Art ‚Hans-im-Glück'), das vielleicht meistaufgeführte Musikwerk Kroatiens. Es wurde 1935 in Zagreb uraufgeführt, aber schon 1938 in deutscher Sprache in Karlsruhe und 1942 in München aufgeführt - und damit zu einem Zeitpunkt, als Deutschland mit dem faschistischen Ustaša-Regime Kroatiens kooperierte. Die Oper ersetzte die Oper *Schwanda der*

Türken im Werk des Hans Sachs, Max Niemeyer Verlag, Tübingen, 2009. Die Verfasserinnen verweisen darauf, dass Osmanen und Türken häufig gleichgesetzt werden, obwohl das historisch nicht ganz korrekt sei. Nach Sachs umfasst das Osmanische Reich „Asia über das gantz kriechisch reich sowie die Walachey, Serviam, die Bulgarey und das land zu Bosn bis nach Ungern", also Rumänien, Serbien, Bulgarien, Bosnien bis Ungarn.

[8] Slawonien ist die jüngere, Slavonien die ältere.

Dudelsackpfeifer (ursprünglich: *Švanda dudák*/*1927*), die von dem jüdischen Komponisten Jaromír Weinberger (1896/Prag – 1967Petersburg/Florida) geschrieben und von keinem Geringeren als dem Franz Kafka-Freund Max Brod ins Deutsche übersetzt worden war (deutsche Erstaufführung). Der Prager Max Brod musste wie viele Intellektuelle sich mit dem Ende der Österreichischen Monarchie von 1918 auseinandersetzen, zu der auch Kroatien gehörte, seitdem am 1.1.1527 Ferdinand I. von Habsburg - vier Monate nach dem Tod des ungarischen Königs Ludwig II. - durch den kroatischen Adel zum König von Kroatien zum Schutz gegen die Osmanen gewählt wurde. Sollte es eine War sie nicht ein Europa im Kleinen und die Brücke zwischen West - und Osteuropa? Vielleicht doch besser als die nationalistische Nachkriegsordnung?

Der so weltoffene J. W. von Goethe, der davon träumte, daß die lebendigen und strebenden ,Literatoren' einander kennenlernen', hat sich nicht nur für die Scherzspiele des Nürnberger Volksdichters interessiert, sondern auch für die ,slawische' Dichtkunst. Aber Vorsicht: Hier tauchen Probleme auf: Welche Ethnien sind slawisch? Sind die Slawen das Stammvolk, wovon die Serben und Kroaten Volkszweige sind, so wie die Hessen und Schwaben Zweige der deutschen

Nation sind (Joseph Rohrer (1828)? Hier zeichnet sich eine explosive Spannung ab.

- Wem gehört z. B. die von Goethe bearbeitete *Hasanaginica-Ballade* zu?
- Und wem die Glagoliza[9]: Gemeinslawisch ist sicherlich die glagolitische Schrift (=auch Glagoliza= serbokroatisch: glagoljica), gebraucht auch auf dem von ‚Serbokroaten' bewohnten Balkan.

Aber auch der Begriff ‚Balkan' bedarf der Vorsicht, da die Mehrheit der heutigen Kroaten ihr Land als ein mitteleuropäisches, mediterranes Land sehen, und ‚Balkan' ein politischer Begriff ist, der Konflikt und Krise beinhaltet, geradezu ein „Schlägerwort" (Peter Handke): „verb (used with object), Bal·kan·ized, Bal·kan·iz·ing.

- to divide (a country, territory, etc.) into small, quarrelsome, ineffectual states.
- to divide (groups, areas, etc.) into contending and usually ineffectual

---

[9] Anna-Maria Meyer, *Zum Gebrauch der Glagolica heute (anhand von Tätowierungen und Aufdrucken.* In: Die Welt der Slaven Internationale Halbjahresschrift für Slavistik. 60 (2015), 1, S. 166-179.

factions: a movement to balkanize minority voters.[10]

Sehen wir denn immer den 'Balkan' im eigenen Auge (Karl Kraus)? Kraus, der Satiriker der Apokalypse, gibt einen lebendigen Eindruck der 'balkanischen' Spannungen, als 1908, anlässlich des 60-jährigen Thronjubiläums von Kaiser Franz Joseph I. (1830 – 1916), im zweiten Festzugsteil die unterschiedlichen Nationalitäten vorgestellt wurden.

„Das Exekutivkomitee hat insofern die Erwartungen enttäuscht, als es das österreichische Nationalitätenproblem tatsächlich nicht gelöst hat. Vor dem Komiteelokal demonstrierten die Dalmatiner, weil sie mit den Schlafplätzen unzufrieden waren, die Ruthenen[11], weil sie überhaupt keine Schlafplätze hatten, und die Kroaten wollten nicht mitspielen, weil sie in der Festschrift durch eine Erinnerung

---

[10] Siehe: Maria Todorova, (1994), *"The Balkans: From Discovery to Invention"*, Slavic Review. 53 (2), S. 453ff https://www.dictionary.com/browse/balkanize
[11] Ruthenen (lat. Rutheni) - latinisiert aus Rusyn/Rusin zur Bezeichnung ostslawischer Bevölkerungsgruppen.

an das Jahr 48[12] beleidigt wurden. ... Die vier-
hundert Ruthenen sind in der Nacht vor dem

---

[12] Hinweis auf die Revolution von 1848 Radikale
Gruppierungen machten dem serbischen Fürs-
tenhaus Karađorđević das Angebot, einem vereinten Illyrien der Kroaten, Serben und Slowenen vorzustehen und stellten so die habsburgische Herrschaft in Frage. Eher im Sinne Wiens
war die konservativ-nationale Richtung der Revolution, die aus den Reihen des Adels kam und
durch Josip Graf Jelačić (1801–1859) verkörpert
wurde. Jelačić war ein kaiserlicher Militär und
hatte das Amt des Banus von Kroatien (Statthalter als Vertreter des Königs) inne. Pro-
habsburgisch gesinnt, verfolgte er eine austroslawische Linie, wonach die Habsburgermonarchie den optimalen Rahmen für die Zukunft
der zentraleuropäischen Slawen bilden sollte,
und unterband den Kontakt der kroatischen nationalen Eiferer zur großserbischen Bewegung, die
sich in Belgrad formierte. Jelačić bezeichnete die
magyarischen Nationalisten als Hauptfeinde der
kroatischen Nation. Angesichts des zunehmen-
den Magyarisierungsdrucks – was sich u. a. in
der Forderung nach Einführung des Ungarischen
anstelle des traditionellen Latein als Gerichts-
und Verwaltungssprache in Kroatien bemerkbar
machte – fand er im kroatischen Landadel großen   Rückhalt.
https://ww1.habsburger.net/de/kapitel/getreue-
rebellen-die-rolle-der-kroaten-waehrend-der-
revolution-1848

großen Tag tatsächlich erfroren und verhungert. Dass sie dann dennoch im Festzug waren, ist nur ein Beweis der belebenden Wirkung des Patriotismus.“[13] (Karl Kraus)

Die 'belebende Wirkung des Patriotismus – mehr als Ironie? Das Durcheinander kann auch als Lebendigkeit bezeichnet werden - Oder?

„Sie wissen, daß der Südosten von Europa, die Grenzen des russischen Reiches entlang, von mehreren in Abstammung, Sprache, Geschichte und Gesittung merklich verschiedenen Völkern bewohnt wird – Slaven, Walachen, Madjaren und Deutschen, um der Griechen, Türken und Skipetaren nicht zu gedenken -, von welchen keines für sich allein mächtig genug ist, dem übermächtigen Nachbar im Osten in aller Zukunft erfolgreich Widerstand zu leisten; das können sie nur dann, wenn ein einiges und festes Band sie alle miteinander vereinigt. ... Wahrlich, existierte der österreichische Kaiserstaat nicht schon längst, man müßte im Interesse Europas, im Interesse der Humanität selbst sich beeilen, ihn zu schaffen ...“[14] (František Palacký[15])

---

13 Karl Kraus, Nachträgliche Vorurteile gegen den Festzug.
14 *An den Fünfzigerausschuß, zu Händen des Herrn Präsidenten Soiron in Frankfurt a.M“.* In: Franz Palack: Gedenkblätter (Prag 1874) 148ff.

Es gab – bei aller Problematik – in der Zeit der KuK-Monarchie auch Multikulturalität, wie die im kroatischen Slawonien gelegene Stadt Osijek als eines der wichtigsten Zentren deutscher Kultur beweist[16]. Österreich – ein buntes Völkergemisch mit nationalen und kulturellen Abstufungen... The more, the merrier...

"Es lag eine vielleicht unbeabsichtigte, aber wiederholt stürmische Demonstration in dem lauten Jubel, mit welchem die Heil-Rufe der Deutschen mit dem Zivio! der Kroaten wechselten, jeder Zuruf der Rumänen, Polen, Ruthenen[17]

Wiederabdruck in: Slavische Geisteswelt, West- und Südslaven, Staatlichkeit und Volkstum, hrsg. von Stanislaus Hafner u.a. Baden-Baden 1959, S. 176ff.

[15] böhmisch-österreichischer Historiker und Politiker (1798 – 1876)

[16] Gabriella Schubert, *Das deutsche Theater in Esseg (Osijek/Eszék:* Zeitschrift für Balkanologie, 39, 2003,1.

[17] In der Habsburger Monarchie gebräuchliche Bezeichnung für die Ostslawen. Ruthenen sollten westlich der Karpaten in der Ukraine, in der Slowakei, in Polen und sogar in der Wojwodina, im Norden Serbiens, leben. Sie sprechen verschiedene ostslawische Dialekte, benutzen das kyrillische Alphabet und gehören traditionell der

sein Echo auf der Abgeordnetentribüne fand und das Evviva[18]! der Italiener von den Vertretern der Italiener im Volkshause akklamiert wurde. Jede Gruppe wollte sich hier auszeichnen; sie tanzten ihre nationalen Tänze auf dem breiten Parkett der Ringstraße[19], ihre Musikbanden spielten nationale Weisen, ihre Sänger sangen nationale Lieder, der Reichtum des nationalen Lebens in Österreich in seiner natürlichen Ursprünglichkeit zeigte seine glänzendsten Eigenschaften und das ganze faszinierende Bild des Zuges erhielt an diesem Punkte neue Kraft. Der Nationalitätenzug vor der Parlamentstribüne," (*Neue Freie Presse,* 13. Juni, 1908, S.3f[20].)

Hermann Bahr, der Seismograph der Epoche, sah in dem Festzug nur die Vertröstung für eine „entsunkene Vergangenheit" (Elisabeth Großegger). Wenige Tage später melden die Zeitungen Unruhen in den Kronlän-

---

Ostkirche an, sowohl der orthodoxen als auch der mit Rom unierten katholischen Teilkirche.

[18] „Es lebe hoch."

[19] Straße im Zentrum Wiens. Am 1. Mai 1865 von Kaiser Franz Joseph in Anwesenheit von Kaiserin Elisabeth eröffnet.

[20] https://anno.onb.ac.at/cgi-con-tent/anno?aid=nfp&datum=19080613&seite=3&zoom=33

dern[21]: Das Radetzky-Denkmal in Wien wird mit Steinen beworfen worden, und die Tschechen demonstrieren in Prag mit Hoch-Rufen auf Serbien.

„Dem Festzug folgte ein Nationalitätenfest in der Rotunde, bei dem die Komiteemitglieder vom Publikum beschimpft wurden, die Schlesier und Galizianer zwangsweise tanzten und die Triestiner die Irredentisten prügelten."[22] (Karl Kraus)

---

[21] Die mit der Krone erblich verbundenen Länder: Böhmen, Mähren, Galizien, Kroatien, Slawonien und Siebenbürgen.

[22] Kraus, *Nachträgliche Vorurteile gegen den Festzug*. Irredentismus (auch: Panitalienismus): irredentismo von redenzione „Erlösung"; ital.: redimere=befreien: "terre irredente" = die unerlösten Länder: besonders Trentino, Istrien, Triest, die Küste Dalmatiens: Die um 1877 entstandene politische Bewegung in Italien, die die Vereinigung aller Gebiete der österreichisch-ungarischen Monarchie mit italienischsprachiger Bevölkerung ("terre irredente" = die unerlösten Länder: besonders Trentino, Istrien, Triest, die Küste Dalmatiens) mit Italien betrieb. Ab 1900 erhielt der Irredentismus großen Einfluss auf die öffentliche Meinung Italiens, gewann auch viele Anhänger in Österreich, erzwang eine österreichfeindliche Politik und erreichte 1915 den Kriegseintritt Italiens in den 1. Weltkrieg.

Im "Nationalitätenkorso in der Inneren Stadt" von Wien sieht Kraus neben den Tirolern, "Zigeuner", Krainern[23] auch Ruthenen, die "harte Gesichtszüge" aufweisen,

"in weißen Pelzmänteln ... und in schweren Stiefeln. Hier sind die Männer licht, einfach gekleidet; die Frauen, wie alle Slavinnen, recht grell und bunt. Das slawische Weib spielt, wenigstens nach außen, eine größere Rolle als die deutsche Bäuerin. Fast elegant nehmen sich die Krakowicken[24] aus, die jungen Männer aus der Weichselstadt[25]. Sie lachen gerne und sind stets gut aufgelegt, pfeifen auch ein Liedchen vor sich hin und rauchen Zigaretten. Die Dalmatiner erwecken großes Aufsehen. Bunte goldstrotzende Kostüme, Waffen im Gürtel und die Männer greifen, wenn neugierige Wiener Buben ihnen gar zu nahe an den Leib rücken, mit gut gespieltem Ingrimm nach den mit Dolchen und Revolvern verzierten Gürteln."

Auf jeden Fall spannende, ja vielleicht bombige Differenzen „in der österreichischen Versuchsstation des Weltuntergangs" (Karl Kraus) [26]. Nationalismus, Chauvinismus,

---

[23] Krain=eine Kärnten vorgelagerte Region, die südöstlich und westich an Kroatien angrenzt.
[24] Krakauer
[25] Heute Wisła
[26] *Franz Ferdinand und die Talente*; in: Die Fackel, Wien, Nr. 400–403, 10. Juli 1914,

Patriotismus „Österreich" gar eine „Isolierzelle, in der man schreien darf"[27]? Aber Vorsicht ist angemahnt:

„Ein Verblendeter, der den Mut hat, zu erklären, er tue da nicht mit…,„wird mit dem Zuruf „Aber der Fremdenverkehr" unterbrochen und hinausgeworfen." (Karl Kraus, *Der Festzug*[28])

Wo beginnt der 'Balkan' überhaupt? Für den Serben, vielleicht im Kosovo oder Bosnien; für die Kroaten im orthodoxen Serbien; für die Slowenen in Kroatien; für die Italiener und Österreicher vielleicht in Slowenien? (Slavoj Zizek). Der Balkan hat ein Imageproblem (Klaus Hillingmeier). Ist der ‚Balkan' nur die Brücke zum Orient oder gar selbst orientalisch? Die Rede vom ‚balkanesischen Halborientalen' taucht häufig auf, auch in Anwendung auf die Kroaten, verwendet zur Abgrenzung gegen den unbekannten, ‚rückständigen' Anderen[29]. Die

---

27

http://www.balladen.de/web/sites/balladen_gedic hte/autoren.php?b05=29&b16=656

28   https://www.projekt-gutenberg.org/kraus/buch/chap003.html

29 **Boris Previšić**, *Literatur topographiert Der Balkan und die postjugoslawischen Kriege im Fadenkreuz des Erzählens,* Kaleidogramme Bd. 112. Svetlan Lacko **Vidulić** meint damit das

Orientalisierung des Anderen ist bis in die Gegenwart ein Problem der Selbstdefinition und –abgrenzung. Orient – Oder eher Okzident?

Das vorliegende Buch stellt dar, wie die deutsche Kultur und die deutsche Geschichte in Kroatien präsent (gewesen) sind und Kroatien immer schon den Weg nach Zentraleuropa gesucht hat; es wendet sich an den gebildeten, an Kultur und Geschichte interessierten Touristen aus dem deutschsprachigen Raum, der in Kroatien nicht nur die schöne Landschaft genießen möchte, aber auch an diejenigen, die für einen Arbeitsaufenthalt nach Kroatien übersiedeln. Möge dieses Buch dem Leser den Aufbruch erleichtern und ihm ein Wegbereiter sein, wenn er im Winter sich im milden, mediterranen Klima auf der Insel Hvar oder in Dubrovnik erholen, als Alpinist auf den Berghöhen des Ve-

---

Gebiet zwischen „Donauraum und Adriabecken". *Südöstliches Europa*, Zagreber Germanistische Beiträge, 24, 2015: Vielleicht: Kroatien, Serbien, Montenegro, Kosovo, Slowenien, Albanien, (Nord-) Mazedonien, Bosnien-Herzegovina, Bulgarien, Ungarn, Griechenland... Siehe auch Maria Todorova, *Die Erfindung des Balkans*, Darmstadt, 1999

lebit und Biokovo wandern, an der kroatischen Adria-Küste in einem kleinen Dörfchen Meer und Sonne genießen will oder ein Thermalbad in Krapina aufsucht.

Das vorliegende Buch möchte

- einen Beitrag dazu leisten, Kroatien, das seit dem 1. Juli 2013 als 28. Mitgliedsstaat zur Europäischen Union gehört, für den deutschen und deutschsprachigen Touristen interessant zu machen
- die überlieferten Reiseberichte und Imaginationen Kroatiens für Lesebücher und Reisebroschüren aufbereiten
- zudem kulturelle Stereotypen, wie sie sich in der Literatur finden, überwinden.

Endlich selbständig…?

Am 19. Mai 1991 findet eine Volksabstimmung über die Unabhängigkeit der zweitgrößten jugoslawischen Teilrepublik (=*Odluka o raspisu referenduma*) statt. Im Aufruf heißt es:

1. „Sind Sie dafür, dass die Republik Kroatien als souveräner und unabhängiger Staat, der den Serben und Angehörigen anderer Nationalitäten in Kroatien kulturelle Autonomie und alle Bürgerrechte garantiert, dem

Bündnis souveräner Staaten mit anderen Republiken beitritt (gemäß dem Vorschlag von Lösung der Republik Kroatien und der Republik Slowenien für die Staatskrise der Sozialistischen Föderativen Republik Jugoslawien=SFRJ)?

2. Befürworten Sie den Verbleib der Republik Kroatien in Jugoslawien als einheitlichem Bundesstaat (entsprechend dem Vorschlag der Republik Serbien und der Sozialistischen Republik Montenegro zur Lösung der Staatskrise in der SFRJ)?

Zagreb, 25. April 1991 Mitunterschrift: Präsident Regierung der Republik Kroatien Josip Manolić[30] - Präsident der Republik Kroatien Dr. Franjo Tudman."

94,3% der Bürger Kroatiens d. h. 2 845 521 stimmen dafür.

Am 25. Juni 1991 wird die Unabhängigkeit Kroatiens von der SFRJ erklärt.

Am 8. Oktober 1991 beendet

„die Republik Kroatien die staatsrechtlichen Bindungen, auf deren Grundlage sie zusammen mit anderen Republiken und Provinzen die ehemalige SFRJ bildete."

---

[30] vom 24. August 1990 bis zum 17. Juli 1991 Ministerpräsident der Sozialistischen Republik Kroatien

Am 19. Dezember 1991 erklärt Deutschland unter Bundeskanzler Dr. Helmut Kohl seine Bereitschaft, Kroatien anzuerkennen. Das wird mit der Anerkennung der Unabhängigkeit Kroatiens durch die Europäischen Gemeinschaft am 15. Januar 1992 umgesetzt. Im selben Jahr werden die diplomatische Beziehungen zwischen Deutschland und Kroatien aufgenommen.

Kohl bleibt in der Erinnerung Kroatiens: In Trogir gibt es eine *ulica Kohl-Genschera*, und im Jahr 2010 verleiht ihm der kroatische Botschafter in Deutschland, Dr. Miro Kovač, im Namen der Republik Kroatien und ihres Präsidenten, Dr. Ivo Josipović, den Großen Verdienstorden der Königin Jelena mit Schulterband und Stern.

„Sie sind ein Denkmal in Kroatien. Die wieder gewonnene Freiheit Kroatiens Anfang der 90er Jahre des 20. Jahrhunderts ist mit Ihrem Namen untrennbar verbunden. Ihnen persönlich, der Bundesrepublik Deutschland und dem deutschen Volk danken wir für das große Vertrauen, das Sie uns entgegenbrachten, als es in schwierigen Zeiten darum ging, die richtige Entscheidung zur Anerkennung Kroatiens europaweit zu besiegeln. Ihr Vertrauen hat sich als visionär erwiesen. Als NATO-Bündnispartner ist Kroatien auf dem besten Wege, demnächst der EU beizutreten."[31] (Konrad-Adenauer-Stiftung)

Kohl drückte seinen lang gehegten Wunsch aus, dass „Kroatien eines Tages als eigenständiges Land zu Europa gehören würde". Dieses Jahr, 2022, am 30. Mai, jährt sich die Aufnahme diplomatischer Beziehungen zwischen beiden Ländern.

„Wechselseitige Besuche auf politischer Ebene finden regelmäßig statt … Zusätzlich nutzten Deutschland und Kroatien zahlreiche Treffen auf Staatsminister- und ministerieller Ebene sowie die politischen Gremien der EU für einen engen Austausch. Weitere Verbindungen schufen die im Jahre 2020 aufeinanderfolgenden EU-Ratspräsidentschaften von Kroatien und Deutschland. Auch in wirtschaftlicher, wissenschaftlicher und technischer Hinsicht bestehen enge Verbindungen zwischen beiden Ländern. Deutschland ist Kroatiens größter Handelspartner; bei ausländischen Direktinvestitionen nimmt Deutschland nach den Niederlanden und Österreich den dritten Platz ein. Deutsche Ur-

---

[31] https://www.kas.de/en/web/kroatien/single-title/-/content/kroatien-ehrt-helmut-kohl-mit-grossorden Andere Quellen nennen das Jahr 2006: https://en.wikipedia.org/wiki/Grand_Order_of_Queen_Jelena. Am 11. April 2009 wurde Kroatien Mitglied der NATO.

lauber stellten in 2021 mit erneut fast 3 Millionen Touristen das zahlenmäßig größte Kontingent von Besucherinnen und Besuchern in Kroatien."[32] (Auswärtiges Amt, 7.3.2022)

Folgende Beschreibung wird vom Auswärtigen Amt (7. 3. 2022) gegeben:

Ländername: Republik Kroatien, Republika Hrvatska

Regierungsform: Parlamentarische Demokratie

Staatsoberhaupt: Präsident Zoran Milanović seit 19.02.2020

Vertreter des Staatsoberhauptes: Parlamentspräsident Gordan Jandroković seit 05.05.2017

Regierungschef: Ministerpräsident Andrej Plenković seit 19.10.2016 (HDZ, Kroatische Demokratische Union), wiedergewählt am 05.07.2020, nächste Wahl 2024

Außenminister: Dr. Goran Grlić Radman (HDZ), Amtsantritt: 19.07.2019

Aufnahme diplomatischer Beziehungen: 15.01.1992

Human Development Index[33]: Rang 43 (2020)

---

[32] https://www.auswaertiges-amt.de/de/aussenpolitik/laender/kroatien-node/bilateral/210062

[33] =Entwicklungsprogramm der Vereinten Nationen: Es erfasst die durchschnittlichen Werte

Außenminister Dr. sc. Gordan Grlić Radman spricht Kroatisch, Deutsch, Englisch, Bulgarisch und Ungarisch. Er erhält sein Beglaubigungsschreiben am 16. Oktober 2017 von Bundespräsident Dr. Frank-Walter Steinmeier.

Die Aufnahme in die EU hat natürlich wirtschaftliche Folgen. 2004 eröffnet die Handelskette SPAR[34], die seit 1952 in Deutschland vertreten ist, ihr erstes Geschäft in Kroatien mit mehr als 100 Standorten. SPAR Kroatien steigerte durch die Eröffnung neuer, größerer Märkte, darunter einen INTERSPAR-Hypermarkt, den Umsatz zum Vorjahr um über 5%. (2019) und verschafft natürlich Arbeitsplätze. Lokale Produktbeschaffung bleibt ein Schwerpunkt. 77% des Lebensmittelangebots der SPAR Kroatien (430 lokale Produkte) wird von über 90 inländischen Herstellern angeboten. SPAR Kroatien führte die zwei Kampagnen 'Ja, lokal! ' und 'Die Gärten von Kroatien' durch, um Kunden für das lokale Produktangebot

---

eines Landes in grundlegenden Bereichen der menschlichen Entwicklung. Dazu gehören z. B. die Lebenserwartung bei der Geburt, das Bildungsniveau sowie das Pro-Kopf-Einkommen.

[34]Ursprünglicher Name: DESPAR=Door Eendrachtig Allen Regelmatig, Durch die Zusammenarbeit profitieren alle regelmäßig.

zu sensibilisieren.[35] Eine Filiale befindet sich in Zagreb (Novi Zagreb) in der *Ulica Savezne Republike Njemačke* (Nr. 3)=Straße der Bundesrepublik Deutschland. Die *Deutsche Industrie – und Handelskammer* (AHK) in Zagreb ist die erste Anlaufstelle für deutsche und kroatische Unternehmen.

Aber natürlich muss auch geklärt werden, was Europa ist. Kann die Kroatiens in dem Spannungsfeld von Zivilisation und Barbarei verortet werden[36]?

„Unser Volk, das an fremden Herden und fremden Tischen Almosen aus fremder Hand empfangen hat, jahrhundertelang hungrig und nackt wie Vieh, das fremde Herren geschoren und gehäutet haben, wußte genau, daß es niemanden gibt, der nicht das Seine hat. Wir alle aber, die wir das Unsere haßten und es niemals hüteten, unzufrieden mit unserer Hütte, in der uns die eigenen Läuse zwickten, wir alle träumten vom himmlischen Reich der gelobten westeuropäischen Länder."[37] (Miroslav Krleža)

---

[35] https://spar-international.com/wp-content/uploads/2020/07/German-SPAR-Annual-Report-2019-final.pdf

[36] Milka Car, *Miroslav Krležas Mitteleuropa*

[37] Krleža, *Literatur heute*. in: Krleža: Essays, Verlag Volk und Welt, Berlin, 1974 S. 209.

Im September 2013 fand Anfang September 2013 an der Universität in Zadar anlässlich des Beitritts der Republik Kroatien zur Europäischen Union ein Symposion statt. Sie wurde in Zusammenarbeit der Abteilung für Germanistik der Universität Zadar, der Internationalen Hegel-Gesellschaft Berlin e.V. (Andreas Arndt) und der Hegel-Gesellschaft Zadar (Jure Zovke) mit Unterstützung durch die Abteilung für Germanistik und das Rektorat der Universität Zadar, den Deutschen Akademischen Auslandsdienst und das Österreichische Kulturforum Zagreb veranstaltet.

Besprochen wurden u.a.:

- *Dalmatinisch-Kroatien als Europas Schlagader* (Prof. Dr. Ivan Pederin/Zadar)
- *Europas christliche Wurzeln* (Prof. Dr. Jure Zovko/Zagreb/Zadar)
- *Zu Text - und Wortbildern Europas in deutschen und kroatischen Reiseberichten - ein kontrastiver Vergleich vom 16. bis zum 19. Jahrhundert* (Prof. Dr. Sebastian Seyferth (Zittau/Görlitz)/Doz. Dr. Anita Pavic **Pintarić** (Zadar)
- *„Das nächste Sorgenkind heißt Kroatien" Konzeptuelle Metaphern in deutschen Pressetexten über die Beziehung zwischen der EU und*

Kroatien (Prof. Dr. Helga Begonja
(Zadar)/Prof. Dr. Ivana
Rončević[38]/Zagreb)
Ist Europa eine Idee – und kein Ort? Handelt
es sich um einen Ort, so stellt sich die Frage,
wo dieser liege. Handelt es sich hingegen
um eine Idee, so stellt sich die Frage, ob sie
normativ oder regulativ gelte, ob Idee und
Wirklichkeit einander entsprechen oder ob
die Idee sich nicht vielmehr als Erdichtung
oder Einbildung, wenn nicht sogar Illusion
oder Utopie darstelle (Tomislav
Zelić/Zadar). Sind die europäischen Eini-
gungsprozesse denen von Karl dem Großen
oder Franz Josephs zu vergleichen, weil
Österreich ja ein Europa im Kleinen war?
Nach Ivan Pederin, 1934 in Split geboren
und u. a. hervorgetreten durch seine Arbeiten über Thomas Mann, war Kroatien nach
Andalusien, durch das die griechische Philosophie durch die Vermittlung der Araber

---

[38] U. a. behandelt der Aufstz *Multilingualism and
affective aspects of language identi-
ty/Mehrsprachigkeit und affektive Aspekte der
sprachlichen Identität* die Frage nach der motiva-
tionalen Einstellung des Erlernens der englischen
und deutschen Sprache bei LehramtsstudentIn-
nen.

und dann das Denken der Juden vermittelt wurden, der 2. Gründungsort Europas[39].

„Was kam nach Europa über Dalmatien? Das byzantinische Erbe ist in der Landschaft sichtbar – eine einmalig vorhandene Vermählung des Menschen und der See. Wenn jemand in Sevilla ist, dann erinnert ihn kaum etwas an das nur 90 km entfernte Meer. Er spürt es nicht. Wenn jemand in Sinj, Trilj[40] oder auch in Bosnien ist, dann weiß er, ohne dass ihm das jemand sagt, da unten ist die Adria. … Dalmatien war im Banne von Byzanz, aber bei der Kirchenspaltung blieb es im Westen. … Dalmatien, nun schon Dalmatinisch-Kroatien, war spätestens im Mittelalter das Bindeglied zwischen Europa und der Levante und dieses lässt sich aus der europäischen Kultur nicht wegdenken … im Wiener Krieg 1687 gewannen der Papst und der Kaiser Leopold einen neuen Verbündeten: die kroatische Republik von Dubrovnik, die dem Kaiser Aufklärungsdienste leistete. … Was in Dalmatinisch-Kroatien geschah, beeinflusste oftmals die Schicksale von ganz Europa auf entscheidende Weise. Es ist Europas Kernland, die Straße nach der Levante, nach dem himmlischen Jerusalem, nach Griechenland, Ägypten, Babylon, nach unserer geistigen Heimat, den Wurzeln unserer Kultur …".[41]

---

[39] Ivo Goldstein, *Bizant na Jadranu*, Zagreb, 1992.

[40] Nordöstlich von Split

[41] (hrsg.) Tomislav Zelić, Zaneta Sambunjak und Anita Pavić Pintarić, *Europa? Zur Kulturge-*

Fürwahr – eine starke These. Kann man vom Beitritt Kroatiens, diesem alten europäischen Kulturland mit griechischen und römischen Wurzeln, neue Inspirationen erwarten, wie die Union umgekehrt auch zur Förderung von Freiheit und Sicherheit, von Wissenschaft und Wirtschaft, von Kunst und Kultur in Kroatien beitragen wird? (Paul Michael Lützeler). Die Metapher liegt nahe: Kroatien sei nun an seinen ‚rechtmäßigen Platz‘ im Herzen Europas zurückgekehrt (Ex-EU-Kommissionspräsident José Manuel Barroso), wie auch umgekehrt von Ivo Präsident Josipović behauptet wurde, dass Kroatien sich „auf Europa als seine Heimat" besinnt und die Außenministerin Vesna Pusić betonte, dass „Kroatien …geografisch, historisch und kulturell zu Europa" gehöre. Der Verlorene Sohn scheint gekehrt zu sein. Nicht zu bezweifeln ist, dass das Meer eine große Rolle spielt – Ergänzt durch die Bedeutung der Donau als des europäischen Flusses par excellence, als „Symbol einer vielfältigen, übernationalen Koine". Die

---

schichte einer Idee, Königshausen & Neumann, 2015, S. 32f., 43.

„Donau ist das deutsch – ungarisch – slawisch - romanisch-jüdische Mitteleuropa."/'Danubien'[42].

Nach dem italoslowenischen Germanisten Claudio Magris, für den die Habsburger Monarchie eine internationale Gemeinschaft (Koine) geschaffen hat, ist der Mensch eben (auch) ein wenigstens zeitweiliger „Wasserbewohner": Dieser Fluviozentrismus lässt verhärtete Formationen ein – und aufweichen und zerstört naturalisierende bodenzentrische Zugehörigkeitszuschreibungen. Aber auch Vukovar liegt an der Donau, wo der 50 m hohe Wasserturm als Behälter eines Lebensstroms zerschossen wurde[43]? So wird die Zunge schwer bei der Rede vom Arkadien (Zaneta Sambunjak). Wird je wieder Sorglosigkeit zurückkehren? Die kroatische Journalistin Željka Kovačević (1981/Split), auch mit Unterstützung durch die EU und in Kooperation mit dem *Gradski Muzej Vukovar*[44], tut ihr Möglichstes, um Serben und Kroaten zueinander zu bringen[45].

---

[42] Claudio Magris, *Donau: Biographie eines Flusses*, Übs. Heinz-Georg Held, München, 2011, S. 31.
[43] – und im Oktober 2020 restauriert wurde.
[44] „Gradski muzej Vukovar, smješten u baroknom dvorcu grofova Eltz na desnoj obali Dunava osnovan je 1946.g."= Das Stadtmuseum Vukovar, das sich im Barockschloss der Grafen

Im Folgenden werden diese Teilthemen immer wieder auftauchen. Dass am 7. Mai 2002 im vom Architekturbüro Fellmer und Helmer gebauten *Palazzo Modello*/Rijeka ein Symposion statfindet zu *And The Truth in Between The European Experience From d'Annunizo to Selenskyj* beweist die Aktualität kroatischer Geschichte.

Hinführung: Deutschland und Kroatien…?

Ein Versuch, deutsche Spuren in Kroatien zu finden, wurde gemacht von dem DSD-Projekt *Deutsche (Sprach-) Spuren in Zagreb* mit DSD-SchülerInnen aus Zapresic unter der Betreuung von Ida Globocnik und Gerald Hühner[46]. Die Präsidentin des Kroa-

---

Eltz am rechten Donauufer befindet, wurde 1946 gegründet.. http://www.muzej-vukovar.hr/Posjet/Vukovar%20-%20grad%20muzeja%20(Vukovar%20-%20City%20of%20Museums)

[45] https://www.mdr.de/nachrichten/welt/osteuropa/politik/frieden-marsch-srebrenica-vukovar-bosnien-100.html

[46] Das Deutsche Sprachdiplom (DSD) der Kultusministerkonferenz ist das einzige schulische Programm der Bundesrepublik Deutschland für Deutsch als Fremdsprache im Ausland. Das Deutsche Sprachdiplom der KMK kann mit einer Prüfung zum Abschluss eines mehrjährigen

tischen Deutschlehrerverbands (KDV) Dr.
Irena Horvatić-Čajko sagte:

„Dr. Gerald Hühner hat sich durch seine langjährige pädagogische Arbeit als Deutschlehrer im
Auslandsschuldienst durch die Initiierung und
Umsetzung zahlreicher Projekte in Kroatien und
auf internationalem Niveau große Verdienste
erworben. Dadurch hat er einen wesentlichen
Beitrag zur Förderung des Deutschlernens von
der Vorschule bis zum Beruf geliefert."[47]

Die Ergebnisse sind vielsagend. In der Oberstadt finden sich deutschsprachige Zeugnisse
buchstäblich an jeder Ecke: Markus-Gasse,
Nonnen-Gasse, Stein-Gasse und einem Antiquariat mit deutschen Büchern - und die
Kathedrale wurde von dem Kölner Architekten Hermann Bollé (1845 – 1926/Zagreb) im
neugotischen Stil wieder aufgebaut. Ein
Rundgang über den Friedhof Mirogoj zeigt

---

schulischen Deutschunterrichts erworben werden. https://www.gerald.huehner.org/zap/dsz.php
G. Hühner ist nach Studium der Literaturwissenschaft, Philosophie und Kunstgeschichte in Bonn
und Bielefeld seit 1995 in der deutschen auswärtigen Kulturarbeit tätig, z.Zt. als „Experte für
Unterricht" am Goethe-Institut Kroatien; Ida
Globocnik ist Vorstandsmitglied des kroatischen
Deutschlehrerverbands.
[47]   https://www.dafcup.org/wp-
content/uploads/2018/11/Geschichte.pdf

viele deutsche Gräber, z. B. das des Architekten Vatroslav Eggersdorffer (1818 – 1884), der den Patačić-Palast in Varaždin entwarf. Auch der Expressionismus fand seinen Weg nach Zagreb. Der Architekt Drago Ibler (1894/Zagreb – 1964) erwarb sein Diplomen an der *Technischen Hochschule* in Dresden und studierte von 1922 bis 1924 an der *Staatliche Kunstakademie* im Studio bei dem Architekten und Maler Hans Poelzig (1869/Berlin -1936/Berlin). [48] Er war z. B. auch vertreten auf der *Exposition internationale des arts décoratifs et industriels modernes* (=Internationale Ausstellung für moderne dekorative Kunst und Kunstgewerbe) in Paris. Er arbeitete auch zusammen mit dem deutschen Architektenverband *Werkbund,* für die *Weißenhof-Siedlung* in Stuttgart (1927) u. das *Bauhaus.* Bekannt ist u. a. das Hochhaus in der **Martićeva ulica**[49]. Im Jahr 2020 findet in Zagreb ein Symposion zum 100. Jahrestages des Beginns seiner Tätigkeit statt, das u. a. von Zeljka Coric, Mitglied der 1861 gegründeten *Hrvatska akademija znanosti i umjetnosti*= HAZU

---

[48] Dragan Damjanovic, *Expressionism in Croatian Architecture of the Interwar Period.*
[49] Darja Radovic Mahecic, *Tri susreta arhitekta Slavka Lowyja i Drage Iblera,* 1996.

36

(*Academia Scientiarum et Artium Croatica*) organisiert wurde. Der gegenwärtige Präsident, der Architekt Velimir Neidhardt (1943), ist deutscher Abstammung.

Zwei der Hauptarchitekten Zagrebs, Leo Hönigsberg (1861 – 1911) und Julio (=Julije) Deutsch (1859 – 1922; Sohn: Pavao), beide jüdischer Herkunft, studierten an der 1815 von Kaiser Franz I. gegründeten *Technischen Hochschule* in Wien. Durch sie erlangte die Architektur Zagrebs einen europäischen Standard. Das *Palais Schlesinger* - Heute: *Hotel Palace* (1891)=Trg J.J. Strossmayera 10 (Krešimir Galović)[50] wurde von ihnen gebaut. Der erste Eigentümer war der Jude Aleksander (Šandor/*Der Berühmte*[51]: 1866 – 1929).

2011 fragte die kroatische Zeitung *Jutarni list* ‚Was wäre Zagreb ohne Juden' (=Što bi Zagreb bio bez Židova)?

Für die Familie Schlesinger gibt es in Erinnerung an ihre Ermordung im KZ mehrere ‚Stolpersteine'. Zur Familie Schlesinger https://www.omnia.ie/?navigation_function=3&europeana_query=Schlesinger%20family
[51] Ljiljana Dobrovšak, Ivana Žebec Šilj, *Kronika rodziny Alexander,* Colloquia Humanistica, 2020, S. 255ff.

„Eugen Viktor Feller, einer der berühmtesten Apotheker Südosteuropas zu Beginn des letzten Jahrhunderts, sorgte 1906 in Zagreb für viel Skandal. Inmitten des Weltruhms, während er sein berühmtes medizinisches Präparat Elsa-Fluid in Länder auf allen Kontinenten exportierte, platzierte er auf dem Jelačić-Platz eine Werbung für sein Gebäude Elsa-Fluid-Haus, eine Skulptur in Form einer Flasche, fast zwei Stockwerke hoch. Eugen Viktor Feller war ein Meister des Marketings und wusste schon damals: Es kommt nicht darauf an, was gesagt wird, sondern was gesagt wird. Er sammelte durch die Herstellung von Elsa-Fluid beträchtlichen Reichtum. Zu seinen Lebzeiten wurden etwa 27 Millionen Flaschen des Medikaments verkauft. Elsa-Fluid wurde allen empfohlen: Jung und Alt, Soldaten, Bergsteigern, Hausfrauen, Arbeitern, Jägern, Bergarbeitern, Bauern. Elsa-Fluidgetränk wird beworben als stärkend und revitalisierend, gut für Zahnfleisch, Hals, Hautpflege, Gliederschmerzen, Müdigkeit, auch gut als Reiniger, zur Desinfektion des Körpers. Hausmittel für fast jeden. Als er weiter reich wurde, florierte das Geschäft weiter und die Familie wuchs, er hatte 12 Kinder, also beschloss er, wieder umzuziehen. An der Ecke des Jelačić-Platzes und des heutigen Jurišić-Platzes baut er wieder mit den Baufirmen Hönigsberg und Deutsch ein riesiges Gebäude. Es war das erste vierstöckige Gebäude auf dem Platz."

Das 1903 am Tomislav-Platz 4 für ihn errichtete Gebäude wurde ebenfalls von Hönigsberg&Deutsch entworfen. Feller war reich und konnte sich eine intensive Werbe- kampagne leisten, machte Anzeigen in der Presse und druckte Broschüren, gewann viele Weltpreise für die Vorbereitung, und er besuchte Ausstellungen, die auch Publizität brachten (Stella Fatović-Ferenčić). Juden haben einen großen Anteil an der Moderni- sierung Zagrebs[52] - und werden deshalb zur Zielscheibe des Antisemitismus (Ivo Gold- stein[53]).

Aber auch die Anbindung Kroatiens an Wien hat auch modernisierende Folgen[54]. Die als Kurzwarenhandelshaus gestartete österreichische Handelskette *Kastner & Öhler*[55] hat ab 1879 eine Niederlassung in

---

[52] https://cendo.hr/FotoGalerija.aspx?id=77

[53] https://www.youtube.com/watch?v=l3pHIC370K A; Ivo Goldstein, *The Jews In Yugoslavia 1918– 1941Antisemitism and the Struggle for Equality.*

[54] Iskra Iveljić, *Kroatische Eliten in Wien (1790- 1918). Eine prosopographische Skizze*

[55] Hermann Öhler: 1847/Pressburg – 1918; Karl Borromäus (jüdisch: Jacob) Kastner 1848/Linz- 1921. Das Geschäft wird im Mai 1941 ,arisiert', d. h. hier kroatisiert umd viele Angehörige der jüdischen Familie Öhler wurden Opfer des Nati- onalismus. Rory Yeomans, *Purifying the Shop Floor 393 Kastner & Öhler Department Store as a Case Study of 'Aryanisation' in Wartime Eu-*

Zagreb (=prva trgovina "*Kastner i Öhler*") –
in der Ilica 4, wo sich heutzutage das Kaufhaus NAMA (=*Narodni magazin)* befindet.
1889 eröffnete Eugen Ferdinand Bothe
(1842/Mailand – 1922/ Wien) die größte
Möbelhalle und *Polstermöbel Fabrik E. F.
Bothe* in Zagreb. 1893 machte Bothe seinen
jüdischen Assistenten Salomon Ehrmann
(1854/Ostrowetz bei Pisek, Böhmen –
1926/Wien), zu dessen Lehrer in Wien der
weltbekannte Physiologe E. W. R. (von)
Brücke gehörte, zum Geschäftspartner[56].
Gemeinsam gründeten die beiden im Oktober 1895 die Möbelfirma Bothe & Ehrmann
mit Sitz in Zagreb. Ab 1898 hatte das Unternehmen eine Niederlassung in Wien, wobei
sie mehrmals den Standort wechselten.
Bothe & Ehrmann galt als einer der bedeutendsten Möbelproduzenten in der österreichisch-ungarischen Donaumonarchie mit

---

rope. Kurzwaren (=*Quincaillerie*u=Haushalts –
u. Eisenwaren) u. a. kleinere Waren aus Metall,
Holz, Glas, Porzellan, Marmor, Perlmutter,
Bernstein, Korallen, echten und unechten Edelsteinen, Knochen, Elfenbein, Horn, Leder etc., z.
B. Messerwaren, Nadeln, Knöpfe, Uhren und
Bestandteile von solchen, Ringe, Ketten und
Leuchter.
[56] Snješka Knežević, Aleksander Laslo, *Židovski
Zagreb*, 2011.

Sitz in Zagreb und Wien. Ihre Aktivitäten konzentrierten sich auf die Ausstattung von öffentlichen und privaten Einrichtungen wie Wohnungen, Büros, Banken, Hotels, Cafés und Restaurants. Zu ihren Arbeiten zählten unter anderem die erste kroatische Sparkasse in Zagreb (1899/1900) und die Postsparkasse in Wien I (1912/1913). Die Firma exportierte ihre Stilmöbel unter anderem nach Rumänien, Bulgarien, Griechenland, Italien und Ägypten und beteiligte sich an internationalen Ausstellungen wie den Weltausstellungen in Paris 1878 und 1900 sowie der Millenniumausstellung in Budapest 1896[57]. Otto Wagner (1841/Penzing, Wien – 1918/Wien), einer der bedeutendsten, mitteleuropäischen Architekten der letzten hundert Jahren, kooperierte u. a. mit der Fa. Bothe&Ehrmann und mit dem jüdischen Pharmazeuten Moritz (Mavro) Neumann (1867/Osijek – 1916) in der Ilica 224 (Zagreb)[58]. Wagners Schüler Vjekoslav Bastl

---

[57]

https://www.geschichtewiki.wien.gv.at/Bothe_%26_Ehrmann

[58]

Dragan Damjanovic, *Exhibition: Otto Wagner und die kroatische Architektur/Otto Wagner and the Croatian Architecture/* Otto Wagner i hrvatska arhitektura, Vienna, Rennweg 3, October 12th - February 10th, 2019; Bezirksmuseum 3.

(1872/**Příbram**/Tschechien – 1947/Zagreb), angestellt auch bei Hönigsberg&Deutsch, entwarf u. a.:

- Das *Pečić-Haus* in der Ilica 43 (1899): heute *Ljekarna Zagreb*
- Das *Ethnographische Museum* (=Etnografski muzej=Völkerkunde-Museum)*,* Zagreb (1902) am Ivan Mažuranić-Platz, 14, das 1919 vom jüdischen Industriellen Salamon Berger Ouz (1858/Nové Mesto nad Váhom, Slovakei – 1934/Zagreb) gegründet wurde.
- Das *Rado Haus* (=Kuća Rado) am Trg bana Josipa Jelačića 5 (1904 – 1905), Haus der *Partner Banka*=Art Nouveau
- Das *Feller-Haus* am Ban Jelačić-Platz (1905 –1906)
- Das *Kallina-Haus* (Kuća Kallina) in der Gundulićeva 20 an der Ecke zwischen der Masarykova - und Gundulićeva – Straßen. Es gehört zu der schönsten Wiener Sezessionsarchitektur in Zagreb.

Landstraße, Wien, February 15th - September 11th, 2019

- *Hrvatsko-slavonska zemaljska štedionica* (Kroatisch-Slawonische Nationalsparkasse) in der Ilica, 25
- Das *Goršak-Haus* in der Ilica 166 (1906) – Heute seit 2018 in der Parterre ein Geschäft für Hochzeitskleider („*Nikolina Weddingstore*"- „Say yes, to your DreamDress") – Der Hauptsitz der *Wedding Store Nikolina GmbH st* Wien
- Das *Hodovsky Haus* - Ljudevita Gajeva, 47 (1909 – 1910)[59]
- Das *Hotel Manduševac* in der Vlaška, 53 (1920) – In der Nähe der Ilica….

Deutschland - Wien

Geht's noch internationaler …?

Der Sexualforscher Friedrich Salomon Krauss (1859/ Požega/Slawonien – 1938/Wien) studierte von 1877 bis 1881 Klassische Philologie bei Theodor Gomperz[60] (1832/Brünn=Brno, Tschechien – 1912/Baden b. Wien) an der Universität

---

59

http://www1.zagreb.hr/galerijakd.nsf/c31dd4a13 5787898c1256f9600325af4/ccfc2aec2031e8a0c1 257f3e0048f6f2?OpenDocument

[60] erste jüdische Inhaber eines Lehrstuhls für Klassische Philologie im deutschen Sprachraum u. mit einer Patientien von S. Freud verheiratet: Elise Sichrovsky (1848 – 1929).

Wien. Gomperz, Angehöriger einer der wichtigsten Wiener Familien, hatte für die auch für Hermann Bahr wichtige Schrift von J. Bernays' Schrift *über die κάθαρσις* (=Reinigung) geworben, häufig - wie auch bei Nikola Teslas ‚Blitzexperimenten' – als Entladung verstanden[61]. Krauss nahm an der legendären *Psychologischen Mittwochsgesellschaft* S. Freuds teil, korrespondierte mit S. Freud (1910: über die Anthropophyteia=*Jahrbücher für folkloristische Erhebungen und Forschungen zur Entwicklungsgeschichte der geschlechtlichen Moral* 1904 - 1913), machte eine 14-monatige Forschungsreise unter den Südslawen und untersuchte deren Legenden (*Sagen und Märchen der Südslaven,* Münster 1890; *Südslavische Hexensagen;Sitte und Brauch der Südslaven*) psychoanalytisch, eine erfrischende Fundgrube.

„Unter den Slovenen und den Kaj-Chrowoten[62] hat das deusche Wort Zauberin in der verhunzten

---

[61] Daniela Schönle, *Rausch und Reinigung. Hermann Bahrs Beitrag zum ‚Wiener Katharsis-Diskurs'*, Berlin, 2015.
[62] =die den kajkavischen Dialekt sprechenden Kroaten. Die kajkavischen Mundarten werden im Norden des Landes gesprochen; auch die Hauptstadt Zagreb liegt im Sprachgebiet, was dem Dialekt ein gewisses Prestige verleiht.

Form copernica (masc. coprnjak, inf. coprat, zacoprat, partic. zacopren) volles Bürgerrecht erlangt."

Ursprünglich ist die ‚Hexe‘ (kroatisch: (=vještica") eine ‚weise Frau‘.

„Die Hexen reiten auf Menschen, die sie in Pferde verwandeln. Auf ihrem Versammlungorte wird herumgetanzt. Die heiteren Festtänze beim alten Opferkult, die frohe Sitte, die sich noch bis in die Gegenwart erhalten hat, dass sich das Volk an Festtagen vor der Kirche versammelt und Tänze aufführt, wurden mit der Zeit durch den Einfluss der Geistlichkeit zu greulichen Hexentänzen gestempelt, die unter Aufsicht des Teufels ausgeführt werden."

So manche These Nietzsches ist hier verifiziert. Warum aber wurden z. B. einige Frauen Zauberinnen; wo lebten sie bevorzugt, und wie kann man die Gicht beschwören?

„Sowohl bei den Südslaven als bei den Orientalen (den Türken und Arabern) hat das Weib seit den ältesten Zeiten einen sehr untergeordneten Rang eingenommen. Die orientalischen Anschauungen klangen in dieser Beziehung dem Serben gar nicht besonders fremdartig. Sie sagten ihm beinahe noch mehr zu wegen ihrer grösseren Strenge und Rücksichtslosigkeit. Wenn bei den Serben, dem Bauernvolke in Serbien, Bosnien, im Herzogtum, in Slavonien und teilweise selbst in Chrowotien[63] die Frauen mit den Männern gemeinschaftlich an einem Tische nicht essen, wenn sich die Frauen vor Fremden nicht zeigen dürfen, wenn sie des Mannes geringe Dienerinnen und Lastträgerinnen sind, so mögen die Südslaven in dieser sozialen Einrichtung von den Türken nur noch bestärkt worden sein. Manche Härte im Brauche der Südslaven mag das Türkentum und Arabertum verschuldet haben."

Die italienische Hexenprozessordnung sei z. B. auch nach Dalmatien und seinen Inseln gelangt. Nur eine seichte Aufklärung entzieht sich der Faszination des Ursprünglichen. Das „erotische Idiotikon der Wienerschen Mundart" zu erforschen, ist nicht eine Garantie auf dem Weg zum Erfolg. („Was ist ein Wunder? Dass Elias sich bei seiner Himmelfahrt auf feurigem Wagen nicht die Hosen verbrannt hat."/"Was ist Ironie? Einem Buckligen ‚Euer Wohlgeboren sagen'.).
Krauss prägte den Begriff der ‚Paraphilie'[64]

---

63 Kroatien
64 Sexuelle, abweichende Neigungen, z. B. die ausschließliche oder überwiegende sexuelle Erregbarkeit mit und/oder durch Gegenstände(n) wie Schuhe, Strümpfe, Wäsche etc. (sog. "Sexueller Fetischismus") oder die Vorliebe, frauentypische Kleidungsstücke zu tragen (z.B. Seidenstrümpfe und Dessous), weil dies als sexuell

Krauss nahm auch Kontakt zu Karl May auf, um ihn für eine Mitarbeit an einer Zeitschrift zu gewinnen, und schrieb 1911 einen Aufsatz *Karl Mays 'Mein Leben und Streben'*: Karl May als einer ‚unserer größten, unserer ehrlichsten Schriftsteller.‘[65] Es kann aber noch derber zugehen – auch als Ironisierung des Radetzky-Marsches[66]... Bei Krauss‘ Büchern gerät der ‚Normalmensch‘ ins Wanken, z. B. bei der Lektüre *der Anmut des Frauenleibes* (1904), die eine nahezu ganz entblösste Wienerin (Vater: Tscheche; Mutter: eine Deutsche) zeigt, die unbekleidete Reichsdeutsche neben der unbekleideten Istrianerin und Indianerin oder Tonganerin.

„Über dem Busen fleusst der Maid das Blut,
Das Blut das fleusst, das Fräulein das frohlockt,
Dieweil sie merkt, dass Mustapha geködert,
Dass Mustapha bereit zum Abenteuer,
Bereit für sie sein Haupt im Spiel zu wagen.“

---

erregend erlebt wird (sog. "Transvestitischer Fetischismus").
https://sexualmedizin.charite.de/ambulanz/sexual stoerungen/praeferenz/
[65] Vgl. dazu Hans Wollschläger, *Mein Leben und Streben.* In: Gert Ueding (Hrsg.): Karl-May-Handbuch, [2]2001, S. 453-457
[66] „anbums’n=schwängern“, „bediena=ein Mädchen beschlafen“

Die Bewegungen des Reizenden, die Re-
gungen des Herzens, aus welcher diese freiwilligen Bewegungen fließen (Moses Mendelssohn), werden mit großer Unbefangen-
heit von Krauss präsentiert. Ist die Idee der
Unschuld und der sittlichen Einfalt doch mit
der hohen Grazie verbunden? Es ist die Zeit
des Auf – und Ausbruchs – z. B. in der
Kunst als Sezession mit Folgen auch für
Kroatien - und die Društvo hrvatskih umjetnika (*Gesellschaft Kroatischer Künstler*)
sich von der Društvo umjetnosti
(=*Kunstverein)* trennte[67]. Rudolf Lubinski
(1873 – 1935), einer der großen Art Noveau-
Architekten Kroatiens, baute u. a. im Ju-
gendstil die Nationalbibliothek in Zagreb
1913. Er hatte an der TH in Karlsruhe studiert und sich an der Planung der Universitätsbibliothek Heidelberg beteiligt. Viele
Gebäude in Zagreb gehen auf ihn zurück
(Petrinjska ulica, Masarykova ulica, Palmotićeva ulica, Evangelische Kirche in der
Gundulićeva). Tomislav Krizman
(1882/Orlovac bei Karlovac – 1955/Zagreb)

---

[67] Miroslav Gašparovic, *Sececija or Noveua Art
in Croatia.* Sandi Bulimbašić, *Društvo hrvatskih
umjetnika Medulić – artikulacija programa*

wurde in Wien bei Wilhelm Unger (1837/Hannover – 1932/Innsbruck) und München ausgebildet und gehört in den Umkreis der Wiener Avantgarde. Ivan Meštrović (1883/Vrpolje in der Nähe von Đakovo – 1962/South Bend, Indiana) fertigte 1904 ein Portrait an.

Das Österreich von einst war ein schillerndes und ungemein komplexes Land. Selbst für diejenigen Individuen und Gruppen, die eine negative Rezeption Wiens pflegten, war die Metropole ein Orientierungspunkt, der ihnen zur Selbstdefinierung verholfen hat.[68] Als Kaiser Franz Josef 1895 Agram (=Zagreb) besucht, haben viele Gebäude und Straßen noch Namen in deutscher Sprache.

- Banalpalais[69]
- Franz Josefsplatz
- Nonnengasse
- Bräuergasse
- Bildplatz
- Langegasse
- Margarethengasse
- Bahnhofstrasse

---

[68] Iskra Iveljić, *Kroatische Eliten in Wien (1790-1918). Eine prosopographische Skizze*

[69] Der *Banski dvori* ist heute Sitz der kroatischen Regierung am Markusplatz.

49

- Fleischhauer-Gasse (*Agramer Zeitung,* 7. Oktober, 1895)

Als er den Zug verlässt, betritt er zunächst einen eigens aus Ungarn herbeigebrachten gelben Sand, sodass er symbolisch seinen ersten Schritt auf ungarischer Erde macht – und er dann erst kroatisches Land betritt. (Šegvić)

Der *Umjetnički paviljon u Zagrebu* am Trg Kralja Tomislava (König-Tomislav-Platz), gebaut für die Millenniumsausstellung 1896 in Budapest speziell für Kroatien[70], hieß damals *Kunstpavillon* am Franz Josefs-Platz (=Trg Franje Josipa) – heute benannt nach dem ersten König Kroatiens, der das (sog.) küstenländische, dalmatinische mit dem binnenländischen, pannonischen Kroatien vereinigte (um 925n. Chr.). Die nach Tomislav benannte Stadt Tomislavgrad (=Томиславград) gehört heute zu Bosnien-Herzegowina - unmittelbar an der Grenze zu Kroatien und Dalmatien im Rücken (mit

---

[70] Das Gebäude war zu diesem Zeitpunkt eines der ersten in Fertigbauweise erstellten Konstruktionen in Europa. Deswegen konnte das Eisengerüst nach der Ausstellung nach Zagreb überführt werden. Nach Wiederaufbau wurde der Pavillon dann 1898 mit einer großen Ausstellung moderner Kunst feierlich eröffnet. Cf. Dragan Damjanovic, *Exhibition: Otto Wagner und die kroatische Architektur*

vier Grenzübergängen). Das Reiterstand am Trg Franje ist zwischen 1928 – 1938 von dem Bildhauer und Medailleur Josipa Robert Frangeš-Mihanović (1872/ Srijemska Mitrovica=Сремска Митровица/Syrmien, Serbien – 1940/Zagreb) geschaffen, der u. a. in Paris bei Auguste Rodin (1840 – 1917) u. in Wien bei Gustav Klimt (1862/Baumgarten bei Wien - 1918/ Wien) u. Otto Wagner studierte[71]. Bunt, bunter….

Kaiser Franz besucht Zagreb wieder 1908, als das allgemeine und gleiche Wahlrechts für Männer eingeführt worden war und Bosnien

und die Herzegowina formal annektiert wurden (seit dem Berliner Kongress 1878 von Österreich besetzt und verwaltet), u. a.

- die „griechisch-orientalische Kirche"
- „die Landes-Gewerbeschule"
- das „Mädchenlyceum"
- die weiblichen Fachschulen
- die kön. Lehrerbildungs-Anstalt
- das Spital der Barmherzigen Schwestern"
- das „israelitische Gotteshaus"

---

[71] Lucija Medvidović, *Utjecaj Augustea Rodina na stvaralaštvo Roberta Frangeša Mihanovića*, Rijeka 2019.

- die „Südslavische Akademie der Wissenschaften und Künste"

Schon beim Besuch am 16. 10. 1895 hatte es Exzesse und Krawalle, kroatische und serbisch-nationalistische Wutausbrüche, gegeben[72]. Zu dieser Zeit gab es - schon seit dem 18. Jahrhundert - deutsche Theateraufführungen: In Agram (=Zagreb) fanden die ersten Aufführungen im Jahre 1780 statt. Berühmt wurde hier das *Deutsche Theater* vor allem unter der Direktion von Josef Bubenhofer zu Beginn des 19. Jahrhunderts[73].

Damals in der Österreichisch-Ungarischen Monarchie bezahlte man in Kroatien mit dem Forint (=*forinta/florin*; deutsch: Gulden), der 1892 ersetzt wird durch die *Krone* – Mit slawischen Bezeichnungen auf dem Geldschein…Noch bezahlt man heute (2022) in Kroatien in Kuna, weil man die Abgaben in Marderfellen[74] entrichtete. Die Kuna ist seit dem 30. Mai 1994 die Währung der Republik Kroatien. Bald wird auch sie nur noch im Museum zu finden sein.

---

[72] Siehe jetzt: John Connelly, *from Peoples in to Nations*, Princeton University Press, 2020.
[73] Nikola Batušić (1938–2010, *Geschichte des deutschsprachigen Theaters in Kroatien*, Verlag der Österreichischen Akademie der Wissenschaften, 2017.
[74] =maarturinae, kroat. kuna, deutsch Mardergeld/auch: Pelzfelle

Kroatien – Das Zwischenland

Vielen ZeitgenossInnen ist Kroatien bekannt als Teil des ehemaligen Jugoslawiens. Eines der ersten großen Projekte „Titos" ist die auch deutschen Touristen als „Autoput" (serbokroatisch für: Autobahn) bekannte, 1188 km lange Autobahn Jugoslawiens, die Österreich mit Griechenland, Bulgarien und der Türkei verbindet (von Westen/Slowenien nach Südosten/Mazedonien, von Österreich nach Griechenland sowie über Bulgarien in die Türkei). Man nannte sie auch die „Straße der Völkerwanderung", die „Todesstrecke" oder auch „Gastarbeiterroute". Es geht aber auch langsamer und damit intensiver …

Der Biker wird sicherlich den Drau-Radweg kennen - entlang der Drau führt er durch 4 Länder (Italien=13km, Österreich=270km, Slowenien=144km, Kroatien=100km und Ungarn=200km) und ist ca. 750 km lang. Angekommen bemerkt man schnell die Mannigfaltigkeit des Landes.

Kroatien ist eine Übergangszone zwischen

- Norden und Süden
- Westen und Osten
- dem Stromgebiet der Donau und dem adriatischen Meer
- zwischen dem mittleren Europa und dem Adriatischen Meer sowie

- zwischen den Alpenländern im Westen und der „Balkan"-Halbinsel.

Auf dem Territorium Kroatiens spielten sich die Verquickungen mit

- dem *Frankenreich* (seit dem 8. Jhdt.)
- dem *Byzantinischen Reich* (553 n. Chr. fällt Istrien/Kroatien an das Byzantinische Reich unter Kaiser Justinian I.[75]
- dem *Islam* und
- dem Christentum

ab.

Selbst die kroatische Küche ist ein Spiegel der Diversität.

- Im Landesinneren überwiegt die österreichisch-ungarische Küche, z. T. verbunden mit der türkischen Küche.
- An der kroatischen Küste überwiegt die italienisch -mediterrane Küche

Die historischen Kontakte mit den Deutschen auf dem heutigen kroatischen Gebiet reichen weit ins 9. Jahrhundert zurück, als

---

[75]Flavius Petrus Sabbatius: aus Tauresium=Ταυρήσιον=Gradište=Градиште in der Nähe vom 20 km entfernten Skopje/Nord Mazedonien

- Istrien und Kroatien teilweise christianisiert wurden – vor allem durch den Splitter Erzbischof Johannes von Ravenna (=Ivan Ravenjanin/ gest. 680), dem ‚Apostel der Kroaten‘ – beauftragt durch den aus Salona/Nähe Split/Dalmatien stammenden Papst Johannes IV. (640–642)

- sich das Fränkische Reich im 8. Jahrhundert auf einen Teil des „Balkans" ausbreitete und Istrien Teil des Reiches Karl d. Großen wurde. Nachdem er das Istrien besetzt haltende byzantinische (griechische) Reich besiegte, hielt er 804 in Rižana (=Riziano/heute: Slowenien im Bezirk Koper) eine Versammlung mit Vertretern aus Pula, Rovinj (Rovigno), Porec (Parenzo), Motovun (Montona), Labin (Albona), Buzet (Pinguente) und Novigrad (Cittanova) ab zur Klärung des Machtwechsels[76] (Kriegsdienst u. Steuerpflicht)[77].

---

[76] Siehe: Ph. Depreux, *Les sociétés occidentales du milieu du VI à la fin du IX* (Rennes, 2002), SS. 293-299. „Alors que, en vertu de l'ordre du très pieux et excellentissime seigneur Charles, le grand empereur, et de son fils, le roi

Istrien war ein Streitobjekt zwischen dem morgenländischen und abendländischen Kaisertum.

- Der oströmische Kaiser Heraklius (Ἡράκλειος 575 – 641) überließ Istrien den Kroaten, damit diese die (wahrscheinlich aus Asien stammenden) Hunnen vertreiben, deren Macht bis zum ‚Donaulimes‘ (=Via Istrum=Linz, Tulln, Wien, (Buda-) Pest, Vukovar, Belgrad) reichte.

- Der sächsische Theologe Gottschalk von Orbais (auch: *Gottschalk der Sachse* oder *Godescalcus*) (803 in Mainz; Kloster Fulda - um 869 in Hautvillers in der Nähe von Reims) begab sich gegen 838 auf den ‚Balkan‘ und beschrieb den kroatischen

---

Pépin, nous, leurs serviteurs *(servi)* – c'est-à-dire : Izzo, prêtre, et Cadola et Aio, comtes – avions été envoyés en Istrie pour les causes des saintes églises de Dieu, au sujet des droits *(justitia)* de nos seigneurs et à propos de la violence [subie par] le peuple, les pauvres, les orphelins et les veuves, nous vînmes avant toute autre chose dans le territoire de Capodistria, au lieu-dit Rizăna.“

[77] Esders, Stefan u. Scharff, Thomas (Hrsg*.): Eid und Wahrheitssuche: Studien zu rechtlichen Befragungspraktiken in Mittelalter und früher Neuzeit.* Frankfurt am Main, 1999.

Fürsten Trpimir I., der 845 bis 864 herrschte.

- Unter den Kaisern Otto I. - III. um 1000 n. Chr. gerät Istrien an das ostfränkisch deutsche Reich, dessen Herrscher vom Papst gekrönt wurden.

- Danach geriet es unter venezianische Herrschaft.

- Gegen Anfang des 19. Jahrhunderts, sind die Istrianer bekannt wegen ihres Öl –, Fisch - und Weinhandels.

Kroatien - Multikulturell

Kroatien verfügt so über ein reiches und vielfältiges Kultur - und Naturerbe (Illyrer, Kelten, Griechen, Römer, Byzantiner, Slaven, Franken, Ungarn, Venezianer, Osmanen, Österreich-Habsburger, Serben) und wurde – wie der der „Balkanraum" in toto - zum Spielfeld der angrenzenden Mächte. Ungarn, Habsburg, Venedig, Spanien, die Osmanen und Russland. Von den Rändern her bilden sich kulturelle Symbiosen – etwa eine italo-slavische oder italo-albanische längs der Ostküste des Mittelmeeres, eine deutsch-slawische, deutsch-magyarische in den nördlichen Regionen Südosteuropas, eine byzantinisch-slawische im bulgarischen und serbischen Raum im Mittelalter, gefolgt von der orientalisch-slawischen in der osmanischen Zeit. (Vidulić).

Bevor Fürst Branimir (Herrschaftszeit: 879 - 892) die Unabhängigkeit vom oströmischen Byzanz und von den Franken erreichte, war das (westkroatische) Gebiet eine Ansammlung von verschiedenen geopolitischen Gebilden, darunter griechischen Stadtstaaten, römischen und byzantinischen Provinzen.

Dem byzantinischen Teil verdanken wir eine der ersten Beschreibungen der Kroaten: Es ist die um 950 n. Chr. verfasste, in griechischer Sprache verfasste Schrift, die bekannt ist unter dem lateinischen Titel *De Administrando Imperio* (=DAI=Von der Regierung des Reiches= Πρὸς τὸν ἴδιον υἱὸν Ρωμανόν=Für meinen eigen Sohn Romanos) des byzantinischen Kaisers Konstantin VII.[78] Es ist ein Kaleidoskop spätantiker Ethnien und Völkerwanderungen. Nach ihm lebten die Kroaten (lateinisch: Chrobati) zuvor jenseits von Bajuvarien[79], zogen nach Dalmatien, besiegten die Awaren[80], ließen sich unter ihrem Herrscher Porga (griechisch: Ποργά) bzw. Porin (Πορίνου) taufen, und

---

[78]905/Konstantinopel – 959/ab 945 Kaiser) =Constantinus Porphyrogenitus, 4. Kaiser der mazedonischen Linie der byzantinischen Ostkaiser.

[79] Wahrscheinlich: Herzogtum Bayern. Wohl in der Nähe des Inns um Salzburg herum.

[80]80 Wahrscheinlich ein ostasiatischer Stamm.

lebten nun in Dalmatien und Pannonien. Im Kap. XXIX. berichtet er Περί τῆς Δελματίας. Das Gebiet stand unter römischer Herrschaft.

"Seit alter Zeit begann Dalmatien an den Grenzen von Dyrrliachium[81] oder Antivari[82] und reichte bis zu den Gebirgen Istriens, der Breite nach bis zur Donau. Dieses ganze Gebiet stand unter römischer Herrschaft, und diese Provinz war die bedeutendste von allen westlichen Provinzen. Sie wurde nun von den slawischen Völkerstämmen folgendermaßen besetzt."

Das Gebiet, das von diesen Römern besessen wurde, erstreckte sich bis zum Fluss Donau (Η δέ καί τῶν αὐτῶν Ῥωμάνων διακράτησις ἡ ν μέχρι τοῦ Δανούβεως ποταμοῦ). Da der weströmische Kaiser Diokletian[83] recht „verliebt (ἡράσθη) in das Land Dalmatien (Δελματίας)" gewesen sei,

„brachte er ... Menschen mit ihren Familien aus Rom und siedelte sie in Dalmatien an und sie wurden Römer (οἱ καί Ῥωμάνοι) genannt."[84]

---

[81] Griechisch Δυρράχιον, heute: Durrës, Albanien.
[82] Tivari / Tivar)/Montenegro an der Adria.
[83]236/Salona/=Σαλωνα/Solin, nahe Split – 312/Spalatum=Split.
[84] Dumbarton Oaks Center for Byzantine Studies Trustees for Harvard University Washington,

"In der Nähe von Spalato liegt eine Burg Salona, ein Werk Kaiser Diokletians. Aber auch Spalato ist von Diokletian erbaut, und es befand sich dort sein Palast, während in Salona seine Großen und ziemlich viel niederes Volk wohnten. Diese Burg war die Hauptstadt von ganz Dalmatien. Es wurden nun jährlich aus den übrigen Städten Dalmatiens bis zu Tausend zusammengezogen und von Salon ausgeschickt, die der Awaren wegen an der Donau Wache hielten."[85]

Die Urbewohner Dalmatiens seien also Römer gewesen. Sie stießen bei ihren Erkundungen auf die Awaren, die seit dem 6. Jahrhundert in der Region, wo jetzt die Türken leben: Die Awaren waren Nomaden (Οἱ γάρ Ἀβαρείς ἐκεῖθεν τοῦ Δανουβίου ποταμοῦ τάς διατριβάς ἐποιοῦντο, ἔνθα ἀρτίως εἰσίν οἱ Τοῦρκοι νομάδα βίον ζώντες.). Die Dalmatiner sind neugierig und

---

District of Columbia 1967, 3. Auflage 1993. Siehe: Danijel Džino, *Becoming Slav, Becoming Croat: Identity Transformations in Post-Roman and Early Medieval Dalmatia,* Brill, Leiden&Boston, 2010.
[85] Karl Dieterich, *Byzantinische Quellen zur Länder- und Völkerkunde (5.-15. Jhd.),* Teil II.: Das Gebiet des neuen Wandervölker, Otto Wigand, Leipzig, 1912, S. 69.

wollten nachforschen, wer jenseits der Do-
nau wohnte (θελή|σαντες τον ποταμόν
διαπεράσαι καί καταμαθεῖν οἱ καί ποτέ,
τίνες κατοικοῦσιν ἐκ εἴθεν τοῦ ποταμοῦ)
und trafen auf unbewaffnete slawische Nationen (ἔθνη Σκλαβήνικα ἄοπλα οντα); die
Awaren (τούς Ἀβάρους) genannt wurden.
Die Römer überwältigten die Awaren und
nahmen als Beute und als Gefangene mit.
Danach setzt eine Gegenreaktion der Awaren ein.

"Sie (die Awaren) machten nun alle Bewohner
der Stadt (d. h. Salona) nieder, und seitdem haben sie ganz Dalmatien in ihren Besitz gebracht
und darin ihre Wohnsitze aufgeschlagen. Nur die
Städtchen an der Küste ergaben sich ihnen nicht,
sondern wurden von den Römern gehalten, weil
sie von dem Ertrage des Meeres lebten. Als nun
die Awaren sahen, wie schön dieses Land war,
schlugen sie darin ihre Sitze auf. Die Kroaten
wohnten damals jenseits von Bajuvarien[86], wo
jetzt die Weißkroaten sitzen. Eine Sippe trennte
sich von ihnen, nämlich fünf Brüder, Klukas,
Lovel, Kosentzis, Muchlo und Chrovat, sowie
zwei Schwestern, Tuga und Buga; sie zogen mit
ihrem Volke nach Dalmatien und fanden die
Awaren im Besitz dieses Landes. Nach mehrjäh-

---

[86] Es waren ungetaufte Kroaten=Weisse Kroaten.
Sie fragten dann Kaiser Heraklius=Φλάβιος
Ἡράκλειος (575 – 641), in Dalmatien bleiben zu
können. Sie ließen sich dann taufen.

rigem Kampfe behielten die Kroaten die Ober-
hand und machten so die Awaren teils nieder,
teils zwangen sie sie zur Unterwerfung. Seitdem
ist dieses Land von den Kroaten beherrscht. Es
gibt aber noch jetzt in Kroatien Reste von Awaren, von denen man weiß, dass es Awaren
sind."[87]

Die erste deutsche Übersetzung dieses fun-
damentalen Textes stammt von dem Byzan-
tinisten Prof. Dr. Karl Dietrich (1869 –
1935: *Byzantinische Quellen zur Länder-
und Völkerkunde (5. - 15. Jhd.*, Wigand,
Leipzig, 1912.). U. a. war er Erster Sekretär
und Abteilungsleiter am von dem österreichischen   Slawisten   Carl   Patsch
(1865/Kowatsch, Tschechien - 1945/Wien),
der Studienreisen nach Istrien unternahm,
1904   gegründeten   *Bosnisch-
Herzegowinischen Institut für Balkanfor-
schung* in Sarajewo und gehört zu einer um
1900 äußert fruchtbar arbeitenden Experten
Südosteuropas="Balkan-
commission": Archäologisch-epigraphische
Untersuchungen zur Geschichte der römischen Provinz Dalmatien/1896 -1912, Die
Lika in römischer Zeit/1900). Die Balkan-

---

[87] Karl Dieterich, *Byzantinische Quellen zur
Länder- und Völkerkunde (5.-15. Jhd.), Teil II.:
Das Gebiet des neuen Wandervölker*, Otto
Wigand, Leipzig, 1912.

kommission war eine Abteilung der Kaiserlichen Akademie der Wissenschaften des K.u.K.-Monarchie, gegründet am 3. Februar 1897 als Kommission für die historisch-archäologische und philologisch-ethnographische Durchforschung der Balkanhalbinsel. Das Tätigkeitsprofil der Balkan-Kommission ist im weitesten Sinne mit

„Kulturen, Sprachen und Literaturen der Balkanhalbinsel (unter besonderer Berücksichtigung ihrer Ethnographie und ihrer Geschichte)" zu umschreiben. Im Besonderen sind die folgenden Hauptarbeitsgebiete zu nennen:

1. Der Balkansprachbund, seine Kulturen und Literaturen, wozu auch die Geschichte der Schriftsprachen in Südosteuropa zu zählen ist. Der Sprachen - und Kulturen übergreifende Charakter der Forschungen steht hierbei im Vordergrund

2. Altkirchenslawische Textforschung (Überlieferungsforschung, Textkritik und Editionen)

3. Slavica Austriaca (Südslawische Minderheitensprachen und das slawische Substrat in Österreich)[88]

88

https://web.archive.org/web/20090809013843/http://www.oeaw.ac.at/balkan/mission.htm

Patsch untersuchte z. B. die „römischen Steindenkmale" in der Krkastadt Knin:

„Hauptziel war … die Aufhellung der slavischen Cultur dieser Gegend. Das Alterthum stand erst in zweiter Reihe. … Weihungen an Janus sind in Dalmatien recht häufig."

Durch Patsch wurde der ‚Balkan' als eigenständiger Kulturraum – und nicht nur als Krisenherd – wahrgenommen. Ist es ein Zufall, dass Carl Patschs Sohn Ludwig (1895/Sarajewo – 1960/Wien) ein Karl May-Forscher ist?
Wissenschaft verbindet. Eine multikulturelle Verständigungskultur in deutscher Sprache …

Kroatien und die Migration

Die ersten deutschen Einwanderer kamen im frühen Mittelalter. Dies ist der Beginn der kontinuierlichen Verbindung Kroatiens zum deutschsprachigen Raum. Die neuen Zuwanderer hatten den Status von (*teutonici/saxones*) *hospites* bzw. Königsgästen. Ein Beschluss des Begründers des christlichen Königreiches Ungarn, des ersten ungarischen Königs, Stephan I., (=István; 973-1038; Regentschaft: 998–1035; verheiratet mit der aus Regensburg stammenden Gisela) rief die „getreuen Gäste" aus Deutschland. Bereits im 11. Jahrhundert lassen sich deutsche Handwerker und Handelsleute in Kroatien, besonders in Zagreb, nieder, in dem ein deutscher Stadtteil mit deutschen Zünften entstand. Teils im Gefolge der deutschen Fürstentöchter, die ungarische Könige heiraten, teils aber auch von diesen Königen zur Verstärkung gerufen, kommen deutsche Ritter ins Land; der Arpadenkönig Emmerich (ungarisch Imre, kroatisch Emerik (1174 - 1204) zieht viele an und beschenkt sie mit Gütern. Während der ungarischen (Arpaden-) Herrschaft (1000-1301[89]) werden einige Städte „freie" Städte (liberae villae: Varaždin 1209, Vukovar 1231, Virovitica 1234, Samobor 1242, Zagreb 1242, Križevci 1252, Jastrebarsko 1257) mit einer eigenen Verwaltung, und einige von ihnen werden Marktstädte, für die Händler und Handwerker auch aus Deutschland als „hospites" („Gäste) angeworben werden. Ab dem 13. Jahrhundert wirken auch Geistliche aus dem deutschen Raum in Kroatien: Der Dominikaner Johannes (=Johannes teutonicus: 1180 - 1252) aus Wildhausen, nahe bei Oldenburg, wird Bischof von dem zu Ungarn gehörenden Bosnien mit der Diözese Đakovo

---

[89] ab 1102 ist der ungarische König auch König von Dalmatien. Die Dynastie der Arpaden geht zurück auf den ungarischen Großfürsten (845-907).

in Slavonien. Johannes begegnete auch dem Hohenstaufern-Kaiser Friedrich II., dem Enkel Barbarossas. Auch das Verzeichnis der Zagreber Bischöfe im Mittelalter weist deutsche Namen auf, wie Eberhard (um 1402) und Oswald (um 1492). Die ersten Gymnasien in Zagreb (1607), Rijeka (1627) und Varaždin (1636) wurden von Deutsch sprechenden Jesuiten des Wiener *Augustineum* geründet.

Die deutschen Einwanderer wurden eingesetzt zur Urbarmachung des Landes, zur Belebung von Wirtschaft und Handel, zu Abgaben im Frieden und Lebenseinsatz bei der Grenzverteidigung im Kriegsfall. Ihre Fertigkeiten in Handwerk und Handel, wie auch die Sprache waren für den Staat von großer Bedeutung. Die deutschen Siedler trugen zum gesellschaftlichen Fortschritt und zur Entstehung des Bürgertums bei. Mit Fleiß und Unternehmungslust stimulierten sie auf fruchtbare Art und Weise gesellschaftliche und produktive Prozesse. Kolonisten, Handwerker und Händler brachten die deutsche Sprache und Kultur nicht nur bei der Gründung von Städten in den nordwestlichen Gebieten Kroatiens ein, sondern ebneten durch ihre Präsenz auch wirtschaftliche und sprachliche Kontakte mit dem deutschsprachigen Raum.

Durch das Patent von Joseph II. wurde 1784 Deutsch als Amtssprache in Kroatien eingeführt. Das Kroatische blieb die Geschäftssprache der lokalen Behörden – Sie mussten aber mit den Behörden der anderen Kronländer und mit dem Wiener Zentrum auf Deutsch kommunizieren. Zur offenen Germanisierung kam es wieder ab 1854, als Deutsch in allen Behörden und an allen Schulen zur einzigen Amtssprache wurde.

„So wurde den Schülern bspw. 1886 in den ersten vier Klassen einer Realschule wöchentlich vier Stunden Kroatisch Unterricht vorgeschrieben, in der fünften Klasse drei und in der sechsten und siebten zwei. Deutsch wurde vier Stunden in der ersten Klasse gelernt, die nächsten vier Jahre drei und schließlich zwei Stunden in der sechsten und siebten Klasse. Französisch konnte in der fünften, sechsten und siebten Klasse jeweils zwei Stunden gelernt werden." (Cvijović Javorina)

Es wurde betont, das Lernen der deutschen Sprache an Gymnasien sei notwendig, denn die deutsche Literatur sei klassisch geprägt und das Ziel der Gymnasien bestünde darin, die Klassizität zu fördern. Die Meisterwerke deutscher Literatur seien ein wichtiger Bestandteil der europäischen Kulturgeschichte und Wissensquelle für viele kroatische Gelehrte. Mit der Entscheidung, Deutsch als

Pflichtfach an den Schulen zu unterrichten, war die Frage der kroatischen kulturellen Orientierung im Grunde gelöst. Nach acht Jahren des gymnasialen Deutschunterrichts – wobei zu betonen ist, dass das Deutsche bezüglich der Wochenstundenzahl der Muttersprache fast gleichgestellt war – konnte selbstverständlich keine andere lebende Fremdsprache die Dominanz des Deutschen im öffentlichen, kulturellen und wissenschaftlichen Bereich gefährden (Ivana Cvijović Javorina[90]).

Eine große Zahl deutscher Entlehnungen kam so auf direktem Wege in die kroatische Sprache. Aus dieser Zeit stammen z. B. folgende Entlehnungen[91] (ceh=Zeche; cilj=Ziel; klamfar=Klampfe; šni-

---

[90] Ivana Cvijović Javorina, *Deutschunterricht und Germanistikstudium an der Philosophischen Fakultät in Zagreb 1876–1904.* Auch: Štefka Batinić, Ivan Vavra: *Fremdsprachenunterricht in den kroatischen Schulen im 20. Jahrhundert*, (hrsg.) Elmar Lechner, Formen und Funktionen des Fremdsprachenunterrichts im Europa des Zwanzigsten Jahrhunderts, Europäischer Verlag der Wissenschaften, Peter Lang, 2002, SS. 23 – 39.

[91] Aneta Stojic, Marija Turk, *Deutsch-kroatische Sprachkontakte: Historische Entwicklung und aktuelle Perspektiven auf lexikalischer Ebene*, Narr Francke Attemto Verlag, Tübingen, 2016.

car=Schnitzer). Die Bereiche, in denen die Germanismen vorkommen, sind u. a. Aussehen und Kleidung (z. B. kragna=Kragen; strunfe=Strümpfe), Technik (z. B. borer=Bohrer, bormasina=Bohrmaschine), Handwerk (z. B. cimerman=Zimmermann: sloser=Schlosser: smirglpapir=Schmirgelpapier)[92].

„Vor allem im gewerblichen Bereich hatten die Deutschen einen bereits aus der alten Heimat mitgebrachten und in der Gesellenwanderung immer wieder erneuerten Professionalisierungsvorsprung, der sich in vielen Lehnwörtern widerspiegelte..."[93]

Schließlich geht auch die Krawatte (frz. Cravate, frz. „croate", mundartlich für „Kroate"), also der Schlips oder Binder in ihrer modernen Form auf die Ära Ludwig XIV. zurück: Er heuerte kroatische Söldner an. Diese trugen ein Stück Stoff (=hravatska),

---

[92] (hrsg): Zrinjka Glovacki-Bernardi, Lara Hölbling Matković (Editor), Sanja Petrušić-Goldstein, *Agramer: rječnik njemačkih posuđenica u zagrebačkom govoru;* Zur Sprachentwicklung allgemein: Mario Grčević, *Eine Untersuchung aus der Sicht der Theorie der Literatursprache*, 1996
[93] Carl Bethke, *K(l)eine gemeinsame Sprache?: Aspekte deutsch-jüdischer Beziehungsgeschichte* 1900-1945, LIT-Verlag 2013, S.61.

das am Kragen in Form einer Rosette (oder Schleife) befestigt wurde und deren Enden über der Brust hingen. Das Wort Cravat selbst stammt aus dem Französischen: à la Croate - im Stil der Kroaten! [94] Das Grimm'sche Wörterbuch schreibt:

„eignerweise hat aber das kroatische kriegsvolk seinen namen auch in einem modischen klei-dungsstück hinterlassen, in cravatte … , das dann mit dem Pariser modestempel versehen über Europa hingieng: franz. cravate, ital. cravatta, aber auch croatta …., span. corbata, engl. cravat,

---

[94] Die richtige Art der Herstellung, des Tragens, des Bindens und der Anlässe ist eine ganze Wissenschaft. Jemanden an der Kravatte anzufassen, galt als eine große Beleidigung. Cf. Le Blanc, *The Art of Tying the Cravat,* 1828.: „In 1660 a regiment of Croats arrived in France; —a part of their singular costume excited the greatest admiration, and was immediately and generally imitated; this was a tour de cou, made (for the private soldiers) of common lace, and of muslin or silk for the officers; the ends were arranged en rosette, or ornamented with a button or tuft, which hung gracefully on the breast. This new arrangement, which confined the throat but very slightly, was at first termed a Croat, since corrupted to Cravat. (S. 16). 1997 wurde die *Academia Cravatica* gegründet. Am Krawattentag, dem 18.10.2003 wurde eine riesige Krawatte um die Amphitheater in Pula gelegt.

crabat u. s. w. Im franz. erscheint es schon in der ersten hälfte des 17. jahrh. … also auch eine frucht des 30jähr. Krieges … Krabate war früher auch die schriftform, im 16. jh. z. b. wird das land angegeben 'Krabaten (das), Croatia..."[95]

Kroatien – und das Meer

Schon vorher hat Kroatien früh die Fixiertheit an die Scholle aufgegeben – sicherlich auch, weil es am Meer liegt.

„Das Meer ladet den Menschen zur Eroberung, zum Raub, aber ebenso zum Gewinn und zum Erwerbe ein; das Land, die Talebene fixiert den Menschen an den Boden; er kommt dadurch in eine unendliche Menge von Abhängigkeiten, aber das Meer führt ihn über diese beschränkten Kreise hinaus. Die das Meer befahren, wollen auch gewinnen, erwerben"[96] (G. W. F. Hegel).

Spielen neben Oliven - und Feigenbäumen, der Marktplatz, die Oliven- und Feigenbäume, die Vegetation, die Nahrung, die Gerüche, die Schifffahrt und Fischerei eine Rolle für die Kultur[97]?

Auf Grund seiner Meeresanbindung hat Istrien hat besonders Beziehungen zur

---

[95] https://woerterbuchnetz.de/?sigle=DWB#1
[96] https://www.projekt-gutenberg.org/hegel/vorphilo/chap002.html
[97] Siehe u. a. den bosnisch-kroatischen Historiker Predrag Matvejević (1932 in Mostar – 2017 in Zagreb).

deutschsprachigen Kultur. Juraj (Giorgio) Dobrila (1812 Tinjan, bei Poreč/Parenzo – 1882/Triest), Bischof von Poreč und Pula, Freund Strossmayers, gründete deutschsprachigen Grundschulen in Tinjan und Pazin (deutsch: Mitterburg).

Die Elite Istriens wird an zwei Gymnasien ausgebildet: eins in Koper/heute: Slowenien, eins in Pazin/heute: Kroatien. An beiden Schulen ist Deutsch die Hauptsprache. Dobrila spricht sich 1863 dafür aus, dass neben „Slawisch" und Italienisch auch Deutsch an den Schulen gelernt werden solle.

Als mediterrane Region ist gerade Dalmatien eine vielschichtige Welt der Grenzen und Ränder, paradoxer Situationen, Übergänge und Beziehungen: Romanische, südslawische, deutschsprachige und osmanische Kultur in unmittelbarer Nachbarschaft; hinzu kommt, neben dem plurikulturellen und dem maritim-insularen Charakter, die Verbindung von Urbanität mit kultureller und sozialer Buntheit: Die dalmatinische Kultur im engeren Sinn ist eher eine urbane, bürgerliche Kultur im Kontaktbereich einer archaischen und bäuerlichen; ihre Zentren und wichtigsten Städte sind zugleich Grenzstädte, an der Grenze zwischen

- Land und Meer

- slawischen und römischen Kulturland
- Orient[98] und Okzident

liegend.

„Dalmatien war seit dem Wiener Kongress ein Kronland der Monarchie – genauer der österreichischen Reichshälfte – und die Anfänge des modernen Tourismus gehen auf die Zeit der Habsburgermonarchie zurück. Dabei wird das damals noch schwierig, nämlich nur per Schiff erreichbare Land in den Reiseberichten und Reiseführern der Zeit als „orientalisch", „halborientalisch" oder zumindest als „Übergang zum Orient" geschildert. Breiter Raum wird exotischen kulturellen Praktiken, etwa der Schilderung des Glaubens an Amulette (so genannte

---

[98] Im vorliegenden Buch werden Konzepte wie ‚Zivilisation',
‚Orient', ‚Exotik' oder ‚Barbarei' behandelt, die zu verschiedenen Zeiten in unterschiedlichen Kulturen gängig waren. Da diese Konstrukte kontextualisiert werden müssen, wäre auch eine graphische Verdeutlichung durch Anführungszeichen angemessen. Da dies jedoch die Lesbarkeit erschwert, wird in der Regel darauf verzichtet. Auch der Lesbarkeit ist es geschuldet, wenn an vielen Stellen auf die Verwendung sowohl der femininen als auch der maskulinen Form verzichtet wird. Der Begriff ‚orientalisch' wird z. B. aus russischer und westeuropäischer Perspektive auch verwendet für die Krim-Halbinsel.

Zapis) und der Blutrache gewidmet." (Peter Stachel).

Viele Schriftsteller und Künstler verlassen das Zentrum Wien, um andere Zentren der Moderne aber auch das ‚Ursprüngliche' aufzusuchen. So wird modernes Gedankengut auch in osteuropäische Länder wie Ungarn, Slowenien, Bulgarien und Kroatien verbreitet. So kommt es zu einem Transferhandel, in dem die Kultur-Güter angeboten und konsumiert werden – Wie später auch im Fußball…

Das Pech des Manuel Neuer

Wenn es im Fußball auch nicht um Transzendenz geht, so kann er doch Trancezustände auslösen und in Schauergefühlen, Schwitzen, überwältigenden Euphorie-Gefühlen und Zittern quasi-religiöse Phänomene auslösen, die Kant als Enthusiasmus bezeichnet hat. Gilt die Behauptung Friedrich Schillers, dass der Mensch nur dort Mensch ist, wo er spielt, auch für das Fußballspiel? Aber das Fußballspiel ist nicht länger dem Ernste entgegengesetzt: Es ist geradezu von heiligem Ernst erfüllt, der nicht daran hindert, dass es in Gemeinheit und Brutalität übergeht. Ein Spiel kann sich steigern in einen wahren Spielrausch oder in ein rohes Kampfgeschehen versinken. Für viele Fans gilt, dass sie nicht die Antike bemühen müssen, um zu erfahren, dass ein heroisches Dasein möglich ist. Ist das Fußballspiel, besonders unter verfeindeten Nationen, die Fortsetzung des Krieges mit anderen Mittel?

Als der kroatische Sänger Marko Perković (alias Thompson) 2007 in Frankfurt auftreten wollte, gab es hitzige Auseinandersetzungen, da er die Ideologie des kroatischen Faschismus besinge und Nazismus, Antisemitismus und Fremdenhass verbreite.

Jüngst wurde der deutsche Torwart Manuel Neuer (1986 in Gelsenkirchen-Buer) mit dem Namen des Sängers Perković in Verbindung gebracht. Neuer, der mit den kroatischen Fussballgrößen Ivan Rakitić, Ivica Olić, Mario Mandžukić und Ivan Perišić gespielt hat, soll während seines Urlaubs 2020 in Dalmatien mit kroatischen Freunden das nationalistische Lied *Lijepa li si* (=wie schön du bist) gesungen haben, das 1998 von Marko Perković (geb. 1966 in Čavoglave/Dalmatien) in komponiert wurde.

„Wenn ich mich erinnere, kommen mir die Tränen Die Erinnerungen beginnen zu riechen. Jedes Stück der Heimat und der völkischen Bräuche. Ich erkannte deine Schönheit, welche meine Liebe weckt. ....Refrain: Oh Zagorje, du bist schön, Slavonien, du bist goldig Herceg-Bosna ....″[99]

Der Text gilt als die inoffizielle kroatische Fußball Hymne. Er hat einen völkisch - nationalistischen Ton und bezieht sich auf die Gebiete, die im letzten ‚Balkankrieg' (Jugoslawienkrieg) (1991-1995) umstritten waren: Diese Teile der mehrheitlich moslemischen Teilrepublik (des ehemaligen) Jugoslawiens, Bosnien-Herzegowinas, wurden als kroatisches Staatsgebiet vereinnahmt (=sog. Kroatische Republik Herceg-Bosna (kroatisch *Hrvatska Republika Herceg-Bosna*=HRHB). Geplant war die Angliederung an die Republik Kroatien. Das Gebiet war Schauplatz massiver ethnischer Säuberungen, und die Hauptstadt der HRHB wurde Schauplatz eines Stellungskrieges zwischen katholischen Kroaten und muslimischen Bosniaken. Der ehemalige Bremer Bürgermeister Hans Koschnick (1929 - 2016) wurde als EU-Administrator für den Wiederaufbau der umkämpften Stadt Mostar eingesetzt und zog den Hass kroatischer Extremisten auf

---

[99]

https://www.songtexte.com/uebersetzung/thompson/lijepa-li-si-deutsch-5bd67b54.html
„Oj Zagoro, lijepa li si Slavonijo, zlatna ti si Herceg-Bosno": Zagorje=der Norden Kroatiens; Slawonien=der Osten Kroatiens

76

sich, weil er angeblich die Moslems im Land bevorzuge.

Der Komponist des Liedes *Lijepa li si* Marko Perković (=Thompson), der aus seinen antiserbischen Ressentiments keinen Hehl macht („O Neretva[100], fließe aus dem Land und spüle die Serben in die blaue Adria"), steht dem kroatischen Fußball nahe: In der Kabine während der WM 2018 in Russland wurden seine Lieder angestimmt, und er durfte am 16. Juli 2018 beim Empfang der kroatischen Nationalelf in Zagreb auf dem Lastwagen zur Feier der gelungenen Weltmeisterschaft mitfahren und mitfeiern. Selbst in deutschen Medien war vom „Stolz" des kroatischen Volkes die Rede. Mögen auch viele der kroatischen Fußballfans faktisch säkular sein, zählen sie sich nominell zu katholischen Kirche. Kroatien ist ein mehrheitlich (ca. zu 87%) katholisches Land[101], in dem vor allem Dominikaner, Benediktiner und Franziskaner seit dem 16. Jahrhundert – vielfach im Sinn der Gegenreformation und Abwehr des Luthertums - tätig waren, die Architektur (Gotik, Ba-

---

[100] Der bedeutendste Fluss in Bosnien-Herzegowina (von der kroatischen Adria über Mostar hinaus 60 km südlich von Sarajewo).

[101] https://www.owep.de/artikel/1068-kleineren-religionsgemeinschaften-in-kroatien

rock) beeinflussten und in ihren Bibliotheken geistiges Erbe bewahrten. Wegen der ständig wachsenden Türkengefahr mussten z. B. die Franziskaner aus Kloštar Ivanić und aus Moslavina[102] die Flucht ergreifen. Kroatien – Hort des katholischen Glaubens…? Thomas a Kempis' *De Imitatione Christi* erscheint 1699 in Wien mit kroatischen und lateinischen Eintragungen bei dem Drucker Leopold Voigt (1650 – 1706). 1780 archiviert ein Franziskanerkloster *Libri Croatici Catholicis Authoribus*[103].

Kroatien bekommt auch mediale Aufmerksamkeit durch die global-aktive katholische Kirche - z. B. durch die 4 Reisen (1994, 1998, 2003, 2004) von Papst Johannes Paul II., als er z. B.

- im Juni 2003 zur Seligsprechung von Marija Petković (1892 in Blato auf Korčula - 1966) und
- 2004 anlässlich des 1700. Gedenktags des Martyriums des hl. Domnius auch Split

besucht.

Bei einer Schiffskatastrophe 1988 vor der Küste bei Callao in Peru soll ein Offizier die Hilfe von Marija Petković erbeten haben, die ihm dann eine unbeschreibliche Kraft ver-

---

[102] Gespanschaft=*županije* - Südlich von Zagreb.
[103] Archiviert im Klosterarchiv Güssing.

78

liehen haben soll, die es ihm ermöglichte, eine Luke zu schließen. 1998 kommt der Papst nach Maria Bistrica, einem Marienheiligtum in der Nähe von Zagreb, um Kardinal Aloisius Stepinac (1898-1960), Erzbischof von Zagreb (1937-1960), selig zu sprechen, weil er ein mutiger Kämpfer für die Menschenrechte gewesen sei. Für den Papst ist Stepinac ein Märtyrer, in dessen Person sich ‚die gesamte Tragödie' spiegele, die über das kroatische Volk und über Europa in Laufe dieses Jahrhunderts hereingebrochen sei. Auch in der Bundesrepublik Deutschland schnitten Studenten in den 1950-er Jahren sein Foto aus Zeitungsberichten aus und hängten es sich an die Wand. Einige junge Deutsche reisten sogar nach Jugoslawien und besuchten Stepinac unter abenteuerlichen Umständen im Hausarrest, was natürlich streng verboten war (Claudia Stahl). Stepinacs Leben fällt in die politisch turbulenten Jahre des kroatischen Faschismus und des Kommunismus titoistischer Prägung. Stepinac hatte an der päpstlichen Elite-Universität, dem deutschsprachigen Collegium Germanicum, in Rom studiert[104],

---

[104] Es ist möglich, dass Stepinac Kommilitone des späteren Kardinals Julius Döpfner gewesen ist. Als Stepinac 1960 als Gefangener starb, nannte ihn Döpfner, damals Bischof der geteilten

das 1552 ursprünglich zur Rekrutierung deutscher Priester aus dem Heiligen Römischen Reich Deutscher Nation und aus dem Königreich Ungarn und seiner Provinzen gegründet worden war. Stepinac soll sich ein Leben lang für die deutsche Kultur, Geschichte und Politik interessiert[105] haben. (Claudia Stahl). Stepinacs' Seligsprechung reißt wiederum Wunden auf (z. B. bei der serbisch - orthodoxen Kirche, die Stepinac anti-serbische Ressentiment vorwirft, oder der serbischen Regierung). Die Seligsprechung sollte ein Gegengewicht zur Verurteilung des Kardinals unter Tito sein. Über Stepinac und sein Verhältnis zur Ustaša-Führung, zu den begangenen Verbrechen und zu den verfolgten Juden und Serben im USK wird seit Jahrzehnten disku-

---

Stadt Berlin, in einer Rundfunkansprache einen „großen Bischof seines Volkes". Döpfner, Julius, Ein großer Bischof seines Volkes. 22. Februar 1960", in: ders. Wort aus Berlin. Rundfunkansprachen und Predigten des Bischofs von Berlin, Band I., Berlin 1960, S. 95-98.
[105] https://www.zivazajednica.de/interview-mit-dr-claudia-stahl-der-autorin-des-deutschsprachigen-buches-alojzije-stepinac-die-biografie-verlag-ferdinand-schoningh-paderborn-2017-stepinacs-leben-ist-eine-mod/

tiert[106]. Stepinac bleibt weiterhin im Fokus der Aufmerksamkeit. (Claudia Stahl).

Alter und Neuer Tourismus

Dem Tourismus kommt eine herausragende Stellung in der Frage nach der nationalen Identität zu. Broschüren und Bücher sagen, was wichtig ist an einer Nation. Sie gehören zum ‚reputation management' (Lauren A. Rivera[107]). Auch das vorliegende Buch zählt sich dazu, weil es Kroatien darstellen möchte als ein Land, dessen BewohnerInnen immer wieder die ‚Scholle' verlassen haben. Dabei kommt dem Meer eine herausragende Bedeutung zu. Das Meer „gibt uns die Vorstellung des Unbestimmten, Unbeschränkten und Unendlichen, und indem der Mensch sich in diesem Unendlichen fühlt, so ermutigt dies ihn zum Hinaus über das Beschränkte", sodass es nicht als das Trennende anzusehen" ist. Es ist wesentlich zu sagen, dass nichts so sehr vereinigt als das Wasser".[108] (G. W. F. Hegel), während das

---

[106] https://www.vecernji.hr/vijesti/esther-gitman-hrvati-su-spasili-tisuce-zidova-a-stepinac-je-svetac-257378

[107] Lauren A. Rivera, *Managing "Spoiled" National Identity: War, Tourism, and Memory in Croatia*, 2008.

[108] Georg Wilhelm Friedrich Hegel, *Vorlesungen über die Philosophie der Geschichte.* Frankfurt am Main 1989. S. 118.

Land und die Tal Ebene den Menschen an den Boden fixieren und ihn isolieren. Hegel schreibt dem Ozean eine gewaltige ästhetische Wirkung zu, es reize die Einbildungskraft und bewege den Menschen zum Aufbruch (Michael Makropoulos). Allerdings birgt diese Voraussetzung eine Gefahr in sich: Tourismusbroschüren zeigen die Gefahr einer eurozentrischen Deutung Kroatiens, wenn sie Kroatien vor allem als meergebundenes, mediterran-europäisches Land mit italienischer Architektur darstellen, vielleicht noch erweitert um den Vergleich zu der Landschaft Irlands, zu den an Skandinavien erinnernden Wäldern und zu den alpinen Bergen und an die USA erinnernden Canyons – natürlich noch verschönert durch die an Österreich und Deutschland erinnernden Burgen und Schlösser.

Mit den *Guiding Principles on Business and Human Rights* der Welt-Tourismus-Konferenz in Manila/Philippinen (27. September – 10. Oktober/2011=UNWTO)) hat die UNO den Gedanken eines ‚cultural tourism' eine besondere Bedeutung zugesprochen. Das erklärte Ziel der Förderung des Respekts beinhaltet eine intensive Kenntnis des anderen (‚fremden') Landes. Der Inhalt der Reiseliteratur hängt auch immer von den Erwartungen der avisierten Leserschaft ab – wie jedes Buch, so auch das vorliegende.

Lange Zeit war wenig bekannt über diese Region. Noch der französische Aufklärer Denis Diderot (1713 – 1784) meinte, Bosnien grenze an (das ca. 500 km entfernte) Albanien, und er zählte die Kroaten zu den Slawen, und sprach von ihrer ‚wilden Unhöflichkeit' (=rudesse savage) und ihren ‚unzivilisierten Sitten (=moeurs incivilisés). Mit einer romantischen Sehnsucht nach der Wildheit und der ungezügelten Natur entstand die Sehnsucht, diese Regionen selbst aufzusuchen. Pferd, Kutsche und das Schiff waren bis ins späte 19. Jahrhundert die gängigen Transportmittel. Stundenlang in einer rappelnden Pferdekutsche oder einer Barke zu sitzen, ist eher eine Übung in Selbstüberwindung und Geduld denn eine Freude und Entspannung. Mit einer Barke fährt Joseph Georg Wiedemann (*Streifzüge nach Venedig und Istrien/*1805[109]), ein für die lese – und reiselustigen Menschen des 19. Jahrhunderts wichtiger Werber Kroatiens, 1803 von Triest/Italien aus nach Pula Istrien. Er braucht 16 Stunden. Er berichtet über die

---

[109] *Streifzüge an Istriens Küsten*, Wien, Anton Doll, 1805. Dieses Verlagshaus ist wichtig für die Verbreitung deutsch-österreichischer Literatur (Z. B.: *Annalen der Österreichischen Literatur*).

wechselvolle Geschichte besonders Istriens und wird über die *Leipziger Literaturzeitung* (1806) auch in Deutschland bekannt. Natürlich werden seine Hinweise, dass „in Istrien der Winter nicht strenge" ist, und dass „Fremde" „gastfreundlich aufgenommen" werden, als Werbung verstanden; ob er auch Recht hat mit seiner Behauptung, dass die Männer „im Durchschnitt" „schöner aussehen als ihre schwarzbraunen Weiber", sei dem kritischen Besucher dieser Region zur eigenen Überprüfung überlassen. Dass die „Gassen sehr enge" sind, ist wohl immer noch richtig. Der Hass auf „deutsche Herrschaft" ist sicherlich überwunden.

Bei der Lektüre der Reiseliteratur ist nicht die Frage im Zentrum, wie es eigentlich gewesen ist, sondern welche Bilder von dem Land einflussreich gewesen sind.

Nach Wiedemann gilt hier in Istrien noch immer das *Dolce far niente* (italienisch: Süßes Nichtstun). Am Ziel angekommen, kann man sich entspannen - und in die Vergangenheit eintauchen und die kulturellen Schätze (z. B. in Pula) genießen.

Wer vor 160 Jahren etwas auf sich hielt, reiste mit der Eisenbahn. Andere Touristen sind so vielleicht mit dem durch Agatha Christie filmisch bekannt gewordenen, 1883 entstandenen *Orientexpress*, dem ‚König unter den Zügen', dem ‚fliegenden Teppich des Orients', einem Symbol der *Belle Époque* in Zagreb angekommen (Paris – Mailand - Venedig – Triest - München – Salzburg – Villach – Wien - Zagreb – Újvidék=Novi Sad - Belgrad – Konstantinopel – 1888/1889). Beteiligt an seiner Entstehung war u. a. der deutsche Unternehmer Maurice de Hirsch (1831/München – 1896/ deutsch Neuhäus/Nové Zámky/heute Slowakei). 1938 nutzen Sigmund, Martha und Anna Freud den Zug auf ihrer Flucht vor den Nazis von Wien aus nach Paris (Ostbahnhof).

„Um 14.30 Uhr fuhr der herz - wie krebskranke Psychoanalytiker zusammen mit seiner Frau Martha, Tochter Anna, 20 Koffern und dem Chow-Chow Lün[110], begleitet auch von der Ärz-

---

[110] Der 2. Chow Jofi, Lüns Schwester, muss wohl schon tot gewesen sein (wahrscheinlich 14.1.1937 gestorben). Lün-Yu wurde der Familie Freud von der Mitarbeiterin Annas, Dorothy Burlingame-Tiffany (1891/New York – 1971/London), am 15.1.1937 geschenkt. Sie arbeitete mit Anna besonders über infantile Depression. Zusammen mit Anna arbeiteten sie in der Hampstead Clinic, von beiden 1951 gegründet. https://freudsbutcher.com/psychology/freud-dogs-pt-4-the-mystery-of-the-chows-on-the-balcony/ https://chowtales.com/sigmund-freud-and-his-chows/?print=print

tin Josefine Stross, mit zwei Taxis von der Berg-
gasse 19 zum Westbahnhof. Dort wurde er im
Krankensessel auf den Perron getragen und in
sein Schlafwagenabteil gehoben. Der Orient
Express fuhr um 15.14 Uhr ab, um 3.45 Uhr
passierte er die deutsch-französische Grenze in
Kehl." (Thomas Trenkler) [111]

1939 kommt es mit dem Bau des 20-km
langen Simplon-Tunnels unterhalb des
Simplon-Passes zwischen der Schweiz und
Italien, den Charles Darwin (*Pictures from
Italy*/1846) noch nutzen musste, Einführung
auch einer südlicheren Strecke (Mailand –
Venedig – Triest). Nun liegt Zagreb auf der
Strecke des („Simplon"-) Orientexpresses
(Paris-Venedig – Triest – Zagreb – Vinkovi-
ci – Belgrad – Istanbul). In drei Tagen war
man also im „Orient" angekommen. Die
Passagiere stiegen im Hotel Esplana-
de/Zagreb ab, u. a. auch Curd Jürgens, wo
auch der im Deutschland der 60-er Jahre
bekannte Ivo Robić
(1923/Garešnica/Mittelkroatien –

[111]

https://artsandculture.google.com/asset/sigmund-
and-anna-freud-on-the-orient-express-
1938/EAEw-rdIyr31BA?hl=en;
https://kurier.at/kultur/braindrain-nach-dem-
anschluss-1938-der-exodus-der-
freudianer/401820514

2000/Rijeka) sang, bekannt durch die Zusammenarbeit mit Bert Kaempfert und seinen Massenhits *Morgen, Mit siebzehn fängt das Leben erst an.* 1967 sang er *So wie's früher einmal war / Was wird bleiben?*[112]. Der Hauptdarsteller des Films *Murder on the Orient Express* (2017), Kenneth Branagh, soll mit sieben Jahren selbst in ihm gefahren sein und sich wie „ein Prinz" gefühlt haben[113] - auf irgend eine Weise noch recht royal. Kann es denn wieder so sein? Für 2023 ist die Wiedereröffnung der Orientexpress-Strecke vorgesehen Venedig - Zadar – Hvar - Kotor (Montenegro) und Rückfahrt über Vis und Rovinj[114]. Warum der Zug diesen Namen und nicht den des 1916 begonnenen ‚Balkanzuges' trug, lässt sich unschwer erahnen …. Oder?

Kulturtourismus

Die Kroatische Zentrale für Tourismus unterscheidet zwischen drei Typen von Kulturtouristen:

---

[112] http://orientexpresshistory.net/
[113] https://www.waz.de/politik/stimmt-es-dass-sie-ein-kontrollfreak-sind-mr-branagh-id212511997.htmlhttp://orientexpresshistory.net/
114

https://www.destinationsshow.com/london/offers-campaign-feb-mar-22/croatia-montenegro-the-venice-simplon-orient-express

1. die kulturmotivierten Touristen, die etwa 17% ausmachen und als elitäre Touristen angesehen werden, die eine Kulturreise als Gesamtpaket konsumieren

2. die kulturinspirierten Touristen, die rund 50% stellen und von den bekannten kulturellen Stätten, Attraktionen und Events angezogen werden

3. die Touristen, die 33% ausmachen und deren Motive nur mehr sehr marginal mit Kultur in Verbindung zu bringen sind. Diese Gruppe plant keinen Besuch von kulturellen Stätten, aber wenn ihnen während ihres Aufenthaltes eine kulturelle Besichtigung angeboten wird, nehmen sie auch daran teil.

Vielleicht kann die Anzahl der Kulturtouristen gesteigert werden, wenn Kroatien sich i. S. der Erklärung der *United Nations Educational, Scientific and Cultural Organization* von 1972 auch als „Kulturland" (cultural heritage) präsentiert und nicht nur auf den die Gewaltstätten erinnernden Dark Tourismus (,Thanatourismus', z. B. Vukovar, Dubrovnik/Krieg mit Serbien; Jasenovac/Konzentrationslager) setzt. Die Wahrnehmung kann höchst selektiv sein, so wenn z. B. Heinrich von Kleist in seiner Novelle

Der Findling (1811) Dubrovnik mit Pest assoziierte und die Stadt zum Ort einer Katastrophe machte oder wenn die Stadt mit dem großen Erdbeben von 1667 mit ca. 6000 Toten verbunden wird (Ludwig Achim von Arnim/*Marino Caboga*1826), aber die Umkehrung gilt auch. Heinrich Zedler schuf mit Abstand das größte Lexikon des 18. Jahrhunderts. Sein *Grosses vollständiges Universal-Lexicon aller Wissenschafften und Künste* (1732) charakterisiert Dubrovnik durch „Freiheit", wo "die Edelleute ... keine Degen tragen" [115]. Aber natürlich bleibt die Stadt dem Zeitgenossen als Beispiel der Städtezerstörung während des Jugoslawienkonflikts (zumindest im Herbst 1991 und Frühjahr 1992) in Erinnerung, auch wenn beispielsweise Vukovar zur selben Zeit stärkere Schäden erleiden muss. (Marijana Erstić).

Das kulturtouristische Potential von Kroatien ist bei den immateriellen Kulturgütern zu finden. In einer Besucherbefragung von

---

[115] Marijana Erstić, *Dubrovnik intermedial Zwischen Idyll und Katastrophe,* Universitätsverlag, Siegen, 2020. „Literaturhistorisch gesehen pendelt Dubrovnik seit Jahrhunderten zwischen Idyll und Katastrophe, in der deutschen Roma tik auch zwischen ‚rechtschaffenen' Vätern und ‚verkommenen' Söhnen."

Kroatien), wurde auch eine Frage nach dem Image von Kroatien gestellt. Dabei identifizieren die meisten Besucher mit Kroatien folgende Merkmale:

- der Reichtum an kulturellem und historischem Erbe (84%)
- die Gastfreundschaft und willkommene Atmosphäre (82%)
- der entspannte Lebensstil (75%)
- das einzigartige Brauchtum und die Gastronomie (jeweils 72%).
- der Schatz und Reichtum an Museen und Galerien (71%)
- für 50 bis 60% steht Kroatien für Festivals und Events, sowie für eine reiche zeitgenössische Kunst und Kultur.

Also auf nach Kroatien – Oder? ….

Noch der preußische Hauptmann Otto Ferdinand Dubislaw Pirch (1799/Bayreuth – 1832 Breslau), der 1828/29 nach Südosteuropa kommt, musste sich der Frage stellen, warum er „Slavonien und Croatien … durchreisen" will, wenn doch der

„Unterschied zwischen der Kultur des südöstlichen Europa und der des nordwestlichen … ungeheuer ist; das asiatische Element reicht dort soweit herein, dass man es von Wien mit wenigen Schritten erreichen kann."

Aber dennoch: Es ist nicht nur attraktiv, weil man dort wenige Engländer trifft, sondern vor allem, weil dort „die Menschen dem Naturzustande etwas näher" seien, „ohne sich geradezu zu tätowieren oder ihre Gefangenen zu verspeisen".[116] Also keine Angst.

Der kulinarische Sinn hat sich tiefgreifend verändert – und die Lebenserwartung der Kroaten liegt nach den offiziellen WHO-Daten von 2019 bei 78,4 Jahren (Frauen: 81,6; Männer: 75,4) – und damit knapp unter Deutschland (80,9). Aber solange man neugierig ist, trotzt man dem Alter. Kroatien hatte wohl keinen Johann Wolfgang von Goethe, der es bereiste und literarisch berühmt machte, war aber das Ziel von Kavalierstouren und Bildungsreisen berühmter Personen. Dass der große Deutsche, der schon 1786 in Venedig war, nicht nach Kroatien kam, ist ein Mysterium, obwohl er ein Verehrer der ‚romantisierenden‘ Dichtung Ossians war - wie sein Zeitgenosse Michael

---

[116] *Caragoli Erster Theil: Ungarn, Militairgrenze, Slavonien, Croatien. Zweiter Theil: Fiume, Triest, Venedig*, In der Haude – und Spenerschen Buchhandlung, Berlin, 1832, I. Teil, S. Vf. Caragoli sind „kleine venetianische Muscheln, welche leicht aufgefunden und lose aneinander gereiht ihren Werth von dem Lichte erhalten, in dem Du sie betrachtest".

Denis, den Kaiser Joseph II. zum Kustos an der Hofbibliothek ernennt und sein Bruder Leopold II. ihn dann zum wirklichen Hofrat befördert. [117] Denis, dessen Arbeit am Ossian das Verhältnis zu dem von ihm bewunderten Klopstock intensivierte, dichtete *Die Heimkunft der Kroaten*, 1779. Kroaten wurden als Bauern zum Schutz vor den Osmanen angesiedelt, kämpften für Österreich und galten als sehr tapfer.

„Willkommen, liebes Vaterland!
Da ziehen wir heran.

---

[117] Johann Nepomuk Cosmas Michael Denis, auch Sined der Barde (1729 in Schärding, Bayern - 1800 in Wien) war ein österreichischer katholischer Priester, Schriftsteller, Übersetzer, Bibliothekar und Zoologe. Er war ein begeisteter Anhänger Kaiserin Maria Theresias. Er übertrug den gesamten Ossian-Macpherson in deutsche Hexameter. Der Ossian ist ein angeblich altgälisches Epos aus der keltischen Mythologie. Diese „Gesänge des Ossian" hat tatsächlich der Schotte James Macpherson (1736–1796) geschrieben. Siehe auch Herder, *„Auszug aus einem Briefwechsel über Oßian und die Lieder alter Völker"*: „Auch Denis Übersetzung verräth so viel Fleiß und Geschmack, theils glücklichen Schwung der Bilder, theils Stärke der Deutschen Sprache, daß ich auch sie gleich unter die Lieblingsbücher meiner Bibliothek gestellt…"

Wir haben, was Theresia,
Was Joseph hieß, gethan.

Was uns're Väter thaten, das,
Das haben wir gethan;
Drum ziehen wir mit hohem Muth,
Und freier Brust heran.

Auf, rolle, Trommel! Pfeife, schall
Aus aller deiner Macht!
Daß unser ganzes Vaterland
Den Kommenden erwacht!

Pflanzt auf die Mütze frisches Laub,
Und laßt die Fahnen weh'n!
Es müßen uns're Dörfer uns
Von   weitem   kommen   seh'n.

Sie seh'n uns! Alles, alles eilt
Auf seine Krieger *zu*. –
Wo ist er? Ha, sey mir gegrüßt,
Du greiser Vater, du!

Da komm' ich. – »Hast du, wie ich dir
Beim Abzug' anbefahl,
Geschützt den Kaiser? Bringst du mir
Ein rühmlich, Ehrenmaal?

Lebt Vater Klebeck?« Siehst du nicht
Das Kreuz auf seiner Brust?
»Ich kann's nicht seh'n. Mein Aug' ist trüb':
Doch hör ich es mit Lust.«

So faß, o lieber Vater! mir

Mit deiner Greisenhand
Die grüne Fahne[118], die dein Sohn
Dem Feinde kühn entwand.

»O weinen möcht' ich, trauter Sohn!
Ich fühle, du bist mein!
So war ich einst in Schlesien,
In Baiern und am Rhein.«

Macht Platz! Mit zweien Kindern eilt
Heran ein junges Weib.
Sie sucht, und findet ihren Mann,
Und fällt ihm um den Leib.

»Willkommen tausendmal! O sieh'
Dein Kind, das ich gebahr,
Indeß dein Leben, bester Mann!
In Tod'sgefahren war.«

Der Krieger streichelt seinen Bart,
Und küßet Weib und Kind.
Gott sey gedanket, daß wir nun
Beisammen wieder sind!
….
Durch Laxenburg[119] ging unser Zug,
Und unser waren viel.
Theresia gebot uns da
Zu schießen auf ein Ziel.
….
Wo ist mein Bruder? Hielt er sich

---

[118] Gemeint ist die grüne Flagge des osmanischen
Reiches.
[119] Stadt in Niederösterreich.

94

Nach   uns'rer   Krieger   Brauch?«

Bei Joseph und Theresia!
Dein Bruder war ein Held.
»Wo ist er?« Ha! bei Schwedeldorf[120]
Da decket ihn das Feld.

»Es traf ihm doch den Rücken nicht?«
Nein, hier die Stirne dicht.
»Wohlan, so sey er Gott geschenkt,
Er fiel in seiner Pflicht!«

Von einem Baume lauschet dort
Ein Mädchen still hervor,
Ihr Auge läuft die Reihen ab,
Ihr Busen klopft empor.

»O lebt' er noch! O käm' er bald!
O säh' er gleich auf mich!«
Ein hoher Jüngling naht, und streckt
Die Hand: Ich grüße dich.

Sie reicht ihm züchtig roth die Hand.
Nun, Mädchen sieh mich an!
Sprich, ob dir noch ein Angesicht,
Wie   dieß   gefallen   kann?

Sie blickt ihn an, und sieht den Hieb,
Der seine Wange ziert,
Und nun in eine Narbe sich

---

[120] Dorf im (ehemaligen) Regierungsbezirk Breslau, heute Szalejów Dolny/Polen.

Bis unters Kinn verliert.

»Ha! dieser Hieb verändert nicht
Den dir ergeb'nen Sinn.
Für Joseph und Theresia
Trägt mein Geliebter ihn.«

Das wußt' ich wohl; drum fuhr ich auch,
Wie Blitz, auf Feinde zu.
Mein erstes Denken Gott und Sieg,
Mein zweites Denken du.

Drum hat mein Hauptmann, der mich liebt,
Auch stets auf mich vertraut.
Nur fragen darf dein Vater ihn;
Dann wirst du meine Braut. –

So ziehen wir in's Vaterland
Mit hohen Ehren ein.
Wer denkt's und wollte kein Kroat
Kein Gränitzkrieger[121] seyn?

Es kützelt in der Seele noch,
Wie Deutschland uns empfing,
Und wie man aus der Kaiserstadt
Uns, uns entgegen ging;
….
Da hieß es: »O das treue Volk!
Bald Landmann, bald Soldat!
Wie glücklich Vater Joseph ist,
Der solche Kinder hat!«

---

[121] An der Grenze kämpfender Krieger.

Was konnten wir auch anders thun,
Wir und sein ganzes Heer?
Denn fast, was jeder that und litt,
Das that und litt auch er.

Nun streut sich uns'rer Krieger Hauf
In alle Dörfer aus,
Hängt seine Waffen auf, und pflegt
Sein liebes, altes Haus;

Und wäscht die müden Glieder sich
Von Blut' und Schweiße rein,
Bestellt sein Feld und baut sein Brod,
Und pflanzet seinen Wein.

Doch wenn der Kriegestrommel Schall
In unserm Reich' erwacht,
Dann steh'n wir plötzlich wieder da
In dieser Heldentracht.

Gesegnet, liebes Vaterland!
Wenn Joseph uns beseelt,
Dann folgen wir ihm, wenn er will,
Bis an das End' der Welt."[122]

Patriotismus, Treue, Tradition, Familiensinn,
Widerstand gegen die Osmanen, Kampfes-
bereitschaft bis zum Tod – endlich heimge-

122

http://www.zeno.org/Literatur/M/Denis,+Michae
l/Gedichte/Gedichte/Die+Heimkunft+der+Kroate
n

kehrt wie Odysseus – Eine schöne Welt – Oder?

Besonders als Söldner der Habsburger Monarchie - und hier insbesondre durch den 30-Jährigen Krieg (Zerstörung Magdeburgs am 20. 5. 1631) - wurden Kroaten innereuropäisch bekannt, in der deutschen Berichterstattung manchmal als ‚Zigeuner' (frz.: bohémien=Böhmer=griech.: Βουίαιμον=lat.:boi(o)haemum (=Land der Boier), also als Überbleibsel der alten Einwohner Böhmens, bezeichnet[123]. Das kroatische Wort „ciganski" verweist auf das tschechische Wort „cikán", abgeleitet von gr.: Ἀθίγγανοι, sg. Ἀθίγγανος=die Unberührbaren, (weil angeblich judaisierende Häretiker), gebraucht für alle fremden Um-

---

[123] *Die Heimat der „Boii'", jetzt Böhmen.* Der Markomanne *Maroboduus (30 v. Chr. – 37 n. Chr. in Ravenna) verdrängte den keltischen Stamm der Boier. Die Markomannen waren ein ‚suebischer' Stamm, der zwischen* Elbe und Oder sowie von der südlichen Ostseeküste und dem Erzgebirge zwischen Sachen und Böhmen lebte=Elbgermanen. *Die Region behielt aber ihren Namen. Siehe (ed.)* Hans-Henning Kortüm, Transcultural Wars From the Middle Ages tot he 21st Century, Akadamie Verlag, Berlin 2006. Der Kulturhistoriker und Spezialist für Trachten, Friedrich Hottenroth (1840–1917), stellt sie in seinen Illustrationen zusammen.

herwanderer mit heidnischen Praktiken. „Böhmen" galt das Land, „aus dem die ersten Zigeunerhorden kamen" (*Deutsches Wörterbuch von Jacob Grimm und Wilhelm Grimm*)[124]. Im Französischen werden sie erstmals als „Bohémiens" bezeichnet. Die Reisende Maude (Matilda) M. Holbach, der Dalmatien („sunny shore and island-studded coast") als ihre erste Liebe galt, vermerkt 1910, im *Hotel Imperial*/Dubrovnik sitzend, dass die zur ‚westlichen Zivilisation' zählenden Dalmatiner als die besten Soldaten der Römer galten und im Mittelalter zu den besten Soldaten Venedigs zählten und zur Leibgarde des venezianischen Dogen[125] gehörten.

Das Kriegswesen hat(te) auch einen globalen Charakter, aber wirklich verbindend ist die Musik.

Zagreb war durch die Anbindung Kroatiens an Wien und Budapest Ort konzertanter Besuche. Während seiner rastlosen Touren gab der (österreichisch-ungarische) Kompo-

---

[124] https://woerterbuchnetz.de/?sigle=DWB#0

[125] lateinisch: dux=Führer. Bezeichnung für das Staatsoberhaupt der Republik Venedig. Sie gebraucht den Terminus „Servian Croatian tongue" für die in Bosnien-Herzegowina, ihrer zweiten Liebe, gesprochenen Sprache (*Bosnia and Herzegovina, Some Wayside Wanderings,* John Lane, London, 1910, S. 18.

nist Franz Liszt (1811 in Raiding/heutiges Burgenland/Österreich[126] – 1886 in Bayreuth) am 27.7. 1846 in Zagreb ein Konzert im Konzertsaal des 1827 in Zagreb gegründeten Kroatischen Musikinstituts (=KMI=Hrvatski glazbeni zavod=HGZ: ursprünglich ‚Musikverein'[127]) in der Gundulićeva 6, dessen Ehrenmitglied er 1846 wurde. Später traf er in Aachen den aus Osijek stammenden Pianisten, Komponisten und Dirigenten Carl (Dragutin) von Turányi (1805/Osijek -1873/Aachen als Kapellmeister) und in Rom den ebenfalls aus Osijek stammenden 14-jährigen Violinisten Franjo (=Franz) Krežma (1862 -1881 – ab 1878 Kapellmeister in Berlin für Bilse´sche Kapelle); Liszt hatte Kontakte zu kroatischen Adelsfamilien und auch mit dem aus Osijek

---

[126] So die österreichische Variante. Eine andere macht ihn auf Grund der Herkunft seiner Grosseltern (Rusovce (deutsch *Karlburg*, ungarisch *Oroszvár*, kroatisch *Rosvar*) allerdings zu einem Slowaken
https://spectator.sme.sk/c/20063558/composer-franz-liszt-had-roots-going-back-to-rusovce.html
Siehe: Miroslav Demko, *Franz Liszt: Compositeur Slovaque*
[127] https://www.hgz.hr/ Siehe: Nada Bezi, Bibliothek und Archivaliensammlung des Kroatischen Musikinstituts in Zagreb. 170 Jahre Pflege der kroatischen Musikkultur

stammenden, für die kroatische Geschichte hoch bedeutsamen Bischof Strossmayer (1815 -1905)[128].

Das KMI enthält die Bibliothek mit ca. 10 508 Musikalien, darunter zahlreiche Autographe kroatischer Komponisten und Frühausgaben (davon 57 Erstausgaben der Werke Haydns, Mozarts und Beethovens). Bei den Musikalien dominieren Werke aus der Zeit zwischen der Wiener Klassik und den 30-er Jahren des 20. Jahrhunderts, vorwiegend aus dem deutschsprachigen Raum, selbstverständlich mit besonderem Akzent auf kroatischen Autoren. Getrennt aufbewahrt wird seit 1935 die Sammlung von Don Nikola Udina-Algarottis (1791/Krk - 1838/Wien=Beč,), als Eigentum der Pfarrei der Stadt Krk (auf der Insel Krk). Der Name Algarotti verweist auf die venezianische Adelsfamilie, zu der auch der Schriftsteller, Kunstkritiker und Kunsthändler Francesco Graf von Algarotti (1712/Venedig -1764 in Pisa) gehörte, der zu der illustren Runde um Friedrich II. gehört, die Adolph von Menzel in einem Ölgemälde mit dem Titel *Die Tafelrunde von Sanssouci* festhielt. Das 1945 vernichtete Bild zeigt die Tafelrunde Friedrichs des Großen im Marmorsaal des Schlosses Sanssouci. Friedrich II. hinten in

---

[128] https://www.bib.irb.hr/1043824

der Mitte, wendet sich Voltaire zu, der auf dem zweiten Stuhl links vom König sitzt und über den Tisch hinweg ein Gespräch mit dem Grafen Algarotti führt. Zwischen den beiden sitzt General von Stille, ganz links Lordmarschall Georg Keith, rechts vom König Marquis d`Argens, Graf Algarotti, Feldmarschall James Keith, Graf Rothenburg und La Mettrie.

Musik verbindet – wie das jüngste Beispiel des kroatischen Dirigenten Miran Vaupotić beweist, der u. a. zusammengearbeitet hat mit der Berliner Philharmonie. Er spielt natürlich häufig in der Vatroslav Lisinski Konzerthalle Zagreb, benannt nach dem kroatischen Komponisten Vatroslav Lisinski (1819 – 1854), ursprünglich Ignatius Fuchs (deutsch für den kroatisierten Namen=Lehnübersetzung) – Sein Vater war Slowene, seine Mutter Kroatin[129]. Er ist Komponist der kroatischen Nationaloper *Ljubav i zloba* (=Liebe und Arglist), in der die erste kroatische Primadonna Sidonija Rubido Erdődy (1819 Sveta gora/Slowenien

---

[129] (hrsg.) Olaf Terpitz, Renate Hansen-Kokoruš *Jewish Literatures and Cultures in Southeastern Europe: Experiences Positions Memories*, Schriften des Centrums für Jüdische Studien - Band 037, 2021.

– 1884) sang, nach der eine Schule in Rijeka benannt ist. Sie soll als erste die kroatische Nationalhymne *Lijepa naša domovino* gesungen haben. Lisinski stand unter dem Einfluss der illyrischen Bewegung und war beeinflusst von dem Komponisten und Dirigenten Georg Karl Wisner von Morgenstern (*Juraj Karlo*: 1783 in Arad/damals Ungarn, heute: Rumänien - 1855 in Zagreb).

Die Literalisierung Kroatiens

Aber die Verbindung Kroatiens zu Deutschland geht weiter – und wird noch wichtiger mit dem italienischen Augustinermönch und Priester Alberto (auch: Abbe, Abbate) Fortis (1741/Padua – 1803/Bologna), dessen Werke in verschiedene Sprachen übersetzt und nach der deutschen Übersetzung von 1776 in Deutschland verschlungen werden. Die in London erschienene englischsprachige Übersetzung (*Travels into Dalmatia containing general observations of the Natural History of that Country and the Neighbouring Islands; the Natural Productions, Arts, Manners and Customs of the Inhabitants=Put po Dalmaciji*) von 1778 wurde ein Bestseller im gebildeten Europa - und passte hinein in die Glorifizierung des edlen Wilden und seiner Städtefeindlichkeit im

Anschluss an Jean-Jacques Rousseau[130]: Die dort als Morla(c)ken, (=Morlachen, die am Meer Wohnenden=d. h. die Vieh züchtenden Bewohner des Kettengebirges[131]) Bezeichneten (auch: hajduks= Wegelagerer, Plünderer und Freischärler) aßen sie Knoblauch, und galten Fortis als stark, hart, herzlich, tapfer, ehrlich, gastfreundlich - und so als unverdorben-natürlich – manchmal mit Robin Hood verglichen (Eric Hobsbawm/1969): Der Reiche teilt das Lamm oder ein Schaf, und der Arme Milch und Honig. Fortis sieht sie romantisierend als aufrichtige, ehrliche und vertrauenswürdige Menschen, die im heimatlichen Italien eher verlacht würden. Aufklärerisch warnt Fortis vor einer Cliché-Bildung und sucht sie zu verteidigen, indem er ihre Grausamkeit als Produkt der kriegerischen Auseinandersetzung mit den Osmanen zu erklären sucht und als Notwendigkeit im Kampf mit der rauen Natur (z. B.: Wölfen) betrachtet. Die Schrift wurde gefeiert als ein Werk der ‚primitiven' und doch so nahen Welt und förderte so etwas wie eine Morla-

---

[130] Larry Wollf, *Venice and the Slavs The Discovery of Dalmatia in the Age of Enlightenment*, Stanford University Press, 2001.
[131] Oder auch schwarze „Walachen", die schwarze Mäntel trugen.

komanie[132] da hier, einerseits, das pittoresk-romantische Bild vom wilden ‚Balkan' ge-pflegt wurde und, andererseits, das Bild von der Überlegenheit der westlichen Europäer. Fortis konstruiert einen Gegensatz zwischen nordischer Zivilisation und südlicher (‚ori-entalischer') Rückständigkeit, der weitrei-chende Folgen bis ins 20. Jahrhundert hatte.

Fortis besucht aus dem von Kroatien ca. 380 km entfernten Padua zwischen 1771 und 1774 die Kvarner-Inseln (italienisch: Quarnaro)[133] und zwischen 1779 – 1789 das, wie er schreibt, venezianische Dalmatien. Seine Wegbegleiter waren der Botaniker und Entomologe Domenico Cirillo (1739/Grumo Nevano, Königreich Neapel – 1799/Neapel 1739-1799) von der Universität Neapel, der Cambridger Geschichtsprofessor John Sy-monds (1730 - 1807), der mit Fortis 1770 die Mramornica („Marmorne" - Höhle/Brtonigla=nahe Buje/Istrien) besuch-te, und der reisebesessene anglikanische Bischof Lord Bristol Frederick August Her-vey[134] (1730 - 1803), der mit Alexander von

---

[132] Cf. Valentina Gulin, *Morlacchism Between Enlightenment And Romanticism,* 1997.

[133] u. a.: Cherso=Cres, Osero=Losinj, später auch Krk, Rab und Pag) (Saggio d'osservazioni sopra l'isola di Cherso ed Osero (1771/Venedig)

[134] Auch u. a. Chief Secretary of Ireland:

Humboldt kooperiert und sich mit ihm in Livorno/Toskana traf[135].

Fortis, der mit der Elite auf Italienisch, d. h. Venezianisch spricht, betätigt sich in Dalmatien als wissenschaftlicher Sammler, der mit dem Hinweis auf die natürlichen Ressourcen des Landes (z. B.: des in Venedig verwendeten Marmor) seine wirtschaftliche Bedeutung hervorheben und mit der Beschreibung archäologischer Funde sein Alter und seine Ehrwürdigkeit gebührend würdigen will und so für Venedig (=Serenissima Republica di Venezia) interessant machen will.

Er muss immer wieder das Unbekannte dem Bekannten angleichen. So ähnelt Zadar, das damals in der venezianischen Zeit Zara statt des bisher gebräuchlichen lateinischen Jadera heißt, nach Foris vom Zivilisationsgrad her römischen Städten. Hier in Zadar findet Fortis die Erkenntnisse des deutschen Bienenforschers Adam Gottlob Schirach (1724 - 1773) bestätigt, eines Vertreters der Melitto-Theologie (μέλιττα-mélitta, Biene; daher auch: Mljet, Malta), d. h. der Verherrlichung des ‚glorwürdigen Schöpfers aus der wundervollen Biene‘ (1776/Dresden). Zadar hat viele Gelehrte hervorgebracht, Federico

---

135   https://edition-hum-boldt.de/register/personen/index.xql?section=H

Grisogono (Federicus De Chrysogonis (1472 / Zadar – 1538/Zader), der Philosophie und Medizin in Padua studierte und dort Astrologie und Mathematik lehrte, und vor allem Giovanni Paolo Gallucci (1538 – 1621/Venedig). Er gab u. a. Werke des italienischen Renaissancephilosophem Marsilio Ficino und Dürers Werke über Körpersymmetrie (*Vier Bücher von menschlicher Proportion,* Nürnberg, Hieronymus Andreae/1528=*Della simmetria dei corpi humani=Four Books of Human Proportion*/1591) heraus („la proporzionalità solamente fa pulchritudine"=„Nur die Proportion schafft Schönheit"): Dieses klassische Konzept von Schönheit wird für da Vinci maßgeblich für den nach einem römischen Architekten benannten vitruvianischen Menschen=*homo vitruvianus* und weiter entwickelt von Johann Joachim Winckelmann (1717 - 1768).

Bekannt wurde Grisogono vor allem auch durch sein Papst Sixtus V. gewidmetes Werk *Theatrum Mundi Et Temporis* (Venedig 1588), dem ersten Himmelsatlas. Ihm lieg die kopernikanische Wende zugrunde, illustriert auch das neu entdeckte Amerika und gibt zugleich den Blick frei für die Metapher des Theaters in Philosophie und Soziologie, aber ferner noch: *Speculum Uranicum,* (1590), *Della fabrica et uso di un novo stromento fatto ... per fare gli orologi solari*

(1590), *De fabrica, et usu cuiusdam instrumenti ad omnia horarum genera describenda* (1592), *De fabrica et usu novi horologii solaris, lunaris, & sideralis* (1592); *Nova fabricandi horaria mobilia et permanentia ... ratio* (1596), *De fabrica, et usu hemisphaerii uranici* (1596), and *Della fabbrica e uso di diversi stromenti di astronomia e cosmografia* (1597). Er gehört definitiv in die Wissenschaftsgenealogie Kopernikus – Galileo – Kepler. Zweifellos modern – Oder?

Nicht nur der Kopf ist die Brücke zur Aneignung des Fremden. Der Gaumen wird angesprochen. Auf Pag fällt Fortis der dort produzierte Rakija (arabisch عرق/Arak), d. h. der Obstbrand, der durch Destillation vergorener Früchte (Pflaumen - und Trauben) hergestellt wird, auf[136]. In Istrien und Dalmatien sind es die Trauben - als *trapa* oder *grappa*. Es bleibt aber ein Rest von Fremdheit: In Novalja auf Pag sieht Fortis alte Rituale der Dämonenvertreibung, und auf dem Festland glaubt man sogar an Vampire,

---

[136] Für Peter Handke ist der Rakija naturrein, und der einheimische Wein, der rote wie der weiße (ein »Rheinriesling«) verdient den Namen vino, während der monopolisierte, in den Läden erwerbbare ein Schwindelgeschäft ist (Peter Handke, *Die Wiederholung*).

(z. B. Jure Grando/1579-1656), die, wie man in Transsylvanien (=Siebenbürgen), dem Heimatland Draculas (übersetzt: Drachen), glaubt, vom menschlichen Blut sich ernähren. Der erste Vampyrologe, Montague Summers (1880 - 1948/*The Vampire in Europe*/1928) übersetzt Fortis' Beobachtungen, nach denen die Oberschenkel ein des Vampirismus Verdächtigten abgeschnitten werden, damit er nicht mehr gehen kann. Die Morlacken sollen das Blut von Kindern trinken[137]. Vampiergeschichten sind selbst ein Hinweis auf die gemeinslawische Kresnik (Krsnik, Krsnica) – Mythologie und Schamanentradition[138], die in Kroatien nicht ausgestorben ist und haben die Dracula-Tradition beeinflusst. Drago Orlić hat die istrianischen Erzählungen über die Vampire der Vergessenheit entrissen (*Štorice od Štrig i Štriguni'*/2008).

---

[137] "When a man dies suspected of becoming a Vampire or Vukodlak, as they call it, they cut his hams, and prick his whole body with pins, pretending that, after this operation, he cannot walk about. These are even instances of Morlacchi, who, imagining that they may possibly thirst for children's blood after death, intreat their heirs, and sometimes oblige them to promise, to treat them as Vampires when they die."

[138] Zmago Šmitek, Kresnik: *An Attempt at a Mythological Reconstruction.*

Hier scheint die Vergangenheit gegenwärtig zu sein. Auf Cres sind es die dunklen Kleider der Bewohner (*Costumi dei Morlacchi*), die Fortis auf den indoeuropäischen Stamm der Illyrer zurückführt, die diese Tradition von den eurasischen (iranischen?) nomadischen Skythen[139] übernommen hätten. Ihre (=lingua Illyrica) identifiziert Fortis mit der slawischen Sprache (=lingua Slava): Slawisch, illyrisch und dalmatinisch werden synonym gebraucht. Fortis besucht auch den Teil Dalmatiens, der zum Habsburger Reich gehört (*Viaggio in Dalmazia* (1774). So wie Dalmatien für ihn als das venezianische Amerika erscheint, gleichen einige ihrer Bewohner Indianern, barbarisch, faul und undiszipliniert. Die Morlacken-Frauen z. B. in Zadar sitzen auf dem Boden wie im orientalischen Osten – und sprechen eine seltsame Sprache (="the strangest tongue that ever assailed my ears") – Sind sie „descendants of Romans who fled before the Slavs to the mountains."[140]

---

[139] Asiatisches Volk, im nördlichen Schwarzmeerraum einschließlich der Krim lebend, eine Reiterkriegsgemeinschaft (Jobst). Nach dem griechischen Historiker Herodot (490 – 430 v. Chr.) von ‚Plünderung und Krieg' lebend. Bestandteil griechisch-expansionistischer Ideologie?

[140] Aus: Maude M. Holbach, S. 31.

Wie ist zu verstehen, wenn Fortis behauptet, die Morlakinnen besäßen vom langen Stillen ihrer Kinder überlange ‚Brüste bis zum Bauchnabel'? Woher weiß Fortis das, da die Morlakinnen sich, wenn überhaupt, so dann nur in hochgeschlossener Kleidung einem Mann zeigten? Hat Fortis vielleicht auch abgeschrieben – gar von Berichten über „Hottentotten" (Dunja Rihtman Auguštin)? Kam die Deklassierung der Morlacken dem Wunsch der Venezianer entgegen, diesen Volksstamm unwissend zu halten, um besser hier Soldaten rekrutieren zu können? Verfolgte Fortis nur vorgeblich naturwissenschaftliche Ansätze, oder versuchte er in Wahrheit seine Leser zu überreden, dass diese im dalmatinischen Hinterland angesiedelten slawischen Volksstämme (auch „Schwarz-Walachen" genannt) Wilde seien? (Božidar Jezernik). Verbirgt sich gar dahinter eine imperiale Ideologie? Fortis ist ambivalent. Unter den Vorzeichen einer sich andeutenden Romantik wurden die Morlacken vor allem dann in Deutschland und Frankreich nicht nur als Nation, sondern in verklärender Weise auch als 'ursprünglich' und 'traditionsverbunden' wahrgenommen. Noch 1912 fragt sich die US-amerikanische Reiseschriftstellerin Maude M. Holbach, ob in Zadar der Orient beginnt und die *Porta*

Orientis ist.[141] Könnte es möglich sein, dass wir hier unserem eigenen Ich begegnen, wenn doch für Sigmund Freud der Orient im Gegensatz zur westlichen Tradition der Logik und Vernunft die dunkle Seite der menschlichen Seele ist[142]?. Ist Kroatien das Gegenbild zum kühlen, affektkontrollierten, in seinem Anzug eingezwängten Nordeuropäer? Dunkle Gesichter, goldene Ohrringe, große Sandalen, seltsam-bizarre Schürzen … Die Exotik der ‚Balkan'-Halbinsel ließ den Kroaten in den Status eine edlen Wilden aufsteigen – und später mutierte er zum *homo rusticus*, weiblicherseits mit der großen Oberweite, männlicherseits mit baumstarker Physis, aber einfach, schlicht, ungeschminkt – aber vielleicht gegenüber gegenüber dem Angsthasen (=lepus anxius) oder dem Geiz-

---

[141] Diese Formulierung geht auf Hugo von Hoffmannsthal zurück, der sie für Wien verwendete. Hugo von Hofmannsthal, *Wiener Brief* [II], in: ders., *Gesammelte Werke. Reden und Aufsätze II. 1914–1924*, hrsg. v. Bernd Schoeller, Frankfurt am Main, Fischer 1979, S. 195. Caroline Herfert, *Orient im Rampenlicht. Die Inszenierung des Anderen in Wien um 1900.* Berlin, Neofelis, 2018.
[142] Dušan I. Bjelic, *Balkan Geography and the De-Orientalization of Freud*

hals (homo avarus) (Claudia Schreiber) zu bevorzugen[143].

Der homo hospitor Fortis zieht weiter und landet auch in Novigrad/Istrien und erkundet die Höhle Brtonigla (Verteneglio) bei Novigrad und orientiert sich bei seinen Expeditionen an der die römischen Straßen lokalisierenden Peutinger-Karte (Tabula Peutingeriana), benannt nach dem aus Augsburg stammenden Renaissance-Archäologen und Archivaren Konrad Peutinger (1465 - 1547). Goethe kannte Fortis' Buch.

„Die Kroaten haben so schöne Volkslieder, daß Göthe und Herder mehrere derselben, die Fortis mitgetheilt hatte, übersetzt und in die Sammlung ihrer unsterblichen Werke aufgenommen haben."[144] (*Annalen der Literatur und Kunst in dem österreichischen Kaiserthum,* Wien, April 1811)

Der Kroate wird zum *homo cantans* idealisiert und zum Inbegriff einer dichtenden Volkseele.

---

[143] Siehe hierzu auch (hrsg.) John G. Peristiany *Honour and Shame. The Values of Mediterranean Society,* Chicago, 1966.

[144] Bartholomäus Kopitar, Kleinere Schriften, Wien 1857, S. 46

„Ich sage noch ein Wort für die ausgesuchtesten Ohren: was *ich* eigentlich von der Musik will. Dass sie heiter und tief ist, wie ein Nachmittag im Oktober. Dass sie eigen, ausgelassen, zärtlich, ein kleines süsses Weib von Niedertracht und Anmuth ist ... Ich werde nie zulassen, dass ein Deutscher wissen *könne*, was Musik ist. Was man deutsche Musiker nennt, die grössten voran, sind *Ausländer*, Slaven, Croaten, Italiäner, Niederländer—oder Juden."[145] (Friedrich Nietzsche, *Nietzsche Contra Wagner*/1888)

Noch heute ist Kroatien geprägt durch die volksliedhafte Tamburica-Musik, die ursprünglich aus dem östlichen Teil Kroatiens, aus Slavonien, stammt. Sie basiert auf einem kleinen Orchester mit verschiedenen Saiteninstrumenten (u. a.: Gitarre, Mandoline, Violine, Akkordeon, Klarinette). Es handelt sich um lockere, fröhliche Musik, die die alltäglichen Probleme der Menschen in Musik umsetzt und die Zuhörer einlädt, mitzusingen. Der österreichische Komponist Joseph Haydn (1732-1809) hat sich bei der Komposition der Melodie der *Kaiserhymne* (Gott erhalte Franz, den Kaiser[146]), von dem

---

[145]   http://www.thenietzschechannel.com/works-pub/ncw/ncwg.htm

[146] Kaiser Franz II.: 1768-1835. Franz trägt die Titel: „Wir, Franz der Zweyte, von Gottes Gnaden erwählter Römischer Kaiser, zu allen Zeiten Mehrer des Reichs, erblicher Kaiser von Öster-

kroatischen Volkslied *Stal se jesem* inspirieren haben lassen, das er wahrscheinlich von einem kroatischen Bauernknecht singen gehört hat.

„Am frühen Morgen bin ich aufgestanden, Am frühen Morgen bin ich aufgestanden, kurz nach Sonnenaufgang, kurz nach Sonnenaufgang…"

---

reich, König in Germanien, zu Jerusalem, zu Hungarn, zu Böheim, Dalmatien, Croatien, Slavonien, Galizien und Lodomerien; Erzherzog zu Österreich, Herzog zu Lothringen, zu Venedig, Salzburg, Steyer, Kärnten und Krain; Großfürst zu Siebenbürgen, Markgraf in Mähren; Herzog zu Würtemberg, Ober- und Niederschlesien, Parma, Placenz, Guastalla, Auschwitz und Zator, zu Teschen, zu Friaul und zu Zara; Fürst zu Schwaben, zu Eichstädt, Passau, Trient, Brixen, zu Berchtoldsgaden und Lindau; gefürsteter Graf zu Habsburg, Tyrol, Kyburg, Görz und Gradiska; Markgraf zu Burgau, zu Ober- und Niederlausitz; Landgraf im Breisgau, in der Ortenau und zu Nellenburg; Graf zu Montfort und Hohenems, zu Ober- und Niederhohenberg, Bregenz, Sonnenberg, und Rothenfels, zu Blumeneck und Hofen; Herr auf der Windischen Mark, zu Verona, Vicenza, Padua etc. etc." Sonja Gerlach *(1996). Haydn: Variationen über die Hymne "Gott erhalte"; authentische Fassung für Klavier. Munich: G. Henle.*

1. Gott erhalte Franz,
den   Kaiser,
Unsern guten Kaiser
Franz!
Lange lebe Franz, der
Kaiser,
In des Glückes hells-
tem   Glanz!
Ihm erblühen Lorbeer-
reiser,
Wo er geht, zum Eh-
renkranz!
Gott erhalte Franz, den
Kaiser,
Unsern guten Kaiser
Franz!

2. Laß von seiner Fah-
ne   Spitzen
Strahlen Sieg und
Fruchtbarkeit!
Laß in seinem Rate
sitzen
Weisheit, Klugheit,
Redlichkeit!
Und mit Seiner Hoheit
Blitzen
Schalten nur Gerech-
tigkeit!
Gott erhalte Franz, den
Kaiser,
Unsern guten Kaiser
Franz!

3. Ströme deiner Ga-
ben   Fülle
Über ihn, sein Haus
und   Reich!
Brich der Bosheit
Macht,   enthülle
Jeden Schelm- und
Bubenstreich!
Dein Gesetz sei stets
sein   Wille,
Dieser uns Gesetzen
gleich.
Gott erhalte Franz, den
Kaiser,
Unsern guten Kaiser
Franz!

4. Froh erleb' er seiner
Lande,
Seiner Völker höchsten
Flor!
Seh sie, Eins durch
Bruderbande,
Ragen allen andern
vor!
Und vernehm noch an
dem   Rande
Später Gruft der Enkel
Chor:
Gott erhalte Franz, den
Kaiser,
Unsern guten Kaiser
Franz!

116

Auf die Melodie der früheren österreichischen Kaiserhymne wird auch das 1841 von August Heinrich Hoffmann von Fallersleben gedichtete *Lied der Deutschen* gesungen, dessen dritte Strophe heute die deutsche Nationalhymne ist. Ab den 1890-er Jahren wurde dieses Lied im Anschluss an die offizielle Kaiserhymne (*Gott erhalte Franz den Kaiser*/1797), vertont von Joseph Haydn (1732 – 1809).

Die traditionelle, gar singende Mund-zu-Mund-Verbreitung wird verdrängt durch das geschriebene Wort – mit vielen Problemen, z. B. der Authentizität, der Domestizierung des ‚Wilden‘, Logozentrismus verbunden (Walter Ong). Die Technologisierung des Wortes findet im Zeitschriftenwesen der Habsburger Monarchie einen Höhepunkt. Wissen wird transnational und erreicht im Sinn der Urbanisierung die Städte, während die Berichterstattung im Volkslied via Gesang und Dichtung traditional ist, wie es die ‚Ragusaner‘ lange Zeit taten, die z. B. der Franziskanermönch Andrija Kačić Miošić (1704 in Brist/Gradac/Gespanschaft Split-Dalmatien=kroat. *Splitsko-dalmatinska županija* - 1760 in Zaostrog/Süddalmatien – 35 km 35 km vor Makarska) sammelte (*Razgovor ugodni naroda slovinskoga*=Angenehmes Gespräch des slawischen

Volkes/1756-Venedig). Es ist alte südslawische Tradition (z. B. auch der Hajduken), zum Saiteninstrument der Gusla Episches vorzutragen.

„*Musik* im besten Sinne bedarf weniger der Neuheit, ja vielmehr je älter sie ist, je gewohnter man sie ist, desto mehr wirkt sie." (Goethe, *Betrachtungen im Sinne der Wanderer*)[147]

Johann Wolfgang Goethe dichtete zwischen 1774/1775 auf der Suche nach alter Mythologie die dalmatinische Ballade *Hasanaginica*[148], die er der deutschen Teilübersetzung

---

[147] https://www.projekt-gutenberg.org/goethe/meisterw/mstw212.html
[148] Das „H" wurde von Vuk (=Wolf) Stefanović Karadžić in seinem *Mala prostonarodna slaveno-serbska pesmarica* (Wien, 1814=*Eine kleine Sammlung slawisch-serbischer Volkslieder*=Мала простонародна славеносербска песмарица) hinzugefügt (Rihtmann-Augustin S: 11) hinzugefügt. Norbert Mecklenburg nennt Serbokroatisch als Ausgangssprache, ein Begriff, der von Grimm geprägt sei und all in Serbien, Kroatien und Bosnien gesprochenen ‚mittelsüdslawischen' Dialekte meint und dann genauer Štokavisch-ikavisch mit Turzismen. „Goethe selbst hatte sie, in Anschluss an seine Vermittler, als ›morlackisch‹ angesehen, und noch in der Ausgabe letzter Hand hat der Titel des *Klaggesangs* den irreführenden Zusatz *Aus dem Morla-*

der Berner Ausgabe von Fortis durch Friedrich August Clemens Werthes (1714 – 1817/*Die Sitten der Morloken. Aus dem Italiänischen*/Bern, Typographische Gesell-

---

ckischen gehabt." Nach der Rückeroberung Serbiens durch die Osmanen floh er über Zemun (=Земун) nach Wien, lernte Kopitar kennen und heiratete dort Ana Maria Kraus. Belgrad war nach Istanbul die zweitgrösste Stadt Europas des osmanischen Reiches. Kopitar erwies sich als spiritus rector der Renaissance der serbischen Sprache. 1826 erschienen in Pest seine ‚Serbischen Hochzeitslieder' in deutscher Sprache mit seinem germanisierten Name Wolf Stephanson Karadgich, übersetzt von Eugen Wesely, „Professor am k. k. Gymnasium zu Vinkovcze in Slavonien.", d. h. deutsch *Winkowitz*) ist eine Stadt im Osten Kroatiens. Pest (heute: Teil von ganz Budapest) liegt auf der östlichen, flachen Seite am Ufer der Donau, während Buda (deutsch historisch *Ofen*) westliche Teil, am rechten Flussufer liegende Stadtteil der ungarischen Hauptstadt Budapest ist. Die „ wird in den letzten Jahrzehnten merkwürdigerweise wohl nirgendwo, außer in den südslawischen Ländern, vielfältiger und aufwändiger präsent gehalten als in Istanbul, der türkischen Metropole zwischen Europa und Asien." (Norbert Mecklenburg) Die südslavische« Volkspoesie, unter dem Einfluss von Vuk Stefanović Karadžić im 19. Jh. oft ungenau als serbisch bezeichnet, wurde nach 1945 als ‚jugoslawisch' bezeichnet.

schaft/1775) entnahm, als *Klaggesang von der edlen Frauen des Asan Aga*, *Aus dem Morlackischen* (*Death Lament of the Noble Wife of Asan Aga*, transl. E. A. Bowring/1853). Er erschien dann 1778 in Johann Gottfried Herders Anthologie *Volkslieder* (ohne Goethes Namen)[149]. Goethe

---

[149] Herder übernahm noch andere ‚morlackische' Lieder: *Gesang von Milos Cobilich*, *Radoslaus* und *Die schöne Dolmetscherin*. Es gibt drei Überlieferungen der Ballade: 1. Den von Fortis bekanntgemachten, dalmatinischen 2. den serbisierten Vukschen und 3. den in einer Spliter (Spalatiner) Handschrift erhaltenen Text, der die letzt „erreichbare Form des Liedes" ist, und die Fortis vorfand. Fortis übersetzte den Text ins Italienische (*Canzone Dolente Della Nobile Sposa D'Asan Agan*. Cf. Franz Miklosich, *Über Goethe's „Klaggesang von der edlen Frauen des Asan Aga"*. *Geschichte des Originaltextes und der Übersetzungen* (Sitzungsberichte der philosophisch-historischen Classe der kaiserlichen Akademie der Wissenschaften 103,2; 103.9) Gerold, Wien 1883 S. 414ff. Miklosich, in Ljutomer (=Luttenberg in der Steiermark)/Slowenien geboren, studierte mit der Hilfe seines Onkels, eines Landpfarrers, nach dem Gymnasialbesuch in Warasdin (=Varaždin) und Marburg a. d. Drau (Maribor) Philosophie an der Universität Graz und wurde dort 1838 zum Dr. phil. promoviert, ab 1850 Professor in Wien. Er schrieb slowenische und kroatische Verse, gilt

hatte nicht die Absicht, die Morlaken als außereuropäische Hottentotten, sondern als Teil der europäischen Volkskultur darzustellen[150]. Goethe wollte die serbischen Naturlieder vor der Diskriminierung schützen. Im Anschluss an Herder formuliert Goethe ein rousseauistisches Ideal[151]: „Wir wurden in eine vorpolizeyliche Epoche versetzt." (*Serbische Literatur*). Die Ballade spielt im südlichen Dalmatien unter einer Bauernaristo-

---

als einer der Begründer der Slawistik (*Vergleichende Grammatik der Slavischen Sprachen*) und schrieb auch *Beiträge zur Kenntniss der slavischen Volkspoesie*. 1 *Die Volksepik der Kroaten/*1870.

[150] Werthes sprach von der „angeborenen Güte" der Morlacken. Gewalttätigkeiten etc. gingen höchstens auf einige zurück. Werthes lokalisiert sie vorwiegend im „mittelländischen Dalmatien." Er führt ihren Ursprung zurück auf das Schwarze Meer. 50 Jahre später sagt Goethe: „Ich übertrug ihn nach dem beigefügten Französischen, mit Ahnung des Rhythmus und Beachtung der Wortstellung des Originals." http://www.zeno.org/Literatur/M/Goethe,+Johann+Wolfgang/Theoretische+Schriften/Serbische+Lieder Später las er es in der deutschen Übersetzung von „*Wuk Stephanowitsch Karadschitsch*".

[151] Boris Previšić, S. 32. Nach Norbert Mecklenburg „une chanson musulmane«, weil sie von denjenigen Slawen stamme, die sich zum Islam bekennen."

kratie, die jahrhundertelang unter osmanischer Herrschaft gelebt hat und seit langem moslemisch ist. Slawische und islamische Sitten hatten der Frau eine untergeordnete Stellung zugewiesen.

„Was ist Weißes dort am grünen Walde? Ist es Schnee wohl, oder sind es Schwäne? Wär es Schnee, er wäre weggeschmolzen; Wären's Schwäne, wären weggeflogen. Ist kein Schnee nicht, es sind keine Schwäne, 's ist der Glanz der Zelten Asan Aga[152].
Nieder liegt er drin an seiner Wunde. Ihn besucht die Mutter und die Schwester; Schamhaft säumt sein Weib, zu ihm zu kommen. Als nun seine Wunde linder wurde, Ließ er seinem treuen Weibe sagen: "Harre mein nicht mehr an meinem Hofe, Nicht am Hofe und nicht bei den Meinen."
Als die Frau dies harte Wort vernommen, Stand die Treue starr und voller Schmerzen, Hört der Pferde Stampfen vor der Türe, Und es deucht ihr, Asan käm', ihr Gatte, Springt zum Turme, sich herabzustürzen. Ängstlich folgen ihr zwei liebe Töchter, Rufen nach ihr, weinend bittre Tränen: "Sind nicht unsers Vaters Asan Rosse, Ist dein Bruder Pintorowich[153] kommen!"

---

[152] Aga ist türkisch für ‚Herzog‘, Asan‹, dagegen ist ein arabischer Name.
[153] Der Name ‚Pintorović‘ (hier geschrieben: Pintorowich) ist südslawisch-romanisch (pintur = pittore=Maler).

Und es kehret die Gemahlin Asan's, Schlingt die
Arme jammernd um den Bruder: "Sieh die
Schmach, o Bruder, deiner Schwester! Mich
verstoßen, Mutter dieser fünfe!" Schweigt der
Bruder, ziehet aus der Tasche, Eingehüllet in
hochrote Seide, Ausgefertiget den Brief der
Scheidung, Daß sie kehre zu der Mutter Woh-
nung, Frei, sich einem andern zu ergeben.

Als die Frau den Trauerscheidbrief sahe, Küßte
sie der beiden Knaben Stirne, Küßt' die Wangen
ihrer beiden Mädchen. Aber acht vom Säugling
in der Wiege Kann sie sich im bittern Schmerz
nicht reißen! Reißt sie los der ungestüme Bruder,
Hebt sie auf das muntre Roß behende, Und so
eilt er mit der bangen Frauen Grad nach seines
Vaters hoher Wohnung.

Kurze Zeit war's, noch nicht sieben Tage; Kurze
Zeit g'nug; von viel großen Herren Unsre Frau in
ihrer Witwentrauer, Unsre Frau zum Weib be-
gehret wurde. Und der größte war Imoskis Kadi[154]. Und die Frau bat weinend ihren Bruder:
"Ich beschwöre dich bei deinem Leben, Gib
mich keinem andern mehr zur Frauen, Daß das
Wiedersehen meiner lieben Armen Kinder mir
das Herz nicht breche!"

---

[154] Imo(t) ski=hochgelegener Marktflecken in
Dalmatien, Sitz einer Bezirkshauptmannschaft
und eines Bezirksgerichts, nahe der Grenze gegen die Herzegowina; Imotski (hier: Imoski) war
bis 1717 türkische Festungsstadt, das Küstenge-
biet dagegen war schon 1699 wieder unter venezianische Herrschaft gekommen; āḏī=Arabisch
(قاض) 'Richter'.

Ihre Reden achtet nicht der Bruder, Fest, Imoski-'s Kadi sie zu trauen. Doch die Gute bittet ihn unendlich: "Schicke wenigstens ein Blatt, o Bruder, Mit den Worten zu Imoskis Kadi: Dich begrüßt die junge Wittib[155] freundlich Und läßt durch dies Blatt dich höchlich bitten, Daß, wenn dich die Suaten[156] herbegleiten, Du mir einen langen Schleier bringest, Daß ich mich vor Asan's Haus verhülle, Meine lieben Waisen nicht erblicke."

Kaum ersah der Kadi dieses Schreiben, Als er seine Suaten alle sammelt, Und zum Wege nach der Braut sich rüstet, Mit den Schleier, den sie heischte, tragend. Glücklich kamen sie zur Fürstin Hause, Glücklich sie mit ihr vom Hause wieder. Aber als sie Asan's Wohnung nah'ten, Sahn die Kinder obenab die Mutter, Riefen: "Komm' zu deiner Halle wieder! Iß das Abendbrot mit deinen Kindern!"

Traurig hört' es die Gemahlin Asans, Kehrte sich zu der Suaten Fürsten: "Laß doch, laß die Suaten und die Pferde Halten wenig vor der Lieben Türe, Daß ich meine Kleinen noch beschenke." Und sie hielten vor der Lieben Türe, Und den armen Kindern gab sie Gaben; Gab den Knaben goldgestickte Stiefel, Gab den Mädchen lange, reiche Kleider, Und dem Säugling, hülflos in der Wiege, Gab sie für die Zukunft auch ein Röckchen.

---

[155] Witwe

[156] Suaten: Mitglieder der Sippe; nach Mecklenburg ‚Hochzeitsgäste‘.

Das beiseit sah Vater Asan Aga, Rief gar traurig seinen lieben Kindern: "Kehrt zu mir, ihr lieben armen Kleinen! Eurer Mutter Brust ist Eisen worden, Fest verschlossen, kann nicht Mitleid fühlen." Wie das hörte die Gemahlin Asan's, Stürzt' sie bleich, den Boden schütternd, nieder, Und die Seel entfloh dem bangen Busen, Als sie ihre Kinder vor sich flieh'n sah." [157]

Schwester und Mutter besuchen den verwundeten Asan, aber seine Frau schämt sich, zu dem verwundeten Gatten zu kommen. Mutter und Bruder haben größere Rechte als die Frau. Er lässt seine Frau nicht kommen, und sie gehorcht und kommt nicht zu ihm, obgleich sie ihn liebt. Er hatte sich aber gewünscht, sie solle dennoch kommen, von sich aus. Hasan deutet das Nichtkommen seiner Frau anders, als es gemeint ist, denn es ist in Schamhaftigkeit begründet. Als sie nicht kommt, wütet er gegen sie, verstößt sie und trennt sich von ihr. Der gekränkte Hasan rächt sich durch Verstoßung. So muss die Frau wieder in einen neuen Familienverband aufgenommen werden. Dafür ist ihr Bruder zuständig, der ‚natürlich' auf ihre Gefühle keine Rücksicht nimmt. Auch Pintorović lenkt aus ebensolcher Rache für die Krän-

---

[157] Hinweis: Morlacke: für die – italienischen – Stadtbewohner, ein Schmähname für die Dalmatiner, die „Meeresslawen"="Moro-Vlachen".

kung, die ‚Schmach' der Verstoßung, den Hochzeitszug seiner Schwester absichtlich an Hasans Haus vorbei. Sie folgt ihrem Bruder - und muss ihre Kinder zurücklassen. Durch Gehorsam verletzt sie nun ihre Mutterpflicht: Es ist eine entsetzliche Situation. Tragisch ist, dass sie gerne gekommen wäre und nur aus Gehorsam ihrem Mann gegenüber nicht kam. Was ist der Sinn der Ballade?

- affirmativ ein Märtyrerdrama einer verkannten patriarchalischen Idealfrau – treu, gehorsam, unschuldig wie ein Lamm? (Mecklenburg[158])

- das Leiden von Frauen unter dem kritisch gesehenen Patriarchat oder mit der Folge an die Männer „Lasst mich weinen! das ist keine Schande. Weinende Männer sind gut. Weinte doch Achill um seine Briseïs! Xerxes beweinte das unerschlagene Heer, Über den selbstgemordeten Liebling Alexander weinte."[159]

---

[158] Friedrich Schillers Tochter war gerührt von dem „morlackischen Lied" und beweinte zusammen mit ihrer Mutter Charlotte das Frauenschicksal. Cf. Mecklenburg.

[159]

https://www.faz.net/aktuell/feuilleton/buecher/frankfurter-anthologie/frankfurter-anthologie-lasst-

Entscheiden Sie selbst!

Der erste jugoslawische Literat, den die Schönheit dieser Ballade stark inspirierte, war Milan Ogrizović (1877/Senj - 1923/Zagreb), ein kroatischer Schriftsteller[160]. Im ersten Akt verstößt Hasan-Aga seine Gattin, weil er schwer verwundet im Zeltlager in den Bergen lag und zwar von seiner Mutter und Schwester besucht wurde, nicht jedoch von seiner geliebten Frau. Der zweite Akt handelt von der Wiederverlobung der Hasanaginica mit einem angesehenen Richter von Imotski. Im dritten Akt stirbt die Gemahlin des Hasan-Agas zutiefst gekränkt an einem gebrochenen Herzen.

Goethe lokalisiert den Ort ,serbischer Lieder' am

„Zusammenfluß der Save mit der Donau wo wir gegenwärtig Belgrad gelegen finden. Bewegt sich die Einbildungskraft an dem rechten Ufer des erstern Flusses hinauf, des andern hinunter, hat sie diese nördliche Grenze gewonnen, so

---

mich-weinen-von-johann-wolfgang-goethe-16498634.html
[160] Smail Balić, (1978), *Goethes Klaggesang von den edlen Frauen Asan Agas. Eine bosnische Volksballade erobert die Welt*", in: Österreichische Osthefte. 20; 244-253

erlaube sie sich dann, südwärts ins Gebirg und darüber weg bis zum Adriatischen Meer, ostwärts bis gegen Montenegro hin zu schweifen. Schaut man sich sodann nach näheren und fernen Nachbarn um, so findet man Verhältnisse zu den Venezianern, zu den Ungarn und sonstigen wechselnden Völkern; vorzüglich aber in früherer Zeit zum griechischen Kaisertum, bald Tribut gebend, bald empfangend, bald als Feind, bald als Hülfsvolk; späterhin bleibt mehr oder weniger dasselbe Verhältnis zum türkischen Reich."[161]

Der südosteuropäische Raum ist ein Kaleidoskop der Kulturen, deren Einheit Goethe durch sein Konzept von 'Weltpoesie' zu veranschaulichen sucht. Goethe verkennt nicht, dass es Grausamkeiten gibt, z B., dass sich „Menschenopfer" finden, „und zwar von der widerwärtigsten Art. Eine junge Frau wird eingemauert..", vielleicht ein Hinweis auf die Ballade, aber:

„Das allgemein Menschliche wiederholt sich in allen Völkern" [162] (Goethe, *Serbische Lieder*).

161

http://www.zeno.org/Literatur/M/Goethe,+Johann+Wolfgang/Theoretische+Schriften/Serbische+Lieder
162

http://www.zeno.org/Literatur/M/Goethe,+Johan

Der größte serbische Held, Marko, erscheint dann als ein rohes Gegenbild zu dem griechischen Herkules …. aber freilich in skythisch höchst barbarischer Weise."[163] Es ist bezeichnend, dass die umstrittene imperiale Grenzzone des Osmanischen Reichs als kulturelles Paradigma nicht in Anschlag gebracht wird, wie auch Vuk **Karadžić** zwischen den „Serben, die Kragujevatz[164], die Residenz des jetzigen serbischen Fürsten, bewohnen, und den Einwohnern Ragusas kein anderer Unterschied" besteht

„als z. B. zwischen den Dresdenern und den Wienern, und dies nur in Hinsicht auf die Religion; in der Sprache ist der Unterschied noch unmerklicher."[165]

Der (im weiteren Sinne) serbische Sprachraum ist trotz seiner imperialen Gestaltung von verschiedenen Seiten einheitlicher als

---

n+Wolfgang/Theoretische+Schriften/Serbische+Lieder
[163]

http://www.zeno.org/Literatur/M/Goethe,+Johann+Wolfgang/Theoretische+Schriften/Serbische+Lieder
[164] Крагујевац ist die viertgrößte Stadt in Serbien, ca. 140 km südöstlichen von Belgrad.
[165] Boris Previšić, S. 32, 35.

der deutsche – und dies trotz der politisch-ökonomischen Projekte des Deutschen Bunds[166]. Goethe hoffte, dass diese gesungenen „Schätze" schnell genug deutsches Gemeingut werden". Hoffentlich behält der große Weimarer Recht. So wie wir von Dresden nach Wien in ca. 5 Stunden gelangen können, braucht man von Dresden nach Opatija 9 Stunden mit dem Auto – Mit Flugzeug maximal 3 Stunden.

Reisen in der K.u.K. Monarchie – Der Kaiser, Sigmund Freud, Hermann Bahr und Circus Hagenbeck

Der Zeitraum zwischen dem Regierungsantritt Maria Theresias (1740) und der Gründung von Napoleons Illyrischen Provinzen (1809) war eine Epoche intensiver Reise- und Welterkundungstätigkeit. Mitte des 18. Jahrhunderts begann man sich aber auch für die Länder und ihre Sehenswürdigkeiten zu interessieren, wobei Italien und Kroatien mit seinen Altertumsschätzen von besonderer Bedeutung waren; vor allem als Bestandteil der österreichischen Donau-Monarchie kamen immer wieder Prominente aus dem Norden nach Kroatien, das als Land galt, in dem die Zitronen blühen. Hierbei interessierten sich die Kultur-Touristen für die

---

[166] Previšić, S. 35.

Kroaten als Morlaken, Liburnier, Grenzer,
Griechen, als Likkaner und als Dalmatiner.
Melancholisch blickt Robert Musil (*Der
Mann ohne Eigenschaften*/1930) zurück. Die
Dystopie wird in der „überamerikanischen"
Stadt gesehen,

„wo alles mit der Stoppuhr in der Hand eilt oder
stillsteht. … Spannung und Abspannung, Tätigkeit und Liebe werden zeitlich genau getrennt
und nach gründlicher Laboratoriumserfahrung
ausgewogen."

Aber

„in der guten alten Zeit, als es das Kaisertum
Österreich noch gab, konnte man in einem solchen Falle den Zug der Zeit verlassen, sich in
einen gewöhnlichen Zug einer gewöhnlichen
Eisenbahn setzen und in die Heimat zurückfah-
ren. Dort, in Kakanien, diesem seither untergegangenen, unverstandenen Staat, der in so vielem
ohne Anerkennung vorbildlich gewesen ist, gab
es auch Tempo, aber nicht zuviel Tempo. … Und
was für Länder! Gletscher und Meer, Karst und
böhmische Kornfelder gab es dort, Nächte an der
Adria, zirpend von Grillenunruhe, und slowaki
sche Dörfer, wo der Rauch aus den Kaminen wie
aus aufgestülpten Nasenlöchern stieg und das
Dorf zwischen zwei kleinen Hügeln kauerte, als
hätte die Erde ein wenig die Lippen geöffnet, um
ihr Kind dazwischen zu wärmen. Natürlich rollten auf diesen Straßen auch Automobile; aber

nicht zuviel Automobile! ...Überhaupt, wie vieles Merkwürdige ließe sich über dieses versunkene Kakanien sagen! Es war zum Beispiel kaiserlich-königlich und war kaiserlich und königlich; ... Es war nach seiner Verfassung liberal, aber es wurde klerikal regiert. Es wurde klerikal regiert, aber man lebte freisinnig. Vor dem Gesetz waren alle Bürger gleich, aber nicht alle waren eben Bürger. ... Man hatte ein Parlament, welches so gewaltigen Gebrauch von seiner Freiheit machte, daß man es gewöhnlich geschlossen hielt; aber man hatte auch einen Notstandsparagraphen, mit dessen Hilfe man ohne das Parlament auskam, und jedesmal, wenn alles sich schon über den Absolutismus freute, ordnete die Krone an, daß nun doch wieder parlamentarisch regiert werden müsse. Solcher Geschehnisse gab es viele in diesem Staat, und zu ihnen gehörten auch jene nationalen Kämpfe, die mit Recht die Neugierde Europas auf sich zogen und heute ganz falsch dargestellt werden. .. Soweit das nun überhaupt allen Augen sichtbar werden kann, war es in Kakanien geschehen, und darin war Kakanien, ohne daß die Welt es schon wußte, der fortgeschrittenste Staat; ...'[167]

---

[167] https://www.projekt-gutenberg.org/musil/mannohne/chap008.html
Oder hat *Kakanien* neben der Bedeutung als K. u. K., bezogen auf die Habsburger Monarchie auch die des deutschen Kinderreims (= Excrementia"...? Ist es vielleicht eine Parodie der Schrift des österreichisch-ungarischen von Erzherzogs Rudolfs Schrift *Die österreichisch-*

Kroatische Werbeveranstalter fokussieren 2022 auf die vom deutschen Soziologen Hartmut Rosa thematisierte Entschleunigung[168] und können von dem kroatischen Gegenwartsautor Edo Popović unterstützt werden (*Anleitung zum Gehen*) In den Bergen atmet er Wolken, schützt sich vor Wind und Regen, genießt die Einsamkeit in Berghütten, lernt Gefahren einzuschätzen und Wetteränderungen am Verhalten von Pferden zu erkennen. Er lernt sich als Naturwesen kennen, spürt die Entschleunigung der Zeit, nimmt den Rhythmus von Sonne und Mond an und fühlt sich gut, ohne einen bestimmten Erfolg feiern zu können oder sich mit einer Neuanschaffung belohnt zu haben. Das Buch wurde übersetzt von Alida Bremer: Geboren 1959 in Split/Kroatien. Studium der Vergleichenden Literaturwissenschaft, Romanistik, Slavistik und Germanistik in Belgrad, Rom, Saarbrücken und Münster. Promotion im Bereich Vergleichende Literaturwissenschaft. Langjährige Tätigkeit als wissenschaftliche Mitarbeiterin

---

ungarische Monarchie in Wort und Bild* (1898), dem (sog.) Kronprinzenwerk?
website http://www.kakanien-revisited.at/
[168] https://www.falstaff-travel.com/insider-tipp/entschleunigung-an-der-kroatischen-adria/

und Lektorin an den Universitäten in Münster und Gießen. Leiterin des Projektes „Kroatien als Schwerpunktland zur Leipziger Buchmesse 2008". Freie Mitarbeiterin bei der S. Fischer Stiftung. Grenzgängerstipendium der Robert-Bosch- Stiftung für das Jahr 2008-2009.

Natürlich musste sich die Habsburger Monarchie um ihre Territorien kümmern. Der reisefreudige Joseph II. (Josef Benedikt Anton Michel Adam, 1741 – 1790; kroat.: Josip II. car Svetog Rimskog Carstva), Sohn Maria Theresias, als Kaiser (ab 1780) auch König von Ungarn-Kroatien, kam unter dem Pseudonym Graf Falkenstein auf seinen von Friedrich dem Großen inspirierten ‚Revuereisen' bzw. ‚Inspektionsreisen' nach Slavonien und der kroatischen Litorale (*Hrvatsko primorje*), d. h.: Dalmatien im Süden, dem gebirgigen Kroatien im Norden, Istrien und der Kvarner Bucht an der Adria im Westen. Zu seiner Ehre wurde eine Brücke in der Nähe von Karlovac gebaut wurde[169]. Joseph, Vertreter eines ‚aufgeklärten Absolutismus', ist besonders interessiert an

---

[169] Aus: Vlado Mikšić, *Der Josephinismus in der Diözese Zagreb zwischen 1780 – 1790,* Wien 2013, S. 33. https://www.habsburger.net/de/kapitel/die-reisen-des-grafen-von-falkenstein

den Verkehrswegen und militärischen Einrichtungen. Zu dieser Zeit rekrutiert die österreichische Armee seine Soldaten von der zur Abwehr der Osmanen errichteten (kroatischen) Militärgrenze (*Hrvatska vojna krajina* or *Hrvatska vojna granica*). Er beklagt, dass nur wenige Schriftsteller einen echten Begriff dieses Landes haben[170]; er bezeichnet Kroatien als das Land von der „Sau"[171] und Kulpa bis auf das Adriatische Meer, zwischen Krain und dem Fluss Verbes[172], das zwölf Comitate[173] enthalte. Der meiste Theil dieses Landes stehe unter der Türkischen und Venetianischen Botmässigkeit."[174]

Zwei Generation später schreibt der für Dalmatien zuständige Zivil - und Militär-Gouverneur Graf Vetter von Lilienberg (1770 in Mittelböhmen – 1840 in Zadar - ursprünglich: Wenzel Alois Vetter von Li-

---

[170] „man nennet Croatien was Slavonien ist, man eignet Bosnien zu, was Croatien gehört, man nennt Dalmatien, was unstreitig einen Teil Croatiens ausmacht"

[171] =Save

[172] rechter Nebenfluss der Save im Westen von Bosnien und Herzegowina.

[173] Gespannschaft

[174] Joseph macht die deutsche Sprache 1784 zur Amtssprache.

lienberg - ab 1829 Kommandierender General in Kroatien) einen Bericht über Dalmatien (*Darstellung der Provinz Dalmatien nach der amtlichen Bereisung in den Jahren 1832, 1833 und 1834*) [175]. Von Lilienberg folgt dabei den grundlegenden Regeln der Reiseliteratur. Ihm erscheint Dalmatien als ein Land, das weder im Auslande noch im Inlande bekannt ist. Der Satz fügt sich gut in den ähnlich gelagerten Topos vom ‚halborientalischen' Land Dalmatien ein, das als ein Zwischenland wie eine eigene Fremde innerhalb der Habsburgermonarchie erschien. Dass der Morlake seine Frau als „Magd oder Sklavin" behandele, mag Lilienbergs berechtigter Eindruck gewesen sein, doch soll man ihm glauben, dass generell nur der Mann eine Strohunterlage zum Schlafen hatte? Oder ist es dasselbe wie mit dem angeblichen Wunsch der Moskowiterinnen, aus Liebe geschlagen zu werden[176] (Ludwig

---

[175] Die ausführlichste Schilderung seines Lebensweges finden wir in einem Nachruf, den sein Adjutant und einer der späteren Protagonisten des Illyrismus und der kroatischen Nationalbewegung, Graf Josip Jelačić, schon im Todesjahr 1841 verfasst hat. Einen Nachruf findet man auch im 1843 erschienenen Neuen Nekrolog der Deutschen für 1841.

[176] https://www.dokumente.ios-regens-

Steindorff)? Also am besten auf nach Kroatien, um sich ad oculos von allem selbst zu überzeugen....

Wie Goethe war auch Sigmund Freud besessen von Italien. Dachte er an Reisen, kam ihm Italien als erste Assoziation in den Sinn. Als Bildungsbürger und Genussmensch konnte er hier auch abtauchen in die alten Ruinen der Antike. Ist es ein Zufall, dass er auf einer Dalmatien Reise im September 1898 an antike bzw. mittelalterliche Orte, über Triest nach Spalato (=Split) mit dem Palast des römischen Kaisers Diokletian, gelangte? Das Haus in Split, in dem Freud 1898 übernachtete, ist heute noch zu sehen.

Die Inschrift lautet: „Sigmund Freud, der Vater der Psychoanalyse." Schließlich kam er nach Ragusa (=Dubrovnik)[177] mit seinem Dogenpalast und zahlreichen Klöstern in der, wie er zu sagen beliebte, ,Donaumonarchie'.

Was mag der Freud mit seinen ostjüdischen Wurzeln gedacht haben, als er durch die engen, verwinkelten Straßen in Dalmatien

---

burg.de/JGO/Rez/Steindorff_Clewing_Roher_Di amant_Dalmatien.html

[177] Ragusa (Dubrovnik), war römische, byzantinische, ungarische, venezianische Provinz, ehe es von 1520 bis 1686 großteils zum Osmanischen Reich, später wieder zu Venedig und dann zu Österreich-Ungarn gehörte.

gegangen ist und die bunten Trachten der ‚Morlacken' gesehen hat? Erschienen sie ihm vielleicht als Bestätigung seiner psychoanalytischen Kernthese der Präsenz des Archaischen in der Gegenwart, nach der alle einfachen Lebensformen noch heute unter den Lebenden vorhanden sind (z. B.: der Dinosaurier als Krokodil)? Machten sie ihn sensibel für die Bedeutung des Orients - Oder für die Diffusion der ‚Mann-Frau'-Grenze, wenn die Männer rockähnliche Hosen trugen? Wahrscheinlich ist Freud auch in Cattaro (=Kotor) gewesen. Von Dubrovnik dorthin nutzte er wohl ein Schiff der Österreichischen Lloyd (italienisch *Lloyd Austriaco*) – die Schifffahrtsgesellschaft Österreich-Ungarns und des Mittelmeeres.

Der Vizepräsident der Österreichischen Lloyd war der Industrielle Julius Singer (1849 in Bisenz/Mähren=Bzenec/Tschechien) - 1924 in Niederschwaig/Österreich). Am 18. August 1898 übernachtet Freud mit seiner verwitweten Schwägerin Minna in Maloja an der Grenze zur italienischen Schweiz – und gibt so Anlass zu Spekulationen über seine sexuelle Untreue (C. G. Jung/ „die unlösbare "Minna-Frage"/Peter Gay); im September 1898 bereist Freud mit seiner Ehefrau Martha die dalmatinische Adriaküste – wenig später, noch im September desselben

Jahres, macht er allein einen 1-Tages-Ausflug von Dubrovnik nach dem 25km von der Adria entfernten, seit dem Berliner Kongress von 1878 der Doppelmonarchie Österreich - Ungarn zuerteilten Trebinje (heute: südöstliche Zipfel von Bosnien-Herzegowina). In seiner Studie zur Vergesslichkeit (in: Monatsschrift für Psychiatrie und Neurologie/1898) heißt es:

„Während der Sommerferien unternahm ich einmal von dem schönen Ragusa aus eine Wagenfahrt nach einer benachbarten Stadt in der Hercegowina; das Gespräch mit meinem Begleiter beschäftigte sich, wie begreiflich, mit dem Zustand der beiden Länder (Bosnien und Hercegowina) und mit dem Charakter ihrer Einwohner. Ich erzählte von verschiedenen Eigentümlichkeiten der dort lebenden Türken, wie ich sie vor Jahren von einem lieben Collegen hatte schildern hören, der unter ihnen lange Zeit als Arzt gelebt hatte."[178]

Freud hatte bereits von seinem in Trebinje[179] als Garnisonsarzt tätigen Kollegen, dem österreichisch-jüdischen Internisten Alois

---

[178] https://www.freud-edition.net/werke/zum-psychischen-mechanismus-der-vergesslichkeit/druckversion
[179] Siehe: Isidore Singer (Hrsg.): *Jewish Encyclopedia*. Funk and Wagnalls, New York 1901–1906.

Pick (1859 – 1945) erfahren, dass für die Bewohner Bosniens Sexualgenüsse von herausragender Bedeutung sind, gipfelnd in der Behauptung, „wenn das nicht mehr geht, dann hat das Leben keinen Wert."[180] Freud hatte zuvor gehört, dass ein früherer Patient wegen einer Sexualhemmung Suizid begangen hat. Ist ein Leben ohne Sexualität sinnlos – und ist der Tod Zeichen des gestorbenen Eros? Für Freud sicherlich eine Frage von zentraler Bedeutung, da er und seine Frau Martha nach der Geburt ihres 6. Kindes Anna (3. 12. 1895) beschlossen hatten, keinen sexuellen Kontakt mehr haben zu wollen. Freud scheint zum Zeitpunkt seines Buches des ‚Kranken Mannes am Bosporus' selbst krank' zu sein. (Dušan I. Bjelić). Gibt es eine Lösung der Krise? Könnte Minna den Komplex ‚lösen'? Über Ostern 1898 macht Freud mit seinem jüngsten Bruder Alexander Gotthold Efraim (1866 – 1943) einen Ausflug in den Istrischen Karst

---

[180] Sigmund Freud, *Zur Psychopathologie des Alltagslebens*
(Über Vergessen, Versprechen, Vergreifen, Aberglaube und Irrtum) Siehe: Dušan I. Bjelić, Intoxication, Modernity, and Colonialism: Freud's Industrial Unconscious, palgrave Macimillan, New York, 2016.

(=Umgebung von Triest und Istrien), der auch die Besichtigung der Höhlen von dem nur wenige Kilometer von Triest entfernten Divaca/heute. Slowenien und St. Cangian einschließt. Nicht nur der Name Herzegowina weckt die Assoziation mit (dem Zionisten) Theodor Herzl, sondern der ‚Balkan‘ insgesamt erschließt ihm die Welt des Unbewussten, wenn ihm dort in der türkischen Herzegowina z. B. in der Institution des Harems die Promiskuität des Mannes begegnete (Dušan I. Bjelić) – und nun die Höhle. Welche Assoziationen mag Freud gehabt haben, als er die Höhlen in Slowenien aufsuchte, die für ihn symbolische Darstellungen „der weiblichen Genitale" sind, weil „sie die Eigenschaft teilen," „einen Hohlraum einzuschließen, der etwas in sich aufnehmen kann", so wie auch ‚Schachte, Gruben, Gefäße, Schachteln, Dosen, Koffer, Büchsen, Kisten, Taschen usw.‘[181] (*Die Traumdeutung*/1899)

„Am selben Abend kamen wir noch nach Divaca[182] auf dem Karst, wo wir übernachteten, um am nächsten und letzten Tag Montag die Höhlen zu besuchen. Am Vormittag gingen wir in die Rudolfshöhle, 1/4 Stunde von der Station, ange-

---

[181] https://www.projekt-gutenberg.org/freud/vorles1/chap010.html
[182] Heute: Slowenien

füllt mit allerlei seltsamen Tropfsteinbildungen, Riesenschachtelhalmen, Baumkuchen, Stoßzähnen von unten, Vorhängen Maiskolben, faltenschweren Zelten, Schinken und Geflügel von oben herabhängend. Das Merkwürdigste war unser Führer, im schweren Alkoholdusel, aber ganz sicher und humoristisch belebt. Er war der Entdecker der Höhle selbst, ein verkommenes Genie offenbar, sprach immer von seinem Tode, seinen Konflikten mit den Geistlichen und seinen Eroberungen in diesen unterirdischen Reichen Als er äußerte, daß er schon in 36 Löchern im Karst gewesen, erkannte ich ihn als Neurotiker und sein Konquistadorentum als erotisches Äquivalent. … Er gab wenige Minuten später die Bestätigung, denn als Alexander ihn fragte, wie weit man in der Höhle kommen kann, antwortete er: Es ist wie bei einer Jungfrau; je weiter man kommt, desto schöner ist es. " [183]

Die aufdringliche Vertrautheit des Führers wird Freud sicherlich verwundert haben. Es ist nicht überliefert, ob er Sliwowitz getrunken und hastig eine Zwiebel und Rübensaft heruntergeschluckt hat. Hat er das Fleisch mit den Fingern zerteilt oder differenziertere Esswerkzeuge benutzt? Noch ist die Sexualität nicht tabuisiert (Norbert Elias). Auf jeden Fall auffällig ist bei dem Führer die Kombination von Alkoholismus und Sexualismus.

---

[183]   https://www.tagesspiegel.de/meinung/der-kolumbus-der-seele/706720.html

Offensichtlich suchte er die schwerelose Existenz durch das Vergessen. Dass in den unterirdischen Gebilden von Höhlen von St. Kanzian/heute Slowenien mit Freud mit dem (antisemitischen Oberbürgermeister), „Herrn von Wien, Herrn Dr. Carl Lueger"[184] (1844-1910) gleichzeitig in der höllenähnlichen-subterranen Höhle war, ist wohl nichts anderes als ein Zufall – Oder? Dass die Höhle ein Ort des Ursprünglichen ist, dürfte dem Kulturhistoriker Freud bekannt gewesen sein. Sie spielt auf dem ‚Balkan' eine symbolträchtige Rolle:

- die Höhle als magischer Zufluchtsort (Eiszeit, z. B. bei Badanj / Stolac/Bosnien-Herzegowima)
- die Höhle als Ort des Mithraskults (2. / 3. nachchristliches Jahrhundert)
- die Höhle als Versammlungsort der Bogumilen (spätes Mittelalter)

aber dann auch:

- die Höhle als Versteck der Widerstandskämpfer (2. Weltkrieg: Cetniks, Partisanen)
- die Höhle als Ort von Massengräbern in Höhlen gefunden (90-Jahre: Im Frühjahr 2001 findet man eines in einer Karsthöhle bei Drvar)

---

[184] http://www.freud-biographik.de/salten.htm

Mit dieser Zeit beginnt das Zeitalter der Neurasthenie – Zwischen Bismarck und Hitler (Joachim Radkau): Überforderungsgefühle, Versagensängsten allerlei Ängste, die von der damaligen Sexualmoral ausgelöst waren. Statt auf der Couch zu liegen, um später auf der Freud'schen Couch zu landen, ist es besser, peripatetisch zu wandern oder eine Katharsis zu suchen. Freud hatten einen intensiven Briefwechsel Hermann Anastas Bahr (1863 in Linz - 1934 in München), den wegen „nervöser Unruhe" das Kathartische umtrieb. Wie kann man bloß die pathogen wirkenden Affekte loswerden und abreagieren? Eigentlich, so Bahr, sei Freud der

„größte Revolutionär: denn er lehrt, daß wir alle an der Unfreiheit erkrankt sind" (Hermann Bahr)[185].

Wie finden wir Freiheit? 1909 erscheint die *Dalmatinische Reise*. In Dalmatien, einem „Sonnenland, Märchenland, Zauberland", so stellt er fest, kann sich der Mensch ,unverdorben' zeigen. „Hier steht es nackt da, wie im Paradiese."

---

[185] Daniela Schönle, Rausch und Reinigung. Hermann Bahrs Beitrag zum ,Wiener Katharsis-Diskurs, 2015.

„Er muß nicht ein bißchen Europa vorspielen. Hier kann er sich unverdorben zeigen." [186]

Schon zu Hause am Kamin träumt der heliotrope Erzähler vom blauen Meer[187], von der Insel Cherso (=Cres, italienisch: Cherso, deutsch veraltet Kersch).

„Zur Sonne muß ich mich wenden. So viel Sonne scheint, so viel Kraft wird mir. Das zieht mich jedes Jahr nun wieder ins Sonnenland, nach Dalmatien. Wie eine Wallfahrt ist es, um von Angst und Trübsal in Licht und Wärme zu genesen. Nun ist aber Dalmatien nicht bloß ein Sonnenland, Märchenland. Zauberland, sondern nebenbei auch noch eine Provinz der österreichisch-ungarischen Monarchie. Es kommen fast keine Fremden hin, und die paar Fremden, die kommen, verstehen die Sprache nicht und verkehren mit den Leuten nicht. In anderen Provinzen glaubt Osterreich zuweilen den Fremden ein bißchen Europa vorspielen zu müssen. Hier hat es das nicht nötig. Hier kann es sich noch unverdorben zeigen. Hier steht es nackt da, wie im Paradiese. Und darum ist mir diese Fahrt, jedes Jahr, wenn ich dem Winter entfliehe, immer auch

---

186

https://www.gutenberg.org/files/46624/46624-h/46624-h.htm

[187] Hermann Bahr, Dalmatinische Reise, S. Fischer Verlag, Berlin, 1919, S. 1.

eine Wallfahrt zum alten Österreich." (Bahr, S. 5)

Wie Sigmund Freud fährt auch er mit der Linie der Lloyd-Gesellschaft. Er beginnt seine Mittelmeereise in Triest. Hier war einmal Napoleon. Unter Napoleon wurde Triest 1809 den Illyrischen Provinzen zuge- schlagen und blieb bis 1814 französisch. Hier ließ er die Strada Napoleonica 1797 als Transportweg für dessen Truppen zwischen Venedig und Triest bauen, und sein General Auguste Frédéric Louis Viesse de Marmont (1774 – 1852), duc de Raguse, ließ als Gou- verneur von Illyrien (Albanien und Dalmati- en /1806 – 1809) Straßen bauen unter Zwangsrekrutierung der Morlacken[188] - und schuf die Adelsrepublik Ragusa im Jahre 1808 ab. Sie mögen, wie Carlo Botta (*Sou- venirs d'Un Voyage en Dalmatie*/Turin 1809) behauptet, als Abkömmlinge der Skythen trinken, marschieren, singen und tanzen' (chantent, marchent, boivent, dansant en rond), den Kolo, einen Tanz in kreisförmigen Bewegungen mit exzentri- schen Sprüngen, lieben und die italienische Mandoline spielen, aber können sich als

---

[188] Larry Wolff, Venice and the Slavs The Disovery of Dalmatia in the Age of Enlighten- ment, Stanford University Press, 2001, S. 334.

nützlich erweisen, wenn sie ‚zivilisiert' werden und ihre ‚Unwissenheit' aufgeben.

Bahr fällt auf, dass die „Kapitäne" des Schiffes „so wunderbare Menschen" sind, sich als Italiener fühlen, „aber fast alle von Kroaten" abstammen und unter „ihren Worten" „eine Traurigkeit" ist, weil sie sich als „die besten Seefahrer" sehen, aber nicht begreifen", dass „die anderen Gesellschaften (Norddeutscher Lloyd, Hapag) besser sind." (Hermann Bahr[189]). Melancholie beschleicht einen: Werden Paradiese durch den kapitalisierenden Wettbewerb zerstört? Auf jeden Fall hört Bahr in seinem 1897 gebauten *Hotel Imperial* in Dubrovnik (heute: Hilton Imperial/Dubrovnik, 1897 eröffnet vom Präsidenten des österreichischen Lloyds, Viktor Kalchberg (1843 – 1924), auch vom

---

[189] Bahr korrespondierte mit Ivo Vojnović (1857 – 1920). Nach seinem Jurastudium war Vojnović in Zagreb, Križevci, Bjelovar, Zadar und Dubrovnik Nach dem Kriegsende bis zu seinem Tod wohnte er in Nizza, Dubrovnik und Belgrad. Beerdigt ist er in Dubrovnik. Sein Bruder Diplomat und Minister und international renommierter Historiker und Fachmann für die Geschichte Dalmatiens Für das Verhältnis beider Bahrs zu ihm siehe besonders: Stefan Simonek.

1. Weltkrieg[190]. Die Flucht in die Idylle will nicht ganz gelingen: Bahr will fotografieren für seinen Verleger, stellt seinen Apparat auf die Möwen ein, und wird ermahnt von einem „Individuum, das wie ein Briefträger aussieht, aus einem Boot herauf in rauhem Deutsch" „mit rabiaten Gesten", „nicht die Festung zu photographieren!" Ist Bahrs Blick gespalten und widersprüchlich? Ihm begegnet auch Zerstörung.

„Wir sind an Muggia, Capo d'Istria und Pirano vorbei, es erscheinen Parenzo und Rovigno. Wenn man so vorüberkommt, ist's wie ein ausgestorbenes Land. Die Städte sehen verlassen und verfallen aus, als hätte
der Feind hier gehaust und alles zertreten. Schön sind die spitzen Türme, die den Heiligen der Stadt tragen, in Parenzo den heiligen Georg, in Rovigno die heilige Euphemia. Alles hat venezianisches Wesen." (Bahr, S. 26)

Eine ideale Reiseroute wird beschrieben:

- Muggia, eine italienische Gemeinde in der Region Friaul-Julisch Venetien im äußersten Nordosten Italiens mit der Hauptstadt Triest. Es ist das einzige Teilgebiet Istriens, das auch

---

190

https://www.historichotelsthenandnow.com/imperialdubrovnik.html

heute noch unter italienischer Verwaltung verblieben ist.

- Capodistria (=Koper=das Haupt Istriens)/heute Slowenien.
- Piran ist eine Stadt im äußersten Südwesten Sloweniens an der Küste des Adriatischen Meeres.
- Parenzo: heute Poreč Rovigno: heute Rovinj Heiliger Georg: Georg (lateinisch Georgius) ist ein legendärer christlicher Heiliger, welcher zu Beginn der Christenverfolgung unter dem aus Split stammenden Diokletian (284–305) ein Martyrium erlitten haben soll.
- Rovinj - Heilige Euphemia: Als Fünfzehnjährige wurde das Mädchen von den Soldaten des Kaisers Diokletian verhaftet, und, da das Mädchen dem Christentum nicht entsagen wollte, wurde es auf verschiedene Arten gefoltert, besonders grausam auf dem Folterrad. Nachdem das Mädchen auch danach dem Christus treu blieb, wurde es zu den Löwen geworfen, von welchen es getötet, jedoch nicht aufgefressen wurde. Sie soll am 16.09.304 gestorben sein. Den Körper der Märtyrerin wurde von Calzedoner Christen bis zum Jahr 620 aufbewahrt, als

149

die Stadt von den Persern erobert wurde. Der Sarkophag mit dem Körper der Heiligen Eufemia wurde dann nach Konstantinopel übertragen und in eine prachtvolle Kirche untergebracht, welche der Kaiser Konstantin zu Ehren der Heiligen aufzubauen ließ. Im Jahre 800 ergreifen die Ikonoklasten (Gegner der Bilderverehrer) die Macht, so wurden die Reliquien von der Heiligen Eufemie von den Christen wieder in Schutz genommen. Was weiter genau geschehen sollte, ist schwer zu sagen, die Überlieferung sagt, am 13.07.800 am frühen Morgen nach einem großen Gewitter sei ein Marmorsarkophag zum Ufer vor Rovinj angetrieben worden. Viele Einwohner von Rovinj versuchten den Sarkophag bis zur Sankt Juraj's Kapelle herbeizuschleppen, das gelang aber niemandem. Auf Fürbitte der Heiligen Eufemie gelang es nur einem kleinen Knaben den Sarkophag mit seinen zwei Kühlein auf einen Hügel heraufzubringen. Die Ankunft des Sarkophages in die Stadt Rovinj war für deren Einwohner ein Wunder, weswegen sie die Heilige Eufemie als ihre Patronin zu verehren begannen. Der 16. September wird als Tag der Heiligen Eufemie gefeiert, von allen Seiten kommen Gäste an, auf dem Rovinjer Hauptplatz wird großes Fest mit reichem Programm organisiert, und dabei wird traditionell Hammelfleisch mit Sauerkraut (ovca z kapuzon) und fritule, eine Süßspeise aus Istrien, gegessen[191]. (Slobodan Hercigonja)

„Nun sind wir im Kanal von Fasana. Brioni wird sichtbar, Kuppelwiesers Reich[192]. Da lacht mir das Herz. Bis vor ein paar Jahren sagte man in Pola: Unser Fluch ist Brioni, da liegt dieser Herd der Malaria vor uns und verpestet alles! Beamte waren in Pola und Admiräle waren in Pola und Generäle waren in Pola, und alle sagten: Dieses verfluchte Brioni, mit der Malaria! Sagten es und taten nichts. Bis der Kuppelwieser kam." (Bahr, S. 26)

Paul Kuppelwieser arbeitete zunächst als Ingenieur für Salomon Mayer von Rothschild in den Eisenwerken von Ternitz (Nie-

---

[191]

https://www.inforovinj.com/deu/rovinj/znamenje/legenda-sv-eufemija.asp

[192] Paul Kup(p)elwieser. Die Schreibweise des Namens variiert.

derösterreich), Teplitz (heute: Tschechien) und Vítkovice (ebenfalls Tschechien)=Witkowitzer Eisenwerke. 1893 kaufte er die stark vernachlässigten Brioni – Inseln, ein Archipel aus insgesamt 14 kleinen Inseln, von einem Venezianer für (umgerechnet) ca. 40 000 Euros. Seine Tochter Pussy heiratete in die bekannte österreichische Unternehmerdynastie Mautner Markhof (Brauerei, Spirituosen, -Nahrungs- und Genussmittelunternehmen) ein.

Gelingt die Rückkehr ins Paradies denn gar nicht? Es ist wie verhext: Das Meer und Klima dieser Region wurden als natürliche Heilmittel verstanden und neben Opatija besonders die Brioni-Inseln empfohlen, jedoch gab es die Malaria als ein großes Problem.

„Es gelang mithilfe von Chinin und der Trockenlegung der Sümpfe, die Insel von der Krankheit zu befreien. Vor der Küste Istriens in der nordöstlichen Adria liegt die Gruppe der Brioni-Inseln, die zum heutigen Kroatien gehören. Die Inseln gehörten im ausgehenden 19. Jahrhundert zum Habsburgischen Reich und waren 1883 vom Österreicher Paul Kuppelwieser[193] als Privatbesitz gekauft worden. Kuppel-

---

[193] Der österreichische Industrielle Paul Kuppelwieser (1843 – 1919) kaufte 1893 die Brioni-Inseln.

wieser hatte zuvor als Industriemanager und Aktionär ein Vermögen erworben. Er war über die österreichische Verwaltung der Adriagebiete entsetzt und suchte nach einer Möglichkeit, „. . . den Nachweis zu liefern, dass dort anderes und viel Besseres zu schaffen wäre, als es da derzeit der Fall war". Besseres – das sollte ein luxuriöser Ferienort auf der Hauptinsel sein, von dem er eine ordentliche Rendite erwartete. Zu diesem Zeitpunkt war Brioni wegen der Malaria praktisch entvölkert, was der stolze Neu-Besitzer zwar gewusst zu haben scheint, die den Inseln innewohnende Gefahr aber für übertrieben hielt. So infizierte er sich bereits bei der Erstbesichtigung und entging nach eigenen Angaben dem Tod nur knapp. Seine Vorhaben auf Brioni litten in der Folgezeit unter der Malaria, je mehr Menschen er zur Arbeit auf die Inseln holte. Er hörte schließlich, dass Robert Koch in der Umgebung Roms Studien zur Malaria vorgenommen hatte. Kuppelwieser traute den österreichischen Tropenmedizinern in Wien nicht und bat daher Koch um Hilfe, wobei er seine Inseln als Forschungsobjekt   vorschlug.

Als Kuppelwieser nach Berlin schrieb, war der preußische Geheimrat Koch bereits weltberühmt. Zwar hatte nicht er den Erreger der Malaria gefunden (das war 1880 Laveran), man hatte ihn aber nach Deutsch-Ostafrika entsandt, um in Dar-es-Salaam den komplexen Entwicklungszyklus der Plasmodien und ihren Wechsel zwischen Anopheles-Mücke und Mensch zu studieren. In der Folge wurde Koch vom Deutschen Reich mit der Malariabekämpfung in Deutschland und in den Kolonien beauftragt. Der Schwerpunkt dieser Arbeit lag zwar in den Tropen, doch gab es noch bis 1902 in Deutschland eingeschleppte Epidemien. Instinktiv scheint Kuppelwieser erkannt zu haben, dass ein abgeschlossenes geographisches Gebiet wie eine Inselgruppe einmalige epidemiologische Forschungsbedingungen bieten kann. Koch propagierte die „vollständige Chininisierung" einer erkrankten Bevölkerung. Er ergriff sofort die Gelegenheit, seine These auf Brioni überprüfen. Bereits acht Tage nach Absenden des Schreibens Kuppelwiesers trafen zwei Assistenten Kochs, Prof. Dr. med. Paul Frosch und Dr. med. Elsner, bei ihm ein, um die Angaben des Inselbesitzers zu überprüfen. Mit dem unbekümmerten Forschungsdrang der damaligen Zeit diagnostizierten die beiden Ärzte bereits beim Anlanden im Hafen Brionis eine Malaria beim Kellner des dortigen kleinen Hotels. Zum Abendessen lagen das Ergebnis des „dicken Tropfens" des Kellners ebenso vor wie Quetschpräparate diverser Moskitos. Es stand fest, dass Kuppelwiesers Angaben zur Malaria stimmten. Die Ergebnisse wurden an Koch telegraphiert, der eine weitere Woche später persönlich nach Brioni kam. Nach einer ersten, fast vollständigen Durchuntersuchung aller 300 Einwohner schlug Koch seinem Gastgeber Kuppelwieser ein medizinisches Experiment vor. Koch ging davon aus, dass Brioni malariafrei gemacht werden könnte, wenn es gelänge, in der kühleren Jahreszeit alle Kranken mit Chinin zu behandeln. Bei Wiedererwärmung im Frühjahr und nach Ausschlüpfen der Mückenlarven müsste die Malaria verschwunden sein, da die Mücken aus dem menschlichen Blut keine Parasiten mehr würden aufnehmen können. Die Bedingung Kochs war, dass keine Anstrengungen gemacht würden, die Mückenbrutstätten selber zu bekämpfen, denn er wünschte keine verfälschenden Variablen in seinem Experiment. Kuppelwieser nahm Kochs Vorschlag an, wobei die Durchführung des Experiments Prof. Frosch übertragen wurde. Der Erfolg war durchschlagend: Bereits im ersten Folgejahr gab es nur noch einen einzigen Fall von Malaria auf den Inseln. Bei vollständigem Fehlen neuer Erkrankungsfälle (Rezidive gab es schon einige) willigte Koch zwei Jahre später in die Trockenlegung der Sümpfe ein, in denen die Mückenlarven schlüpften. Er hat Brioni später noch einmal besucht und benutzte die Inselgruppe als Ausbildungsstätte für viele Ärzte, die in die deutschen Kolonien entsandt wurden. Voller Dankbarkeit ließ Kuppelwieser Koch in einem aufgelassenen Steinbruch aus römischer Zeit ein Denkmal setzen. Vom Wiener Bildhauer Josef Engelhart geschaffen, zeigt es in der ikonographischen Sprache der damaligen Zeit die Herme Robert Kochs, der von einer Jungfrau „Brioni" einen Lorbeerkranz aufgesetzt bekommt. Die Inschrift lautet: „Dem großen Forscher, dem Befreier der Insel von der Malaria, Dr. Robert Koch, Annis 1900–1901."

[194] (Dr. med. Karsten Mülder, *Malaria Robert Koch auf Brioni,* in: Deutsches Ärzteblatt 2001)

Der Mediziner und Mikrobiologe Robert Koch (1843 – 1910) verbrachte 2 Jahre (1900 bis 1902) auf Einladung Kuppelwieser auf den Inseln und beseitigte die Krankheit. Koch hatte, anstatt sich auf die Ausrottung der Stechmücken zu versteifen, alle Inselbewohner mit Malariaerregern identifiziert und im Winter mit Chinin behandelt. Er legte eine submarine Wasserleitung vom Festland nach Brioni und errichtete Wirtschaftsgebäude (Wein- und Milchwirtschaft, Imperialkäse), baute Hotels, ein Strandbad und das erste Winterschwimmbad an der österreichischen Riviera. Anton Gnirs legte Reste einer Römersiedlung rund um die Bucht Val Catena frei, darunter eine römisch-kaiserliche Villa und ein Tempelzentrum. Das von Kuppelwieser errichtete Denkmal steht auf größten Insel (Veliki Brijun).

Im April 1912 reiste der 67-jährige Carl Hagenbeck auf die Insel, um dort einen symbolischen Spatenstich für einen neuen Tierpark vorzunehmen, in dem Tiere aus

194

https://www.aerzteblatt.de/archiv/29677/Malaria-Robert-Koch-auf-Brioni

tropischen Ländern für den europäischen Markt akklimatisiert werden sollten. Er errichtete einen Zoo nach Vorbild des Tierpark Hagenbeck und beabsichtigte eine Akklimatisierungsstation für seine Tiere. Er hoffte, Brioni könne bald Strauße en masse, Antilopen, Steinböcke, Wildschafe, Affen, Vögel, Haustiere und sogar Eisbären haben. Auch heute gibt es als Nachfahre den Nacionalni Park Brijuni[195].

Besonders vorteilhaft war natürlich die Nähe des Kriegshafens Pula, der schnell zu erreichen war. Die Gäste waren

- neurasthenische Patienten der Wiener Psychiater und Psychologin
- Erzherzog Franz Ferdinand Carl Ludwig Joseph Maria von Österreich-Este (1863/ Graz – ermordet am 28. Juni 1914 in Sarajevo) kam ab 1908 häufiger: Seine mehrtägige Kreuzfahrt entlang der adriatischen Küste führte über Šibenik, Dubrovnik, Makarska, Omiš, Split und Trogir auch nach Brioni. Er setzte sich sehr für die Erhaltung des Kulturerbes (Stätten der Villen- und Bäderanlage des alten Roms) ein. Kurz vor seiner Ermordung kam

---

195

http://www.asianelephant.net/brijuni/brijuni.htm

Erzherzog Franz Ferdinand mit seiner Gemahlin auf einem österreichischen Kreuzer von Triest aus vorbei: „Man sah die Admiral-Standarte flatterrn, und man wusste, an Bord befand sich der oberste Flottenchef, auf der Fahrt nach Sarajevo."[196]

- Kaiser Wilhelm II. (1859 – 1941) 1912, der der Aufforderung des Erzherzogs nachgekommen war, sich mit ihm auf der Insel zu treffen. Es war ein strahlender Tag, eine leichte Bora blies und ließ das Meer so blitzblau erscheinen, wie eben nur die Adria blau sein kann! Unvergesslich der Anblick, als die schneeweiße Hohenzollern mit dem kaiserlichen Gast an Bord in Sicht kam, erwartet von den Schlachtschiffen der österreichischen Marine, welche im Kanal von Fasana[197]

196
ttps://www.dynastiemautnermarkhof.com/de/familienchronik/brioni/franz-ferdinand-ein-thronfolger-und-die-insel/
[197] Fažana ist ein Fischerort an der Westküste Istriens in der Gespanschaft Istrien. Er liegt zwischen Vodnjan/Dignano und Pula/Pola und hat einen kleinen Hafen mit einer zur Urlaubszeit belebten Strandpromenade. Von Fažana ist eine

Aufstellung genommen hatten und eines nach dem andern ihre Salutschüsse abgaben. Von dem mit Teppichen belegten Molo Brionis, auf dem Erzherzog Franz Ferdinand mit seinem Gefolge stand, löste sich die Admirals-Barcasse und begab sich längsseits. Nach der offiziellen Begrüßung genossen die längs der Riva Spalier stehenden Hotelgäste das Vergnügen, die hohen Herren in nächster Nähe an sich vorübergehen zu sehen.

Aber vor allem aber auch der Besuch von Erzherzogin Maria Josepha Luise Philippine Elisabeth Pia Angelika Margarete Prinzessin von Sachsen, Erzherzogin von Österreich (1867 – 1944) und ihrer Kinder von 1906 war die große Tourismuswerbung[198]. Die Unterkünfte der hohen Herrschaften waren eher bescheiden – Sie kamen dennoch gerne. Des Erzherzogs Wunsch ging in Erfüllung. Der deutsch-böhmische Lehrer, Archäologe, Restaurator, Archivar, Historiker und

---

Überfahrt auf die Inselgruppe und zum Nationalpark Brijuni möglich.

[198]

https://www.dynastiemautnermarkhof.com/de/familienchronik/brioni/franz-ferdinand-ein-thronfolger-und-die-insel/

Denkmalpfleger. Anton Gnirs (1873 - 1933), einer der bedeutendsten Archäologen Habsburgermonarchie; unterrichtete ab 1899 zunächst an der Marineschule in Pula und wurde 1902 Konservator der *K.u.k. Zentralkommission für Erforschung und Erhaltung der Kunst- und historischen Denkmale in Istrien*[199] und führte Ausgrabungen in Pula, auf der Insel Brioni sowie in Fasana und Banjole im Süden Istriens zwischen Pula und Medulin. Die wichtigsten Ausgrabungsobjekte in Pula waren die Porta Aurea und die Porta Gemina sowie das antike Theater und auf der Insel Brioni eine römischhellenistische Luxusvilla. Die Habsburger Monarchie erwies sich als verbindend und grenzüberschreitend.

Aber auch die Wissenschaft verbindet. Die Zeitschrift *Geographischer Jahresbericht über Österreich* (1895) verzeichnet u. a. Forschungen:

- die „in Istrien und Dalmatien, im Königreich Italien" gemacht wurden (Schwereforschungen, Pendelmessungen) („Über Meeresgebieten nimmt die Schwerkraft mit der Abnahme der Bodenerhebung zu".)

---

[199] https://digi.ub.uni-heidelberg.de/diglit/jbzk

„Nach der oben erwähnten Theorie wäre die Adria, Poebene und auch der südliche Theil Italiens eingesunkenes Gebiet."

- die „Generalkarte von Mitteleuropa" umfasst u. a. „Triest, von Tolmezzo[200] bis Pirano[201] …Spalato[202], an der Küste bis Sebenico[203] … Sarajevo, mittlerer Theil des Occupationsgebietes ….Mostar, westl. (kleiner) 'l'heil der Hercegovina, Dalmatien mit den Inseln um Sabbioncello[204] …Ragusa[205], Theil der dalmatin. Küste und östl. (grösster) Theil der Hercegovina"

---

[200] deutsch veraltet Schönfeld, slowenisch **Tolmeč**: Heute Tolmezzo/Italien.
[201] Heute Piran/Slowenien
[202] Split
[203] Heute: Šibenik
[204] Insel Pelješac. Der Begriff ‚Mitteleuropa' ist mit Friedrich Naumann verbunden. Nach ihm ist Mitteleuropa „im Kern deutsch sein" und wird „von selbst die deutsche Welt - und Vermittlungssprache gebrauchen". Der Dichter Miroslav Krleža verwarf dieses germanozentrische Konzept.
[205] Dubrovnik

- das Erdbeben von Laibach[206] (ljubljanski potres/14. 4. 1895 um 23.17 Uhr, als die meisten EinwohnerInnen schon zu Bett waren), Epizentralintensität von 8-9 Grad, mit seinen Auswirkungen bis „zu den äussersten Grenzen des Schüttergebietes in der Gegend von Wien, im westlichen Tirol, in Oberitalien bis Florenz und Pavia und in Kroatien und Bosnien[207]“. An der *Kaiserlichen Akademie der Wissenschaften* in Wien wurde eine "Erdbebenkommission" eingerichtet[208].

---

[206] *Ljubljana*, damals die Hauptstadt von Krain=Landschaft in Slowenien an der Grenze zwischen Ostalpen und Karst. Ab 1849 österreichisches Kronland.

[207] Opatija und Rijeka waren betroffen.

[208] Der Geologe Eduard Suess (1831 in London - 1914 in Wien) bekam als junger Geologe von der *Geologischen Reichsanst*alt die Aufgabe übertragen, das Laibacher Beben zu erforschen. Er stellte einen Zusammenhang her zwischen Schadensgrad und Gründungsgestein. Er fuhr auch nach Triest, Pula, Fiume (=Rijeka) und Agram (=Zagreb). Er dankt u. a. den „Herren Professoren G. Gorjanovic-Kramberger in Agram und P. Saldier in Fiume." „Donnern und Poltern gesteigert, heftige Stösse unter den Füssen, dann ein leichtes Schwanken. — die Kamine stürzen pras-

- Erdbeben in Kroatien: „Slavonien, Dalmatien und theilweise in Istrien von den ältesten Zeiten bis auf unsere Tage chronologisch geordnet", z. B. das Erdbeben in Zagreb von 1880[209].
- „Sterblichkeit nach dem Alter in den im Reichsrathe[210] vertretenen Königreichen und Ländern."

„Auffallend sind die hohen Ziffern in Galizien und der Bukowina.

---

selnd von den Dächern, die Kirchthürme und Fabriksschornsteine wanken."

[209] Kispatic, *Potresi u Hrvatskoj* (Erdbeben Kroatiens), in: Südslavische Akademie in Agram. Drei Hefte. Agram, 1891, 1892, 1895.

[210] 1861 gebildet. Er tagte abwechselnd in Wien und Budapest. Die letzte Sitzung fand am 30. Oktober 1918 statt. Die Habsburgermonarchie hatte nun zwei Hauptstädte: Wien und Budapest. Der Reichsrat in Wien vertrat nur die Länder der österreichischen Reichshälfte („Cisleithanien"), während für die ungarische Reichshälfte („Transleithanien") in Budapest ein eigenes Parlament in einem imposanten Neubau am Ufer der Donau tagte. Die beiden Teilstaaten nahmen in der Folge eine sehr unterschiedliche Entwicklung.

… Mit Ausnahme von Görz und Istrien ist die Männersterblicbkeit grösser."

- „Die Fischerei an der adriatischen Küste Österreichs im Jahre 1893/94."

„Die Steigerung des Ertrages in den letzten Jahren ist die Folge der Errichtung mehrerer Conservenfabriken, die zunächst eine bedeutende Vermehrung der Zahl der Fischer seit dem Jahre 1889/90 zur Folge hatte. … Der Fischreichthum der Adria genügt nicht den Bedürfnissen der Küsten bewohner, welche ausser dem Verbrauche an eigener Ausbeute jährlich noch 10.000 Stockfische[211] und Heringe aus dem Auslande einführen."

- „Meteorologische Beobachtungen in Sebenico":

„Im Jahre 1890 errichtete das hydrographische Amt der k. u. k. Kriegsmarine in Sebenico (Stationsschiff „Schwarzenberg"[212]) eine meteorologische Station II. Ordnung, was man als einen wohlgelungenen Treffer bezeichnen darf, da aus Nord-Dalmatien (in Zara ist leider auch keine Station) meteorolog. Beobachtungen fehlen."

---

[211] Z. B.: Kabeljau, Seelachs, Schellfisch.
[212] Fränkische Familie. Felix S. war von 1848 bis zu seinem Tod 1852 österreichischer Regierungschef.

- „Hydrologie der unteren Krka"[213]=Studien zum Salzwassergehaltes (=Salinierung)
- Studien zur Tiergeographie: z. B. des Otiorhynchus, einer Käferart[214]

„Ihre nördlichste Verbreitung ist mit Böhmen, Schlesien und Oberungarn…, die westliche mit Tirol, Baiern … Württemberg … die östliche mit Siebenbürgen. Die südlichste Grenze bisher mit der Südspitze von Dalmatien und mit Neapel".

- „einige Wirbelthiere … Progr. Staatsrealschule Spalato 1894/95 - Behandelt Vögel, Reptilien und Fische. welche an der dalmatinischen Küste der Adria beobachtet worden sind".
- „Unterschiede in der Blütezeit einiger Frühlingspflanzen in der Umgebung von Ragusa"

Der Verfasser E. Nikolic

„beobachtete im Frühjahre 1895 das Öffnen der ersten Blüten von 37 Phanerogamen[215] und constatiert auf Grund dieser Beobachtungen die Retardation im Eintritte des Frühjahres."

---

[213] Fluss in Norddalmatien, jetzt natürlich bekannt wegen des Nationalparkes.

[214] Dickmaulrüssler. Gilt als Schädling, da er Wurzeln und Knollen abfrisst.

[215] Ihre sexuelle Fortpflanzung findet mit Staub- und Fruchtblättern statt.

- „Die Wälder Dalmatiens":" Dalmatien ist das waldärmste Kronland unserer Monarchie; nur etwa 29 km 2 Hochwald finden sich im Lande und diese nicht zusammenhängend, sondern zerstreut und zerstückelt."
  - o Pinus halepensis=Aleppo-Kiefer
  - o Steineiche
  - o Lorbeerbaum
  - o Erdbeerbaum
  - o Ölbäume und Cypressen
  - o „Fichten und Tannen sind nur eingesprengt, oder sie fehlen."

Natürlich muss eine sanitätspolitische Überwachung der Grenzen erfolgen (z. B. bei einer Choleragefahr). Dem Menschen sind manchmal Grenzen gesetzt. Sind Tiere und Pflanzen vielleicht die eigentlichen Kosmopoliten? Oder können wir als Touristen ihnen gleichkommen?

Begleiten wir also weiter Hermann Bahr.

„Jetzt sind wir im argen Quarnero. Vor uns ist Cherso, kahl, 30 steinig, grau. Dahinter läßt sich der Velebit ahnen. Die Sonne schlägt sich mit dem Regen. Jeden Augenblick verändert sich der Tag. Bald scheint's in den Bergen zu wettern, da wird es hell, aber schon schwärzt sich der Himmel wieder." (Bahr, S. 30)

Er begegnet Soldaten und sinniert:

„Ich kann die kriegerische Brunst solcher Knaben schon verstehen. Sie sind wie junge Mädchen, denen der Mann fehlt. Man müßte nur für
sie Gefahren suchen, die der Menschheit nützen.
So lange die Demokratie keine Verwendung für
den Dampf der bürgerlichen Jugend hat, für ihre
Lust an Abenteuern, Drangsalen und Verwegen-
heiten, für ihre Spannung nach Explosionen,
wird sie den jungen Leuten langweilig sein. Daher in Frankreich die Banden der jeunesse royale.
Es hilft nichts, zu sagen: Die Menschheit ist
heute so weit, daß sie keine Helden mehr
braucht! Es gibt aber noch immer Menschen, die
das Bedürfnis haben, Helden zu sein. Wie es
immer noch Menschen gibt, die das Bedürfnis
haben, Schwärmer zu sein. Was sollen sie mit
sich anfangen? Ihr habt kein Ventil für sie, so
laufen sie euch weg, unter die Soldaten und zu
den Pfaffen. Aber die wirkliche Demokratie wird
Platz für jede Menschenart haben. Ich kann mir
meinen kleinen maritimen Siegfried da, mit den
ovalen Beinen, nun einmal im Bureaudienst nicht
denken." (Bahr, S. 32).

Langeweile könnte ein Problem einer gesi-
cherten Moderne sein. Was fällt der Moderne noch zum Opfer? Auch das Klöppeln ist
hier noch im Gebrauch. Das erste reine Mus-
terbuch für die Klöppeltechnik *Le Pompe*

erschien um das Jahr 1557 in Venedig[216].
Bekannt ist die Ragusaspitze. Sie gehört zu
der Gruppe der offenen Spitzen. Sie gestaltet
sich in abstrakten symmetrischen Formen,
die sehr spitz gehalten werden. Hierbei
werden kaum Nadel benötigt. Prinzessin
Elisabeth Pauline Ottilie Luise zu Wied
(1843 auf Schloss Monrepos bei Neuwied
am Rhein - 1916 in Bukarest), Königin von
Rumänien, gehörte zu den Liebhabern.
Rückständigkeit als Anlass für Melancholie
oder als Exotismus? Die Tourismusindustrie
arbeitet weltweit daran, eine kontrollierte
Form von Exotik herzustellen um damit eine
Erwartungshaltung zu bedienen. (Peter Stachel)

„Beiläufig sei hier bemerkt, daß das National-
costüm in Dalmatien nicht so wie in den meisten
Alpenländern nur ab und zu und von einem Thei-
le der Bevölkerung getragen wird, sondern allgemeine und gewöhnliche Volkstracht ist. Ich
sah selbst auf den Feldern Mädchen, mit ihrem
Schmucke behangen, so wie sie auf den Bildern
dargestellt sind, nur etwas weniger reinlich".
(Franz Swida/1852/Triest – 1939/Graz[217])

---

216   https://www.tagblatt.ch/ostschweiz/arbon-
kreuzlingen-weinfelden/kloeppeln-ld.751159
[217] Peter Stachel, *Exotismus in der Wiener Moderne*, Österreichische Akademie der Wissenschaften, Wien.

Nach Holbach wird berichtet, dass Dalmatien das einzige Land Europas ist, in dem es noch den Schakal gibt – vorwiegend auf Curzola (=Korčula) und Sabbioncello (heute: Pelješac), einer Halbinsel Peljesac entlang der Küste, 65 km lang und 6 km breit. Hier gibt es felsige Hügel, fruchtbare Täler, Wälder von Zypressen, Pinien und alpine Wälder. Der Überlieferung nach sollen die Venezianer den Schakal nach Korčula gebracht haben, um die Schafsherden zu töten. Wird die Zivilisation auch ihn verdrängen? Der materielle Wohlstand geht auf Kosten der Romantik: Wälder werden zum Holzverbrauch (z. B.: Schiffsbau) zerstört, die Unerreichbarkeit vieler Gebiete wird verschwinden, und Kleider werden sicherlich bald maschinell erstellt, und Synthetik wird Schafswolle ersetzen. Oder übertrifft Wolle vielleicht Synthetik? Holbachs Buch preist die Wildheit des Landes, seiner Berge (Velebit, Kozjak/Slowenien), seiner Tierwelt, seiner Fauna, Flora – und seiner Menschen. Die Frauen, viele von ihnen wegen ihrer Schönheit bekannt, haben (noch) eine eiserne Konstitution. Die Pflanzen sind „pampered" (=verwöhnt) – Vielleicht nicht nur sie….

Bahr sieht das blaue Meer vor dem ‚immer-
grünen Lakroma[218]. Nun hat Bahr die Angst,
das „blaue Meer nicht mehr zu sehen“,
überwunden. Ragusa

„besitzt eine Hoheit, die doch auf der ganzen
Erde keine mehr hat.... mit ihren Felsen und
ihren Wällen in das schäumende Meer tretend;
man weiß nicht, was Fels, was Wall ist, was
gewachsen und was geschaffen, was von Ewigkeit und was das Werk der Zeiten ist ..... Schon
zeigt sich der Lovcen, der Berg von Montenegro.
Vor uns aber sieht eine große Straße her, die sich
langsam in die Berge windet, oben von zwei
Forts bewacht, das ist der Weg in die Krivo-
sije[219], zu den wilden Hirten mit den Opanken,
den kurzen Hosen und dem braunen Tuch über
dem rauhen Hemd, die, der Tracht und dem Sinn
nach, unsere Schotten sind.“ (Bahr, S. 39)

Zagreb erscheint Bahr wie Österreich.

---

[218] Lokrum (italienisch *Lacroma*) eine kleine
Insel in der Adria, die rund 630 Meter von der
Altstadt der kroatischen Stadt Dubrovnik entfernt
ist. Einer Legende nach fand Richard Löwen-
herz, König von England, im Jahre 1191 Zu-
flucht auf der Insel Lokrum und entging so einem Schiffbruch während eines Sturmes.
[219] Krivošije (Crivosije) ist ein Hochplateau im
östlichen Teil des Gebirges Orjen in Montenegro
zwischen dem Polje Grahovo und der Bucht von
Risan in der Bucht von Kotor.

„Architektonisch läßt sich nichts Österreichischeres denken als die alte Stadt Agram, oben beim Palast des Banus und rings um den Dom. Schönstes österreichisches Barock, in welchem sich der südlichen Anmut gleichsam ein bedächtigerdeutscher Ernst» ein bürgerlich haushaltender Sinn auf die Schulter setzt. Häuser von einer so lieben Einfalt, stille Balkone, Fenster mit verkrausten Kranzen sind da im Gewinkel und Gewirr verschlafener Gassen und verbogener Ecken, daß man sich die Augen reibt und verwundert fragt: Ja, bin ich denn in Salzburg oder der alten Stadt Steyr? Und unwillkürlich glaubt man, gleich wird aus einem der engen Fenster ein Wiener Hofrat seinen alten Kopf stecken, um das Land zu mustern! Tritt man dann, an dem Wohnhaus des Baruns Rauch vorbei, das wie aus einem Stück von Goldoni aussieht, auf die Promenade hinaus, die nach dem Bischof Stroßmayer heißt, so breitet sich das lieblichste Tal aus, mit anmutigen Villen auf sanften (Abhängen, und in der Ferne glänzt die Save weiß. In die untere Stadt zurückgekehrt, steht man vor dem Jelacic, den Fernkorn[220] auf den großen Platz gestellt hat, hoch zu Roß und den Säbel froh gezückt, gegen Ungarn hin. Da brechen Erinnerungen auf, und man kann die Wandlungen der abwechselnden österreichischen Geschichte repetieren." (Bahr, S. 124)

---

[220] Anton Dominik Fernkorn (1813-1878) war ein deutsch-österreichischer Bildhauer und Bildgießer.

171

Die Wahrnehmung der Reiterstatue auf dem Zagreber Zentralplatz wird erweitert um das Wissen ihres Erbauers. Bahr las viel – und sah deswegen auch viel. Ihn zog es zu

„den Menschen in den schwarzen Bergen! Ich kenne nur wenige. In Ragusa war ich einmal mit einigen zusammen. Ich kann kaum sagen, was sie mir so lieb macht. Ich muß immer an die Welt des Wilhelm Tell denken." (Bahr, S. 47)

Der Reisende kann sich nicht selbst entkommen. Aber das Gelesene befruchtet auch die Wahrnehmung der Wirklichkeit. Wer kennt noch Hermann Bahr? Wer kennt noch Schillers Dramen…?
Dient das Lesen der assimilierenden Aneignung des Fremden oder nicht auch der Steigerung der Erlebnisfähigkeit?
Auf jeden Fall kennt der Deutsche aus dieser Gegend

- den Dorade (=Dorade Royale, oder Orata)
- den Seebarsch (perca labrax), der nach dem schwedischen Naturforscher Carl von Linné (=Carolus Linnaeus) „in Europa australiore" (=Südeuropa) (*Systema Naturae per regna tria naturae*/1758) lebt.

- seine Weine – der Muskat von Almissa (=Omiš), der Malvasia von Dubrovnik
- vielleicht auch den Mullus barbatus (=Rotbarbe, Rotbart oder Rote Meerbarbe). Immerhin hat Aristoteles ihn schon untersucht (ihm bekannt als ἀφύη) und von ihm behauptet, dass er das Ufer dem Meer vorzieht und in Gefahr sich in Dreck verbirgt.
- den Maraschino-Likör, den Königin Victoria liebte?

Sissi und die Thermalbäder in Kroatien

„'Wem Gott will rechte Gunst erweisen, den schickt er in die weite Welt.' So singt Eichendorff. ... An der Adria sollten milde Luft und Seewasser mir die verlorene Gesundheit wiedergeben. (Bernhard Lesker/1894)[221].

Die ersten touristischen Einrichtungen im heutigen *Kroatien* wurden auf Istrien geschaffen. Die sogenannte „österreichische Riviera" umfasste zu dieser Zeit den Abschnitt der istrischen Ostküste zwischen

---

[221] Bernhard Lesker, *Eine Fahrt an die Adria,* Süddeutsche Verlagsbuchhandlung, Stuttgart, 1895, S. VII. Er schreibt aus Mörlenbach/Hessen, ca. 25 km nördlich von Heidelberg.

Rijeka (Fiume) und der Bucht von Plomin (Fianona) mit den Kurorten Opatija (Abbazia, die „Villenstadt"/Lesker) und Lovran (Lovrana). In dem Fischer - und Kurort Ika, südlich von Opatija an den Hängen des Učka-Gebirges, findet Lesker Unterkunft in einem Priestersanatorium, das von einem Priesterkrankenverein für Deutsche und Österreicher gegründet wurde. Diese Orte profitierten besonders durch die die Pferdeeisenbahn ersetzende (Dampf-) Lokomotive und dem von Franz Xaver Riepl forcierten und vom Bankhaus Rothschild und Georg Simon Sina, Freiherr von Hodos und Kisdi (geb. in Niš/heute: Ниш, Serbien) mitfinanzierten Eisenbahnausbau der Monarchie (z. B.: Kaiserin-Elisabeth-Westbahn, Kaiser-Ferdinand-Nordbahn, Kaiser-Franz-Josephs-Bahn und die Kronprinz-Rudolf-Bahn, Dalmatiner-Bahn[222]): Nach einer langen Ver-

---

[222] Oberösterreich, Steiermark, Kärnten - Wien-Triest – Prag – Belgrad - Schwarzes Meer. Metković/Süden Kroatiens an der Mündung des Flusses
Neretva in die Adria – Mostar – Sarajewo (=178km). Die Dalmatinerbahn von 1898 sollte die Abhängigkeit von dem immer wieder von Italienern beherrschten Meer beseitigen. Siehe Helga Berdan, *Die Machtpolitik Österreich-Ungarns und der Eisenbahnbau in Bosnien-Herzegowina 1872-1914*, 2008. Die Arbeit ist bei

nachlässigung der Gebiete durch die hundertjährige venezianische Herrschaft kommen mit der österreichischen Herrschaft Reformen (der Verwaltung, des Gerichtswesens, des Schulwesens und der Wirtschaft) und die technische Modernisierung: Eine der großen Erfolgsgeschichte der Donaumonarchie (1867 und 1918) war der Ausbau des Verkehrsnetzes (Wien-Triest, Zagreb, Sisak; Zagreb-Budapest; Rijeka-Ljubljana), als man die großen Zentren untereinander und mit dem adriatischen Meer verbinden wollte. Die Habsburger hatten einen multinationalen Staat geschaffen, der einen Hafen mit Handelsfunktion brauchte, so wie auch der Kaiser selbst die meisten Sprachen seiner Monarchie sprach[223]. Triest, die Stadt an

---

Professor Alojz Ivanišević geschrieben: Geboren in Nova Gradiška/Ostkroatien (ehemals: Friedrichsdorf, benannt nach einem österreichischen Regimenntsführer), Gymnasium in Zagreb, Studium der Geschichte und Völkerkunde an der Universität Wien. Jetzt am *Institut für Osteuropäische Geschichte*/Wien. Durch die gegenwärtige (2022) Krise in der Ukraine hat es eine große Bedeutung erlangt. Siehe auch http://www.oberegger2.org/altoesterreich/kap4.htm

[223] Titel: „Franz Joseph I. von Gottes Gnaden Kaiser von Österreich, König von Ungarn und Böhmen, König der Lombardei und Venedigs,

der Adria, wurde als zentraler Ort auserkoren als Haupthandelshafen der Monarchie und am 18. März 1719 der Freihafen Triest, der bald Franz Joseph-Hafen heißen sollte, von Kaiser Karl VI. kraft eines Patents ausgerufen: Triest galt als ein Fenster zur Welt mit internationalen Verbindungen. Was Liverpool für England, Hamburg und Bremen für Deutschland waren, sollte Triest für den Adria-Raum sein. Kroatien war nun z. B. von Wien (Berlin) aus mit Bahn und

---

von Dalmatien, Croatien, Slawonien, Galicien, Lodomerien und Illyrien; König von Jerusalem, etc; Erzherzog zu Österreich; Großherzog von Toskana und Krakau; Herzog von Lothringen, von Salzburg, Steyer, Kärnthen, Krain und der Bukowina; Großfürst zu Siebenbürgen; Markgraf von Mähren; Herzog von Ober- und Niederschlesien, von Modena, Parma, Piacenza und Guastalla, von Auschwitz und Zator, von Teschen, Friaul, Ragusa und Zara; gefürsteter Graf von Habsburg und Tyrol, Kyburg, Görz und Gradiska, Fürst von Trient und Brixen; Markgraf von Ober- und Niederlausitz und in Istrien; Graf von Hohenems, Feldkirch, Bregenz, Sonnenberg, etc., Herr von Triest, von Cattaro und auf der Windischen Mark, Großwojwode der Wojwodschaft Serbien etc. etc." Siehe: https://alex.onb.ac.at/cgi-content/alex?apm=0&aid=rgb&datum=18690004&seite=00000155&size=45

Schiff bequem erreichbar[224]. Ab 1909 war Triest optimal in das Eisenbahnnetz der Monarchie eingebunden[225]. Die Österreichische Südbahn verbindet Wien mit Spielfeld (Slowenisch: Špilje) an der österreichisch-slowenischen Grenze und weiter nach Triest. Für sie arbeitet Johannes Steiner, der Vater von Rudolf Steiner, der Begründer der Anthroposophie, der am 24. Februar 1861 in Kraljevec[226] geboren wurde. Steiner ging in Wien zur Schule und studierte von 1879 an 8 Semester an der Technischen Hochschule/Wien in der Allgemeinen Abteilung (Darstellende Geometrie, Physik, außerdem allgemeinbildende und Ergänzungsfächer wie Deutsche Sprache und Literatur, Geschichte, Kunstgeschichte, Nationalökonomie, Rechtsfächer, Sprachen u. a[227]), um Realschullehrer zu werden; einer seiner Lehrer, Karl Julius Schröer, machte ihn bekannt mit einem der Herausgeber einer Neuausgabe

---

[224] Der andere Hafen, Fiume=Rijeka, unterstand der Budapester Regierung.
[225] Noch war die Erschließung des neuen Kriegshafens Pula (Linie Divaca-Pula) in weiter Ferne.
[226] Ca. 20 km südöstlich von Čakovec/Nordkroatien.
[227] https://dasgoetheanum.com/warum-machte-rudolf-steiner-keine-abschlusspruefung-an-der-technischen-hochschule/

der Werke Goethes[228]; er sollte die Herausgabe der Bände von Goethes Naturwissenschaftlichen Schriften im Rahmen von Kürschners Deutscher National-Literatur übernehmen und promovierte dann 1891 bei Heinrich von Stein in Rostock über *Die Grundfrage der Erkenntnis*[229]. Zum 150. Geburtstag des österreichischen Philosophen Rudolf Steiner am 27.02.2011, erfolgte von 24. bis 28. Februar 2011 eine Geburtstagsfahrt durch Deutschland, Österreich, Slowenien und Kroatien[230].

Die Häfen waren nun von den Zentren leichter zu erreichen, und die Dampfschifflinien ermöglichten komfortable Reisemöglichkeiten nach Zadar (Zara), Split (Spalato) oder Dubrovnik (Ragusa), das selbst Shakespeare gekannt zu haben scheint, wohl, weil die Stadt die spanische Armada mit Schiffen zum Angriff auf England (1588) belieferte.

---

[228]

https://rsarchive.org/Books/GA028/TSoML/GA028_c03.html

[229] Ursprünglich: Die Grundfrage der Erkenntnistheorie mit besonderer Rücksicht auf Fichtes Wissenschaftslehre. Prolegomena zur Verständigung des philosophierenden Bewußtseins mit sich selbst http://www.anthroposophie.net/steiner/Lebensgang/bib_steiner_lebensgang14.htm#Doktorat

[230] https://bahnbilder.warumdenn.net/12758.htm

Stadtkultur ist bis ins 20. Jahrhundert hinein in den deutsch, italienisch und osmanisch geprägten Städten strictissime ‚Fremdkultur, während die ‚eigene' Kultur, die Volkskultur, im dörflichen Bereich existiert. Stadtkultur ist bürgerliche Kultur, die gegen die ‚authentische' Bauernkultur steht, in der z. B. das traditionelle Volkslied gesungen wird. (Vidulić[231]) Die Gäste kamen vorwiegend aus der Österreichisch-Ungarischen Monarchie, zumeist aus Wien, Graz, den Ländern Böhmen, Mähren und Schlesien sowie aus Ungarn. Zudem kam ein beachtlicher Teil der Investitionen und des Personals aus Wien und anderen Teilen des heutigen Österreichs.

Ende des 19. Jhdts. wurde Abbazia (kroatisch für Abtei=Opatija) - zum attraktiven Kurort Österreich-Ungarns – und trat in Konkurrenz mit dem just entdeckten Zauberland der Krim als ebenfalls einer Sommerfrischdestination (Jobst). Namhafte Mediziner – wie Theodor Billroth (1829-1894 in Opatija) – priesen die Vorzüge des lokalen Klimas Opatijas. Billroth zog es vor allem während der kalten Jahreszeit nach Opatija. Ein Spaziergang in der mit Salz angereicher-

---

[231] Daraus können sich Ressentiments der bäuerlichen Kultur gegen die urbane Kultur (in Dubrovnik, Vukovar und Sarajewo) entwickeln.

ten Luft galt als wichtiges therapeutisches Mittel gegen Tuberkulose und Atemwegserkrankungen. Der Habsburger Kaiser Franz Joseph urlaubte nach Nutzung der 1884 fertig gestellten Bahnlinie Wien-Opatija im Hotel Imperial mit seiner dem deutschen Kinobesucher bekannten Frau "Sissi" (=Elizabeth). Ob seine Frau freilich das im deutschen Film dargestellte schüchterne Mädchen war oder nicht doch eher eine energische, selbstbewusste, höchst eigensinnige Frau war, ist kontrovers. Immerhin widersetzte sie sich den Gepflogenheiten in der Hofburg, beanspruchte auch die Erziehung ihrer Kinder für sich, trieb exzessiv Sport und reiste rastlos (Brigitte Hamann).

Auch heutzutage kann man wieder für ca. 200 Euro[232] in 9 Stunden von Wien nach Opatija fahren, ganz nostalgisch mit dem *Majestic Imperator Train de Luxe* im nachgebauten Salon Zug des österreichischen Kaiserpaares Franz-Joseph I. und „Sissi".

Ferner weilen hier in Opatija im Fin de Siècle u. a.:

o der deutsche Kaiser Wilhelm II.

o der irische Dichter James Joyce

---

[232] https://www.bahnurlaub.de/zuege/Majestic-Imperator/

- o der österreichische Erzähler und Dramatiker Arthur Schnitzler
- o der russische Schriftsteller und Dramatiker Anton Tschechow
- o der italienische Anarchodichter Gabriele D'Annunzio
- o der russische Schriftsteller Vladimir Nabokov
- o der Heimatdichter Peter Rosegger
- o der italienische Komponist Giovanni Puccini
- o der österreichische Komponist Gustav Mahler

Viele Schriftsteller und Komponisten haben sich auch in Pula (Österreich-Ungarn: Pola). zu ihren Werken inspirieren lassen. Im Sommer 1904 lernte der irische Romancier James Joyce seine spätere Frau Nora Barnacle kennen. Beide verließen im Herbst desselben Jahres Irland und siedelten auf den Kontinent über. Joyce verdiente die nächsten Jahre seinen Lebensunterhalt, indem er als Englischlehrer arbeitete. Zunächst lebte das Paar in Pula. Joyce ließ sich in und durch Pula inspirieren und vervollständigte Kapitel seines autobiographischen

Romans *Stephen Hero*[233]. Nora Barnacle brachte dort zwei Kinder zur Welt. Die Erinnerungen an den irischen Dichter, Erzähler und Romancier James Joyce verspürt man in Pula noch beim römischen Triumphbogen der Sergier auf dem Platz Portarata. Joyce und seine Frau waren häufig im *Caffè Miramar*.

Ca. 350 km entfernt trifft man im Flussgebiet nordöstlich der Stadt Zagreb auf zahlreiche Wälder, Weinberge und Barockschlösser. In der Nähe der mittelalterlichen **Städte Koprivnica, Varaždin und Čakovec** befinden sich zahlreiche Kureinrichtungen mit Thermalbädern, in denen man sich ideal entspannen und neue Energie tanken kann[234].

Natürlich muss Reklame gemacht werden, z. B. für den Kurort Krapina -Töplitz (Kroatien-Östereich) mit seiner Thermalquelle, von Wien erreichbar in 12 Stunden mit der Südbahn. Krapina-Töplitz (=Töplika, Töplitza, Warasdin-Töplitz - Bad Warasdin) ist die ‚Germanisierung‘ von Krapinske

---

[233] https://www.myistria.com/en/did-you-know-that-james-joyce-once-lived-in-istria-find-out-more-in-our-article

[234] http://croatia.hr/de-DE/erlebnisse/gesundheit-und-wellness/Zentralkroatien-die-besten-Thermalbader-Europas

toplice. Sie gehörte zu den *Thermae Constantinianae*. Heute heißt sie *Varaždinske Toplice*.

Zwischen 1527 und 1918 gehörte Warasdin zur Habsburgermonarchie. Eine Blütezeit erlebte die Stadt nach 1767, als Königin Maria Theresia (1717–1780) das Kroatische Königliche Konsilium (kroat. *Hrvatsko kraljevsko vijeće, lat. Consilium Regium Croaticum*) mit Sitz in Warasdin und mit dem Ban(us) an der Spitze gründete[235]. Der Rat hatte die Aufgabe, die gesamten Verwaltungsangelegenheiten in dem Dreiländerkönigreich (kroatisch. Trojedna Kraljevina Hrvatska, Slavonija i Dalmacija) und vom Anfang an die Bildungspolitik im Land zu führen. Der kroatische Sabor (Landtag=kroatische Parlament) hatte einen neuen Sitz in Zagreb in einem speziell eingerichteten Landtagsgebäude vorgeschlagen, doch die Kaiserin lehnte diesen Vorschlag ab. Erst als ein Brand Varaždins zerstörte, ordnete die Kaiserin eine Verlegung des *Consilium regium Croaticum* gemeinsam mit der Banaltafel nach Zagreb an (1776)[236].

---

[235] https://hrcak.srce.hr/clanak/197689

[236] Filip Šimetin Šegvić, *Zagreb, Peripherie und Zentrum: Die Stadt des 19. Jahrhunderts aus einer anderen Perspektive, in: The Entangled Histories of Vienna, Zagreb and Budapest (18th-*

Das Bad wird in der Literatur erstmals im Jahr 1773 von dem vor allem als Hebammenspezialisten bekannten Mediziner H. J. Nepomuk Crantz[237] erwähnt und galt als „Gesundbrunnen der Oesterreichischen Monarchie" (*Die Heilquellen Kroatien und Slowenien*). Crantz bezeichnet die Thermalbäder als ‚Warmbäder', ‚Gesundbrunnen' bzw. als ‚Gesundwässer' und ‚Gesundquellen'. Das Buch ist Kaiserin Maria Theresia (1717-1780) gewidmet, der ‚Allerhuldreichesten Mutter Ihrer Völker', der ‚allgemeinen, alles Umfassenden Wohlthäterin des Menschengeschlechtes' und ‚allergnädigsten Monarchin'. Das Bad rangiert neben dem durch Goethe bekannten Karlsbad (Karlovy Vary), ca. 700 km von Varazdin entfernt.

Lange Zeit galten die Bäder als „sehr nachlässig und auch nicht genug ehrbar gebauet." Sie „stehen auf der Seite überall so offen, dass die Vorbeygehenden die haufenweise ins Bad steigende Manns-und Weibsbilder nackend nach Belieben sehen können." (Crantz): Aderlass (=Entfernung von Säften-Blut, Cholera/gelbe Galle –

20th Century), ed. Iskra Iveljić (Zagreb, 2015), SS. 59-93.
[237] Nach ihm sind Heilbäder auch in Deutschland benannt.

Melancholia/schwarze Galle – Phleg-
ma/Schleim) wie auch das Schröpfen
(=Blutsaugen) werden noch praktiziert. Das
Schröpfen ist eine seit Hippokrates gängige
Heilmethode und wurde vom homöopathi-
schen Heilmediziner Samuel Hahnemann
(1753 – 1843) verordnet[238]. Diese Anwen-
dungen entsprachen der antiken Säftelehre,
weil vermeintlich schädliches Blut als Saft
entfernt werden konnte. Auf einem Hautare-
al wird ein Unterdruck erzeugt. Durch Erhit-
zen oder Absaugen der Luft im Inneren wird
im Glas ein Unterdruck erzeugt. Dieser sorgt
dafür, dass die Haut in das Schröpfglas hin-
eingesaugt wird, was die Durchblutung anregen soll. Das Ungleichgewicht der Körper-
Säfte sollte mit Schröpfköpfen wieder aus-
geglichen werden. Angewandt wurde es vor
allem bei hohem Blutdruck, Hexenschuss,
Syphilis, Hautausschläge, Rheuma, Bronchi-
tis, Asthma oder Kopfschmerzen. Das
Schröpfen verletzt nach Crantz „das Gefühl
der Menschlichkeit und Ehrbarkeit", weil es
weder „Brüste noch Bauch noch die Scham-

---

[238]

http://www.zeno.org/Kulturgeschichte/M/Hahne
mann,+Samuel/Die+chronischen+Krankheiten/A
bhandlun-
gen/Erster+Theil/Natur+der+chronischen+Krank
heiten

lefze[239]" oder den Hintern" verschont[240] (Crantz). Crantz preist auch das Quellwasser zu „Jamnicza Sauerbrunn[241] in Kroatien""=Jamnica, „ein in der Gespannschaft von Agram und Karlstadt gelegenes, ungefähr 6 Stunden von Zagreb in einem Eichenwalde gelegenes Dorf"[242].

Kroatien – Panslawisch? Bischof Strossmayer und die Märchen

Was ist die Identität Kroatiens? Die Nationalflagge des Landes (=Zastava Hrvatske) zeigt – wie die niederländische Flagge. –

---

[239] (=Schamlippe)

[240] Heinrich Johann von Crantz, *Gesundbrunnen der Oesterreichischen Monarchie* / Heinrich Johann von Crantz Ihro Kaiserl. Königl. Apostolischen Mäjestät N. Oe. Regierungsrath der Kaiserlich Königl. Akademie der Naturforscher der bothanischen Gesellschaft zu Florenz der Akademie der Wissenschaften zu Roveredo p. p. Mitglieds.

[241] Mineralwasser mit merklichem Kohlendioxid-Gehalt

[242]

https://books.google.de/books?id=tmQbWroeeT wC&printsec=frontcover&dq=inauthor:%22Hein rich+Johann+Nepomuk+Crantz%22&hl=de&sa= X&ved=2ahUKEwjFnIrq09jrAhWELewKHfvT BUQQ6AEwAHoECAAQAg#v=onepage&q&f =false

drei Farben (Trobojnica[243]: rot, weiß, blau,).
Die Farben Rot&Weiß sollen auf das mittelalterliche Kroatien zurückgehen und Rot
Dalmatien bedeuten. Der jugoslawische, in
Zagreb geborene Dichter Miroslav Krleža
(1893-1981) gab die Deutung, Rot stünde
für das Blut kroatischer Märtyrer, Weiß für
das friedliche Lamm und Blau für die Liebe
zu Gott.[244]

Die oberen Symbole der im Dezember 1990
angenommenen Nationalflagge sind (von
links)[245]

- In Hellblau ein sechsstrahliger goldener Stern über einer liegenden silbernen Mondsichel[246] für *das (alte)*

---

[243] Die Dreifarbigkeit soll zurückgehen auf den
Flagge des Feldherrn Joseph Graf Jelačić von
Bužim (kroatisch Josip grof Jelačić Bužimski)
(1801-1859). Er soll sie am 7. September 1840
beim Kampf gegen die Ungarn getragen haben.
[244] Man müsste hier auch eine kulturgeschichtli-
che Analyse von Farben (=coloronyma) vorneh-
men, z. B. ist Weiss in vielen Kulturen Symbol
von Unschuld.
[245] https://www.hr/croatia/facts/symbols
[246] Hier gibt es verschiedene Bedeutungserklä-
rungen: Symbol der Jungfräulichkeit, der Jagd,
der Fruchtbarkeit…Altes sumerisches Zeichen?
Byzantinisches Zeichen? Zeichen der Kreuzfah-
rer? Oder Übernahme aus dem Islam?

Kroatien – der Stern (=danica[247]) soll Venus sein. Wahrscheinlich das älteste Wappen Kroatiens

- In Dunkelblau zwei waagerechte rote Balken für *die alte Republik Dubrovnik*
- In Hellblau drei (zwei über ein) bekrönte goldene Leopardenköpfe für *Dalmatien*
- In Dunkelblau ein rotgehörnter und -behufter goldener Ziegenbock für *Istrien* und
- In Hellblau ein sechsstrahliger goldener Stern über einem waagerechten roten Balken, oben und unten begleitet von einer schmaleren silbernen Trennung („Ritterstraße"). Im Balken ein weißbauchiger schwarzer Marder für *Slavonien*

Besonders das aus 25 Feldern bestehende, mit einem roten Feld beginnende Schachbrett (=šahovnica)[248] gilt als das besondere

---

[247] Auch als weiblicher Vorname beliebt

[248] Ein Narrativ lautet, dass der einstige kroatische König Stjepan Držislav (969- 997 König von Kroatien) gegen den venezianischen Dogen Pietro II. Orseolo Schach gespielt hat: Er war in Gefangenschaft geraten und soll sich so frei gespielt haben. Die Farbe Rot soll für das Blut stehen, das nicht vergossen wurde.

Symbol Kroatiens. Rot steht in vielen Natio-
nalflaggen für das im Kampf um die Unabhängigkeit vergossene Blut einer Nation
(Österreich, Chile, Schweiz...).

Ist Kroatien ein klassischer Nationalstaat,
auf dem ethnischen Begriff eines Volkes
basierend? Der Panslawismus widerspricht
dem. Sind Kroaten und Serben so Slawen
wie Hessen, Schwaben und Sachsen Deutsche sind? Das Wort ‚Slawi' stammt vom
Verb ‚seliti' ab, krainisch für ‚Wandern',
Umsiedeln, Auswandern, Übersie-
deln'=сѐлити) (Joseph Rohrer, *Versuch über
die slawischen Bewohner der österreichischen Monarchie*. Der Panslawismus fand in
dem kroatischen Bischof Josip Juraj Strossmayer (=Joseph Georg Strossmayer, Josip
Juraj Štrosmajer-1815 in Osijek - 1905 in
Đakovo) neben Franjo Rački (1828 in
Fužine/in der Nähe von Rijeka=Fiume –
1894, Zagreb) seinen beredten Fürsprecher.
Strossmayer, seit 1849 politisch aktiver römisch-katholischer Bischof von Ĉakovo im
kroatischen Slavonien und bedeutender
Kunstmäzen, unterstützte das Jugoslavenstvo (=Jugoslawismus), die südslawische Orientierung[249].

---

[249] Günter Schödl, Kroatische Nationalpolitik
und 'Jugoslavenstvo' : Studien zu nationaler
Integration und regionaler Politik in Kroatien-

Strossmayer schloss sogar eine föderative Staatsgemeinschaft aller Südslawen einschließlich der Bulgaren unter dem Namen Jugoslavija (=Südslawien) nicht aus. Der von Strossmayer vertretene Jugoslawismus musste über die religiösen Unterschiede hinwegkommen. Folgerichtig setzte sich Bischof Strossmayer im Sinne der konfessionsübergreifenden südslawischen Bewegung für eine Kirchenunion zwischen römisch-katholischem und orthodoxem Ritus ein. Er berief sich dabei auf die beiden so genannten Slawenapostel, die Heiligen Kyrill und Methodius aus dem neunten Jahrhundert, die vor dem *Großen Schisma* von 1054 in Kroatien, Serbien, Bosnien-Herzegowina, Makedonien und Bulgarien eine universale slawisch-christliche Kultur verbreitet hätten. Die beiden Brüder wurden am Anfang des 9. Jahrhunderts in Thessaloniki geboren als Söhne eines hohen Beamten des byzantinischen Kaiserreiches und einer bulgarischen Mutter. Die beiden Brüder übersetzten biblische und liturgische Texte in die Muttersprache der slawischen Volksstämme. Sie benutzten dazu ein eigenes Alphabet, das später das Kyrillische genannt wurde und

---

Dalmatien am Beginn des 20. Jahrhunderts, München, Oldenbourg, 1990.

begründeten das Kirchenslawische, die Sprache der göttlichen Liturgie der Ostkirchen. Strossmayer betonte die Bedeutung von Kyrill und Methodius auch für die katholische Kirche und ging auf die Orthodoxie zu, indem er deren Beitrag zur nationalen Selbstfindung der Slawen würdigte und das gemeinsame christliche Erbe beider Kirchen in den Vordergrund stellte. Strossmayer sprach sich für die Einführung der slawischen Liturgie bei den katholischen Slawen aus und begrüßte 1868 die Arbeit an einem glagolitischen katholischen Messbuch. Strossmayers Ansatz stellte eine bedeutende geistige Wende im kirchlichen Denken Kroatiens dar. Zuvor herrschte auf katholischer Seite die seit dem 16. Jahrhundert propagierte *Schutzwallideologie*, nach der Kroatien und Slavonien als Mauer der christlich-katholischen Zivilisation gegenüber dem Islam im osmanischen Reich, aber auch gegenüber der orthodoxen Welt betrachtet wurden. Strossmayers kyrillomethodianischer Ansatz sah die katholischen Gebiete nicht mehr im Gegensatz zu einer feindlichen Umgebung, sondern suchte nach dem gemeinsamen Erbe diesseits und jenseits des „Schutzwalls" und nach den Gemeinsamkeiten zwischen den katholischen und den Nachbarregionen (Claudia Stahl). Er gründete die *Ilirska narodna stranka*

(=Illyrische Volkspartei), die die Einigung der Südslawen auf dem Programm hatte. In der Dogmatisierung der päpstlichen Unfehlbarkeit auf dem Ersten Vatikanischen Konzil sah er ein Hindernis für eine Kirchenunion mit der orthodoxen Kirche Serbiens und Russlands. Als Strossmayer im September 1888 in Bjelovar Kaiser Franz Josef I. traf, wurde er von ihm gerügt, weil der Bischof anlässlich des 900. Jahrestages der Slawenmission bei dem Großfürsten Wladmir (988 n. Chr.) ein Telegramm nach Kiev gesandt hatte[250].

An Strossmayers Grab in der Kathedrale von Đakovo beten häufig Serben und Kroaten gemeinsam. Der Philosoph und Dichter Vladimir Soloviev (1853 Moskau – 1900=Solovyov), vom Bischof ,anima candida pia ac vere sancta' genannt, hatte Schelling und Hegel, Kant, Fichte studiert. Er verbrachte ab 1886 einen längeren Zeitraum in Kroatien, verkehrte mit Bischof Josip Juraj Stroßmayer, in denen er seine Ideen von der universalen, auf dem Felsen St. Petri erbauten Kirche entwickelte: Nach Solovev gibt es keinen Gegensatz zwischen

---

[250] https://www.info.hazu.hr/en/povijest/josip-juraj-strossmayer/

der (katholischen) West-und Ostkirche[251]. In Zagreb schrieb er 1886 *Die Geschichte und Zukunft der Theokratie* (=*The History and Future of Theocracy*). Als Papst Johannes II. Kroatien 2003 besuchte, kam er nach Rijeka, **Zadar, Dubrovnik und Osijek und Đakovo** in Ost-Slavonien. Dieses Grenzgebiet war im Bürgerkrieg 1991 - 95 schwer in Mitleidenschaft gezogen worden. Johannes Paul II. traf in Osijek mit Repräsentanten der serbisch-orthodoxen Kirche zusammen, und besuchte in Đakovo die dortige Kathedrale, die Bischof Strossmayer errichten ließ. Auf Strossmayer gehen auch die *Akademie der Wissenschaften und Künste* (lat.: *Academia Scientiarum et Artium Croatica*, kroat. *Hrvatska akademija znanosti i umjetnosti*=HAZU) und die Strossmayer-Galerie in Zagreb zurück. Die heutige Universität in Osijek trägt ebenfalls seinen Namen.

Strossmayers Panslawismus brachte ihn in Gegensatz zum die Eugen Kvaternik, der ins kollektive Gedächtnis als Märtyrer im Kampf gegen die habsburgische Gewalt

---

[251] Karel Sládek, *Ecumenical Rebirth of Vladimir Solovyov after Meeting with Bishop Strossmayer*

einging (Marijan Bobinac[252]) und zu dem die Unabhängigkeit Kroatiens fordernden nationalkroatischen Politiker Ante Starčević (1823 in Žitnik bei Gospić - 1896 in Zagreb), dem Mitbegründer der *Hrvatska stranka prava* (=HSP=Kroatische Partei des Rechts): Für ihn geben die lateinischen Wörter ‚sclavus' (griech: Σκλάβος=Sklave) und ‚servus'[253] (=Sklave, Knecht, aber auch ‚Serbe') den Hinweis darauf, dass die die Slawen zur Sklaverei bestimmt sind – vielleicht doch wohl eher eine „Sprachunkunde" (Joseph Rohrer), die dazu diente, die Slawen verächtlich zu machen.

In dem Konflikt zwischen Strossmayer und Starčević ist ein Kroatien prägender Konfliktherd repräsentiert. Was ist und welchen

---

[252] Cf. *Zwischen Übernahme und Ablehnung. Aufsätze zur Rezeption deutschsprachiger Dramatiker im kroatischen Theater. Wrocław&Dresden*, ATUT-Neisse 2008.
[253] Die Serben=Vlachen drangen nach ihm während der osmanischen Bedrohungen nach Kroatien und ergingen sich in Mord und Plünderungen. Dass die Slaven identifiziert wurden mit Sklaven hat seinen Hintergrund darin, dass Slawen häufig in der Sklaverei geführt wurden. Der Slawe galt als gutmütig und fröhlich – und konnte so leicht ausgebeutet werden. Als Gruß heisst ‚Servus' „Ich bin dein Diener." https://www.etymonline.com/word/slave

Raum umfasst Kroatien? Die transnationale Verwandtschaft wird hingegen deutlich an *Balkanmärchen aus Albanien, Bulgarien, Serbien und Kroatien*[254], die unter dem Einfluss u. a. auch deutscher Märchen standen. Zu den von dem serbischen Linguisten Vuk Stephanovic Karadzic (=Vuk **Stefanović Karadžić**: 1787[255]– 1860 in Wien) herausgegebenen *Volksmärchen der Serben* (Berlin 1854: Ursprünglich: *Srpske Narodne Pripovijetke)*[256] schreibt Jacob Grimm (1785 - 1863, der extra Serbisch lernte, die Vorrede. Es war für Grimm ein Baustein zu einer indo-europäischen Sprachforschung, die auch von dem Interesse am Slawischen (siehe oben: *Hasanaginica*) zeigenden Goethe unterstützt wurde, und die durch seinen Austausch mit dem slowenischen Linguisten Jernej Kopitar[257] und dem (tschechischen)

---

[254]ed. von August Leskien, Diederichs, Jena 1919.

[255] nahe der an der bosnisch-serbischen Grenze gelegenen Drina

[256] „Gesammelt und aufgezeichnet von Wuk Stephanowitsch Karadschitsch. Ins Deutsche übersetzt von Wilhelmine Karadschitsch"

[257] Er schrieb in deutscher Sprache *Slavischen Sprache in Krain, Kärnten und Steyermark,* Laibach, 1803 und behandelt die Sprache der „Slawen in Inner-Oesterreich". Slawisch, nach seiner Meinung eine „völlig" europäische Spra-

Slawisten Josef Dobrovský gefördert wurde, der die slawische Mythologie mit denen der Indianern verglich[258] und so einen bekannten

---

che, werde gesprochen von Ragusa (Dubrovnik) bis nach dem ca. 7500 km entfernt gelegenen Kamtschatka (=Камчатский край) am östlichsten Ende Russlands, der Welt der Braunbären. „Kaum hat je ein Volk seine Herrschaft oder seine Sprache weiter ausgebreitet." (S. III). Zu dieser Zeit wird Slawisch von 50 000 000 Menschen gesprochen. Kopitar unterteilt die Illyrer in die 1) Dalamatier 2) Slawonier „zwischen Drave und Save" 3) Kroaten 4) Bosnier und 5) Serben (S. X). Kopitar verdankt viele seiner Einsichten dem Göttinger August L. Schlözer (1735 – 1809), Mitglied der Russischen Akademie der Wissenschaft in St. Petersburg, Universalhistoriker und Spezialist für russische Geschichte.

[258] Cf. Mojašević, Miljan: *Jacob Grimm und die serbische Literatur und Kultur, Hitzeroth Marburger Studien zur Germanistik, Marburg, 1990, S. 2.* Seine Forschungen trugen u.a. bei zur Unterscheidung zwischen dem Kajkavischen und Čakavischen. Kroatisch: Abgeleitet von dem namengebenden Fragewort kaj (deutsch was) im Unterschied zum čakavischen šta. Čakavische Dialekte werden im Südwesten (Bosnien-Herzegowina und Montenegro sowie im größten Teil Serbiens und in den von Venetianern und Italienern beeinflussten südlichen Teilen und Küstengebieten Kroatiens gesprochen (Istrien, Rijeka, Novi Vinodolski, Senj bis in östlicher Richtung fast bis nach Karlovac und von Ogulin

Topos aufnahm, wie er auch bei Maude Holbach (1908) vorkam. Die hier versammelten Mythen seien von Volk zu Volk „fortgetragen" und böten einen wichtigen Aufschluss über die ‚Verwandtschaft zahlloser Sagengebilde und Fabeln, „welche Europa unter sich und noch mit Asien gemein hat." Auch für Karadžićs *Serbische Grammatik* (1824) schreibt Grimm das Vorwort: Die Slawen haben die von Deutschen verlassenen Gebiete zwischen „zwischen adriatischen, schwarzen und baltischen Meer" besiedelt, wobei die Kroaten sich südlich von und die Serben südöstlich von Ungarn niedergelassen haben. „Croatiens und Dalmatiens Küste" seien durch „durch römische Geistliche" im 7. Jahrhundert zum Christentum bekehrt worden, während Russland und Polen unter den Einfluss des oströmisch-byzantinischen Christentums geraten seien.

---

bis nach Otočac und Brinje; alle kroatischen Inseln bis Mljet; Zadar, Trogir, Split), während das Kajkavische im Norden Kroatiens dominiert. Der štokavische Dialektik wird östlich von beiden gsprochen – und ist zum Generaldialekt erhoben worden (Vidulić). Es sind nicht nur phonologische, sondern auch semantische Unterschiede (z. B.: Tomate: čakavisch: pomidor (Italienisch: pomodoro; kajkavisch: rajčica; Gurke: čakavisch: kukumar (Venetianisch: cogoma); kajkavisch: krastavac.

Mit dem kirchenspalterischen Schisma von 1054 entstanden die Spannungen in diesen Gebieten: „Brüderliche Stämme" befeindeten sich nun, wobei das orthodoxe (nichtkatholische) Christentum „das dunklere Loos" zog: „Byzanz sank immer tiefer" und „erlag endlich den Türken, gegen welche noch die Serben mannhaft gestritten haben": Wie hätte sich Europa anders entwickelt, wenn die Serben Byzanz (=Konstantinopel) besiegt hätten? Die sprachlichen Unterschiede zwischen Serben und Kroaten seien minimal – um vieles geringer als die zwischen den innerdeutschen Dialekten. Die Kroaten seien ausgehend von der dalmatinischen Küste im 7. Jahrhundert zum römischen Christentum bekehrt worden, die Serben später zum orthodoxen Christentum. Mit der Spannung von West – und Ostkirche entstand der Konflikt der ‚brüderlichen Stämme'. Es liegt also der Differenz zwischen Kroaten und Serben keine ethnische, sondern eine religiöse, Dualität zugrunde, die dann noch sprachlich (einheitlich Latein im Westen inklusiv Slowenien versus serbische, polnische, litauische, russische Muttersprache im Osten mit den kyrillischen neuen Schriftzeichen) vertieft worden ist. Die Serben hätten das Pech gehabt, unter die Regentschaft des weniger entwickelten Ostens zu geraten. Grimm behauptet zudem die auch für Kroatien folgenreiche These, dass die Slawen zu Gesang und Volkspoesie neigen. Er beklagt, dass die west - und oströmische Geistlichkeit an der ‚Aufmunterung und Hervorhebung der lebendigen Landessprache' wenig Interesse hätten, sie

„die Volkslieder für zu frei oder abgeschmackt und der Sammlung für unwert"[259]

halten. Die Liebe für das Volkslied entspringt dem, was Friedrich Schiller (*Über Naive und Sentimentalische Dichtung*) die Sehnsucht nach der Natur nannte.

„Solange wir bloße Naturkinder waren, waren wir glücklich und vollkommen; wir sind frei geworden, und haben beides verloren. Daraus entspringt eine doppelte und sehr ungleiche Sehnsucht nach der Natur; eine Sehnsucht nach ihrer Glückseligkeit, eine Sehnsucht nach ihrer Vollkommenheit."[260]

---

[259] Jesko Reiling, Volkspoesie versus Kunstpoesie Wirkungsgeschichte einer Denkfigur im literarischen 19. Jahrhundert, Universitas-Verlag, Heidelberg, 2019.
[260]

http://www.zeno.org/Literatur/M/Schiller,+Friedrich/Theoretische+Schriften/%C3%9Cber+naive+und+sentimentalische+Dichtung

Durch Karadžić wird kein Geringerer als Leopold von Ranke zu seinem Erstlingswerk *Die Serbische Revolution* (1829) veranlasst, für den die religiöse Frage zentral ist für die Identitätsbildung (die „natürliche Tendenz der christlichen Populationen, sich von den Osmanen zu befreien."), zu der das Liedgut hinzutritt. (Boris Previšić)

König Fußball

Der Rekurs auf die Volkstümlichkeit beinhaltet ein herrschaftskritisches Element. Eliten sprechen anders als das Volk und enteignen durch die Sprache die Identität des Volkes. Ein ähnlicher Konflikt taucht auch beim Fußball auf in der Gestalt einer international operierenden Funktionärselite der *Fédération Internationale de Football Association* (FIFA), einerseits, und den nationalen Fußballverbänden bzw. Zuschauern, andererseits. Die FIFA proklamierte bei der Fußballweltmeisterschaft 2018 in Russland die Förderung des Friedens. In den Fußballstadien war häufig das Чемпионат мира (=Weltmeisterschaft des Friedens) zu lesen. Auch die kroatische Mannschaft posierte vor diesem Logo. Unvergesslich ist der leidenschaftliche Einsatz der Mannschaft (Luka Modrić, Ivan Rakitić, Ivan Perišić) – vielleicht intensiviert durch das leidenschaftliche Mit-Singen der kroatischen Nationalhymne mit der rechten Hand auf dem Herzen.

Lijepa naša domovino,
Oj junačka zemljo mila,
Stare slave djedovino,
Da bi vazda sretna bila!
Mila, kano si nam slavna,
Mila si nam ti jedina.
Mila, kuda si nam ravna,
Mila, kuda si planina!
Teci Dravo, Savo teci,
Nit' ti Dunav silu gubi,
Sinje more svijetu reci:
Da svoj narod Hrvat ljubi!
Dok mu njive sunce grije,
Dok mu hrašće bura vije,
Dok mu mrtve grobak krije,
Dok mu živo srce bije!

Unsere schöne Heimat,
Heldenhaftes liebes Land,
Alten Ruhmes Vätererbe,
Ewig sollst du glücklich sein!
Lieb bist du uns, wie du ruhmreich,
Lieb bist du uns, du allein,
Lieb bist du uns, wo du eben,
Lieb, wo du Gebirge bist.
Fließe Drau, Save fließe,
Auch du Donau, verliere deine Kraft nicht.
Blaues Meer, sage der Welt:
Dass der Kroate sein Volk liebt,
So lange die Sonne seine Felder wärmt,
So lange die Bora seine Eichen umweht,

So lange das Grab seine Toten bedeckt,
So lange ihm sein lebendiges Herz schlägt.[261]

Allein schon die Nationalhymne verweist auf die internationale Anbindung des Landes. Der Text, 1835 veröffentlicht in *Danicza* Zeitung (14. März, 1835), stammt von Antun Mihanović (1796 in Agram=Zagreb - 1861 in Novi Dvori=Curia Nova/im Nordwesten Kroatiens) im Gefolge der illyrischen Bewegung (Claudia Stahl). Er studierte Jura in Wien. Vertont wurde der Text 1846 von dem ‚kroatisch-serbischen' Offizier der österreichisch-ungarischen Streitkräfte und Kadetten im 10. Königlich Kroatischen Grenzinfanterie-Regiment in Glina an der Grenze zum osmanischen Bosnien, Josip Runjanin (=Josif, Josef oder Joseph Runjanin - 1821 in Vinkovci/Kroatien - 1878 in Novi Sad/Österreich-Ungarn, heute Serbien).
Und natürlich ist die Donau (2857 km lang) als der internationalste Fluss der Welt (10 Länder: Deutschland, Österreich, Slowakei, Ungarn, Kroatien, Serbien, Bulgarien, Rumänien, Moldawien und die Ukrai-

---

[261] https://www.medienwerkstatt-onli-ne.de/lws_wissen/vorlagen/showcard.php?id=12247&edit=0

ne/Schwarzwald-Schwarzes Meer) ein verbindendes Element. *Jugend.Danube Salo* verbindet Jugendliche aus Rumänien, Bulgarien, der Ukraine, aus Moldawien, Ungarn, Serbien, Montenegro, Bosnien - Herzegowina, Kroatien, Slowenien, Österreich, der Slowakei, Tschechien und Deutschland[262]: Jugendliche aus z. B. Apatin (Serbien), Ptuj (Slowenien), Bjala (Bulgarien), Harghita County (Rumänien), Leoben (Österreich), Nyiregyhaza (Ungarn), Užgorod (Ukraine), Varaždin (Kroatien) und Zenica (Bosnien Herzegowina) treffen sich[263]. Das *Rediscover-Project* (2018-2021), unterstützt vom *European Regional Development Fund* (=ERDF) verbindet Szeged (HU=Ungarn), Banja Luka (BA), Galati (RO=Rumänien), Kotor (ME=Montenegro), Murska Sobota (SI=Slowenien), Osijek (HR), Regensburg (DE), Subotica (RS=Serbien) and Timisoara (RO)

Kroatien in der Ethnologie

Wer sind die Kroaten? Slawisch? Arisch … Oder? Vor allem im 19. Jahrhundert gibt es

---

[262] https://danube-connects.eu/viel-power-von-der-donau-jugendliche-entpuppen-sich-als-kraftwerke-fuer-die-zukunft/ Siehe auch die *Strategie der Europäischen Union für den Donauraum*

[263] https://danube-connects.eu/junge-talente-im-donauraum-magnete-fuer-zukunft/

einen regen Reiseverkehr besonders von Forschern (Botanikern, Geographen, Historikern, Kartographen, Mineralogen), aber auch Künstlern nach Istrien und Dalmatien („das österreichische Illyrien"), z. B. zu den Höhlen bei Dubrovnik. Den ‚Balkan' durchquerend wurde dann die Frage gestellt, ob man in Dalmatien und Serbien den gleichen Menschentyp findet. 1804 erscheint *Versuch über die slawischen Völker der österreichischen Monarchie*, geschrieben im damals österreichischen Lemberg (seit 1772 nach der ersten Teilung Polens zu Österreich gehörend; heute ukrainischen) Ost-Galizien von Joseph Rohrer. Nach ihm gibt es eine Ähnlichkeit zwischen den Bewohnern „am adriatischen Meerbusen, in Syrmien (=Landschaft zwischen den Flüssen Donau und Save-auf kroatischer Seite: Ilok, Vinkovci, Vukovar, Županja; auf serbischer Seite: z. B.: Novi Sad (früher Petrovaradin und Sremska Kamenica) und Galizien in Bezug auf Sprache, Lebensweise und Denkungsart".

Die ethnologische Frage nach der Herkunft dieses ‚Volk' kann Kontroversen und Feindschaften auslösen, wie die mit dem Namen Josip Mikóczy-Blumenthal (1734 in Zagreb – 1800, ungarisch: Mikóczy-Blumenthal József) verbundene, in seiner Doktorarbeit (*Hrvati rodom Slaveni, potekli od Sarmata*

204

potomaka Medijaca=Kroaten slawischer Abstammung, abstammend von sarmatischen Nachkommen der Meder) vertretene These von der Abstammung der Kroaten von den Iranern belegt, die sie zu ‚Ariern' (=Nicht-Slaven) macht, wenn denn Hr̀vāt aus der iranischen Sprache (Iran als Abkürzung des mittelpersischen ērān=Land der Arier) stammen sollte.[264] Nach dieser Theorie sind die Kroaten dann über das slawische Polen in ihr heutiges Gebiet eingewandert und haben die illyrischen Stämme verdrängt. Aus einer romanozentrischen, d. h. vom lateinischen Mittelmeerraum ausgehenden

---

[264] Auf diese iranische Fährte hat mich mein Freund Salimi Kiumars gebracht. Die zur iranischen (‚arischen') Sprachfamilie zählenden nomadischen Sarmaten waren nach dem Ende des 4. Jahrhunderts v.Chr. aus Mittelasien, den Regionen der Wolga und des Dons, allmählich in Richtung Schwarzes Meer und bis auf die Krim vorgedrungen. Die Sprache der Sarmaten gehörte zur nordostiranischen Gruppe der indogermanischen Sprachfamilie. Cf. Anca Dan, *The Sarmatians: Some Thoughts on the Historiographical Invention of a West Iranian Migration* Felix Wiedemann; Kerstin P. Hofmann; Hans-Joachim Gehrke. Vom Wandern der Völker. Migrationserzählungen in den Altertumswissenschaften, Topoi, pp. 97ff.

Perspektive, die Rom als den Beginn der Zivilisation sieht, sind allerdings die Völker der Hunnen, Sarmaten, Slaven, Türken und Iraner ‚Barbaren', wenn auch kraftvoll und kämpferisch[265].

Spielt freilich die ethnologische Herkunft eine Rolle für den Nationbegriff? Darf man Rasse und Nation verwechseln? Wo gibt es schon eine reine Rasse? Sind die fortge-schrittesten (‚edlen') Länder nicht gerade die, die am meisten gemischt sind? Selbst Deutschland ist kein rein germanisches Land. Die Menschengeschichte ist von der Zoologie wesentlich verschieden. In ihr ist die Rasse nicht alles, wie bei den Katzen und Nagetieren, und man hat nicht das Recht, in der Welt herumzugehen und die Schädel der Leute zu messen, um sie dann bei der Gurgel zu packen und ihnen zu sa-gen: "Du bist unser Blut. Du gehörst zu uns!" (Ernest Renan/1883). Ist Nation eine voluntaristische (auf Willen basierender)

---

[265] Zum Konzept des Mittelmeers als eines Kul-turraumes siehe Fernand Braudel (u. a.: Fernand Braudel, *Das Mittelmeer und die mediterrane Welt in der Epoche Philipps II.*). Braudel forsch-te zu diesem auch in Dubrovnik, das für seine Arbeit wichtig wurde. Fernand Braudel hebt u. a. das Klima hervor, das Landschaften und Le-bensweisen vereinheitlicht.

oder rassistische Größe, ein tägliches Plebiszit oder eine Naturgröße?

In der von Kronprinz Erzherzog Rudolf (1858-1889), dem einzigen Sohn von Kaiser Franz Joseph I. und ‚Sissi‘, veranlassten 24-bändigen Untersuchung *Die österreichisch-ungarische Monarchie in Wort und Bild* (1887), dem sog. ‚Kronprinzenwerk‘, heißt es, dass das Habsburgerreich „reich an Gegensätzen“ sei, und eine Nation nicht durch Abstammung konstituiert werde, wohl aber durch Naturgegebenheiten der Landschaft und des Klimas. Geschichte und Natur bestimmen die Nation. Dieses ‚Kronprinzenwerk‘ ist eine ethnologische Goldgrube. Die ethnische Vielfalt macht nach dem ‚Kronprinzenwerk‘ das Leben aus.

Ein Beispiel. Welcher Nation gehört Francesco Patrizi da Cherso zu? Sein Name ist Patrizzi, Patricio, latinisiert: Franciscus **Patricius, kroatisch: Frane Petrić oder Franjo Petrić, auch Petriš,** geboren wird er 1529 auf der Adria-Insel Cres (gest. 1597 in Rom). Einem humanistischen Brauch folgend latinisierte der Philosoph seinen Namen und nannte sich Patricius oder Patritius. Da er in Italien lebte und seine Werke dort veröffentlichte, hat sich international die Namensform *Francesco Patrizi* durchgesetzt, doch in Kroatien werden Varianten der kroatischen Form bevorzugt. Seine Geburtsinsel gehörte damals zur Republik Venedig, doch ein großer Teil ihrer Bevölkerung war slawisch. Von Beruf war er Philosoph, Schriftsteller, Literatur-, Staats- und Geschichtstheoretiker, Militärwissenschaftler und Dichter. Sein Vater schickte den Sohn zum Studium nach Ingolstadt, dem Sitz der bayerischen Universität. Dort eignete er sich Griechisch Kenntnisse an. Danach studierte er in Padua. Nach seinen eigenen Angaben war seine Familie ursprünglich in Bosnien ansässig und ihrem Wappen zufolge von königlicher Abstammung. Infolge der türkischen Eroberung ihrer Heimat sei sie ausgewandert, und so sei ein Vorfahre namens Stefanello nach Cres gelangt. In Venedig erhielt er eine Anstellung am Hof des Hauses Este in Ferrara, wurde nach Zypern gesandt und trat dort in den Dienst des katholischen Erzbischofs von Nikosia, des Venezianers Filippo Mocenigo, der ihn mit der Verwaltung der dem Erzbistum gehörenden Dörfer betraute. Doch bereits 1568 verließ er zusammen mit dem Erzbischof die von den Türken bedrohte Insel und begab sich nach Venedig. Die Lektüre von Marsilius Ficinos Schriften, insbesondere seines philosophisch-theologischen Hauptwerks, der *Theologia Platonica*, wurde für Patrizi wegweisend. Die Erstausgabe *Nova de universis philosophia* von 1591 widmete er Papst

Gregor XIV. Er verfasste das vier Dialoge umfassende Werk *L'amorosa filosofia*, wobei er den Aufbau des *Symposions* nachahmte, in dem die mit ihm befreundete Dichterin Tarquinia Molza als (die platonische) Diotima-Priesterin auftauchte, und alle Formen der Liebe auf Selbstliebe zurückführte [266]. Durch Bekanntschaft mit Papst Clemens VIII. erhielt an Patrizi einen Lehrstuhl für platonische Philosophie an der römischen Universität *La Sapienza*. Die Schriften Patrizis sind in italienischer oder lateinischer Sprache abgefasst. Die meisten erschienen in Venedig und Ferrara und haben einen innereuropäischen Einfluss, z. B. auf den ‚Vater der modernen Erziehung' J. A. Comenius: 1592 – 1670: Eines seiner Bücher trägt denselben Titel (*Panaugia*[267]) wie eines von Patrizi. Bestattet wurde er in der römischen Kirche Sant'Onofrio al Gianicolo

---

[266] Cf. Sabrina Ebbersmeyer: *Zwischen Physiologie und Spiritualität. Zur Rezeption des platonischen Symposions in der Philosophie der Renaissance.* In: Stefan Matuschek (Hrsg.): *Wo das philosophische Gespräch ganz in Dichtung übergeht. Platons Symposion und seine Wirkung in der Renaissance, Romantik und Moderne*, Heidelberg 2002.

[267] Deutsch vielleicht „Allerleuchtung". Daa führt zu einer Theorie des Lichtes bzw. Erleuchtung.

neben Torquato Tasso. Auf der Cres erinnert ein Denkmal an ihn. Ist er ein kroatischer Philosoph und Polyhistoriker (=hrvatski filozof i polihistor[268]) oder ein Italiener[269]? Oder hat er eine hybride Identität, weil er sich zu mehr als einer Kultur zugehörig fühlen. Menschen mit hybrider Identität lassen sich nicht eindeutig einer bestimmten Kultur zuordnen und können deshalb Vermitt-

---

[268]

https://enciklopedija.hr/natuknica.aspx?ID=4794 3

[269] Paul Oskar Kristeller, *Eight Philosophers of the Italian Renaissance,* 1964. Für Kristeller ist Patrizi in Cherso in der Nähe von Triest geboren. Für Emil Jacobs *(Francesco Patricio und seine Sammlung griechischer Handschriften in der Bibliothek des Escorial* (in: Zentralblatt für Bibliothekswesen, 25, 1908) ist er auf Cres im Ort Ossero (Osor) geboren. Ob Patrizi Kontakte zu dem deutschen Philosophen Friedrich Schlegel hatte, wird diskutiert, u. a. von dem 1957 in BIH geborenen, in Kroatien (Rijeka) lebenden und in Sarajewo und Deutschland ausgebildeten Philosophen Jure Zovko (u. a. *Verstehen und Nichtverstehen. Zur Entstehung und Bedeutung der Schlegelschen hermeneutischen Kritik*). Hierbei geht es um den Begriff der ‚Universalpoesie‘. Francesco Patrizi (*Della Poetica,* 1586). Zudem diskutiert Patrizi erneut die Frage nach der Kunst als Artefakt- bzw. Mimesis-Produkt und das Verhältnis von Inspiration und Genialität.

ler/innen zwischen Kulturen sein. Der Mix von Kulturen, cultural diffusion (Franz Boas), ist mit den verstärkten Kommunikations – und Transportsystem gestiegen - Gemeint sind nicht nur Twitter, Facebook oder Instagram, sondern alle Formen, durch die Menschen entfernter Weltteile „mit einander friedlich in Verhältnisse kommen" (Immanuel Kant). So werden Geister geöffnet und die Lernbereitschaft gefördert.

Ethnische Diffusion geschieht auch im Fußball. Die Zusammensetzung der Mannschaften selbst ist international (z. B: 16% der Spieler der kroatischen Nationalmannschaft aus dem Jahr 2020 sind im Ausland geboren). Ein ethnisch verstandenes Konzept der Nation ist eine erfundene (imaginierte) Größe. Die Weltmeistermannschaft von 2014 wurde auf der deutschen Seite mit Spielern, die Müller oder Schweinsteiger hießen, aber auch Boateng oder Khedir, gespielt. Der jetzige Präsident des kroatischen Fußballverbands (Hrvatski nogometni savez=HNS). Davor Šuker spielte u. a. auch für 1860 München, und ist den Fans als der Torschütze gegen Deutschland bei der WM 1998 in Erinnerung, als „David" „Goliath" mit 3:0 besiegte. Ein Homogeneität suggerierender Nationenbegriff erscheint also antiquiert.

Die sich als Gemeinschaft verstehende kollektive ‚nationale' Identität wird heutzutage

noch im Sport, besonders im Fußball, erzeugt und zelebriert - mit den riskanten Folgen der Exklusion der Anderen. Gerade der
Fußball kann immer wieder zum Anlass und
Ventil nationalistischer Exzesse werden.
Nach ihrem Achtelfinale gegen Argentinien
bei der WM 2018 in Russland sangen kroatische Fans und einige Spieler das Lied *Bojna
Čavoglave* von Marko Perković.

Das Lied beginnt mit dem Gruß *Za Dom –
Spremni*".

„In Zagora an der Quelle Flusses Čikola
Stehen die Waffenbrüder, um unsere Heimat zu
verteidigen Wir[270] kämpfen Seite an Seite, wir
alle sind Brüder Ihr[271] werdet nie in Čavoglave[272]
eindringen, solange wir leben Schieß aus der
Thompson[273], Kalaschnikow und der Zbrojovka
Wirf die Granaten, und jage die Bande über den

---

[270] Die Kroatischen Soldaten im Jugoslawienkrieg

[271] Das serbische Militär im Jugoslawienkrieg

[272] Čavoglave ist ein Dorf in <u>Kroatien</u>. Es befindet sich in der <u>Gespanschaft Šibenik-Knin</u> an der
Straße <u>Split</u>–<u>Drniš</u>, etwa 50 km von Split entfernt. Jährlich am 5. August, dem „Tag des Sie-
ges und der heimatlichen Dankbarkeit", findet
ein von Perković organisiertes Konzert anlässlich
des Jahrestages der Operation Oluja (=Operacija
Oluja=Sturm), einer kroatischen Großoffensive
im August 1995 statt.

[273] eine US-amerikanische Maschinenpistole

Fluss Schritt für Schritt, das Gewehr bereit, singen alle mit Für die Heimat Brüder, für die Freiheit, kämpfen wir Hört her ihr serbischen Freiwilligen[274], ihr Tschetniks[275] Unsere Hand wird euch sogar bis nach Serbien erreichen Euch wird Gottes Gerechtigkeit treffen, das weiß jeder Die Krieger von Čavolgave werden euer Urteil sein

Hört auf die Nachricht des heiligen Elijah[276] Ihr werdet Čavoglave nie einnehmen, das habt ihr auch nie geschafft! Hey Kroaten, geliebte Brüder aus Čavoglave Kroatien wird ihre tapferen Krieger niemals vergessen."

Auch bei Spielen gegen serbische Mannschaften ertönt dieses Lied. Die lange Rivalität mit den Serben, wie sie zuletzt im Bürgerkrieg von 1991 bis 1995 zum Ausdruck kam, ist neben der Verharmlosung der faschistischen Vergangenheit ein Hauptmotor für extremem Nationalismus und Faschismus in Kroatien. Umstritten in der Öffentlichkeit ist, ob der Kroatische Fußballverband (=Hrvatski nogometni savez=HNS) sich wirklich hinreichend von Verbindungen zur rechtsradikalen Szene distanziert hat.

---

[274] freiwillige serbische Bürger, die dem Militär im Jugoslawienkrieg beigetreten sind

[275] antikommunistische serbische Milizen im zweiten Weltkrieg

[276] Hinweis auf den biblischen Elija(h), der 500 Baalspropheten töten ließ.

Nationalistische Exzesse, z. T. verbunden mit antisemitischen Ressentiments, verweisen auf die politisch noch instabile Situation Kroatiens und sind Ausdruck seiner spannungsreich-konfliktgeladenen Geschichte, in der Kroaten sich z. B. als das Bollwerk gegen die Osmanen sahen, als deren Aufhalter es sich sah. So soll *Za dom – spremni* erstmals während erstmals im 16. Jahrhundert während der kriegerischen Auseinandersetzungen mit den Osmanen verwendet worden sein. [277] Der Gruß *Za dom – spremni* (Für die Heimat – bereit) ist nach kroatischem Recht heute eigentlich so verboten wie das „Sieg Heil" in Deutschland.

Die Kommission der Europäischen Union gegen Rassismus und Intoleranz stellte 2018 fest, dass der Kampf der Politik gegen Rassismus („hate crime") sich verbessert habe, aber dennoch Intoleranz gegenüber Serben, LGBT (=Lesbian, Gay, Bisexual and Transgender) - Personen und Roma, Xenophobie und Lob der Ustaša, besonders unter Jugendlichen, fortbestehe – gerade auch bei Fußballspielen, leider jedoch nicht immer konsequent von den kroatischen Behörden verfolgt: Es bestehe ein Bedarf an Menschenrechtserziehung der Jugendlichen. Ist der Nationalismus die kroatische Erblast?

---

[277] https://www.icty.org/en/case/gotovina

Aber es gibt auch immer wieder andere innerkroatische Spannungen, z. B. die zwischen den Vereinen Dinamo Zagreb und Hajduk Split. Dieser dalmatinische Verein nennt sich nach den als unbändig und roh geltenden „Haiducken", (‚heldenmütiger Räuber', Gesetzlose, Banditen, Straßenräuber) des 16. Jahrhunderts. Das Motiv der den Kroaten zugeschriebenen ‚Wildheit' taucht in der Fremdwahrnehmung häufig auf, besonders in den Kriegen mit den Osmanen (='Türken') und den Serben. Holt der Schatten der Vergangenheit Kroatien immer wieder ein?

Wie kann Kroatien mit seiner auch reputationsschädlichen Vergangenheit umgehen? Bedarf nicht auch der Nationalismus einer Distanznahme? Als jüngst der neue Präsident Zoran Milanović in sein Amt geführt wurde, ließ er Josipa Lisa die Nationalhymne singen. Ein Inhaber eines kroatischen Nachrichtenportals erstattete Strafanzeige, weil Lisa das Ansehen und die Ehre der Republik verletzt habe, da sie „eine spöttische Artikulation und Tonalität" verwendet habe. Ist die Ironisierung der Nationalhymne ein strafrechtlich relevanter Tatbestand oder wird Humanität nicht gerade aus dem Geist der Ironie geboren, weil sie alleine für einen toleranten und liberalen Umgang mit Pluralität sorgen kann (Richard Rorty)? Sollte nicht

im Öffentlichen der heroisch-pessimistische
Ernst ersetzt werden durch liberale Ironie?

„Witz ist schön. Kühnheit ist erhaben und groß.
Die Behutsamkeit, sagte *Cromwell*, ist eine Bür-
germeistertugend … Erhabene Eigenschaften
flößen Hochachtung ein. … Kühne Überneh-
mung der Gefahren für unsere, des Vaterlandes,
oder unserer Freunde Rechte ist erhaben. Überhaupt ist der Held des *Homers schrecklich erhaben*,"[278] (I. Kant).

Wo bleibt die Erhabenheit in einer posthero-
ischen Gesellschaft? Kant glaubte sie u. a.
bei der „mathematischen Vorstellung von
der unermesslichen Größe des Weltbaues",
„Betrachtungen der Metaphysik von der
Ewigkeit, der Vorsehung, der Unsterblich-
keit" und ‚natürlich‘   für den Moralphilo-
sophen bei „unserer Seele" in ihrer morali-
schen Selbstüberwindung. Ist in uns nicht
die Sehnsucht nach dem großen Anderen
und dem Abenteuer jenseits der Sicherheit,
das anzieht, denn

„in uns allen wob die Sehnsucht nach dem Un-
gewöhnlichen, nach der großen Gefahr. Da hatte
uns der Krieg gepackt wie ein Rausch. In einem
Regen von Blumen waren wir hinausgezogen, in

---

[278]   https://www.projekt-
gutenberg.org/kant/gefuehl/chap002.html

einer trunkenen Stimmung von Rosen und Blut. Der Krieg musste es uns ja bringen, das Große, Starke, Feierliche. Er schien uns männliche Tat, ein fröhliches Schützengefecht auf blumigen, blutbetauten Wiesen. Kein schönrer Tod ist auf der Welt"[279] (Ernst Jünger)

Es gibt ja auch die gefährlich ent-setzende Naturerfahrung.

Ustaša und das 3. Reich

Zur gemeinsamen Geschichte Deutschlands und Kroatiens gehört die faschistische Zeit der Jahre 1941-1945, als Kroatien ein Vasallenstaat Nazi-Deutschlands war. Am 10. April 1941 wurde über den Rundfunk folgende Erklärung verlautbart, kurz bevor die deutschen Truppen in Zagreb einmarschierten:

„Gottes Vorsehung und der Wille unseres großen Verbündeten sowie der jahrhundertelange Kampf des kroatischen Volkes und die große Opferbereitschaft unseres Führers Ante Pavelic und der Ustascha- Bewegung in der Heimat und im Ausland haben es gefügt, daß heute, vor der Auferstehung des Gottessohnes, auch unser unabhängiger Staat Kroatien aufersteht. Ich rufe alle Kroaten, insbesondere die Offiziere, Unteroffiziere und Mannschaften der Streitkräfte und der Organe der öffentlichen Sicherheit auf, Ruhe und

---

[279] Ernst Jünger, in: *Stahlgewittern.* Berlin: Mittler 1943, S. 1.

Ordnung zu bewahren. Die Streitkräfte haben ihren Aufenthaltsort anzugeben und sofort den Eid auf den Unabhängigen Staat Kroatien und seinen Poglavnik zu leisten. Ich habe heute als Beauftragter des Poglavnik das Kommando aller Streitkräfte übernommen. Gott mit den Kroaten! Für das Vaterland bereit! Der Stellvertreter des Poglavnik[280] und der Oberkommandierende der Streitkräfte Slavko Kvaternik"[281]

Bei einer Bevölkerungszahl von ca. 7,5 Millionen Einwohnern (5 Millionen katholische Kroaten, 1,9 Mill. orthodoxe Serben, 250 000 Moslems) lebten ungefähr 190 000 Deutsche und 80 000 Juden in Kroatien.

Botschafter Deutschlands in Zagreb war von 1941-1945 Siegfried Kasche (1903 in Strausberg/Brandenburg="Ostmark" – wegen Kriegsverbrechen 1947 zum Tod verurteilt). Dass er seinen Dienst am 21.4., dem Geburtstag Hitlers, antritt, wird als ‚Fügung' interpretiert. Wie die Slowakei, Ungarn und Rumänien gehörte der Staat der *Ustaša – Hrvatska revolucionarna organizacija* (=UHRO=Der Aufständische – Kroatische revolutionäre Organisation) zu den Bündnispartnern Hitlers.

Der Name der faschistischen Ustaša (=Aufständische) knüpft an die aufständi-

---

[280] (Staats-) Führer
[281] Übersetzung nach Hische.

schen Soldaten an, die 1871 im bewaffneten Aufstand von Rakovica in der Gemeinde Karlovac unter Eugen Kvaternik (1825-1871) für ein von Österreich-Ungarn unabhängiges Kroatien kämpften. Eugen Kvaternik selbst verwies auf den Widerstand der Kroaten gegen

- einerseits, die Awaren (=türkisch-mongolische Reiterstämme aus Zentralasien), die sich um die Mitte des 6. Jh. nach Westen in Bewegung setzten, und Ende des 8. Jahrhunderts ganz Pannonien (heutiges Ungarn), das östliche Österreich einschließlich Kärntens sowie Slowenien und Kroatien beherrschten, und,

- andererseits, die (osmanischen) Moslems. Besonders während des Unabhängigen Staates Kroatien im Zweiten Weltkrieg und in den ersten Jahren nach der Unabhängigkeit im Jahr 1991 wurde Kvaternik in Kroatien als Nationalheld gewürdigt.

Die Hitler-Verbündeten der faschistischen Ustaša (=Aufständische) führten unter dem Schutz der deutschen Wehrmacht in Kroatien und Bosnien von 1941 und 1945 ein Terrorregime durch, das Juden wie Serben, Romas und Sintis in Vernichtungslagern tötete. Am 6. Juni 1941 erklärt der im kroatischen Faschistenstaat gefeierte Dichter und Kultusminister, Mile Budak (1889-1945), wie mit Minderheiten zu verfahren sei.

„Für Minderheiten – Serben, Juden, Zigeuner – haben wir drei Millionen Patronen. Ein Drittel der Serben werden wir töten, ein anderes Drittel deportieren und das letzte Drittel werden wir in die Armee der Römisch-Katholischen Religion zwingen und sie so zu Kroaten machen. So wird unser neues Kroatien alle Serben bei uns ausmerzen und binnen zehn Jahren hundertprozentig katholisch sein".[282]

Die in Deutschland seit 1935 gültigen Rassegesetze wurden in Kroatien am 18. und 30. April 1941 eingeführt; nur acht Tage nach der Proklamation des sogenannten unabhängigen Kroatiens. Zuerst erfolgte der Beschluss über die ‚Erhaltung des kroatischen Volkseigentums', womit die Juden alle Immobilien und andere Besitztümer verloren. Zwölf Tage später wurde die Diskriminierung ausgedehnt: Die Juden sollten aus den Städten ausgesiedelt werden, durften weder Bürgersteig, Straßenbahn noch die Eisenbahn benutzen. Der Besuch öffentlicher Einrichtungen wie Kino, Theater, Grünanlagen oder Krankenhäuser war ihnen unter-

---

[282] https://www.zukunft-braucht-erinnerung.de/das-kroatische-kz-jasenovac/

sagt. Nach der Wannseekonferenz forderte das Reichssicherheitshauptamt im Februar 1942 die Zagreber Behörden auf, den Abtransport der noch verbliebenen Juden zügig vorzubereiten. Beide Seiten kamen überein, die kroatische Regierung solle für die Verhaftung der Juden sorgen, sie zu den Bahnhöfen bringen lassen und den Deutschen für den Abtransport der Gefangenen in die Vernichtungslager im Osten 30 Reichsmark pro Person zu zahlen. Dafür überließen die Deutschen der kroatischen Regierung das Eigentum der jüdischen Opfer.

„Die Deutschen haben eine Gruppe an die Macht gebracht, von der sie wussten, dass sie ihnen von der Ideologie und Praxis her sehr ähnlich sein würde."[283] (Ivo Goldstein)

Im Geburtenbuch der jüdischen Gemeinde in Zagreb sind für 1942 noch 17 Geburten registriert, für 1943 keine einzige. Etwa 30 500 der 39 000 Juden, die im Gebiet des 1941 bis 1945 existierenden USK (=Unabhängigen Staates Kroatiens=Nezavisna Država IIrvatska=NDH)

---

[283] Ivo Goldstein, Slavko Goldstein, *The Holocaust in Croatia.*, University of Pittsburgh Press, 2016. Siehe auch die Arbeiten von Esther Gitman und von Marija Vulesica – Allerdings kontrovers behandelt.

lebten, wurden von der Ustaša ermordet oder in Nazi-Todeslager in andere Teile Europas gebracht. Nachforschungen ergaben, dass 47 627 Serben, 16 173 Roma und 13 116 Juden sowie mehrere Tausend regimekritische Kroaten und Menschen anderer Nationalitäten, unter ihnen Tausende von Kinder, während des Kriegs im Konzentrationslager Jasenovac (serbokroatisch: *Koncentracioni logor Jasenovac*/ Концентрациони Логор Јасеновац; jiddisch יאסענאוואץ; hebräisch יסנובץ) umkamen. Der kroatische Shoa-Überlebende Zeev Milo, ehemals Vladimir Müller, der mit seiner Familie mit gefälschten Papieren in die italienisch besetzte Zone II an der Adriaküste floh und später zu den PartisanInnen stieß, weist daraufhin, dass es bei Kroatien um den einzigen Satellitenstaat des Dritten Reichs handelte, der (schon 1941) auf eigenem Territorium Konzentrationslager errichtete, in denen die Ustaša Massenmorde beging. Er schildert plastisch den Antisemitismus, dem er als Kind ausgesetzt war und die stürmische Begrüßung der Deutschen beim Einmarsch in Zagreb im April 1941, die „mit Orangen und Blumen" beworfen wurden, betont jedoch auf der anderen Seite, dass es in Zagreb, im Gegensatz etwa zu Wien, nach dem Einmarsch der Deutschen zu keinerlei öffentlichen Ausschreitungen gekommen sei, vereinzelt jedoch in Provinzstädten, wobei meist Ustaši oder so genannte „Volksdeutsche" die Täter waren[284].

Die Leugnung dieses Konzentrationslagers oder seine Relativierung ist Bestandteil der kroatischen Rechten. Das Jasenovac-Memorial, die sog. „Jasenovac-Blume" (*Jasenovacki cvet*), wurde 1966 von dem weltbekannten Belgrader Architekten, Politiker und Bürgerrechtler Bogdan Bogdanovic (*1922) entworfen, im September 1991 und Mai 1995 von der kroatischen Armee fast völlig zerstört und 2003-2004 wiederaufgebaut. Gemäß der Datenbasis der *Holocaust-Enzyklopädie*[285] gab es 1941: 82 242 Juden in Jugoslawien: 67 228 wurden nach der Invasion des Landes (6. 4. 1941) durch die Achsenmächte (Deutschland, Italien, Ungarn, Bulgarien) ermordet. In Kroatien

---

284

https://www.hsozkult.de/publicationreview/id/re b-15728 cf. Ivo Goldstein: https://www.youtube.com/watch?v=l3pHIC370K A Carl Bethke, *K)eine gemeinsame Sprache?: Aspekte deutsch-jüdischer Beziehungsgeschichte 1900-1945,* LIT-Verlag 2013.

285

https://encyclopedia.ushmm.org/content/en/articl e/jewish-losses-during-the-holocaust-by-country Author(s): United States Holocaust Memorial Museum, Washington, DC

(Inkl. Dalmatien und Bosnien-Herzegowina lebten 1937 39 400, von denen 30 148 ermordet wurden. Neben dem KZ in Jasenovac gab es KZs u. a. in Danica[286], Jadovno[287], Kruscica[288], Loborgrad[289], Djakovo[290], Tenje[291], und Osijek[292]. Kroatien hat 120 Gerechte unter den Völkern (hebräisch חסיד אומות העולם Chassid Umot ha-Olam), d. h. nicht-jüdische Einzelpersonen, die unter dem Nationalsozialismus jüdisches Leben retteten (=hrvatskih pravednika među narodima). Sie werden von der Gedenkstätte Yad Vashem ernannt. Ruža Fuchs, die kroatische Frau des bekannten jüdischen Journalisten Otto Fuchs, beerdigt auf dem Friedhof Mirogoi (=Aleja Hermanna Bollea), versteckte 1942 die Tochter der jüdischen Jour-

---

[286] nahe der Stadt Koprivnica

[287] Ort in der Gespanschaft Lika-Senj (kroatisch Ličko-senjska županija) ist eine Gespanschaft im Nordwesten Kroatiens

[288] Zentralbosnien-in der Nähe von Travnik.

[289] Gemeinde Lobor in der Gespannschaft Krapina-Zagorje.

[290] im Osten der historischen Region Slawonien

[291] (Deutsch: Tenne) ist ein Dorf in Ostslawonien nahe Osijek. Auch Tenja.

[292]

https://encyclopedia.ushmm.org/content/en/article/axis-invasion-of-yugoslavia; https://www.jusp-jasenovac.hr/Default.aspx?sid=6877

nalistin und Schrifstellerin Eva Grlić (geboren als: Eva Izrael; 1920 – 2008) und ihres
Mannes Robert Domany (1908 – 1942), der
von den Nazis in dem KZ Neuengam-
me/Hamburg inhaftiert wurde, den einjährigen jüdischen Säugling Vesna Domany
Hardy in ihrem Haus. Ruža Fuchs hatte ihre
Mutter Eva Domany mit dem Säugling auf
der Straße kennengelernt und spontan Hilfe
angeboten. Vesna Domany wurde ein Mitglied der Familie und weder das Kinder-
mädchen noch die Nachbarn verrieten das
Ehepaar Fuchs, die 1942 ihre erste Tochter
und 1943 ihre zweite Tochter bekommen
hatten. 1987 wurde ihr die Auszeichnung
Gerechte unter den Völkern verliehen (=The
Righteous Among the Nations[293]). Der Begründer der ersten kroatischen Enzyklopädie
und Schriftsteller Mate Ujević (1901 in Kri-
vodol bei Imotski, Dalmatien - 1967 in Zagreb) rettete den befreundeten jüdischen En-
zyklopädisten Manko Berman sowie zwei

---

[293]

https://righteous.yadvashem.org/?searchType=rig
hte-
ous_only&language=en&itemId=4017973&ind=
NaN (hrsg.) Julius H. Schoeps, Dieter Bingen,
Gideon Botsch, *Jüdischer Widerstand in Europa
(1933-1945): Formen und Facetten*, De Gruyter,
Berlin&Boston, 2016.

jüdische Schwestern vor der Deportation in das KZ Jasenovac. Dafür wurde Ujević 1994 von der israelischen Gedenkstätte Yad Vashem der Titel *Gerechter unter den Völkern* verliehen.

Die Jüdische Gemeinde Zagreb

- In zeitgenössischen Quellen des 10. Jahrhunderts erscheinen erstmals die Namen zweier jüdischer Gesandter, Mar Saul und Mar Joseph, die vom kroatischen König Petar Krešimir IV zum Kalifen von Cordoba, Abd ar-Raḥmān III., geschickt wurden. Dort sollen sie, so die Überlieferung, von dem jüdischen Arzt Ḥisdai ibn Shaprut zu den zum Judentum konvertierten Khazaren gesandt worden sein. [294]

- 1355: Juden in Zagreb werden erstmals erwähnt in Gerichtsdokumenten

- 1444: Einrichtung eines *domus judaeorum*, wahrscheinlich einer Synagoge. Man bekommt eigentlich

---

[294] Katrin Völkl, *Die jüdische Gemeinde in Zagreb* *bis* *1941* Wissenschaftliche Arbeiten Juden im Grenzraum, Eisenstadt 1993. https://www.jewishvirtuallibrary.org/jsource/judaica/ejud_0002_0021_0_21370.html

eher den Eindruck, dass die Juden damals in relativer Freiheit lebten: Sie besaßen - verstreut über beide Orte - Häuser, traten in Gerichtsverfahren als gleichberechtigte Zeugen auf und ließen ihre Streitangelegenheiten vor dem städtischen Gericht entscheiden, da es keinen staatlich eingesetzten Judenrichter gab, wie es anderenorts üblich war. (Katrin Völkl)

- 1786: Der Großhändler Jacob Stiegler aus Třebíč (=Trebitsch/Mähren/heute: Tschechische Republik) erhält als erster Jude das Wohnrecht in Zagreb nach dem Toleranzedikt von Kaiser Joseph II. (1741-1790/ *Systematica gentis Judaicae regulatio*) vom 2. Januar 1782. Der ‚Nützlichkeitskaiser' Joseph II. schafft den Judenstern, die Zwangstaufe jüdischer Babys ab, fordert das Abschneiden der Bärte, die Aufhebung der Einschränkungen für Juden (Residenz – und Gewerbefreiheit) und den Zwang zur Landessprache (Deutsch, Ungarisch) und damit damit das Yiddische (=Judaico corrupto Idiomate), vor allem auch in den Religions- und Schulbüchern[295]. Stiegler wird der 1. Präsident der Jüdischen Gemeinde. Die wohlhabenden Juden wohnen in den Zagreber Ortsteilen Gornji Grad (=Oberstadt, Gradec) und Kaptol. Es waren Aschkenasi-Juden aus Galizien, Mähren, Österreich („Burgenland", „Steiermark"), Ungarn, die als Kaufleute und Händler tätig waren und oft Deutsch sprachen[296].

- 1806: Gründung der jüdischen Gemeinde
- 1809: Aron Palota (1776 oder 1777 – 1843) erster Rabbi (1809 – 1849) [297]: Die Orthodoxen trennen sich von den ‚Neologen' (=Reformgemeinde), deren Rabbiner Mavro (=Moritz) Goldmann (1790 Turnov/Böhmen – 1860 Zagreb) wurde. Nachdem der Neologe Goldmann einige Neuerungen im Gottesdienst eingeführt hatte, z. B.

---

[295] https://www.haaretz.com/jewish/.premium-1782-habsburg-emperor-announces-tolerance-for-jews-1.5355292

[296] Ivo Goldstein, *Židovi na Gradecu od 14. stoljeća do 1848. Godine*, in: I. Kampuš (hrsg.), **Zagrebački** Gradec 1242.-1850. (pp. 293–303). Grad Zagreb, 1994.

[297] https://www.jewishvirtuallibrary.org/zagreb

Predigten an hohen Feiertagen auf
Deutsch anstelle auf Hebräisch hielt
begannen einige Gemeindemitglie-
der, u. a. der Rabbiner der Hauptgemeinde, Aron Palota, einen eigenen Gottesdienst abzuhalten. Erst
1856 fand man sich zu einem Kompromiss und einer Wiedervereini-
gung mit der Hauptgemeinde bereit.

- 1833: die jüdische Gemeinde kauft
  zur Errichtung einer Synagoge
  Grundstück in Zagreb
- 1838: ca. 300 Juden in Zagreb –
  Zagreber Kaufleute verlangen die
  Vertreibung von Juden aus Zagreb
- 1850sq.: die jüdische Familie (Jo-
  nas) Alexander (Aleksander) aus
  dem Burgenland (Güssing[298]) lässt

---

[298] Die Geschichte des burgenländischen Judentums geht bis ins 13. Jahrhundert zurück. Im
Süden des Landes übte die westungarische Mag-
natenfamilie Bátthyany ihre Schutz- und Grund-
herrschaft aus. Im Laufe des 16., 17. und 18.
Jahrhunderts entstanden in diesem Bereich fünf
große jüdische Gemeinden: in Groß Kanisza,
Körmend, Rechnitz, Schlaining und Güssing.
(Sabine Lichtenberger) Die Familie Batthyány
förderte die Ansiedlung
jüdischer Familien nicht etwa aus reiner Näch-
stenliebe, sondern aus wirtschaftlichen Überle-
gungen. (Philip Halper). Siehe: Edina Zvara, Die

sich nieder. Aus ihr gingen viele Geschäftsleute, Rechtsanwälte, Ärzte, Lehrer und Philanthropen hervor. Samuel David Alexander (1862 – 1943) hatte den Beinamen *Der Gescheite*[299]. An diese Familie erinnern noch die Stufen vom Rokov Park zur Dežmanova Ulica (=Dežmanov Passage-Abzweigung von der Ilica).

- Ab 1867 war Hosea Jacobi (1841 in Jacobshagen= Dobrzany/Polen – 1924/Zagreb) der Oberrabiner für 58 Jahre. Er besuchte das Kölnische Gymnasium in Berlin – und schrieb u. a. *De loco feminarum apud Iudaeos antiuissimos maxime matrimonii contrahendi ratione habita* (=Deutsch: *Über die Stellung des*

Historische Bibliothek des Franziskanerklosters in Güssing Bewahrte Geistigkeit und Kulturerbe von drei Nationen Die Historische Bibliothek des Franziskanerklosters in Güssing

[299] Ljiljana Dobrovšak, Ivana Žebec Šilj, *Kronika rodziny Alexander,* Colloquia Humanistica, 2020, S. 255ff. Siehe auch: https://zbl.lzmk.hr/?p=2977; I. Mirnik, *The Alexanders, or the history of a Zagreb Family in past perfect,* in: (hrsg.) J. Domaš Nalbantić, Family, Zagreb Jewish Community, 1996.

Weibes im Judenthum. Mit besonderer Berücksichtigung der Eheschliessung, wie sie uns in den Schriften des Alten Testaments vorliegt; Berlin Gedruckt bei Julius Sittenfeld, 1865[300]). Er spendete Einnahmen für seine Veröffentlichungen den „Stadtarmen" Zagreb im „Gedenken an menschliche Hinfälligkeit und Vergänglichkeit." Er ist beerdigt auf dem „Zentralfriedhof=*Gra-dsko groblje Mirogoj*=Mirogoj[301]

- 1864: die jüdische Schule in Zagreb führt Kroatisch ein
- Die jüdische Bevölkerung verdoppelte sich von 1 285 (1880) auf 4 233 (1910) und 8 702 in 1931

300

https://www.nli.org.il/en/books/NNL_ALEPH000 2055159/NLI

301 https://zbl.lzmk.hr/?p=2183 Der Friedhof wurde im Jahr 1876 auf einem Grundstück des Sprachgelehrten Ljudevit Gaj angelegt. Der aus Köln stammende Architekt Herman Bollé, der von dem kroatischen Maler Izidor (Iso) Kršnjavi (1845/Našice – 1924/Zagreb) ins Land geholt wurde, gestaltete die Hauptgebäude. Der Bau der Arkaden, der Kuppeln, und der Kirche im Eingangsportal wurde im Jahr 1879 begonnen.

- 1867: Bau der Zagreber (neologen Reform-) Synagoge in der Praška nahe dem „Herzen" der Stadt, dem Josip-Jelačić-Platz – Planender Architekt: Franjo Klein (1828 in Wien — ab 1851 in Kroatien - 1889) und ausführender Ingenieur: Josip Siebenschein, „königlicher Rat"- ausgebildet in Wien (1836 – 1908/beerdigt auf dem Mirogoj[302].

„Damit beteiligten sich die eher säkular eingestellten Mitglieder der Reformgemeinde an der Urbanisierung der vom Hauptplatz nach Süden reichenden „Unterstadt": Sie finanzierten die Anlage des zentralen Parkes südlich der Synagoge; die in der Pragerstrasse ansässigen jüdischen Geschäfte stellten auf Nobelwaren um, so dass die Synagoge eine elitäre Umgebung erhielt". (Anna Grünfelder)[303].

Als sie eingeweiht wurde, galt zwar immer noch, dass nichtkatholische Gebetshäuser keinen direkten Zugang von der Straße haben durften, aber die Synagoge war ein monumentales Gebäude. Sie bot Platz für 2 000 Gläubige und hatte im neuen Stadtzentrum errichtet werden dürfen..

---

[302] https://zbl.lzmk.hr/?p=2183
[303] https://davidkultur.at/die-neologe-reformsynagoge-von-zagreb

- 1873: das kroatische Parlament gesteht den Juden Bürgerrechte
- Ab 1876 bestattete man die jüdischen Toten auf dem neuen Zentralfriedhof Mirogoj, wo sie zusammen mit Christen und Muslimen ihre letzte Ruhe fanden. Auch heute noch liegen hier die Gräber vieler für die jüdische Gemeinde bedeutsamer Familien.
- 1887: der Jude Ljudevit (=Lavoslav) Schwarz (Švarc), wird ins kroatische Parlament gewählt. Lavoslav Schwarz wurde 1837 in Zagreb geboren (gest. 1906). Als Sohn eines reichen Kaufmanns wuchs er in einer Umgebung auf, in der die Wohltätigkeit selbstverständlich war. Schon zu Lebzeiten war er für seine Großzügigkeit bekannt[304].
- 1890: ca. 2000 Juden leben in Zagreb.

Viele suchen die Assimilierung und geben ihren Kindern in Kroatien gebräuchliche Vornamen oder ändern ihre eigenen deutschen, ungarischen oder hebräischen Vor - und Nachnamen in eine slawische oder sla-

---

304

https://www.biographien.ac.at/oebl/oebl_s/Schwarz_Vilim_1831_1905.xml

wisierte Form um, z. B. Mavro für Moritz, Miroslav für Schalom oder Lavoslav für Leopold.

- 1910: das Lavoslav Schwarz - Altersheim (=*Dom Zaklade Lavoslava Schwarz)* wird gegründet: Im Dezember 1910 wird das Gebäude auf einem Grundstück in der Maksimirska cesta fertiggestellt. Im Jahr 1939 verfügte das Haus über 53 Zimmer, die mit einem Bett bis vier Betten belegt waren, über Zentralheizung, eine kleine Bibliothek, geräumige Balkone und zwei Krankenzimmer. Alle Bewohner erhielten kostenlos Medikamente und medizinische Behandlung durch die Ärzte Dr. Vatroslav Scholler[305] (1889 – 1942) und (ab 1939) Dr. Henrik Citrin. 2 Tage nach der Besetzung durch deutsche Truppen 1941 zerstört. 1957 wurde ein neuer Gebäudekomplex in der Maksimirska ulica errichtet;
- 1906-1914: erste jüdische Zeitung in Zagreb. Die zionistische *Zidovska Smotra* (=Jüdische Schau): Ein Herausgeber war Marko Bauer (1885 –

---

[305] https://zbl.lzmk.hr/?p=2044

1965[306]), der auch das *Agramer Tagesblatt* edierte

Kurz vor dem Ersten Weltkrieg war die Lage der Juden in Kroatien so, dass sie zwar bürgerlich gleichberechtigt waren, aber keine volle Religionsfreiheit als Gruppe besaßen. Sie waren recht erfolgreich z. B. im Handel, und ein jüdischer Unternehmer Slavoljub[307] Eduard Penkala (1871 Liptau-Sankt-Nikolaus=Liptovský Mikuláš/Slowakei – 1922) gründete die noch existierende Füllfederhalter-Firma[308]. Er entwickelt u.a. die rotierende Zahnbürste (patentiert 1905 in Wien), den ersten Füllfederhalter und den ersten mechanischen Kugeldruckschreiber (patentiert 1906 in Budapest und London). Penkala baut auch das erste kroatische zweisitzige Motorflugzeug (patentiert 1909 in Budapest), das dann 1910 vom ersten kroatischen Piloten, Dragutin Karlo Novak (1892 in Zagreb - 1978 in Zagreb), vom Militärübungsgelände in Črnomerec/Zagreb aus geflogen wird. Am 1. Weltkrieg nimmt Novak als Pilot der K.u. K.-Monarchie teil. Er arbeitet ver-

---

[306] https://zbl.lzmk.hr/?p=936
[307] =slawophil
[308] Eduard Slavoljub Penkala (1871 - 1922) besucht neben der Technischen Universität Wien auch die von Dresden (TU-Dresden).

schiedentlich in Križevci (deutsch: Kreutz) in Zentralkroatien. In der Nähe des Flughafens Zagreb ist eine Straße nach ihm benannt.

Insgesamt waren die orthodoxen Juden aufgrund ihrer geringen Anzahl nie ein beherrschender Faktor im Zagreber Judentum, dessen Bild nachhaltig durch Neologen und Aschkenasim geprägt wurde.

- 1910: Gründung des *Zidovsko akademsko potporno društvo* (=Jüdischer akademischer Unterstützungsverein). Zuerst war die von ihm eingerichtete Mensa in den Kellerräumen der Gemeinde in der Palmotićeva ulica installiert, weil aber die täglich circa dreihundert Besucher deren Fassungsvermögen sprengte, zog man 1930 in die (frühere und heutige) Preradovićeva ulica um, wo ein privater Gönner geeignete Zimmer zur Verfügung gestellt hatte.
- 1913: Makkabäer-Sportverein in Zagreb in der Mimarska cesta gegründet – benannt nach den Anführer eines jüdischen Aufstandes gegen das hellenistische Seleukidenreich – Zionisten verehrten die Makkabäer. Ziel war es, den Sport

unter den Juden auf eine breitere Basis zu stellen.

- 1918 (Königreich der Serben, Kroaten und Slowenen (*Kraljevina Srba, Hrvata i Slovenaca*): ca. 70 000 Jews=0.5% der Gesamtbevölkerung: 60% Ashkenazi, 40% Sephardi. Die meisten leben in Städten. Sie traf Neid und Geschäftskonkurrenz.[309]

- 1918: Zionistische Ortsgruppe gegründet: *Savez Cijonista Jugoslavije* (=SCJ, Bund der Zionisten Jugoslawiens) unter Dr. Alexander Licht (1884/Sokolova**c**/Nordkroatien – 1948/Montreux)[310]

- 1918: Deportation von Juden – dann (Winter 1919/20) gestoppt durch die Intervention des Oberrabbiners Isak Alkalaj beim Premierminister des Königreichs der Serben, Kroaten **und Slowenen, Stojan Protić** (Стојан Протић). Die Ashkenazi-Juden – im Unterschied zu den Se-

---

[309] Ivo Goldstein, *Antisemitism and the Struggle for Equality*

[310] Ivo Goldstein, *Holocaust u Zagrebu*, 2001 und: *Židovi u Zagrebu 1918 - 1941. Zagreb: Novi Liber, 2005.*

phardi-Juden - wurden als ‚Fremde'
angesehen[311].

- 1919: Studenten in Zagreb protestie-
ren gegen die Besetzung Rijekas
durch die Italiener. Als einer der
Sprecher sagte, d'Annunzio sei Jude, schrie die Menge: ‚Nieder mit
den Juden'[312]

- 1924 *Hashomer Hatzair* (=deutsch
‚der junge Wächter'), eine zionis-
tisch-sozialistische Jugendorganisa-
tion gegründet (Judaismus, Sozialismus u. Zionismus). Die Organisation orientierte sich an den Gedan-

---

[311] Ivo Goldstein, *The Jews In Yugoslavia 1918–
1941 Antisemitism and the Struggle for Equality*
Ashkenaz-Juden wurden mit Deutschland in
Verbindung gebracht, weil A. im babylonischen
Talmud als ‚Germania' bedeutet u. A.-Juden
jiddisch, also einen deutschen Dialekt sprechen.
Ashkenazi-Juden sprachen Deutsch or Ungarisch, besonders in Voivodina. Mirjana Gross,
*Dva stoljeca povijesti i kulture Židova u Zagrebu
i Hrvatskoj.* (hrsg.) Ferenc Laczo, Joachim von
Puttkamer *Catastrophe and Utopia: Jewish Intel-
lectuals in Central and Eastern Europe in the
1930s and 1940s*, de Gruyter, Berlin, Boston,
2018.
[312] Ivo Goldstein*, The Jews In Yugoslavia 1918–
1941
Antisemitism and the Struggle for Equality*

ken der deutschen Kulturphiloso-
phen und Pädagogen Gustav Wy-
nekens und Martin Bubers und dem
Gründer der Pfadfinderbewegung
Robert Baden-Powells

- 1925: die 49 orthodoxen Familien
machten in Zagreb 2% der jüdischen
Gemeindesteuerzahler aus, 1935 betrug die Mitgliederzahl 141 Seelen,
was 1,6 Prozent der Gesamtgemein-
de entsprach. (Völkl)

- 1929: Die *Protokolle der Weisen
von Zion* erscheinen in Zagreb: Die
Juden werden für die schlechte öko-
nomische   Lage
verantwortlich gemacht

- 1931: ca. 71 000 Juden leben in Jugoslawien

- 1931: Publikation der Schrift *Jüdische Ärzte in Jugoslawien* von Dr.
iur. Lavoslav Šik, dem *Ersten Vize-
präsidenten der Jüdischen Kultus-
gemeinde in Zagreb.* Er (1881/Wien;
Sohn von Adolf Schick u. Marie
Rosenberger), Rechtsanwalt in Zagreb, wurde am 6. 9. 1941 und 1942
(wahrscheinlich am 2.1.) in Jasenovac ermordet. Er schrieb u. a. für die
*Die Welt Zentralorgan der Zionisti-
schen Bewegung, Jüdische Zeitung,
Jüdisches Volksblatt, Dr. Bloch's*

Oesterreichische Wochenschrift, Wiener Jüdisches Volksblatt und *Agramer Tagesblatt.- Jüdische Familien-Forschung)*

Šiks Bücherei konnte gerettet werden und befindet sich heute in der Jüdischen Gemeinde Zagreb.

- 1935: Juden werden in Zagreb kritisiert, da sie deutsche Theateraufführungen sehen (Ivo Goldstein)[313]

28. Juni 1935/ Silva Basch (geb. in Ludbreg[314] als Tochter von Leopold and Katarina Deutsch) geht im Zentrum Zagrebs mit ihrem Vater, dem Rabbi von Ludbreg, Leopold Deutsch.

Silva wuchs in Ludbreg auf, einer kleinen Stadt im Nordwesten Kroatiens. Sie hatte zwei Geschwister, Giza and Blanka, und einen Bruder Erne. Blanka heiratete Rudi Apler und hatte 2 Töchter, Zdenka und Vera. 1939 heiratete Giza ihren christlichen Freund Ljudevit (Ludva) Vrancic. Er war Bank Manager, und der inoffizielle Bürgermeister von Ludbreg.

Silva heiratete Salomon Basch, Inhaber einer Bürstenherstellerfirma in Zagreb.

313

https://www.youtube.com/watch?v=l3pHIC370KA

[314] Zwischen Varaždin und Koprivnica

Zu den ersten Opfern der Ustaše zählen Salomon und Silva, die beide in KZs gebracht wurden (Salamon nach Jasenovac, und Silva nach Stara Gradiška, wo sie starb). Die Kinder Teodora und ihr Bruder Zdravko leben nun mit ihrer Tante Giza (Deutsch) Vrancic und ihrem nicht-jüdischen Ehemann Ludva in Ludbreg. 1942 wurde die jüdische Gemeinde Ludbregs deportiert. Auch Ludva wurde unter dem Verdacht, einen Partisanensympathi-

sant zu sein, in Jasenovac interniert, wo er Teodoras Vater Salamon wiedertraf. Später erfuhr Ludva, dass Giza nach Auschwitz gebracht wurde und dort 1943 verstarb. Salamon wurde 1944 auf der Flucht aus Jasenovac getötet. Die Geschwister Teodora und Zdravko blieben bei Ludva, der sie adoptierte. Zdravko verstarb 1946 an Scharlach. Teodora blieb in Jugoslawien bis 1957, bevor in die Schweiz ging, um eine Schule zu besuchen. Dort traf sie den US-Amerikaner Daniel Klayman, heiratete ihn und emigrierte in die USA. Teodoras Tante Lina Basch überlebte mit ihren zwei Kindern Rubin und Dina in den Bergen bei Partisanen[315].

---

[315]   Nach:
https://collections.ushmm.org/search/catalog/pa1
142706

- 1936: Ernst Bauer wendet sich gegen Heinrich Heine in der *Hravatske Revija* und bezieht sich auf den Hitler-Anhänger Dietrich Eckart (*Heine als Prophet*)
- Mai 1938: Einige jüdische Geschäfte und Anwaltskanzleien werden mit antisemitischen Parolen wie "Pazi Zidov Ne kupuj!" (=Vorsicht, Jude - Kauf nichts!) beschmiert. Die Juden, so der Vorwurf, seien ohne Moral und hätten kein Verständnis für den Staat. Belegt wurde es durch Otto Weiningers Schrift *Geschlecht und Charakter. Eine prinzipielle Untersuchung,* Wien 1903.
- Vor dem 2. Weltkrieg: 38 000 - 39 000 Juden leben in Kroatien – 9 000 überleben den Krieg (Goldstein)
- 1940: ca. 11 000 80 (=35% aller) Juden leben in Zagreb (8712 Aschkenazi, 625 Sephardi, und 130 Orthodoxe). Dazu kamen noch 2000 nicht-registrierte Juden, die sich auf der Flucht vor dem Hitler - Regime in Zagreb aufhielten. Das Gebiet der Zagreber Hauptgemeinde war die Stadt selbst und die Bezirke Velika Gorica, Sv. Ivan Zelina, Stubica, Samobor und Dugoselo. (Völkl)

- 1937 - 1941: Rabbi Miroslav Šalom Freiberger, ab 1941 Oberrabiner (=Shalom M. Freiberger - 1903 in Zagreb -1943 in Auschwitz-Birkenau ermordet). Er hatte gute Beziehungen mit Zagreber Erzbischof Aloysius Viktor Stepinac (Alojzije Viktor Stepinac, 1898 – 1960) und konnte so einige Juden retten.[316]Zu seiner persönlichen Tragik gehörte, dass er nicht rechtzeitig seiner zionistischen Überzeugung gemäß nach Palästina übersiedelte, sondern wie Dr. Schwarz, auch nach der Ausrufung des Unabhängigen Staates Kroatien 1941 im Verantwortungsbe-wusstsein für seine Gemeinde ausharrte, obwohl er als herausragende jüdische Persönlichkeit jeden Tag mit seiner Verhaftung durch die Ustaša, der Kampforganisation Pavelics, rechnen musste. Während einer der letzten Aktionen gegen die Zagreber Juden wurde er schließlich im Mai 1942 gefangengenommen. Nach einem Besuch Heinrich Himmlers am 5. Mai 1943 in Zagreb wird Freiberger im Mai

---

[316] Ivo Goldstein, *Holokaust u Zagrebu. Zagreb*, 2001, S. 443.

1943 nach Auschwitz transportiert. Noch im Januar 2021 wurden seiner Erinnerung gewidmete Stolpersteine in Zagrebs Amruševa ulica (Strasse) zerstört.

- 9. Oktober 1940: Numerus clausus für Schüler jüdischer Abstammung. Es sollte ein „jüdisches Intelligenzproletariat" verhindert werden

- 31. 5. 1941: 165 jüdische Studenten aus Zagreb werden in das Konzentrationslager Jadovno=Сабирни логор Јадовно *Sabirni logor Jadovno*), ca. 20 km von Gospić, dem ersten um die 40 Konzentrations - und Internierungslagern im faschistischen Unabhängigen Staat Kroatien, gebracht. Ein Denkmal zum Gedenken an die Ermordeten wurde 1975 errichtet und stand 15 Jahre, wurde jedoch 1990 von nationalistischen Kroaten zerstört.

- Vom 10. Oktober 1941 – April 1942: Zerstörung der Synagoge, der den fast 13 000 Zagreber Juden als Kulturzentrum und Gotteshaus gedient hatte, durch die Ustaša, die bis heute nicht wieder errichte ist. Die jüdische Gemeinde hegt aber jetzt wieder berechtigte Hoffnungen, dass dies bald geschehen wird[317].

- 1943: 4500 Juden verhaftet und nach Auschwitz transportiert
- Rückgabe des Hauses in der Palmotićeva 16 an die jüdische Gemeinde. Es gibt einen jüdischen Kindergarten, die Administration und eine Synagoge in Form einer kleinen Wohnung. An der Stelle, wo die Synagoge wiederaufgebaut werden soll, befindet sich nach wie vor der gut bewachte Parkplatz eines benachbarten Hotels. Die jüdische Gemeinde fordert eine Entschädigung für das erlittene Unrecht. Aber es gibt nur ein Gesetz über der Rückerstattung der von den Kommunisten enteigneten Güter, die Zeit zwischen 1941 und 1945 klammert man aus.
- 1958 in Jugoslawien leben 6 691 Juden
- 1989 der Mirjam Weiller Kindergarten wird in Zagreb wieder eröffnet nach der Schließung durch die Faschisten in 1941 – benannt nach der

---

[317] Siehe: S. Kapetaniö, *Sinagoga i Zidovski kultumi centar* (Synagoge und Jüdisches Kultur zentrum), in: VJESNIK, 4. 10. 1990, 8.

Montessori-Pädagogin Mir-
jam=Maria Weiller=Doda Mirjam
(=Tante Mirjam): Sie mußte ihren
Schützlingen beibringen, sie nicht
mit "ljubim ruke" (=Küß die Hand)
oder "kistihand", sondern mit "schalom" zu begrüßen (Völkl)

- 1989: M.Š. Freiberger Cultural
  Society gegründet in Zagreb

Die jüdische Gemeinde Kroatiens hat laut
der letzten Volkszählung von 2011 heute nur
etwas mehr als 2000 Mitglieder, zu denen
auch der Historiker Professor Dr. Ivo Goldstein zählt, dessen Großvater von den kroatischen Faschisten in einem Ustaša-KZ ermordet wurde, und dessen Vater Slavko
Goldstein daraufhin auf der Seite der Partisanen kämpfte. Ivo Goldstein fordert un-
nachgiebig die Erinnerung an Jasenovac –
und wird verhöhnt und beschimpft. Sein
Židovski biografski leksikon[318] bewahrt die
Erinnerung an die Juden Kroatiens. Hier
findet man Namen viele Opfer des Lagers
Jasenovac (z.B.: Marko Abeles, Sara Abi-

---

[318] https://zbl.lzmk.hr/ Ivo Goldstein war ab 2007
Leiter des Lehrstuhls für Judaistik/Zagreb und
wurde 2010 auch kroatischer Botschafter in Paris. Er nahm auch eine Gastprofessur am Imre
Kertész Kolleg/Jena wahr und ist seit Juni 2011
alumnus.

gam). Bei einigen ist unklar, ob sie in Jasenovac, Auschwitz oder Dachau getötet wurden. Aber auch darüber hinaus gehend finden sich die Namen von Juden seit dem 16. Jahrhundert; bei vielen ist eine deutschstämmige Herkunft erkennbar (z. B.: Mihel Ackermann, Felix Schwarz); viele sind bei deutschstämmigen Lehrern und Professoren ausgebildet worden, z. B. bei dem Genre-Maler Franz Rumpler. Slavko Goldstein berichtet in seinem Werk *1941, Das Jahr das nicht vergeht Die Saat des Hasses auf dem Balkan* (übersetzt von Marica Bodrožić, Fischer-Verlag) detailliert über die Ereignisse um den Donnerstag 10. April 1941, den er in seiner Heimatstadt Karlovac erlebte: Nazi-deutsche Truppen besetzten Zagreb und proklamierten den *Unabhängigen Staat Kroatien* (kurz USK= *Nezavisna Država Hrvatska*, kurz NDH) unter der Führung des Diktators Ante Pavelić (1889/Konjic =Коњиц/Bosien-Herzegowina) – 1959/Madrid) und ließen sogleich Juden und Serben festnehmen.

Der 13-jährige Slavko ging mit Freunden aus dem Haus, um sich die akkurat geparkten Panzer der Deutschen anzusehen, und als er zum Mittagessen nach Hause kam, war sein Vater abgeholt worden. Er sollte ihn nie wiedersehen. Drei Tage vorher erst waren die deutschen Panzer durch die Kleinstadt gerollt und wurden von den Einwohnern freudig mit der flatternden kroatischen Trikolore begrüßt, weil die Deutschen ihnen „ganz ohne Krieg" einen eigenen Staat bescherten. Zwar konnte der junge Slavko die Begeisterung für die Deutschen nicht teilen, weil er als Jude das Unheil bereits ahnte, aber an diesem Tag schien die Sonne, die jungen deutschen Soldaten rauchten in ihren Panzern entspannt eine Zigarette und unterhielten sich darüber, wohin es wohl als nächstes ginge – Türkei, Russland, Persien?, als wäge man die Vorzüge der anstehenden Urlaubsreise ab –, sie sahen nicht bedrohlich aus inmitten der Volksfeststimmung und der Willkommensreden, die auf sie gehalten wurden. Am Tag, als Slavkos Vater verhaftet wurde, traf der Ustascha-Führer Dr. **Ante Pavelić in Karlovac** ein, der nationale Befreiungskampf der Kroaten, der ihnen durch den Einmarsch der Deutschen und den Zerfall des jugoslawischen Königreichs erspart wurde, begann mit einem Blutbad an den Serben, die auf dem neuen kroatischen Hoheitsgebiet lebten, an den bekannten Oppositionellen und auf Geheiß der Nazis auch an den Juden.[319]

Vier Jahre später 1945 sind Millionen von Menschen getötet…

---

[319] https://taz.de/Politisches-Buch-1941/!5536502/

"Die Deutschen haben 30 Jahre später – ein bisschen selbstzufrieden – den Neologismus ‚Vergangenheitsbewältigung' kreiert, aber ich befürchte, die Vergangenheit ist keineswegs vollständig bewältigt, weder dort noch in den osteuropäischen Gesellschaften und auch nicht in Kroatien."

Als Zeitzeuge und Opfer berichtete immer wieder über die Vergangenheit. 1990 setzte Slavko Goldstein sich für die Unabhängigkeit Kroatiens ein, widersetzte sich aber dem Serbenhass und dem Geschichtsrevisionismus, die schon damals gefährlich in den Vordergrund drängten. Man kann offensichtlich Kroate sein, sich mit den Serben versöhnen und sich der Geschichte stellen, wenn man Mut hat. Als der die deutsche Kultur, Literatur und Philosophie über alles verehrende Slavko Goldstein 2017 mit 89 Jahren in Zagreb starb, gab es unter seinen Landsleuten nicht wenige, die über sein Ableben frohlockten, und im Internet waren abscheulich antisemitische und vulgäre Schmähungen zu lesen.

Unter der Leitung von Dr. Ognjen Kraus[320], einem bekannten Urologen an der *Klinički bolnički centar Sestre milosrdnice* in Zag-

---

[320] prof.dr. sc. Ognjen Kraus, predsjednik Židovske općine Zagreb i Koordinacije židovskih općina u Republici Hrvatskoj

reb, dem Präsidenten der Jüdischen Gemeinde Zagrebs, und von Rabbiner Dr. Kotel Da-Don (geb. 1967), wird alles in ihrer Macht Stehende getan, um wieder ein Gemeinschaftsleben der in Kroatien lebenden Juden (Cakovec, Daruvar, Dubrovnik, Osijek, Rijeka, Slavonski Brod, Split, Virovitica, Koprivnica, Zagreb) aufzubauen[321] (Roland Süssman). Es ist bezeichnend, dass die kroatische Forschung zwischen 2001 und 2016 nahezu keine nennenswerten und weiterführenden Resultate im Hinblick auf die Geschichte des Holocaust in dieser Region geliefert hat. Die Schülerin von Ivo Goldstein, die Kroatin Martina Bitunjac, jetzt Mitarbeiterin am von Julius H. Schoeps geleiteten Moses - Mendelssohn - Zentrum Potsdam, das eine Zweigstelle in Zagreb 2013 eröffnete, hat sich durch viele Veröffentlichungen zum Ustaša-Faschismus verdient gemacht um diese historische Epoche. In ihrem Buch *Verwicklung. Beteiligung. Unrecht*, das im Logo den lateinischen Aphorismus ‚Vincit Veritas' (=die Wahrheit siegt) anführt, arbeitet sie die Beteiligung von Frauen an der Ustaša auf. Ihre bisher letzte Veröffentlichung *Lea Deutsch. Ein Kind des Schauspiels, der Musik und des*

---

[321] https://www.shalom-magazine.com/Article.php?id=370216

Tanzes, Jüdische Miniaturen, widmete sich der Jüdin Lea Deutsch (jiddisch ausgesprochen: Dajč=Daitsch), der kleinen großen Schauspielerin und Sängerin am Zagreber Nationaltheater, die in der Nacht vom 2. zum 3. Mai 1943 zusammen mit ca. 1600 anderen Juden Zagrebs verhaftet, in einem überfüllten Viehwaggon zusammengepresst wurde und auf der Transportfahrt nach Auschwitz, wahrscheinlich wegen Herzschwäche und Diphtherie, starb[322].

Ihre letzten, überlieferten, auf der Bühne gesprochenen Worten haben einen schmerzvollen Beigeschmack:

„unser Leben (....) ist nichts anderes als eine Partie [...] Und nun ist unser Spiel vorbei."

Ob die kroatische Hauptstadt wenigstens bald eine Gedenktafel in der Gundulićeva Straße 29 errichten wird? Deutschland ist in Leas Geschichte verwickelt, nicht nur allgemein wegen der Kooperation des kroatischen mit dem deutschen Faschismus, sondern auch konkret, indem das deutsche Konsulat darauf bestand, alle Künstler jüdischer Herkunft aus dem Theater zu verbannen.

---

[322] Martin Arndt, in: haGalil.com.de - https://www.hagalil.com/2019/07/lea-deutsch/https://www.hagalil.com/2019/07/lea-deutsch/

Die Vergangenheit holt Mittäter immer wieder ein. Die ersten Teile der deutschen SS-Freiwilligen Panzergrenadierbrigade *Nederland* trafen September 1943 in Kroatien ein. Einsatzgebiet zur Bekämpfung der Partisanen „Bandenbekämpfung", war das Gebiet um Zabok – 30 km nordwestlich von Zagreb im Hrvatsko Zagorje (=Kroatisches Hochland). Zu ihnen gehörte ein 17-jähriger SS-Untersturmführer, der später im Nachkriegsdeutschland der führende Romanist und Mitbegründer einer Universität wurde. Er wurde in Krapina stationiert. Bei den als „Sühnemaßnahmen" bezeichneten Einsätzen kam es z. B. in Petrovsko auch zu Vergehen gegen die Zivilbevölkerung und Zerstörung ihrer Anwesen. Wie weit er als Kompanieführer, nun zum SS-Obersturmführer der Reserve befördert, Mitverantwortung hatte, ist Gegenstand historischer Auseinandersetzung. Er selbst erklärte, er habe der SS angehört, sei aber an den Grausamkeiten und Ermordungen nicht beteiligt gewesen. Später hatte Hans Robert Jauß (1921-1997) eine mehr als bloß kollegiale Zusammenarbeit mit dem in der NS-Zeit als Halbjuden eingestuften Philosophen Hans Blumenberg (1920-1996), mit dem er u. a. die Forschungsgruppe *Poetik und Hermeneutik* initiierte, und zu dem - wie Blumenberg - ebenfalls von den Nazis verfolgten Soziologen Siegfried Kracauer. Es ist sehr wahrscheinlich, dass die intensive Rezeption des jüdischen und von den Nazis verfolgten Kulturtheoretikers und Philosophen Walter Benjamin durch Jauß auch einen persönlichen Hintergrund hatte. Ereignete sich im Ausblenden der Vergangenheit des Romanisten ein komplizitäres Vergessen zum Schutz der Täter oder ein konstruktives Vergessen zum Zweck eines politischen und biographischen Neubeginns (Aleida Assmann)? Ist es Zeichen einer Unkultur, wenn schuldlose Nachgeborene sich zur Selbstgerechtigkeit versteigen? Kann man die Geschichte anders als von ihrem katastrophalen Ende her verstehen oder können wir uns experimentell in die frühere Ahnungslosigkeit versetzen, um zum Verstehen zu kommen? Für Blumenberg soll sich nichts an seinem Verhältnis zu Jauß geändert haben, als er von dessen Vergangenheit erfuhr.

Kroatien - International

Kroatische Studenten an europäischen Universitäten gibt es nachgewiesenermaßen seit dem 12. Jahrhundert.

- Nach dcm Ta(r)tarcncinfall[323] und der Zerstörung der (Teil-) Stadt Bu-

---

[323] Durch das eingeschobene ‚r' wird eine Assoziation mit dem Tartaros= Τάρταρος (Unterwelt) hergestellt.

da beruft der ungarische und (durch Personalunion auch) kroatische König Bela IV. (1206 - 1270), der Bruder von Elizabeth von Thüringen (1207 - 1231 in Marburg), einer wegen ihrer karitativen Vorbildlichkeit bekannten Heiligen, Deutsche ins Land, um sein Königreich wieder zu bevölkern (1243).

- Paul (=Pavao) Skalić (**Paulus Scaliger, Paul Skalich** oder **Paulus Scalichius** – 1534 in Agram=Zagreb – 1573 wahrscheinlich in Danzig) ist ein Renaissance-Humanist, der längere Zeit auch in Deutschland lebt. Nach dem Studium der Theologie und Philosophie geht er nach Bologna, Rom, Böhmen, Polen, Frankreich und Deutschland (Tübingen) und wendet sich als Student in Tübingen dem Protestantismus zu. Er hält sich in Königsberg[324] und dann auch im westfälischen Münster auf, wird dort Kanonikus[325] und kehrt

---

[324]

https://croatia.eu/index.php?view=article&id=57&lang=2

[325] Zuständig für besondere Aufgaben eines Bischofs https://thbw.hadw-bw.de/ansicht/person/5c18efc2735af9203e551e7

hier zum Katholizismus zurück. Seine 1559 in Basel und Köln erschienene *Encyclopaediae, seu orbis disciplinarum tam sacrarum quam prophanarum epistemon* (ungefähr *„E., oder Kompendium der theologischen und profanen Wissenschaften"*) verwendet den Begriff der Enzyklopädie zum ersten Mal in der modernen Bedeutung.

- Endlich eine Frau: Philippa Lazaea (=Lazea, Philippa Lacea Polana Illyrica: 1545/1546 in Pula – 1576), eine humanistische Dichterin, die von ihrem Freund und Dichtergefährten, dem französischen Humanisten Jean Jacques Boissard, als „illyrische Sappho" bezeichnet wurde.[326] Einige Gedichte wurden 1596 zuerst in Frankfurt publiziert.

- Der Prälat Antun Vrančić (=Anton Wranczy, lat. Antonius Verantius, ungar. Antal Verancsics - 1504 in Šibenik, damals venezianisch –

---

5   https://ww
https://www.goethe.de/resources/files/pdf234/bro
u-
ra_humanizem_eng.pdfw.ifzg.hr/digitalna_bastin
a/paulus-scalichius/ Siehe Steindorff.
326

1573 Eperjes/damals: Königreich Ungarn, heute Slowakei) arbeitet für Kaiser Ferdinand I., nachdem er in Padua, Wien und Krakau studiert hat. Er vertrat die Habsburger Monarchie am Heiligen Stuhl, an der Hohen Pforte[327], in Frankreich, Polen, in der Republik Venedig, zudem in England und Italien. 1530 wurde er Dompropst von Buda und Erzbischof von Ungarn. Auf seinen diplomatischen Reisen (u. .a. Frankreich, Polen und England) kam Vrančić u. a. mit Philipp Melanchthon und Erasmus von Rotterdam in Kontakt; er kannte sicherlich die Sprichwort Sammlung *Adagia* von Erasmus[328]. Albert(o) Fortis erwähnte, dass Vrančićs Nachfahren einen Brief vom Humanisten Erasmus von Rotterdam (1465–1536) besäßen[329].

---

[327] historische Bezeichnung des Amtssitzes des Großwesirs im Osmanischen Reich

[328] Z. B.: „Der Krieg ist der Vater aller Dinge → Πόλεμος πάντων μὲν πατήρ ἐστι"; „Ignavis semper feriae sunt → Der Faulpelz hat immer Feiertag"

[329] https://www.bib.irb.hr/558386 Siehe Diana Sorić, *Antun Vrančić's „Occasional" Letters in the* *Light*

- Sein Neffe Faustus Vrančić (=Faustus Verantius=Fausto Veranzio= Фауст Вранчић=ungarisch: Verancsics Faustus 1551 - 1617, auch geboren und gestorben in Šibenik oder in Venedig und beerdigt auf der Insel Prvić nahe Šibenik) studierte Philosophie und Jura u. a. in Padua und hatte in Prag unter Kaiser Rudolf II. (1552 Wien – 1612 Prag), zugleich auch ungarisch – kroatischer König, Kontakt zu den Astronomen Johannes Kepler und Tycho Brahe. Seine klassische Ausbildung genoss er in Italien, Ungarn und Österreich. Er gilt als ein *homo universalis.*
    - Er sprach wenigstens 7 Sprachen und schrieb ein Wörterbuch der fünf edelsten Sprachen Europas (*Dictionarium quinque nobilissimarum Europeae linguarum; Latinae, Italicae, Germanicae, Dalmaticae et Hungaricae=* Wörterbuch fünf höchstedler Sprachen Europas*), das 1595 in Venedig gedruckt wurde

---

of the Humanistic Treatises of Letter-Writing

und als das erste dokumentierte Wörterbuch der kroatischen Sprache in der Geschichte gilt. Mit seinen 5 Sprachen ist es ein Hinweis auf das, was später Mitteleuropa genannt wird. Es enthält ungefähr 5000 Begriffe in den fünf Sprachen und gilt als eines der ersten und bedeutendsten Wörterbücher der dalmatinischen und der ungarischen Sprache sowie als Vorläufer zahlreicher anderer Wörterbücher, die sich von ihm inspirieren ließen. Es befindet sich in der Universitätsbibliothek Zagreb. In seinen von Leonardo da Vinci beeinflussten *Machinae Novae* (1616) fertigt er viele technische Entwürfe an, z. B. zum Eisen-Brückenbau (Brücke an Ketten aufgehängt). Manche sehen die *Franjo Tuđman Bridge* (Dubrovnik-Brücke=Most Dubrovnik), geplant vom deutschen Bauingenieur Herbert Schambeck (1927 – 2013), als Verwirklichung der Gedanken Vrančićs an. Er beschäftigt sich u. a. auch mit Sonnenuhren und mit dem Problem des Fallschirms. Er soll einen von ihm konstruierten Fallschirm persönlich getestet haben, indem er entweder vom Campa-nile di San Marco in Venedig oder vom Glockenturm des 86 m hohen St. Martinsdoms in Bratislava gesprungen sein soll, wie es der britische Wissenschaftshistoriker und Sekretär der Royal

Society, John Wilkens (1614 – 1672) behauptet[330].

- Mark Antun de Dominis (=Marko Domniach): Marko Gospodnetić 1560 auf Rab - 1624 in Rom) zählt zu den berühmtesten Wissenschaftlern seiner Epoche. Er lebte vor seiner Zeit. Nach einen Theologie - und Philosophiestudium bei den Jesuiten im *Collegium Hungaricum et Illyricum* in Bologna, einer der frühesten europäischen Universitätsstädte, das von dem in Zagreb tätigen Kanoniker Pavao Zondin (Paulus Zondinus/1480 – 1558) gegründet worden war, lehrte er zunächst Humanismus an der Universität in Verona, setzte seine Studien in Padua fort und lehrte dort Naturphilosophie. Er wurde Erzbischof von Split, das zu dem venezianischen

---

[330] https://tourdalmatia.com/croatian-inventor-of-the-parachute/ Es ist unklar, ob Vrančić Leonardo da Vincis Plan gekannt hat. Iva Kurelac, *Parachute Jump: The Analysis of the Narrative Sources* Povijest i filozofija tehnike: 9. simpozij PiFT 2020., Zagreb. Sie bestreitet die Authentizität des Sprunges. Anders: https://www.avrosys.nu/dream-of-flying/dream-008.htm

Königreich gehörte, und Primat von ganz Dalmatien.

- o Nach einem Streit mit dem Bischof von Trau (=Trogir) ging er nach England und lehrte an den Universitäten von Oxford und Cambridge (1616/17) und unterstützte den anglikanischen Protestantismus unter König James I., den er bald auch als unchristlich verwarf.
- o Bekannt sind auch seine Übersetzungen Francis Bacons ins Italienische.
- o Er publizierte physikalische Traktate z. B. über die Beschaffenheit des Regenbogens *De Radiis Visus et Lucis in Vitris Perspectivitis et in Irride*, erschienen in Venedig, 1611, die die erste wissenschaftliche Erklärung bietet und dessen Beobachtung von Rab mit Blick auf den Velebit gut möglich war (Darko Žubrinić)[331] und

---

[331] Gustav Leopold Staedler, *Lehr- und Handbuch der allgemeinen Geographie: Mit zahlrei-*

auch eine Studie, in der er
als einer der ersten den Einfluss des Mondes auf den
Wechsel von Ebbe und Flut
erläutert. Seine Schrift wurde später von Isaac Newton
und auch J. W. von Goethe
gepriesen und auch zi-
tiert[332]. Aus den Tagebuch-
notizen in Goethes Werk-
ausgabe geht hervor, dass
Goethe am 11. September
1797 die Universitätsbibliothek aufsuchte, um ein ganz
bestimmtes Buch einzuse-
hen, das er in Weimar nicht
bekommen konnte, und das
er zu wissenschaftlichen
Vorarbeiten zur „Farbenleh-
re" studierte[333]. Sein Lehrstuhl in Padua wurde dann

---

chen Holzschnitten, Brockhaus, Leipzig, 1859. §
74 „Der Regenbogen", S. 161.
[332]   https://wsimag.com/science and
technology/20356-the-whole-circle-rainbow
[333]   https://uni-
tuebin-
gen.de/einrichtungen/universitaetsbibliothek/ueb
er-uns/veranstaltungen-ausstellungen/objekt-des-
monats/2019/goethe-in-tuebingen/

von Galileo Galilei übernommen.

o Er hielt Protestpredigten gegen den Papst und schrieb eine anti-päpstliche Kirchengeschichte vor allem wegen des römischen Herrschaftsanspruches auf Venedig. Dass de Dominis die Ehe zu einem normalen Vertrag gemacht und dadurch dem Papst die Allhoheit absprach, war dann doch zu viel und macht ihn zu einem „Apostaten": Sein Leichnam und seine Schriften wurden auf dem Campo dei Fiori in Rom verbrannt, wo Jahre zuvor Giordano Bruno den Feuertod starb[334].

Das Beispiel des kroatischen Schriftstellers Pavao Ritter Vitezović (Paulus Ritter 1652 in Senj – 1713 in Wien) zeigt, dass die Elite Kroatiens häufig das Deutsche lernen wollte (Ivo Goldstein)[335], auch wenn es nicht immer einfach für sie war. Seine Vorfahren

---

[334] https://www.croatianhistory.net/etf/lat.html

[335] https://www.youtube.com/watch?v=l3pHIC370KA

waren elsässischer Abstammung. Vitezović ist die kroatische Übersetzung des Namens *Ritter*. Er wechselt von Senj nach Kranj/Slowenien, dann an das Jesuitengymnasium in Ljubljana und anschließend an die Jesuitenschule in Graz. Er widmet seine lateinisch verfasste, in Zagreb gedruckte *Croatia rediviva* 1700 dem Habsburger Kaiser Leopold I. (Leopold Ignaz Joseph Balthasar Felician: 1640 - 1705) und dessen Sohn Joseph I. (1678 – 1711). Das Buch sollte die Grenzen klären zwischen der Habsburger Monarchie und den Osmanen und wurde durch seinen Vorschlag der Vereinigung Slavoniens, Dalmatiens und Nordkroatiens zum wichtigen Zeugnis für den kroatischen Nationalismus (=*Hrvatski narodni preporod*) des 19. Jahrhunderts. In seinem 1712 veröffentlichten *Bosna captiva* (=die Gefangene Bosnien) war er darüber verbittert, dass Bosnien, das Herz Illyriens, weiterhin unter türkischer Herrschaft verblieben war.

Nach der Besiegung der Osmanen gegen Ende des 17. Jahrhunderts müssen die entvölkerten Gebiete wieder besiedelt werden: Deutsche werden ins Land geholt. Unter Kaiserin Maria Theresia (1717-1780) und Joseph II. werden zahlreiche deutsche Bauern in Slavonien angesiedelt, während sich deutsche Kaufleute in den Städten Agram

(=Zagreb), Karlstadt (Karlovac), Esseg (O-sijek) und Varaždin ansässig machen. Die Donauschwaben (inkl.: Franken, Pfälzer, Hessen, Aargauer, Elsässer, Lothringer, Luxemburger und Thüringer) kamen donauabwärts vermehrt im 17. und 18. Jahrhundert in die Region des Nebenflusses der Donau, der Drava (*Drau*), die im italienischen Südtirol entspringt, durch Osttirol und Kärnten (Österreich) sowie durch die Untersteiermark (Slowenien), Kroatien und Ungarn fließt. Sie ließen sich nieder im Süden Ungarns, dem Osten Kroatiens (Slavonien) sowie weiten Teile Serbiens und Rumäniens, die zur Donaumonarchie gehörten. Diese Region (Krain, Untersteier, Kroatien) wird im 19. Jahrhundert als das ‚schöne Südösterreich' beschrieben[336].

Deutsche Buchdrucker führen die schwarze Kunst in Kroatien ein. Einige der Schriften der „Illyriker", die eine sprachliche, kulturelle und politische Initiative im Rahmen der Kroatischen Nationalen Wiedergeburt (1790–1848) anstrebten[337], werden in von

---

[336] Siehe unten das Kapitel Die deutsche Bevölkerung in Vukovar und Ost-Slavonien Seiten 153ff.

[337] Der illyrische Name umfasst mehr als der Begriff ‚kroatisch', der zu dieser Zeit lediglich Zivilkroatien bzw. den Nordwesten Kroatiens bezeichnete. Die Bewegung zielte zunächst auf

deutschen Einwanderern gehörenden Druk-
kereien gedruckt - Neben Suppan und Emil
Hirschfeld in Zagreb und Platzer in Varašdin
z. B. bei Johann Nepomuk Petter in Karlovac, der 1813 die zivile und militärische
Buchdruckerei dort erwirbt. Die am häufigs-
ten vorkommenden Druckorte Deutschlands,
Kroatiens, Österreichs und Tschechiens sind

---

die Vereinigung aller Teile Kroatiens, in den
frühen Phasen allerdings auch auf die kulturelle
Vereinigung aller südslawischen Völker im
Rahmen einer Literatursprache. Als Folge kroatisierten Viele ihre Namen, und 1843 wurde die
erste Rede im Sabor nicht länger auf Lateinisch,
sondern von Ivan Kukuljević Sakcinski auf
Kroatisch gehalten. Latein war bis 1847 verbind-
liche Sprache in Politik und Verwaltung sowie
Unterrichtssprache in Gymnasien bis 1850. Der
politisch aktive Adel in Kroatien hatte so lange
auf Latein beharrt, weil die Tradition dieser klassischen Sprache ein starkes Argument gegen die
Einführung des Ungarischen bedeutete; bis Ende
des 19. Jahrhunderts wurden intensive Anstrengungen zur Einführung des Ungarischen als
Amtssprache in Zivilkroatien und Zivilslawonien
unternommen. Cf. Kristian Novak und Barbara
Štebih Golub. „Die Ergebnisse der hier vor-
gestellten Untersuchung zeigen, dass Deutsch
von den meisten Illyristen zeitlebens als Sprache
ihrer literarischen und wissenschaftlichen Tätigkeit sowie des politischen Aktivismus verwendet
wurde."

Leipzig, Wien, Stuttgart, Praha (=Prag), Berlin, Hamburg, Köln, Straßburg, Zagreb, Hannover und Jena.

Johann Thomas von Trattner (1719 Bad Tatzmann/Bezirk Oberwart oder Jormannsdorf im Burgenland/Österreich - 1798 Wien=*Johann Thomas Ebel Trattnersche Buchhandlung*) fängt 1789 mit der Herausgabe einer deutschen Zeitschrift an, die unter dem Titel *Der Kroatische Korrespondent* erscheint (=Prve sačuvane hrvatske novine na njemačkom jeziku) [338]. Seine guten Verbindungen zu den Jesuiten verschafften ihm die ersten Aufträge, sodass er Wiener Universitäts - und Hofbuchdrucker wird. 1764 in den Adelsstand erhoben, begünstigt die Kaiserin Maria Theresia Trattner auf vielfache Weise. Auf dem Höhepunkt seines Unternehmens unterhält Trattner mehrere Buchhandlungen und den sogenannten *Typographischen Palast* mit über hundert Beschäftigten in Wien, sowie ein Netz von Zweigniederlassungen in allen habsburgischen Ländern. Druckereifilialen betreibt er in Zagreb, Brünn, Linz, Graz, Innsbruck, Pest, Prag und Triest. In ihnen verkauft er nicht nur die eigenen Produkte, sondern

---

[338]

https://hr.wikipedia.org/wiki/Kroatische_Korrespondent

auch die wichtigsten Neuerscheinungen anderer Verlage. Bei ihm erscheinen auch die Werke von z. B. Johann Wolfgang von Goethe, Friedrich Schiller, Johann Gottfried Herder, Gotthold Ephraim Lessing und Christoph Martin Wieland. Deutsch scheint auf dem Vormarsch zu sein. Führt das nicht zu einer Entfremdung des Volkes? Ljudevit Gaj (1809/Krapina – 1872/Zagreb – Besuch der Gymnasien in Varaždin und Karlovac), der vielleicht prominenteste Illyriker (Zeitschrift: *Danica ilirska*=Illyrischer Morgenstern), wurde geboren, als Napoleon die ihrer Hauptbevölkerung nach slawischen Provinzen Kärnthen, Krain, Istrien, Görz und das Triester Küstenland von Österreich losriss und ihnen den alten Namen „Illyrien" gab. Nach Gaj seien die alten Illyrier, die zum Teil in den Ländern der heutigen Südslawen ihre Wohnsitze hatten, Slawen gewesen. Nach ihm besitze der slawische Stamm der Illyrer, Kroaten und Serben eine, nur durch geringe mundartliche Verschiedenheiten bezeichnete gemeinsame Sprache. Er richtete zur Förderung der kroatischen Nationalsprache in Zagreb eine Nationalbuchdruckerei ein. Die Verwendung des Deutschen habe nach ihm fatale Konsequenzen: Das Volk verliere ohne eigene Sprache seine Identität, Sprachverlust führe zur ‚Entvölkung' (=odnarođenje/Entfremdung vom

Volk). Die Schuld am privilegierten Status des Deutschen gab er dem kroatischen Adel und dem Bürgertum bzw. gebildeten Mitgliedern der mittleren und höheren Stände, die in privaten und öffentlichen Angelegenheiten ausschließlich Deutsch verwenden. Mit besonderer Verachtung werden jene kritisiert, die auf korrektes Deutsch achten, während sie ohne alle Scham schlechtes Kroatisch sprechen, sowie diejenigen, die literarische Texte (ausschließlich) auf Deutsch verfassen. Die Vernachlässigung der eigenen Sprache wird als unverantwortlich, kurzsichtig und für das Volk gefährlich dargestellt. Die Verbundenheit von Sprache und sozialer Gruppe ist im Diskurs der Illyristen so weitreichend, dass die These aufkommt, eine Fremdsprache könne die Mentalität und das Verhalten des Einzelnen und der Gruppe direkt verändern. Oft verband sich hiermit der Wunsch, das Deutsche zu ersetzen. Weil die deutsche Kultur wiederum von Juden geschätzt wurde, gab es innerhalb des Illyrismus (Jugoslawismus= Jugoslavenstvo) auch antisemitische Tendenzen[339] (Ivo Goldstein).

---

[339]

https://www.youtube.com/watch?v=l3pHIC370K
A

268

- Ursprünglich nannten die Griechen ‚Illyrer' die Volksstämme, die von Mazedonien und Thrazien sich bis an den Ister (lat. Hister=Ἴστρος, vielleicht: ‚schnell')=den Unterlauf der Donau (Kroat: Dunav) mit der Mündung ins Schwarze Meer (Bulgarien, Rumänien, Ukraine und Moldau (= Moldawien) und an das Ionische Meer ausbreiteten
- Autarier=Pannoniter= römische Provinz Pannonia =Westungarn & Grenzgebiet zwischen Drau und Save=*Illyricum inferis*[340]
- Dardaner (=Δάρδανοι/nahe Troja=Τροία /Heute Nordwesten der Türkei)
- Triballer (=Τριβαλλοί/Vielleicht im Gebiet des heutigen Kosovo)
- Für die Römer kamen noch hinzu die Päonier (=Παιονία/nahe Mazedonien[341]) hinzu
- Erst viel später verstand man darunter die Bewohner von Bosnien,

---

[340] Im Unterschied zum *Illyricum Superior*=Dalmatien.

[341] Siehe hierzu: Johann Gustav Droysen, *Zur Geschichte der Päonier und Dardaner*. 1836.

Dalmatien, Kroatien, Serbien und Slawonien.

Jeder, der nicht Slawe war, wurde als der Andere gesehen (Ivo Goldstein)[342]. Gaj richtete sich gegen die Magyarisirung, aber besonders auch gegen die Germanisierung, hatte (aber?) selbst in Österreich und Deutschland studiert und in Leipzig zum Dr. jur. promoviert[343]. Muttersprachlich war er, Sohn eines deutschen Einwanderers, ein Deutscher. Seine erste, mit 15 Jahren geschriebene Publikation (*Die Schlösser bei Krapina. sammt einem Anhange von der dortigen Gegend in botanischer Hinsicht / von Ludwig Gay, Hörer der zweiten Humanitäts-Classe. Karlstadt 1826* – ursprünglich in lateinischer Sprache: *Brevis descriptio loci Krapinae*) erscheint noch in deutscher Sprache. Was ist denn vorteilhaft für die Karriere? Latein? Ungarisch? Deutsch? Heutzutage Englisch[344]?

342

https://www.youtube.com/watch?v=l3pHIC370K A

[343] Siehe: Štebih Golub Novak, *Deutsch im Diskurs der Illyrischen Bewegung,* https://de.wikisource.org/wiki/BLK%C3%96:Gaj ,_Ljudevit

[344] Cf. Marijan Bobinac, *Deutsche Sprache, kroatische Identität*. Besprechung von Daniel Barics *Langue allemande, identité croate. Au*

Deutsche Kultur

Reiseschriftseller des 18. Jahrhunderts schildern, dass in allen größeren Städten und in vielen Schlössern der Adeligen deutsche Schauspiele (Friedrich Schiller, Johann Wolfgang von Goethe, G. Lessing, Heinrich von Kleist) aufgeführt werden, besonders in Zagreb und Osijek. Die erste Theater-Zeitung, das 1815 gegründete *Agramer Theater-Journal*, erscheint in deutscher Sprache. Der Theaterspielplan des Zagreber Stadttheaters enthält in den ersten Jahren bis 1860 fast nur deutsche Stücke, vor allem von

- Heinrich von Kleist (7. 10. 1826: *Käthchen von Heilbronn* am Deutschen Theater in Zagreb; 1902 *Der Zerbrochne Krug*),
- Friedrich Schiller und Franz Grillparzer, sodann
- Theodor Körners "Zriny", das die um den ungarischen Grafen Zriny zentrierte Auseinandersetzung des Reiches unter Maximilian

---

fondement d'un particularisme culturel. Paris 2013. Zagreber Germanistische Beiträge, 22 (2013), S. 111ff.

mit den Osmanen aus dem 16. Jahrhundert zum Gegenstand hat.

Hebbel weilt dort 1850 zur Aufführung seiner *Genoveva*, das zur Zeit des Kampfes Karl Martells (688 – 741) gegen die Sarazenen spielt. In seinen Reiseeindrücken beschreibt Hebbel Zagreb (=Agram) als eine der Möglichkeit nach schönsten Städte Europas:

„an einen Berg hinangebaut, wie sie ist, bietet sie die köstlichsten Aussichten dar und ist in ihrem untern Teil mit herrlichen Plätzen geziert."

„Aber auf diesen Plätzen wächst Gras und Unkraut, und die Straßen sind derart, daß man den Hals brechen könnte, wenn man einfach spazieren geht. Es laufen ebensoviele Schweine als Hunde herum und an den Markttagen sieht man Bäuerinnen mit Ferkeln auf den Armen, die sie zärtlich wiegen, wie Kinder. Das würde nun freilich nichts machen, wenn sich auf diesen unsaubern Straßen nur ein wirklich kräftiger Volksstamm bewegte, der für den Mangel an Kultur durch ursprünglichen Gehalt und Sittenstrenge entschädigte; auch unsere deutschen Altväter mögen zu der Zeit, wo sie den Bären aus seiner Höhle vertrieben, wenn sie eine Wohnung brauchten, nicht sehr säuberlich angetan gewesen sein. Aber hier hapert's eben; nur selten begegnet man einer markigen, von Kraftfülle strotzenden Gestalt, vor der ein alter Römer Respekt gehabt

haben würde; die meisten sind ebenso unansehn-
lich, als schmutzig. Dagegen sind die Gefängnis-
se überfüllt, und man kann fast nicht über die
Straße gehen, ohne auf Trupps von Eingekerker-
ten zu stoßen, die an Händen und Füßen gefesselt
sind und zur Arbeit geführt werden. Ich schreibe
dies wahrlich nicht mit schadenfrohem Vergnügen nieder; ich bin der Überzeugung, daß, wie
alle Farben zum Regenbogen, so auch alle Völker zur Menschheit gehören, und daß die
Menschheit sich nur durch die verschiedenen
Völker, wie durch ebensoviele besondere Organe, nach allen Seiten vollständig entwickeln
kann. Darum ist es eine Torheit, die sich selbst
straft, wenn eines auf das andere mit Verachtung
herabsieht; es ist aber auch eine Torheit und eine
noch größere, wenn das zurückgebliebene, oder
noch gar nicht in den Gang gekommene die
Hilfsmittel verschmäht, die das benachbarte,
fortgeschrittene ihm bietet. Und dieser Torheit
macht man sich hier jetzt in hohem Grade schuldig. Ich will Ihnen dies an einem Beispiel, das in
den Kreis meiner eigenen Erlebnisse fällt, veranschaulichen. Es besteht in Agram bekanntlich
seit vielen Jahren ein deutsches Theater. Im letzten Winter wurde in demselben von Dilettanten
illyrisch gespielt. Wie nun unter einer neuen
Direktion zu Ostern die deutsche Saison wieder
begann, verpflichtete sich die illyrisch-kroatische
Partei gegenseitig mit Wort und Handschlag,
keinen Fuß mehr hineinzusetzen. Das muß, ich
bemerke es ausdrücklich, keinen Künstler ab-
schrecken, hieher zu kommen; es sind hier Deutsche genug vorhanden, um die Lücke zu decken,

und sie bleiben nicht nach ihrer sonstigen Gewohnheit im Winkel sitzen, sie tun redlich das ihrige. Aber es zeigt, wieweit die nationale Gehässigkeit, die von den Magyaren auf die »Germanen« übertragen wurde, hier geht. Nun gesellt sich noch die Absurdität hinzu, daß die illyrischen Dilettanten, die nach dem Urteil eines gebildeten Mannes recht gut wären, wenn sie nur nicht Künstler vorstellen wollten, fortwährend deutsche Stücke spielen, weil es an einheimischen fehlt."[345]

Umgekehrt rezipieren kroatische Intellektuelle (z. B. Tin Ujević und Miroslav Krleža) deutsche Dichter (vor allem von Heinrich von Kleist). Die für die Entstehung eines unabhängigen Kroatiens wichtige „illyrische" Bewegung begründet die Notwendigkeit einer muttersprachlichen Bildung mit deutschen Philosophen, vor allem mit Johann Gottlieb Herder, mit dem Wittenberger Philosophen und Nachfolgers Kants in Königsberg, Wilhelm Traugott (1770 – 1842) und mit Friedrich Schillers *Gesetzgebung des Lykurgus und Solon.*

„In der Wiege schon waren sie zu Spartanern gestempelt, und je mehr sie andern Nationen entgegen stießen, desto fester mußten sie an

---

[345] https://www.projekt-gutenberg.org/hebbel/reiseein/chap004.html

ihrem Mittelpunkt halten. Das Vaterland war das erste Schauspiel, das sich dem spartanischen Knaben zeigte, wenn er zum Denken erwachte. Er erwachte im Schooß des Staats; alles, was um ihn lag, war Nation, Staat und Vaterland. Es war der erste Eindruck in seinem Gehirne, und sein ganzes Leben war eine ewige Erneuerung dieses Eindrucks."[346]

Und aus Wilhelm Tell:

„Ans Vaterland, ans teure, schließ dich an, Das halte fest mit deinem ganzen Herzen. Hier sind die starken Wurzeln deiner Kraft."[347]

1829 erschien erstmals die deutschsprachige *Luna Agramer Zeitung* (Agramer politische Zeitung).

    4. Mai 1829[348]: Berichtet wird u.a. über die Umgestaltung des 'Musentempels' durch den österreichischen Theaterdirektor

---

[346] https://www.projekt-gutenberg.org/schiller/lyksolon/lyksolon.html

[347] https://www.friedrich-schiller-archiv.de/zitate-schiller/ans-vaterland-ans-teure-schliess-dich-an/

[348] https://anno.onb.ac.at/cgi-con-tent/anno?aid=apz&datum=18290502&seite=1&zoom=33

Joseph Kuppelwieser (1791/Wien – 1866/Rudolfsheim), der u. a. mit Franz Schubert befreundet war und für ihn ein Libretto schrieb für die heroisch-romantische Oper *Fierabras*. Er war wie Schubert Mitglied der *Unsinnsgesellschaft* unter dem Pseudonym Blasius Leks - eine Gruppe talentierter junger Künstler, wie Maler, Schriftsteller und Musiker, die sich regelmäßig in einem Gasthaus trafen und eine handschriftliche Zeitung *Archiv des menschlichen Unsinns"* herausgaben[349] mit Zeichnungen von Leopold Kuppelwieser (1796/Markt Piesting/Niederösterreich – 1862/Wien='Damian Klex').

Die Kuppelwiesers sind verwandt mit dem Philosophen Ludwig Wittgenstein (1889/Wien -1951/Cambridge): Seine ältere Schwester Ottilie Ida Bertha (1848–1908) heiratete im Jahr 1869 den Juristen Dr. Karl (=Carl, Carleone) Kuppelwieser (1841/Wien – 1925/Lunz am See-Niederösterreich) den Mitbe-

---

[349] https://blog.myfidelio.at/7-kuriose-fakten-ueber-franz-schubert/fun-facts/2018/11/19/33/ Siehe Rita Steblin, *Schubert und die Unsinnsgesellschaft*, 1999.

gründer verschiedener großer Eisenindustrieunternehmungen. Karl war der Sohn des berühmten Biedermeiermalers Leopold Kuppelwieser (1796 - 1862), (s. o.). Durch Vermittlung Karl Kuppelwiesers wurde Wittgenstein Ingenieurassistent im Neufeldt-Schoeller'schen Stahlwerk in Ternitz/Niederösterreich, wo auch schon sein Vater Karl Otto Clemens Wittgenstein (1847/Gohlis-Leipzig – 1913/Wien), Großindustrieller, Unternehmer der Eisen- und Stahlindustrie und Kunstlieber - mäzen, gearbeitet hatte. Er ist auf dem Wiener Zentralfriedhof bestattet – neben dem für die kroatische (Theater-) Architektur prägenden Hermann Gottlieb Hel(l)mer (Fellner & Helmer) und dem führenden Slawisten Franz Xaver Miklosich (1813 – 1891)[350], der seine Gymnasialausbildung in Varaždin gemacht und Damatien 1856 erforscht hatte (u. a.: *Über die Wanderungen der Rumunen*[351] *in den dalmati-*

---

[350]

https://www.friedhoefewien.at/media/download/2020/Wiener%20Zentral_334730.pdf

[351] Nach Miklosich nennen sie sich „Wallachen", die im 17. Jahrhundert nach Istrien gekommen sind – Vielleicht über die Donau vom Schwarzen Meer eingewandert. Vielleicht ein den Rumänien

nischen Alpen und den Karpaten/1879;
*Beiträge zur Kenntniss der slavischen
Volkspoesie. I. Die Volksepik der Kroaten*/1869; *Über die Mundarten und die
Wanderungen der Zigeuner Euro-
pa's*/1872sq.; *Beiträge zur Kenntniss
der Mundart der Zigeuner in Galizien,
in Sirmien und in Serbien*/1877; *Über
[Johann Wolfgang von] Goethe's
»Klaggesang von der edlen Frauen des
Asan Aga«. Geschichte des Originaltex-
tes und der Übersetzungen*/1883). Nach
ihm haben sich ,Zigeuner' auch zwi-
schen den Flüssen Drava (=Drau, z. B.
Vukovar, Osijek, Varaždin*)* und Sava (z.
B.: Belgrad, Slavonski Brod, Zagreb)
niedergelassen.
Die Kuppelwiesers sind aber auch mit dem
Speditionsunternehmer Schenker & Co.
verwandt, der seinerseits wiederum mit der
*Königlich-Ungarischen Seeschiffahrts A.G.
„Adria"* kooperierte.
Die *Luna*-Zeitschrift ist eine wahre Fundgrube der Zeitgeschichte (z. B. für 1854:
1.1.: „Gottesdienst in deutscher Sprache" in
der „Klosterkirche bei den Barmherzigen

---

verwandter Stamm – meistens dunkelhaarig.
http://www.zeno.org/Meyers-1905/A/Zinzaren

Schwestern[352]" in Zagreb; Krimkrieg 1853 - 1856: „der wahre Charakter der russischen Politik in der orientalischen Frage"/24.4. Hochzeit Kaiser Franz Joseph mit seiner um sieben Jahre jüngeren Cousine Elisabeth (1837–1898); Cholera; Einrichtung von Gymnasien in Varasdin, Rijeka und Osijek, Versammlung des *Agramer Humanitätsvereins* in der „Petrinja-Gasse"). Berichtet am wird am 28. 4. 1858 über:

- Die „Errichtung einer Irr – und Heilanstalt für das kroat.slavonische Statthaltereigebiet" – eventuell im „Agramer oder Warazdiner Komitate" mit der „Nähe zu Quell – oder Brunnenwasser"
- Veränderungen und Beförderungen in der Armee
- Bericht über den deutsch-dänischen Gegensatz u. dem Konflikt zwischen dem Königreich Dänemark und dem Deutschen Bund
- Suezkanalfrage

---

[352] 1845 wurden die *Barmherzige Schwestern vom hl. Vinzenz von Paul,* eine sozial-karitative Gemeinschaft, nach Zagreb entsandt. Das Mutterhaus *Klinisches Krankenhauszentrum der Barmherzigen Schwestern* befindet sich heute in der Vinogradska cesta 29.

- Eröffnung des Boulevard de Sébastopol/Paris (ursprünglich vor dem Krimkrieg von 1853 - 1856: Boulevard du Centre) und die Klärung der Ehestreitigkeiten zwischen dem Paris-Innovator Georges-Eugène Haussmann (1809 – 1891) und seiner Frau
- Die „Pforte" (Sultanspalast in Konstantinopel=Istanbul) hat auf eine „bewaffnete Intervention in Montenegro" verzichtet und will auf „die legitimen Wünsche der Christen in Bosnien und der Herzegovina" eingehen
- „Aus Montenegro wird uns soeben von einem neuen Handstreich gegen die Türken und über Annäherungsversuche des Fürsten Danilo[353] an Russland berichtet."

Die Zeitschrift bekundet, sie habe

---

[353] Danilo Petrović-Njegoš (=*Данило Петровић Његош* (1826 – 1860/Kortor) – 1852 -1860: Fürst vom weltlichen Montenegro. Er kämpft gegen die Osmanen. Nach ihm gibt es einen Orden für Teilnehmer im Unabhängigkeitskampf gegen die Türken. Auch Franz Joseph I. , Kaiser von Österreich und Nikola Tesla erhalten einen.

„niemals an dem aufrichtigen Willen der Pforten-
regierung gezweifelt, ihren christlichen Un-
terthanen gerecht zu werden, aber die Schwierig-
keit liegt anderswo, im Widerstande der mosle-
mitischen Grundbesitzer in Bosnien und Hercegovina. Diesen Widerstand zu brechen, wäre
eine Hauptaufgabe der Pforte, aber das wird ohne
fremde Hilfe kaum möglich sein, und fremde
Hilfe wäre gefährlich für die Integrität der Türkei.“[354]

Sie gilt als die erste in Kroatien redigierte
und gedruckte moderne Zeitung. Sie richtete
sich an die deutschsprachige Oberschicht der
Städte, und die zugewanderte jüdische Intel-
ligenz sowie die Offiziere der Militärgrenze.
Nach 82 Jahren wird sie 1912 eingestellt und
erscheint seitdem nicht mehr. Sie ist in der
Österreichischen Nationalbibliothek digitali-
siert zugänglich[355].

1846 leben 50 297 (2,6% der Gesamtbevölkerung), 1857 49 020 (2,5% der Gesamtbevölkerung), 1869 78 000 (3,7% der Gesamt-

---

[354]   https://anno.onb.ac.at/cgi-
con-
tent/anno?aid=apz&datum=18580420&seite=1&
zoom=33
[355]   http://anno.onb.ac.at/cgi-
content/anno?apm=0&aid=apz

bevölkerung) 1900 136 121 (5,6% der Gesamtbevölkerung) Deutsche in Kroatien. Im Jahrzehnt 1880 – 1890 kulminiert die Einwanderung der Deutschen. Nach einer Volkzählung aus dem 1921 sprechen ca. 500 000, d. h. 4,2% der Gesamtbevölkerung Deutsch, das damit die größte nationale Minderheit – vor den Ungarn und Albanern – darstellt. Die Deutschen bildeten Enklaven u. a. Slavonien. Sie organisierten sich 1920 in Novi Sad im *Kulturbund* unter dem Motto ,Staatstreu und Volkstreu' und 1922 in der *Partei der Deutschen* (=*Partei der Deutschen im Königreich der Serben, Kroaten und Slowenen*)[356].

Die deutsche Kultur war ein Magnet. Die erste Frau in Kroatien, die den Doktorgrad erwirbt, ist die deutsche Muttersprachlerin Camilla Lucerna (=auch: Kamila Lucerna, Camilla Leonhard-1868 in Riva la Garda/Provinz Trient, damals: Österreich, ab 1919: Italien - 1963 in Zagreb) eine Pädagogin, Philologin, Übersetzerin, Schriftstellerin und Dramatikerin. Aufgewachsen in der Familie einer Adelstochter aus Kärnten und eines höheren Militärbeamten tschechischer Herkunft, dessen Dienst die Familie in meh-

---

[356]

https://www.youtube.com/watch?v=l3pHIC370K
A

rere Orte der ehemaligen Militärgrenze in
Kroatien führte, erhielt Camilla Privatunter-
richt und legte 1889 die Reifeprüfung an der
Lehrerbildungsanstalt in Klagenfurt 1889
(Vidulić) und kommt mit 24 Jahren nach
Zagreb, wird 1882 Lehrerin für Deutsch und
Französisch am Privaten Sprach - und Er-
ziehungsinstitut der Frau Franziska Kubelka
in Agram, dann (1895) am neu gegründeten
Mädchenlyceum in Zagreb, der ersten staatlichen Mädchenschule in der gesamten !!!
Monarchie, an der sie bis zu ihrem Ruhe-
stand (1919) tätig ist. Als außerordentliche
Hörerin wird sie an der Universität Zagreb
zugelassen und kann so ihren Universitäts-
abschluss nachholen und besteht 1907 in
Wien ihre Lehramtsprüfung für deutsche
und kroatische Sprache und Literatur und
publiziert u. a. zu Fragen der Frauenemanzi-
pation und des ‚weiblichen Geschlechtscha-
rakters‘; 1909 promoviert sie über *Die südslavische Ballade von Asan Agas Gattin und
ihre Nachbildung durch Goethe* [357]. Ihr Inte-

---

[357] Berlin, 1905=Forschungen zur neueren Literaturgeschichte; später 1909 in Zagreb als:
Camilla Lucerna, *Zur Asanaginica*, in: *Studien-
blaetter zur kroatischen und serbischen Literatur*, Zagreb, 1909. In Goethes Ballade sieht sie
beim Ehemann Hasan Aga einen „Ansatz zur
Höherentwicklung" im Rahmen einer „Entwicklungsgeschichte der Gefühle". Siehe: Svjetlan

resse an Goethe hält bis zu ihrem Tod an. Mit dem Ende des 2. Weltkrieges 1945 und dem Ende der deutschsprachigen Presse in Kroatien sind die Publikationsmöglichkeiten der überwiegend Deutsch schreibenden und dem sozialistischen Obrigkeitsstaat suspekten bürgerlichen Intellektuellen allerdings drastisch eingeschränkt, was zwar ihre öffentliche Präsenz minimierte, den Forschungseifer dieser intellektuell schier unverwüstlichen Frau jedoch nicht zum Erlahmen brachte (Vidulić). Sie erhält 1955 die Goethe-Medaille des Goethe-Instituts, korrespondiert u. a. mit dem österreichischen Schriftsteller und Dramatiker Hugo von Hofmannsthal und der Schauspielerin Tilla Durieux (1880 – 1971), geb. Ottilie Godeffroy, verheiratet mit dem jüdischen Kunsthändler Paul Cassirer (1871/Breslau – 1926/Berlin), einem Förderer der Secession, der auch Hermann Bahr für seinen Verlag gewinnen konnte. Die Ehe mit Cassirer scheitert. 1926 will sie sich scheiden lassen. Als das Ehepaar mit seinen Anwälten die Scheidungsurkunde unterzeichnen soll, steht Cassirer plötzlich auf, murmelt eine Ent-

Lacko Vidulić *WAS BLEIBT Porträt der Schriftstellerin und Philologin Camilla Lucerna* (1868-1963)   https://www.kakanien-revisited.at/beitr/fallstudie/SVidulic1/

schuldigung und verlässt den Raum. Sekunden später fällt im Nebenzimmer ein Schuss. Er liegt blutend auf dem Boden und ruft seiner Frau entgegen: „Nun bleibst du aber bei mir!" Eine Tage später stirbt er im Krankenhaus und Cassirers Familie gibt ihr die Schuld an der Tragödie[358]. Nach der Machtübernahme durch die Nationalsozialisten siedelt Durieux 1934 nach Zagreb ins Exil. Sie schließt sich der Untergrundbewegung der Partisanen Titos an und bleibt auch nach Kriegsende in Zagreb, wo sie für eine staatliche Puppenbühne als Schneiderin arbeitet. Goethe scheint ein verbindendes Element mit Camilla Lucerna zu sein:

- *Die südslavische Ballade von Asan Agas Gattin und ihre Nachbildung durch Goethe* (München, 1905)
- *Das Märchen : Goethes Naturphilosophie als Kunstwerk* (Leipzig, 1910)

Auf ihrem Grabstein steht das Wort Goethes ‚Zum Sehen geboren, zum Schauen bestellt.' Sie hatte auch einen Briefwechsel mit dem österreichischen Schriftsteller und Kulturhistoriker Julis Franz Schütz (1889/Mureck,

---

358

https://www.diegeschichteberlins.de/geschichteberlins/persoenlichkeiten/persoenlichkeiteag/816-durieux-tilla.html

285

Steiermark – 1961/Graz). Lucerna galt zeitlebens als »Mittlerin zwischen zwei Kulturen« und »Vorkämpferin der Kulturverstän-
digung«, bzw., im ethnopsychologischen
Jargon der 1930er Jahre, als Mittlerin »zwischen deutscher und südslavischer Wesens-
form«; und selbst im sozialistischen Jugoslawien der frühen Stunde konnte man es
wagen, trotz ihrer »ideologischen Beschrän-
kungen « als bürgerliche Intellektuelle und
trotz ihrer kulturellen »Zusammenarbeit mit
dem Okkupator«, erhielt sie eine öffentliche
Ehrung als einer verdienstvolle »Kulturar-
beiterin « mit dem Hinweis auf ihre gleich-
wertigen Verdienste im Bereich der Germanistik und Slavistik[359]. Eine Festschrift für
sie erhält auch einen Beitrag von Hans Ca-
rossa. Zu ihrem 150. Geburtstag findet an
der Philosophischen Fakultät in Rijeka eine
Gedenkveranstaltung statt. Auch die Universität Zagreb (Austrijska Knjižnica Zagreb
Knjižnica Filozofskog fakulteta Sveučilišta
u Zagrebu) organisiert 2018 eine Ausstel-

---

[359] Svjetlan Lacko Vidulić (Zagreb), *Was bleibt
Porträt der Schriftstellerin und Philologin
Camilla   Lucerna
(1868-1963)* - Svjetlan Lacko Vidulić: Geb. 1968
in Zagreb. Studium der Germanistik und der
Vergleichenden Literaturwissenschaft in Zagreb
(1988–1993), Mainz (1991) und Wien (1993/94,
Herder-Stipendium).

286

lung unter der Leitung der Bibliothekarin Blazenka Klemar Bubic statt. Wohin führt die Spurensuche?

In der 1855 gegründeten Wissenschaftlichen Universalbibliothek in Zadar finden sich u. a.

- aus dem 16. Jahrhundert 60 Werke deutscher Herkunft (=7 Prozent), die in Basel (30), Frankfurt a. M. (5), Hannover (2), Ingolstadt (eines), Innsbruck (eines), Köln (12), Leipzig (3), Nürnberg (eines) und Zürich (5) gedruckt wurden
- aus dem 17. Jahrhundert 1209 Bücher, die etwa zur Hälfte (502) in Venedig gedruckt wurden.
- 713 Bände aus dem 18. Jahrhunderts. Sie liegen überwiegend in italienischer Sprache vor, es folgen lateinische und deutsche Titel, einige sind außerdem in Französisch und in slawischen Sprachen. Gedruckt wurden sie überwiegend in Köln, Wien, Genf, Lausanne, Leipzig und Berlin. Inhaltlich betreffen sie vor allem Schöne Literatur, Philosophie, Rechtswissenschaft, Verwaltung und Religion.
- aus dem 19. Jahrhundert 5359 Bände. Häufige Druckorte sind Wien, Leipzig, Köln, Stuttgart und Genf.

Den inhaltlichen Schwerpunkt bilden die Humanwissenschaften.
Ein Blick in die wissenschaftliche Zeitschrift *Zagreber Germanistische Beiträge*, begründet 1992 von Professor Marijan Bobinac begründet, zeigt z. B. für das Jahr 1992 u. a.:

- Runtic, Doderers südslawische Länder und Leute
- Dronske, Handkes epische Spiegel;
- Zivkovic, Dt-sprache. Publizistik und Leser in Zagreb von 1750-1800

Für 2002 (11) gibt es Beiträge wie

- Patriotische und chauvinistische Töne in der politischen Lyrik der deutschen und kroatischen Literatur des 19. Jahrhunderts
- *Theodor Körner im kroatischen Theater* (Es geht um die sehr lebendige Rezeption Theodor Körners im kroatischen Theater im zweiten Drittel des 19. Jahrhunderts)
- *Der 24. November 1860 im kroatischen Theater - Die "Vertreibung" der deutschen Schauspieler* (bezieht sich auf die „antigermanische" Demonstrati-

on der „illyrischen" Bewegung um 1860)

- *Freiherr Victor von Reisner- Esseker Windbeutel und Berliner Bohemien* (beschäftigt sich mit dem Werk des in der Nähe von Osijek (Čepin) 1860 geborenen und 1919 in Berlin gestorbenen Dichters. In Berlin führte er das unbeständige Leben eines Journalisten und freien Schriftstellers, der auch Umgang hatte mit Mitgliedern der Bohemie wie Erich Mühsam und auch mit Else Lasker -Schüler.
- Zur Rezeption Wilhelm Buschs in Kroatien (es geht um die Wanderausstellung der Buschschen Zeichnungen und Bildergeschichten - vorbereitet von der Wilhelm-Busch-Gesellschaft in Hannover - in den Jahren 1941 und 1942, die auch nach Zagreb kam.
- Zur Geschichte der deutschen Sprache in Kroatien

Deutsch spielt auch im Osten des Landes eine herausragende Rolle. Ihr Siedlungsgebiet ist Ost-Slavonien (in der Nähe der Stadt Osijek). 1913 wird in Vinkovci, seit dem 17.

Jahrhundert (1699: Friede von Karlo-
witz/Nordserbien=
Sremski Karlovci Сремски Карловци) Teil
der Habsburger Monarchie, der *Bund der
Deutschen in Kroatien und Slavonien* gegründet, der u. a. für deutsche Kinder deutschen Schulunterricht und für deutsche Bürger volkswirtschaftliche und kulturelle Einrichtungen fordert. Sein Zweck ist es, jedem
Deutschen das Bewusstsein und die Erkenntnis beizubringen, dass er ein Deutscher
sei, aber ein Deutscher Kroatien-Slavoniens,
der außer diesem Lande kein anderes Vaterland habe, dasselbe ehren und lieben müsse.
Viele Deutsche in Kroatien sind heute
Nachkommen der Donauschwaben, die diese
Gebiete im 17. und 18. Jahrhundert angesiedelt haben: Um 1900 lebten in Kroatien ca.
85 000 Deutsche („Donauschwaben") - vorwiegend im Osten des Landes und machten
20% der dortigen Bevölkerung aus. Viele
der von ihnen bewohnten Städte im Osten
zwischen Donau und Save haben deutsche
Namen, die jetzt slawisiert sind. Weil besonders Binnenkroatien und Slavonien in
außerordentlichem Maße durch deutsche
Einflüsse geprägt wurden (Literatur, Musik
und Kunst), konnte sich das Deutsche gut
behaupten (Vidulić).
Z. Zt. existieren in Kroatien 5 deutsch-
österreichische Minderheitsvereine. Von der

deutschen Gemeinschaft wird regelmäßig, 4 Mal jährlich, eine Zeitschrift *Deutsches Wort* (in deutscher und in kroatischer Sprache) herausgegeben. Es wird traditionell die Tagung ‚Deutsche und Österreicher im kroatischen Kulturkreis' jährlich organisiert. Der größte Verein ist die *Deutsche Gemeinschaft – Landsmannschaft der Donauschwaben* in Kroatien in Osijek. Der deutsche Baumeister Gerhard Franz Langenberg (1842/Xanten – 1895/Bonn) baute, zwischen 1894 und 1900, die Pfarrkirche der hl. Peter und Paul in O- sijek[360]. Die Neuordnung der deutschen Minderheit begann dann mit Gründung der Tageszeitung *Deutsche Volksblatt*, die seit Oktober 1919 von Stefan Kraft und Georg Grassl (1865 in Pantscho- wa=Pančevo=Панчево/heute Serbien, – 1948 in Salzburg) herausgegeben wurde. Die donauschwäbische Landsmannschaft bezeichnete den deutschen Politiker Stefan Kraft (1884/Inđija=Инђија/Serbien –

---

[360]

Dragan Damjanovic, *Exhibition: Otto Wagner und die kroatische Architektur/Otto Wagner and the Croatian Architecture/* Otto Wagner i hrvatska arhitektura, Vienna, Rennweg 3, October 12th - February 10th, 2019; Bezirksmuseum 3. Landstraße, Wien, February 15th - September 11th, 2019

1959/Heidelberg), u. a. Mitbegründer des *Schwäbisch-Deutsche Kulturbundes*, in einer Denkschrift von 2009 als den *Vater der Donauschwaben*[361].

„Häufig entstanden die Familiennamen aus Eigenschaften, die die Umwelt vielen Mitgliedern einer Familie zuschrieb: Das konnte ein Tier sein, mit dem man eine bestimmte Eigenschaft verband, wie Wolf für Stärke oder Fuchs für Schläue, oder aber auch die Personifizierung einer Eigenschaft selbst sein, wie etwa Kraft. Die Mitglieder der Familie Kraft müssen also schon im Mittelalter diese Eigenschaft in auffälliger Weise verkörpert haben. Dass später in der Zeit, als deutsche Siedler in den mittleren Donauraum zogen, sich auch die Familie Kraft auf den Weg machte, darf nicht verwundern, waren es doch die abenteuerlustigen, die Tüchtigen, die sich etwas zutrauten, die es wagten, ein neues Leben in fremder, unwirtlicher Umgebung auf sich zu nehmen und ganz von vorne anzufangen. … Stefan … erwies sich stets als ein Musterschüler und zeichnete sich durch ein gutes Gedächtnis, Fleiß und Ordnungssinn aus. Sowohl bei seinen Lehrern wie den serbischen, kroatischen und deutschen Mitschülern war er sehr beliebt und verkehrte als Oberstufenschüler bereits mit in Belgrad beschäftigten deutschen und österreichi-

---

361

https://kulturstiftung.donauschwaben.net/aktuelles/2009_11_21_stefan_kraft.html

schen Diplomaten, was seinen politischen Horizont sehr erweiterte. Nach einem ungeliebten Studium der Naturwissenschaften in Agram 1904/05 widmete er sich den Rechts- und Staatswissenschaften, ab Wintersemester 1905/06 drei Semester lang in Marburg/Lahn, dann in Wien, wo er – nach Ableistung eines einjährigen Militärdienst 1908/09 – 1911 sein Studium mit der Promotion zum Dr. jur. beendete." (Ingomar Senz)[362]

Kraft setzte sich auch für eine gerechte Bewertung des von der Partisanenregierung Titos geraubten Besitzes ein – und verteidigte das Recht deutscher Kultur. Kann sich Deutsch behaupten – nicht, wie früher häufig, gegen, sondern mit Kroatien?

Die deutsche Bevölkerung in Vukovar und Ost-Slavonien (vor 1918 bzw. bis 1944)

Der Name Slavonien kommt vom lateinischen „Sclavonia" und bezeichnete im Mittelalter die Gebiete der dort wohnenden Slawen[363]. Im 16. und 17. Jahrhundert wurde

---

362

https://kulturstiftung.donauschwaben.net/aktuelles/2009_11_21_stefan_kraft
363   http://www.danube-places.eu/index.php?option=com_content&view=article&id=18&Itemid=224&lang=de

Slavonien von den Osmanen erobert. Sie besetzten das Land und dessen befestigte Siedlungen entlang der Donau und Save. Während dieser Besetzung erlahmten die Handelskontakte Slavoniens zu den übrigen kroatischen Gebieten. Deutsche siedelten ab dem 18. Jahrhundert nach dem Rückzug der Osmanen in ‚Pannonien' (=östlichen Kroatien: Slavonien, Mittelkroatien[364]), nach dem Sieg der Habsburger über die Türken bei Wien 1683 an. Mit dem Frieden von Karlowitz (heute: =Sremski Karlovci=serbisch: Сремски Карловци; kroatisch: Srijemski Karlovci; veraltet deutsch: Syrmisch - Karlowitz[365]) im Jahr 1699 (=Beendigung des 16-jährigen Krieges zwischen den Osmanen und den Habsburgern) wurde Slavonien schließlich ‚türkenfrei' und ein Großteil der Landesfläche fiel an Österreich. Die natürliche Bevölkerungszusammensetzung und die Siedlungen Slavoniens waren nach der Türkenherrschaft fast vollständig zerstört – und die demografische Situation (Geburtenrate) schlecht, bei den Zuwanderern aber sichtlich

---

[364] Der Begriff Pannonien umfasst auch die historische Region im westlichen Ungarn,

[365] Syrmien ist eine Landschaft zwischen den Flüssen Donau und Save, heute zwischen Serbien und Kroatien geteilt. Siehe: Ivan Crkvencic, *Emigration of Italians and Germans during and immediately after the Second World War*, 1999.

besser[366]. Eine erste Siedlungswelle der sog. Donauschwaben erfolgte zwischen 1722 und 1727 unter Karl VI. , dann 1763 unter seiner Tochter Maria Theresia und 1782 unter Josef II., die in deutschen Gebieten um Bauern und Handwerkern warben, die sich in dem Gebiet niederlassen sollten[367]. Die Übersiedlungskosten trug zum größten Teil das Reich. Seit dem ‚Protestantenpatent' (1859) siedelten sich auch verstärkt deutsche Protestanten an[368]. Der Name ‚Donauschwaben' entstand in den 1920-er Jahren, weil sie weitgehend aus Mitteleuropa (Schwaben, Süd-Westdeutschland, Österreich) kamen – Meistens in improvisierten Schiffen, den

---

[366] E. A. Hammel, *The Early Decline of Fertility in Slavonia,* in: Studia Ethnologica, Vol. 2, Zagreb 1990, S. 143ff.

[367] http://www.danube-plac-es.eu/index.php?option=com_content&view=article&id=18&Itemid=224&lang=de

[368] Carl Bethke, *K)eine gemeinsame Sprache?: Aspekte deutsch jüdischer Beziehungsgeschichte 1900-1945,* LIT-Verlag 2013, S. 60. Mit dem Toleranzpatent Kaiser Josephs II. war 1781 der Monopolanspruch der katholischen Kirche auf die Seelen der Österreicher bereits gefallen.

‚Ulmer Schachteln', gebaut in Ulm, die stromabwärts (Donauwörth/Schwaben, Marxheim/ Landkreis Donau-Ries, Neuburg a.d. Donau, nordöstlich von Augsburg, später auch Ehingen/Nähe Ulm, Ulm, Wien, Budapest…) fuhren und bis zu 30 m lang waren und z. T. 200 Menschen fassten. Für sie wurde die Donau ein Schicksalsstrom (Deutschland, Österreich, Slowakei, Ungarn, Kroatien, Serbien, Bulgarien, Rumänien, Moldawien und die Ukraine). Sie transportierten auf ihren Haus - und Frachtbooten auch protestantische Bücher, die, in Weinfässer verpackt, auf Pferdefuhrwerke geladen wurden und auf Schleichwegen durch das katholische habsburgische Gebiet kamen und über die Donau nach Wien und Ljubljana nach Kroatien gelangten. Die Zuwanderer sollten die befreiten Gebiete kultivieren, wofür ihnen Geld, Land gegeben wurde und ein besseres Leben versprochen wurden. Die Voraussetzungen der Aufnahme waren:

- die Anerkennung des Kaisers aus dem Hause Habsburg als Oberhaupt
- die Annahme des katholischen Glaubens
- die Bereitstellung für die Militärgrenze

Als Wappen wählen sie die Festung Temeschburg (=Timișoara/Rumänien). Es zeigt die Festung Temeschburg inmitten fruchtbaren Ackerlandes, das die Donauschwaben mit der Pflugschar urbar gemacht haben. Sie wird flankiert vom Halbmond, dem weltlichen Symbol des Islam - Zeichen der im 17./18. Jahrhundert zurückweichenden türkischen Bedrohung des Abendlandes - und von der aufgehenden strahlenden Sonne: Mit Weiß als Symbol der friedlichen Gesinnung, grün als Farbe der Hoffnung für das zur Kornkammer gewordene Neuland ihrer Heimat.

Sie haben ihre eigene Hymne.

„1. Seid gegrüßt ihr deutschen Brüder, Wachet auf, es ruft die Zeit! Laßt uns rühmen, laßt uns preisen, Uns'res Volkes Einigkeit! Wir sind eines Volkes Söhne: Deutsche Sprache, deutsche Art, Die die Väter hochgehalten Haben treu wir uns bewahrt.

2. Ob wir in der Batschka[369] wohnen, In der schwäbischen Türkei[370], Buchenwald und Schildgebirge Unsre treue Heimat sei. Ob das Grenzgebiet im Westen, Ofner Bergland sei der Ort, Werden niemals wir vergessen Jenes schönes Dichterwort[371]:

3. "Deiner Sprache, deiner Sitte, Deiner Toten bleibe treu, Steh' in deines Volkes Mitte, Was

---

[369] Region zwischen Ungarn und Serbien

[370] Pécs, auf Deutsch Fünfkirchen, ist die fünftgrößte Stadt des Landes in Südwest Ungarn.

[371] Die 2. Strophe wird manchmal ausgelassen. Manche andere Abweichung gibt es vereinzelt.

dein Schicksal immer sei! Wie die Not auch droh
und zwinge, Hier ist Kraft sie zu besteh'n! Trittst
du aus dem heil'gen Ringe,
Wirst du ehrlos untergeh'n!"
4. Das ist deutschen Mannes Glaube,
Das ist deutscher Frauen Ehr, Das ist deutschen
Kindes Zierde Das ist deutschen Volkes Wehr!
Deutscher Treue Lied erklinge Rings im schönen
Ungarland! Schwabenvolk im Glück umschlinge
Ewig dich der Eintracht Band!"[372]

Schätzungen gehen von einer halben Million
Auswanderer bis Mitte des 19. Jahrhunderts
im Zuge der Kolonisationsprozesse nach
Südosteuropa aus. Um 1910 sollen 134 000
in dem Gebiet Slavonien gelebt haben. Die
deutschen Siedler waren überwiegend Bauern und Handwerker.

„Die Deutschen blieben in der Tradition ihrer
Vorfahren Bauern und bäuerliche Handwerker.
Ca. 80% lebten in Landgemeinden und ungefähr
65% der Land- und 30 % der Stadtbewohner
waren in der Landwirtschaft tätig. Der Anteil der
Deutschen an Handel und Gewerbe ist ebenfalls
nicht gering einzuschätzen. In den Städten zählten mehr als 40 %, auf dem Lande ca. 40 % zu
diesen Wirtschaftsgruppen.[99] In den Städten

---

[372] http://www.donauschwaben-
usa.org/hymne_der_donauschwaben.htm
https://www.youtube.com/watch?v=GjZDavFGF
XY

entwickelte sich eine prosperierende Mittelschicht. Eine führende Gesellschaftsschicht bildete sich durch freie Berufe heraus. Dazu werden unter den Deutschen besonders Apotheker und Ärzte gezählt. 1931 bekannten sich 383.674 Personen zum römisch-katholischen Glauben, 100.806 zu protestantischen Kirchengemeinschaften, die übrigen zu anderen Glaubensrichtungen. Im Schulwesen spiegelte sich in besonderer Weise das kulturelle Eigenbewußtsein der deutschen Volksgruppe. Während der Existenz des jugoslawischen Staates blieb es ein ständiger Streitpunkt im Ringen um nationale und kulturelle Identität und serbische Unifizierungsgedanken. Die Schule und deutschsprachige Lehrer hatten eine noch viel wichtigere Bedeutung bei der Vermittlung der deutschen Sprache und Kultur."[373] (Markus Hische)

Nach dem 1. Weltkrieg betrug die Anzahl - bei einer Gesamtbevölkerungszahl Jugoslawiens von 15 703 000 – der Deutschen ca. 499 969, davon in

- Banat[374]: 120 450
- Batschka: 173 058
- Baranja[375]: 15 751

---

[373] Die Rolle der deutschen Volksgruppe in den Wirtschaftsbeziehungen zwischen dem Dritten Reich und dem Unabhängigen Staat Kroatien 1941-45
[374] Heute Rumänien, Serbien und Ungarn
[375] Osten Kroatiens

- Syrmien[376]: 49 345
- Slawonien und Kroatien: 80 519
- Bosnien-Herzegowina: 15 000
- Slowenien: 28 998

In den einzelnen oben genannten Gebieten schwankte der Anteil an der Gesamtbevölkerungszahl bedeutend. Er reichte von 0,6% in Bosnien und der Herzegowina bis zu 30% in der Baranja. In Slowenien und Kroatien machten sie nur 3% der Bevölkerung aus. Viele Städte hatten ursprünglich einen deutschsprachigen Namen, z. B.:

- Jagodnjak (=Katschfeld)
- Sarvaš (=Sarwasch-Hirschfeld)
- Osijek (=Esseg): 2011 leben hier 263 Deutsche bei einer Gesamtpopulation von 108.048 (nach Ungarn/979 und Albanern/437)[377]
- Jarmina (Hermann)
- Josipovac-Kravice (Oberjosefsdorf – Krawitz)

Die Geschichte der Donauschwaben hat manche Darstellung gefunden. Miljenko Jergović ist 1966 im bosnischen Sarajevo

---

[376] eine Landschaft zwischen den Flüssen Donau und Save; heute zwischen Serbien und Kroatien aufeilt.

[377]

https://www.dzs.hr/Eng/censuses/census2011/results/htm/E01_01_04/e01_01_04_zup14.html

geboren und hat mütterlicherseits deutsche Herkunft. Er sieht sich selbst als einen Ur-enkel der österreichisch-ungarischen Monar-chie[378]. Er hat sich in seinem auch kritisch rezipierten Roman *Die unerhörte Geschichte meiner Familie* auf die Spuren seiner Fami-lie begeben und das wechselvolle, 5 Genera-tionen umfassende Leben der Familie Stub-ler nachgezeichnet. Stubler ist ein Deutsch-stämmiger aus dem Banat, dem heutigen Rumänien, seine Schwiegersöhne waren Slowenen und Kroaten. [379] Der Roman er-zählt vom Schicksal der Donauschwaben, deren Schicksal im 2. Weltkrieg von Leid und Traumatisierung geprägt ist. Mehrere Millionen Donauschwaben wurden vertrie-ben und zogen in das südliche Deutschland (Baden-Württemberg, Bayern). Die Partisa-nen Titos[380] ließen Internierungs – und To-

---

[378] https://spiegelungen.net/unerhoerte-geschichte-rezension
[379] In seinem Roman *Ruth Tannenbaum* erzählt er die Geschichte Lea Deutschs.
[380] Tito= Josip Broz, in Kumrovec, nördlich von Zagreb-Gespannschaft Krapina-Zagore=Krapinsko-zagorska županija, geboren, soll 1912 mit mehreren Kollegen nach Böhmen (Pilsen; Skoda-Werke), Bayern, Mannheim, in das Ruhrgebiet und nach Wien gezogen sein, um zu arbeiten. Er ist faszinierender Gegenstand

deslager in Kroatien, BiH und Serbien für ca. 170 000 Deutsche errichten (Ute Ritz-Deutch[381]), weil die Deutschen („Schwaben") zu kollektiven Schuldigen der faschistischen Verbrechen erklärt wurden. Manche sprechen von ‚ethnic cleansing' (1944-1948).

„Im Zentrum von Sarajevo befand sich nach dem Zweiten Weltkrieg eine Art Konzentrationslager, in dem die Donauschwaben vier Jahre verbringen mussten, bevor Deutschland sie wieder aufgenommen hat. Das sind „unsere" Deutschen, die aus Jugoslawien vertrieben wurden, weil sie dem Volk des Feindes angehört haben."[382]

Auch Slobodan Šnajder, 1948 in Zagreb geboren, entstammt väterlicherseits der Gruppe der Donauschwaben. Er erzählt in seinem Roman *Die Reparatur der Welt*, benannt nach der rabbinisch-jüdischen Vor-

---

vieler Biographien, u. a. der von Ivo Goldstein& Slavko Goldstein, *Tito*, Profil, Zagreb, 2015.
[381] https://www.youtube.com/watch?v=b4UI6XtCV ss Sie studierte Ethnologie in Frankfurt und ist jetzt u. a. Vertreterin von Amnesty International.
[382]   https://volltext.net/texte/barbi-markovic-miljenko-jergovic/ https://www.youtube.com/watch?v=l3pHIC370K A

stellung des ‚Tikun Olam'[383], eine Geschichte der Donauschwaben. „Der Protagonist Georg Kempf stammt aus einer „volksdeutschen" Familie. Um der Hungersnot in Schwaben zu entgehen, kamen seine Vorfahren auf Geheiß Maria Theresias in das fruchtbare Land um Vukovar an der Donau. Die Reise dieser „Urväter" den Strom hinab, ihre ersten Erfahrungen mit Kroaten, Türken und Juden, die Ankunft sehnsüchtig erwarteter, heiratswilliger junger Mädchen schildert der erste Teil des Romans auf einem halben hundert Seiten. Der zweite beginnt mit Georgs Geburt im Jahr 1919. Als die Deutschen in das verbündete Kroatien einrücken, wird Georg wie die meisten Donauschwaben 1943 als „Zwangsfreiwilliger" von der Waffen-SS rekrutiert und seine Division nach Polen geschickt. Doch Georg hat keinerlei Beziehung zum „Reich", fühlt sich weder als Deutscher noch als Kroate und will vor allem nicht töten. Er

„möchte unschuldig sein wie das Sein selbst. Aber ist das möglich? Muss man nicht doch einige Pflichten übernehmen? Das Sein ist nicht unschuldig…"

---

[383] =die Welt zu reparieren.

Nach einer Verwundung desertiert er in die polnischen Wälder, wo er die beiden endlos zerdehnten Jahre bis zum Kriegsende zu überleben versucht."[384] (Gisela Thrams)

Das ist eine mögliche Familiengeschichte. Auch die Ahnenforschung zeigt die komplizierte und bewegende Geschichte dieser Region[385]: Der Vater wird 1938 in „Esseg" geboren, der Großvater in Kravice; die Großeltern und der Vater wurden 1944 aus Kravice vertrieben und flohen nach Österreich.

Viele Deutsche sind Nachkommen der Donauschwaben die diese Gebiete im 17. Und 18. Jahrhundert angesiedelt haben. Der *Verein Deutsche Gemeinschaft – Landsmannschaft der Donauschwaben in Kroatien*, 1992 in Zagreb und 1997 in Osijek, widmet sich ihrer Geschichte[386]. Das Programm sieht für für 2022 Veranstaltungen vor zu:

- deutschen Karnevalsbräuchen

---

[384] https://www.tagesspiegel.de/kultur/slobodan-najder-neuer-roman-das-licht-der-vaeter-und-die-finsternis/24204422.html

[385] https://forum.ahnenforschung.net/showthread.php?t=17525

[386] https://www.fuen.org/de/members/Deutsche-Gemeinschaft-Landsmannschaft-der-Donauschwaben-in-Kroatien

- Winnetou und die Indianer in der europäischen Kultur des XX. Jahrhunderts
- den drei großen Schwabenzügen (1722 -1726; 1763 – 1772; 1781 – 1787)
- deutschen Wurzeln in Vukovar[387]

Im Herkunftsland gibt es in Ulm das *Donauschwäbische Zentralmuseum*. Es wartet mit seinen wunderbaren Exponaten, Dokumenten und Veranstaltungen zur Geschichte der Donauschwaben. Es ist eine Reise in eine vielleicht auch schöne Zeit.

Die Kernfrage lautet: Wie erlebten Donauschwäbinnen und Donauschwaben Nationalsozialismus und Heimatverlust, Sozialismus und Fall des Eisernen Vorhang[388]. Die dort tätige Kulturreferentin Dr. Swantje Volkmann ist u. a. Expertin für den Temescher Banat, das westwärts an Slavonien „gränzet" (Francesco Griselini=Franz Griselini[389]), und organisiert internationale Jugendtreffen. So ist das Leid der Do-

---

[387] https://dcutschc-gcmcinschaft.eu/de/
[388] https://dzm-museum.de/donauschwaben/
[389] Versuch einer politischen und natürlichen Geschichte des temeswarer Banats in Briefen an Standespersonen und Gelehrte, Wien, 1780, S. 2. Die Menschen haben nach dem Autor 164 Jahre unter dem „türkischen Joche" (S. 3) gelebt.

nauschwaben doch nicht ganz sinnlos gewesen. Die Donauschwäbische Kulturstiftung (DKS), 1978 in München gegründet und mit Sitz auch in Ulm, widmet sich der Förderung donauschwäbischer Forschungs-, Dokumentations- und Kulturarbeit, der *Bewahrung, Pflege und Weiterentwicklung des gesamtdonauschwäbischen Kulturerbes.* Es bleibt die Verantwortung, den Opfern ein Gesicht zu geben.

Vukovar

Seit dem 13. Jahrhundert sollen in Vukovar Deutsche gelebt haben. In den nachfolgenden Jahrhunderten nahm die Anzahl stetig zu. Nach der Niederlage der Türken vor Wien 1683 begann der große Krieg für die Befreiung der kroatischen Gebiete. 1687 wurde Vukovar eingenommen und die restlichen nordöstlichen Territorien wurden wieder in die Habsburgermonarchie eingebunden. Allein zwischen 1723 und 1725 sollen sich in Vukovar 33 Familien niedergelassen haben. (Valentin Oberkersch) Den Habsburgern gelang bis zum frühen 18. Jahrhundert – auch mit Unterstützung aus dem Heiligen Römischen Reich - die Rückeroberung bis dahin unter osmanischer Verwaltung stehender Gebiete in Südosteuropa, z. B. in den heutigen Ländern Ungarn, Serbien, Kroatien, d. h. Syrmien (Osijek/Esseg) und die Bačka (Novi Sad/Neusatz). Bei der

Krönung zur König(-in) von Ungarn (=Rex Hungariae) in der ungarischen Krönungsstadt Pressburg/Bratislava/Slowakei im Jahre 1741 versprach Kaiserin Maria Theresia den kroatischen Abgeordneten die Rückgabe der slawonischen Verwaltungsbezirke an Kroatien. Sie vollzog die Organisation der staatlichen Regulierung für die befreiten Gebiete, und am 11. November 1745 wurde die Wiedererrichtung des Verwaltungsbezirks Syrmien (=Srijem) in Vukovar erklärt, welches auch als administratives Zentrum galt.[390]

Die Deutschen leben verstärkt um *Neusatz* (heute: Novi Sad), Esseg, Vukovar und der ,Schwäbischen Türkei' (Pécs) Gebiet südlich des ungarischen Plattensees= Balaton). Um 1800 war die Hälfte der Bevölkerung Unternehmer und Händler, und Vukovar wuchs zu einem regionalen wirtschaftlichen Zentrum. 1840 wurde die Stadt in die Schifffahrt auf der Donau einbezogen. 1850 hatte Vukovar 6 178 Einwohner und 1 233 Häuser. 1878 wurde Vukovar durch den Bau der Eisenbahn erschlossen; 1891 wurde eine deutsche Schule gegründet. Die Industrie

---

[390] Nenad Miskovic, *Virtuelle Rekonstruktion der Synagoge* *in Vukovar,* 2016. Er dankt den Arbeiten von Dragan Damjanovic und Melita Schwab.

entwickelte sich wegen des fehlenden Kapitals langsam, die erste große Industrieanlage wurde 1905 eröffnet, von der Vukovar seit 1909 Elektrizität erhielt. Bis zum Ende des 19. Jahrhunderts waren 80 Prozent der Bevölkerung in der Landwirtschaft tätig. In der zweiten Hälfte des 19. Jahrhunderts war die Entwicklung der Stadt eng mit dem Einführen der Schiffsfahrt auf der Donau verbunden. Erste Banken und kleinere Industrien wurden gegründet, die teilweise im Besitz der Juden waren. So zählte die Gemeinde nach der Volkszählung 1881 bereits 528 Mitglieder.[391]

Demographische Entwicklung[392]

Jahr	Ge-samt	Kro-aten	Ser-ben	Deut-sche	Un-garn	Sons-tige
1910.	10.359	4.092	1.628	3.503	954	183
		39,50%	15,70%	33,80%	9,20%	1,80%
193	10.2	5.04	1.70	2.670	571	215

[391]Miskovic

[392] Angelehnt an: https://www.vukovar.hr/e-usluge/ostalo/pitanja-i-prijedlozi/255-nekategorizirano/2814-stanovnistvo-grada-vukovara

1	42	8	2			
		49,60%	16,60%	26,10%	5,60%	2,00%
1948.	17.223	10.943	4.390	54	913	923
		63,50%	25,50%	0,30%	5,30%	5,30%
1971.	30.222	14.694	9.132	60	835	5.501
		48,60%	30,20%	0,20%	2,80%	18,20%
1990.	44.639	21.065	14.425	94	694	8.361
		47,20%	32,30%	0,20%	1,50%	18,80%
2001.	31.670	18.199	10.412	58	387	2.614
		57,46%	32,88%	0,18%	1,22%	8,25%

Wie man sieht, machten die als „Deutsche"
statistisch erfassten Bewohner in Vukovar
und Umgebung vor dem 1. Weltkrieg fast
ein Drittel der Bevölkerung aus. Diese
Gruppe beinhaltete nicht nur katholische und
protestantische „Donauschwaben", sondern
auch eine nennenswerte jüdische Gemeinde.

Juden kamen mit dem Toleranzpatent Josephs II. von 1782 verstärkt auch nach Slawonien und Vukovar. So zählte die Gemeinde nach der Volkszählung 1881 bereits 528 Mitglieder.[393] Sie bildeten zusammen mit Kroaten, Serben und Ungarn eine friedvoll zusammenlebende ethnische Vielfalt, wie sie in den Randgebieten des „Alten Österreich" wohl legendär war. Die Verträge von Versailles und Trianon beendeten formal den 1. Weltkrieg, setzten aber neue Umwälzungen und Unfriede in Gang, die der Region beinahe 80 Jahre Verarmung, Auswanderung, Diktaturen, Bürgerkriege, Krieg und Vertreibung brachten. 1889 wird die vom deutsch-österreichischen Architekten Ludwig Schöne (1835/Leipzig – 1935/Wien) entworfene Synagoge (=Israelischer Tempel) gebaut. Von ihr konnte man auf die Donau schauen, die Vukovar und Syrmien von der Batschka (Vojvodina, heute Serbien) trennt. Schöne entwarf viele Prunkbauten in Wien, Polen, Tschechien, Ungarn …. ein grenzüberschreitender Künstler …

Vielleicht erinnern Sie sich noch …Zwischen 1961 und 1995 zierte eine Burg den 500-DM-Schein ….

Sollten Sie Briefmarken sammeln, könnten Ihnen auch die 40-Pfennig-Briefmarke be-

---

[393]Miskovic

kannt sein. Die Burg Eltz, ca. 32 km südwestlich von Koblenz – im Englischen gerne als *Fairy Tale Castle in the Eifel Forest* bezeichnet.

Der Name ist identisch mit einem linken Nebenfluss der Mosel. Die Familie Eltz hat eine fast 1000-jährige Geschichte - und ist im Unterschied zu anderen Adelshäusern von Skandalen frei geblieben. Die Burg war und ist ein Ort der Gastlichkeit. Kein Geringerer als der preußische Reformator Herr von und zum Stein (1757 – 1831) logierte dort und wurde im August 1792 von Minister Johann Wolfgang Goethe auf seiner *Kampagne in Frankreich* besucht. Stein soll dort den Satz gesagt haben: „Ich habe nur ein Vaterland, und das ist Deutschland."

In Kroatien angekommen, können Sie mit dem 20-Kuna-Schein bezahlen. Da finden Sie auch das Schloss Eltz (DVORAC ELTZ).

Auf der Rückseite des Scheins finden Sie ein Porträt von „Josip Jelačić (1801 - 1859.)"[394] Die von der HNB (*HRVATSKA NARODNA BANKA*=Kroatische Nationalbank) beigelieferte Beschreibung lautet:

394

https://www.hnb.hr/novac/novcanice/apoeni/20-kuna

„Dvorac Eltz raskošno je barokno zdanje smješteno na obali Dunava na razmeđu Slavonije i Srijema[395], na krajnjim zapadnim obroncima Fruške gore[396], u Vukovaru. Ubraja se među najvažnija djela barokno-klasicističke arhitekture Hrvatske. Njegova povijest započinje 1736., nakon što Vukovarsko vlastelinstvo kupuje nadbiskup i izborni knez Mainza, Philipp Karl grof Eltz, kojega nasljeđuje njegov nećak Anselm Casimir Franz grof Eltz. On 1750. započinje gradnju kurije koja će s vremenom i brojnim nadogradnjama prerasti u velebni dvorac srednjoeuropskog izgleda. Konačni izgled dvorac dobiva krajem 19. stoljeća. Reprezentativnost, otmjenost i bogatstvo vukovarskoga dvorca potvrđuje i arhitektura gospodarskih i pomoćnih zgrada. Članovi obitelji Eltz bili su aktivni sudi-

---

[395] Heute: Gespannschaft Vukovar-Srijem.=Vukovarsko-srijemska županija=Der westliche Teil der Landschaft Syrmien (kroatisch: Srijem=serb.: Срем).

[396] In der römischen Antike als Alma Mons (=fruchtbarer Berg) bekannt und umfasst kroatische Städte wie Vukovar, Vinkovci, Otok und Županja wie auch serbische Städte wie Novi Sad (=Нови Сад), Petrovaradin (=Петроварадин). Das Gebiet ist sehr beliebt bei Wanderern und Bikern – Weitestgehend in der römischen Provinz Pannonia gelegen (Pannonia Secunda=Pannonia Inferior). Die damalige ‚Hauptstadt' war Sirmium (Sremska Mitrovica =Сремска Митровица. Die Entfernung von Vukovar nach Novi Sad beträgt ca. 80 km.

onici gospodarskoga, političkoga i kulturnog života kraja. Danas obnovljen, taj simbol Vukovara u Domovinskom je ratu bio gotovo potpuno uništen."[397]

„Schloss Eltz ist ein prächtiges Barockgebäude am Ufer der Donau an der Kreuzung von Slawonien und Srijem, an den äußersten Westhängen der Fruška gora, in Vukovar. Es ist eines der bedeutendsten Werke der barock-klassizistischen Architektur in Kroatien. Seine Geschichte beginnt im Jahr 1736, nachdem das Gut Vukovar vom Erzbischof und Kurfürsten von Mainz, Philipp Karl Graf Eltz, gekauft wurde, dessen Nachfolger sein Neffe Anselm Casimir Franz Graf Eltz wurde. 1750 begann er mit dem Bau des Herrenhauses, das im Laufe der Zeit und durch zahlreiche Erweiterungen zu einem prächtigen Schloss mit mitteleuropäischem Aussehen heranwachsen wird. Das endgültige Aussehen erhält das Schloß im späten 19. Jahrhundert. Die Repräsentativität, Eleganz und Reichhaltigkeit des Schlosses Vukovar wird durch die Architektur der Wirtschafts- und Nebengebäude bestätigt. Mitglieder der Familie Eltz nahmen aktiv am wirtschaftlichen, politischen und kulturellen Leben der Region teil. Heute restauriert, wurde dieses Symbol von Vukovar im Heimatkrieg fast vollständig zerstört."

---

[397]

https://www.hnb.hr/novac/novcanice/apoeni/20-kuna

Der erste urkundlich belegte Vorfahre, Rudolf (Rudolphus), bezeugte eine Schenkung Kaiser Friedrich Barbarossas (1122 – 1190) und taucht 1157 als Besitzer der Burganlage im Eltztal auf. Die im Laufe der Jahrhunderte auf über 100 Namensträger angewachsene Familie konnte ihre Besitztümer durch den Erwerb von Ländereien und Erbschaften weiter vergrößern. Ihren weitaus bedeutendsten Besitz hat die Familie jedoch 1736 im kroatischen Ost-Slavonien erworben[398].

Philipp Karl Freiherr zu Eltz (=Philipp Carl zu Eltz=Philippus Carolus: 1665/Kempenich[399] – 1743/Main), Kurfürst und Erzbischof von Mainz (seit 1732), vom Papst bestätigt und vom Kaiser Karl VI. (1685/Wien - 1740/Wien) mit Glückwünschen begleitet, und ‚Erzkanzler des Heiligen Römischen Reiches Deutscher Nation', vertrat die Interessen des Habsburger Kaisers. Am 1. Februar 1733 stirbt in Warschau König August II. von Polen (=August der Starke/'Sächsische Herkules': 1670/Dresden; u. a bekannt für seine Förde-

---

[398] Siehe Dragan Damjanović. Auch: https://www.burg-eltz.de/en/eltz-castle-the-attractions/850-years-history.html
[399] Ich folge hier Friedrich Wilhelm Emil Roth, Kempenich liegt im Landkreis Ahrweiler in Rheinland-Pfalz.

rung barocker Baukultur). Wer sollte der Nachfolger werden? Der französische König Ludwig XV. (1710/Versailles – 1774/Versailles) entschied sich für seinen Schwiegervater Stanislaus I. Leszczyński (1677/Lemberg/Lwiw/heute: Ukraine – 1766/ Lunéville), der Kaiser entschied sich für den ,legitimen' Sohn des Verstorbenen, Friedrich August III. (1696 – 1763). Am 13. September 1733 wird Stanislaus gewählt, und es kommt zur Gegenwahl von Friedrich August, sodass Frankreich am 10. Oktober 1733 dem Kaiser wegen ,Beleidigung der französischen Ehre' den Krieg erklärt. Im nun folgenden (sog.) Polnischen Thronfolgekrieg (1733 – 1738) rücken 1733 französische Heere in Deutschland (Kehl= Markgrafschaft Baden/heute: Baden-Württemberg – gegenüber Straßburg) ein. Philipp Karl mobilisiert ein Reichsheer gegen die einfallenden Franzosen und verwendet nahezu seine gesamten finanziellen Ressourcen für den Ausbau von rheinischen Festungen. Der Wiener Hof erhebt daraufhin am 9. 11. 1733 Philipp Karls Familie (,Geschlecht') als Auszeichnung für Philipps ,teutschpatriotische Gesinnung' in den Grafenstand. Kaiser Karl VI. ermöglichte dann 1736 dem Mainzer Kurfürsten den Erwerb eines über 60 000 Hektar großen Guts in der ostkroatischen Region Slawonien, das bis 1944 im Besitz der Familie bleibt[400].

„Die Herrschaft Vukovar der Grafen von und zu Eltz war in ihrem mehr als zweihundertjährigen Bestehen eine der größten Grundherrschaften in Kroatien. Ursprünglich umfasste sie mehr als 87.000 Kastraljoch (1 Joch = 0.575 ha) Land in Ostslawonien und Westsyrmien; von Korođ, Antin und Tordinci im Westen bis (Gornji) Tovarnik, Novak und Šarengrad im Osten. Sie hinterließ unauslöschliche Spuren in allen Elementen der Geschichte des Gebietes, auch in der Architekturgeschichte."[401] (**Dragan Damjanović**).

Beim Erwerb der Herrschaft durch Philipp Karl war Vukovar - nach ca. 150 Jahren osmanischer Besatzung - u. a. auch von katholischen und ‚wallachischen', Einwohnern bewohnt: Philipp Karl soll jedoch den serbischen Lehrer im Amt gelassen haben; die Seelsorge wurde von Franziskanern besorgt. Die Landwirtschaft in „Slawonien und Syrmien" war nahezu ruiniert; Vukovar war von

---

[400] Das Wort Vukovar bedeutet Stadt an dem Fluss Vuka. Es hängt etymologisch mit „vár‹ (Burg) zusammen wie auch das Wort für Stadt (grad) in den südslawischen Sprachen mit ‚Burg' zusammenhängt.

[401] *Architektur der Herrschaft Vukovar und der Stadt Vukovar vom Beginn des 19. Jahrhunderts bis 1945*

der Pest bedroht und hatte – wie auch Djakovo – eine kaiserliche Kaserne zur Abwehr der Osmanen, die zudem auch als Quarantäneplatz diente[402]. Außer um Kirchen kümmerte sich die Familie Eltz als Mäzene auch um den Bau und die Einrichtung von Schulen in den Dörfern ihrer Herrschaft und in Vukovar selbst. (Damjanović) Der Bau der herrschaftlichen Gebäudegruppe begann schon bald: 1737 fand eine erste Erneuerung des Hauses statt. Das Schloss wurde von den Grafen zu Eltz in der Nähe des Donauufers errichtet; es liegt strategisch günstig in Novi Vukovar (=Neu Vukovar), getrennt vom Stadtzentrum, so dass es nicht durch die häufigen Brände und Überflutungen gefährdet werden konnte. Die Gebäudegruppe befindet sich daher auf einer kleinen Anhöhe, die vor den Überschwemmungen der Donau und der Vuka sicher ist." [403] Sukzessiv (1749–1751, 1781, 1811 und 1824) erfolgte der Bau: Mit dem Bau des barocken Schlosses (*Dvorac Eltz*) wird im Jahr 1749 unter dem Bauherrn Anselm Kasimir Eltz

---

[402] Roth 2, S. 128, 313, 317. - ‚Wallachisch: ‘Sehr komplexer Terminus: hier vielleicht für ‚serbisch‘ gebraucht.

[403] Damjanović.

(1709 in Koblenz – 1778 in Mainz[404]) begonnen. Es wurde zwischen 1895 und 1907
maßgeblich umgestaltet vom Wiener Architekten Viktor Siedek (1856 in Napajed-
la/Mähren, Tschechien – 1937/Wien - an der
Technischen Universität Wien ausgebildet),
der auch für den österreichischen Thronfolger Erzherzog Franz Ferdinand (1863 - ermordet in Sarajewo 1914) – das Schloß
Eckartsau[405]plante. Er wirkte zudem als
Architekt für das enorm einflussreiche Architekturbüro Fellner und Helmer, den
Hauptarchitekten des Augsburger Stadttheaters, des Wiener Stadttheaters, des Berliner
‚Theaters unter den Linden' (Behrenstraße)
[406], der Kroatischen Nationaltheater in Rije-

---

[404]

https://gw.geneanet.org/cvpolier?lang=en&n=vo
n+und+zu+eltz&oc=0&p=anselm+casimir+franz
Anselm Kasimir heiratete 1730 Freiin
https://www.schlosseckartsau.at/ueber-schloss-
eckartsau/historische-zeitleiste Faust von Strom-
berg,
[405]   https://www.schlosseckartsau.at/ueber-
schloss-eckartsau/historische-zeitleiste.   Das
Schloss wird zum letzten Wohnsitz der kaiserlichen Familie.
[406] ab 1892 Metropoltheater. Siehe auch Dragan
Damjanović, Croatian Buildings at the 1898
Millenium   Exhibition   in   Budapest

ka und Varazdin, sowie desjenigen in Zagreb, das im Oktober 1895 von Kaiser Franz Josef I. eröffnet wird.

Das Schloss der Familie Eltz gehört zu den repräsentativsten Bauwerken aus der Epoche des Barock in Kroatien. Dieser Landstrich im heutigen Kroatien wurde über Mainz derartig aktiv und erfolgreich vermessen, entwickelt und kultiviert (z. B.: Austrocknen von Sümpfen, Eindämmung von Flüssen, Ausgrabung von Kanälen, Verwandlung von ‚Wüsten' in bewohnbare Ländereien, Errichtung von Manufakturen), dass der dortige Zentralort Vukovar gelegentlich auch anerkennend als „Mainz an der Donau" tituliert wurde[407]. Nach dem Ende des Zweiten Weltkrieges wurde die Familie Eltz in Vukovar von den jugoslawischen Kommunisten enteignet und vertrieben. Der zur Zeit seiner größten Ausdehnung mehr als 68 000 ha umfassende Grundbesitz war durch mehrere Enteignungen bereits stark reduziert, als er durch das kommunistische Jugoslawien schließlich ganz konfisziert wurde. Ein weiteres Unheil geschah mit der schweren Be-

---

https://www.biographien.ac.at/oebl/oebl_S/Siedek_Viktor_1856_1937.xml

[407] https://www.laek-rlp.de/assets/downloads/5bbf3e8d/w7e380e0a1a34000ec4c99c857f346c3/rlp01-20.pdf

schädigung des Gebäudes während der An-
griffe der Jugoslawischen Volksarmee
(=Југословенска народна
армија/Jugoslovenska/Jugo-
slavenska narodna armija=JNA) und serbi-
scher Milizen auf die Stadt zu Beginn des
Kroatienkrieges im Sommer 1991, die 3
Monate anhielten (25. August – 18. Novem-
ber). Zerstört wurden neben dem Schloss
Eltz auch das Franziskaner-Kloster und das
Geburtshaus des Nobelpreisträgers Leopold
Ružička. Nach der Okkupation am 18. 11.
1991 wurde die überlebende nicht-serbische
Bevölkerung ins Exil getrieben und die
Sammlungen des Museums gestohlen und
nach Serbien verbracht.
Der Wiederaufbau Vukovars nach 1997
erfolgte mithilfe mittels der UNESCO, der
EU (z. B.: *Renovations of the Vukovar Wa-
ter Tower near completion*) und nationaler
Förderungsprogramme (z. B.: *Upgrade and
electrification of Vinkovci-Vukovar railway
project ready for EU co-funding*)[408]. Tote
und Traumatisierte stellen eine Verpflich-
tung dar, die u. a. Dr. Charles David Tauber

---

[408] Siehe die Arbeiten von Zlatko **Karač**, z. B.:
*„Projet Vukovar" de l'UNESCO, formation de
la base...,* in: De la Colombe à la paix:, Ministere
de la culture de la République de Croatie, Za-
greb-Paris, 1997, S. 48–61.

(*Organisation Coalition for Work With Psychotrauma and Peace* (=CWWPP) mit Sitz in Vukovar wahrnimmt. Wie lassen sich Hoffnungslosigkeit, Angst und Depression überwinden? (Tauber: *The Perspectives of Reconciliation and Healing Among Young People in Vukovar (Croatia)*: Tauber glaubt, dass der EU eine grosse Bedeutung zukommt (z. B. Jugendaustauschprogramme, Reisemöglichkeiten, Wirtschaftsförderung).

Nach der Erlangung der staatlichen Souveränität Kroatiens 1991 kehrte auch der ehemalige Gutsherr Jakob Graf von und zu Eltz (=Jakov grof Eltz-Vukovarski: 1921 Kleinheubach/Main - 2006 Eltville/Rhein) in seine alte Heimat Kroatien zurück. Bei der ersten freien Parlamentswahl setzte er sich 1992 als unabhängiger Kandidat gegen den von der HDZ aufgestellten „Kriegshelden" Tomislav Merčep (1952/Borovo Naselje – 2020/Zagreb) durch, der später wegen Kriegsverbrechen verurteilt wurde[409]. Eltz wurde als Vertreter seiner alten Heimatstadt ins Parlament (Sabor) gewählt und war Mitglied des auswärtigen Ausschusses und des Europarates. Kroatien ermöglichte scithcr, eher zögerlich, die Restitution einiger Wald-

---

[409]

https://balkaninsight.com/2020/11/17/croatian-war-criminal-tomislav-mercep-dies/

flächen, so dass seit 2021 auch ein Nach-komme der Familie Eltz wieder in Vukovar wirtschaftlich tätig ist. Im Schloss befindet sich heute das sehr gut ausgestattete und mehrfach preisgekrönte Museum der Stadt Vukovar (=*Gradski muzej Vukovar*, z. B. der vom Europarat verliehene *European Muse-um of the Year Awards*=EMYA/2016[410]), in welchem auch ein Teil der ehemaligen Sammlungen der Grafenfamilie ausgestellt sind. Das Schlossmuseum mit seinen zahl-reichen Veranstaltungen, filmischen Darbie-tungen, Kunstausstellungen, workshops und anderen Sammlungen ist sowohl bei den Einheimischen als auch bei Besuchern der Stadt sehr beliebt.

Kroatien in der Jüngsten Literatur – Zwi-schen Vielvölkerstaat und Nationalismus

Die Ethnologie stellt die Frage nach der Identität von Gruppen und deren Stereotypi-sierung, z. B. Prof. Dr. Jasna Čapo Žmegač und Dunja Rihtman-Augustin[411] (1926 Insel Susak in der Kvarner Bucht- 2002), die u. a. über den deutschen Philosophen Johann Gottfried Herder forschte und dafür 1997

---

[410] https://www.sillettotrust.org/winners https://turizamvukovar.hr/de/entdecken-sie/kulturna-bastina/

[411] Schließt sich früh den Partisanen Titos an, erhielt ihren Doktorgrad in Ljubljana.

den Herder-Preis erhielt, der jedes Jahr an Wissenschaftler und Künstler aus Mittel- und Südosteuropa vergeben wird, deren Leben und Werk zum kulturellen Verständnis der europäischen Länder und ihrer friedlichen Wechselbeziehungen beigetragen haben [412]. Sicherlich spielt die fiktionale Präsentation eine große Rolle.

Kann der ‚Balkan' seine Spannungen überwinden? Der Grenzfluss Drina/Ostbosnien bezeugt die verschiedensten Auseinandersetzungen zwischen (römischen) Westen und (byzantinischem) Osten, zwischen Okzident und Orient, zwischen Christentum und Islam. Trennt die Drina „zwei Kulturkreise" – den westlich-römischen und den östlich-griechischen (Kronprinzenwerk)? Mit der Frage der Multikulturalität hat sich einer der bekanntesten ex-jugoslawischen Dichter, Ivo Andrić (1892 in Dolac bei Travnik/Bosnien - 1975 in Belgrad /Serbien) beschäftigt. Als Sohn eines kroatischen Va-

---

[412] Dunja Rihtman-Augustin, (ed.) Jasna Capo Žmegač, *Ethnology, Myth and Politics: Anthropologizing Croatian Ethnology,* Progress in European Ethnology, Routledge, London&New York, 2004. Žmegač arbeitet mit dem DAAD zusammmen. Die Ethnologische Fakultät Zagreb (heute: Valentiba Gulin Zrnić) beschäftigt sich u. a. mit der Städtebauentwicklung z. B. in (Novi-) Zagreb.

ters und einer serbischen Mutter geboren, besuchte er die Grundschule in Višegrad (Вишеград)/Südosten-Bosnien-jetzt: Republik Srpska, die jetzt nach dem Namen des serbischen Linguisten Vuk Stefanović Karadžić (1787 – 1864) benannt ist und studierte dann in Zagreb und in Graz Philosophie bei Hugo Spitzer (1854 – 1936), einem Anhänger des Biologen Ernst Haeckels und Darwinisten. Er wurde bekannt durch seinen Roman *Die Brücke über die Drina* (*Na Drini cuprija*, 1945). „Von allem, was der Mensch baut und aufbaut, gibt es nichts Besseres und **Wertvolleres als Brücken.**" (Ivo Andrić) Neben vielen Jahrhunderten multikulturellen Zusammen - und Nebeneinanderlebens gab es hier immer wieder kriegerische Auseinandersetzungen (z. B.: zwischen den österreichisch-ungarischen und serbischen Truppen am 4. Oktober 1914 im 1. Weltkrieg). Die Drina ist ein Fluss, der (nahezu) identisch ist mit der Grenze zwischen Serbien und Bosnien-Herzegowina. Sie war lange Zeit die quasi natürliche Grenze zwischen dem Weströmischen (Rom; katholisch) und dem Oströmischen (Byzanz, Konstantinopel, Istanbul; orthodoxen und dann moslemisch-osmanischen) Reich. Kann es bei diesen explosiven Spannungen eine Brücke geben? *Die Brücke über die Drina* ist die insgesamt 400 Jahre umfassende Erzählung über den kleinen Ort Višegrad, gelegen an der Drina in Bosnien und Herzegowina, in der heutigen Republika Srpska (=RS; serbisch-kyrillisch Република Српска=(РС, auch *Srpska* und im deutschsprachigen Raum fälschlich *Serbische Republik* oder *Serbenrepublik* genannt), neben der Föderation Bosnien und Herzegowina eine von zwei Entitäten des heutigen Bosnien und Herzegowina (BiH). Der Roman erzählt von der Brücke über die Drina in der Nähe zur serbischen Grenze, die von 1571 bis 1578 von dem Militärbefehlshaber und Großwesir des Osmanischen Reiches, Sokollu Mehmed Pascha (1505 in Sokol in der Nähe von Višegrad /heute: Bosnien-Herzegowina - 1579 in Istanbul), gebaut wurde. Er erzählt von

- der Geschichte dieser Region, zunächst unter osmanisch-muslimischer und später unter österreichisch-ungarischer Herrschaft (K. u. K.-Monarchie)
- der Übernahme Bosniens durch Österreich-Ungarn nach dem Berliner Kongress (1878)
- dem Aufstieg des Nationalismus und
- den Krisen und Kriegen bis ins 20. Jahrhundert.

Die Spannung zwischen Moslems, einerseits, und Serben bzw. Kroaten, andererseits, begegnet häufig in der Literatur – mit jeweiligen Heterostereotypisierungen. Ist der Kroate noch wie bei Friedrich Schiller der plündernde, ein wenig beschränkte und grundkatholische Mensch? Gibt es in Kroatien noch den starken, unverbrauchten Menschen.

Nicht nur durch die Leipziger Buchmesse (2008/*Kein Gott in Susedgrad*) kann der deutsche Leser etwas über kroatische Literatur erfahren. Der Literaturwissenschaftler Ulrich Dronske, lange Zeit auch der so verdienstvolle und nahezu unersetzliche Leiter des DSD-Programmes in Kroatien, bemüht sich um eine Aufarbeitung des Kroatien-Bildes in der deutschen Literatur. Der leidenschaftliche Jäger, der österreichische Schriftsteller Friedrich Freiherr von Gagern (1882 Mokrice – heute Slowenien - 1947 Geigenberg bei St. Leonhard am Forst/Niederösterreich) verbrachte seine Jugend zwischen den Grenzlandwaldbergen im Strombereich der Save, "der noch ungebrochenen Naturkraft dieser gewaltigen Landschaft". Das Natürliche, das er beim Jagen (="Urgut des männlichen Wesens") erlebte, fand er auch bei den Indianern (*Pfandfindern, Häuptlingen und Leders-*

trumpfen[413]). Die slowenisch-kroatischen Grenze erscheint ihm eine wilde, oft beinahe unzugängliche Gebirgskette (Gorjanci/Uskokengebirge: Nordwestkroatien/Südslowenien). In seinem Roman *Die Straße* (1929) liefert er ein Porträt des Vielvölkerstaates in der Mitte des 19. Jahrhunderts nach 1908, dem Jahr der Bosnienkrise[414]. Durch Urwald und Gebirge soll eine Straße nach Kroatien gelegt werden, die den slowenisch-kroatischen Grenzwinkel der großen Welt eröffnen soll, faktisch den Urwaldzauber zerstört. Sie steht im Mittel-

---

[413] Romanzyklus des amerikanischen Schriftstellers James Fenimore Cooper (1789–1851). Hierin liegt natürlich die Verwandtschaft zu Karl May.

[414] Obwohl Österreich-Ungarn, auf dem Berliner Kongress/1878, das Recht zugestanden wurde, Bosnien-Herzegowina zu besetzen blieb das Gebiet offiziell beim Osmanischen Reich. Als es dort jedoch, im Jahre 1908, zu einer Revolte der Jungtürken gegen den absolutistisch regierenden Sultan Abdülhamid II. kam, sah Österreich-Ungarn am 5. 10. seine Chance, das Gebiet endlich offiziell und vollständig der Donaumonarchie anzuschließen. Es wurde vereinbart, dass Österreich Bosnien-Herzegowina erwerben könne, Russland dafür das Einverständnis Österreich-Ungarns mit der freien Durchfahrt russischer Kriegsschiffe durch den Bosporus und die Dardanellen erhalten sollte.

punkt allen Geschehens, um das Problem ihrer Gestaltung gruppieren sich die verschiedensten Charaktere. Der Kroate Ilija Schorman ist einer der am Bau der Straße Beteiligten. Er ist verheiratet mit Duscha Walput. Ilija baut über Berge so hoch wie der Velebit, eine Straße, auf der seine Herrschaften dann spazieren fahren würden, wie von Fiume[415] hinauf nach Delnice[416] und von Abbazia[417] gegen den hohen Utschka[418]." (U. Dronske)

„Ilija Schorman hatte den Kaiser gedient, hatte siegreich den bösartigen bosnischen Krieg bestanden; er wusste zu singen und zu sagen, er war ein Held, er besaß sieben wohltragende Pflaumenbäume, eine lange messingbeschlagene Flinte und eine kleine Hütte abseits im durchstrauchten Gestein. Er würde arbeiten und erwerben, Gelegenheit werde sich irgendwann zeigen und finden, Gott würde geben und sorgen, man hoffte und heiratete, tanzte zum bockelnden Schlauchwein den Friul[419] und ging zum seuf-

---

[415] Rijeka
[416] Ort östlich von Rijeka
[417] Italienischer Name für Opatija
[418] Učka ist ein Gebirge in Kroatien. auf der Grenze zwischen Istrien und der Kvarner Bucht (in der Nähe oberhalb der Riviera von Opatja
[419] Ein aus dem Italienischen stammender Volkstanz mit drehenden und kreisenden Bewegungen,

zenden Alltag. Indes liebte Ilija beschaulich Nichtstun und träumerischen Tabak, er liebte zuweilen auch den Trunk ... und wegen des sorglich versteckten Theresientalers wurde die schöne fleißige Duscha häufig verprügelt. Und dann kamen die Kinder. Ohne Klage, ohne Gegenwehr trug die schöne Duscha das Los, die sie ohnehin von Mutter und Urmutter her zum Voraus gekonnt. Er hatte ja bei allem seinen guten Willen, ihr Ilija, ihr Herr. Darum schlug er sie, weil er sie wahrhaft liebte, und weil sie ihm dafür hörig anhing, duldete sie gerne Schmerz und Bürden, dankte sie ihm Gut wie Bös mit Fürsorge und nimmer rastendem Tagewerk."

Nahezu alle Stereotypen sind präsent: Singen, Tanzen, Trinken, Gewalt... und natürlich die Heimatliebe.

„Die Heimat; den ganzen Tag über dachte Ilija Schorman an die Heimat. Die Heimat, das war seine Liebste; die Liebste, das war seine Heimat. In der Nacht, wenn die großen alten Sternbilder feierlich über die Waldberge hinzogen, sah er in sehnender Seele die Hänge der Heimatberge, wie sie von den Wildnissen der Kapela[420] her sich mattglänzend zum atmenden Meere senken. Biswcilen, wenn er aus schwülem Schlaf erwachtem vermeinte er das tiefmächtige Urbrau-

---

soll der Gegend um Friuli Venezia mit der Hauptstadt entstammen.
[420] Dorf in Nordkroatien

sen des Scirocco[421] zu vernehmen, wie er dunkel-
feucht den Kanal hinaufwühlte, dass die Land-
veste bis in ihre Gipfel erzitterte und Krk, das
buchtige jenseits, von schleppenden Wolken
geschleift, wie an straffem Ankertau auf der See
wuchs und schwand und schwankte. Und ein
andermal erwachte Ilija Schorman davon, dass
die Bora[422] heulend und weinend vom Grat des
Velebit niederfegte zum schwarzblau, eisgrün
zurückgsträubten, weggekrümmten Meer. ... Und
dort, dort stand Duscha, seine Liebste, sein
Weib, seine Seele, mitten im stahlscharfen
Braus."

Während Ilija auf Schicht arbeitet, wartet
Duscha. Natürlich verdient sich Ilija zusätzlich Geld durch Jagen – und die Beute ver-
äußert er an die Wirtin…
Norbert Gstreins Roman *Das Handwerk des
Tötens*, angeregt durch die mit Peter Handke
verbundene Kontroverse (s. u.) spielt auch in
der Kriegslandschaft des dalmatinischen
Hinterlandes, der Krajina[423] sowie Ost-

---

[421] Heißer Wind aus Nordafrika kommend
[422] Stürmischer Wind
[423] Das slawische Wort bedeutet ursprünglich
‚Grenze', dann Grenzland. Nach der internationalen Anerkennung Kroatiens erklärten die
Krajina-Serben die Unabhängigkeit der Serbischen Republik Krajina (=Republika Srpska
Krajina) im Dezember 1991.Ein großer Teil des
Gebiets war Schauplatz eines Krieges mit Mas-

Slavoniens mit der heute noch im kroatischen Bewusstsein symbolträchtigen und
ebenso problematischen Stadt Vukovar. Es
handelt sich um Gebiete, welche die Serben
1991 für autonom erklärten und die Kroaten
im August 1995 im Zuge der Militäraktion
‚Oluja' zurückeroberten bzw. im Rahmen
der UNTAES-Mission auf friedliche Weise
ins kroatische Staatsgebilde reintegrierten[424].
Der Protagonist Paul bezeichnet die kroatischen Landsleute seiner Freundin Helena,
deren Eltern aus Dalmatien stammen, als
'Kriegsvolk' und spricht von Helenas aus-
geprägten, 'slawischen Backenknochen', die
dem Muster der schönen begehrenswerten
kroatischen Frau zu entsprechen scheint.
Sind die Kroaten ein „Kriegsvolk"? Ihr
Freund Paul spricht von der Kollektivschuld
der Kroaten am Ustaša -Faschismus. Aber
selbst in seinen destruktivsten Anteilen stellt

---

sakern an der Zivilbevölkerung, ethnischen Säuberungen und massiven Plünderungen. Tausende
Menschen kamen ums Leben und Hunderttau-
sende wurden zur Flucht gezwungen. Zur Hauptstadt der RSK wurde Knin erklärt. Der kroatische
Bevölkerungsteil der Stadt und der Umgebung
wurde 1991 - 1992 fast vollständig vertrieben,
deren Häuser geplündert und angezündet, sowie
katholische Kirchen und Klöster verwüstet
[424] **Boris Previšić,** *Literatur topographiert,* S.
387.

der Kroate ein Potenzial zur Schau, das auch in anderen Männern aus anderen Ethnien – sogar in deutschsprachigen Kriegsjournalisten – wenigstens der Möglichkeit nach schlummert. Die Eindeutigkeit der Heterostereotype ist erodiert. Der Kroate Slavko trägt eine Sonnenbrille, die "nervös umherirrenden "Augen verbergen sollen, und hat unter den Achseln „große Schweißflecken". Auch diese Figur, die genüsslich dazu äußert, wie es ist, jemanden umzubringen, kann sich nicht ohne Rest als mit sich selbst identisch zusammenzwingen. Ein kroatischer Ustaša - Anhänger, der an der Beerdigung der „sterblichen Überreste von über hundert angeblich von Partisanen im Zweiten Weltkrieg ermordeten kroatischen Soldaten" als Fahnenträger teilnimmt, erinnert durch seine „Ausstrahlung" und seinen „Geruch" den bei der Beisetzung anwesenden Paul an seine Kindheit, und zwar an „Männer, die am Sonntagvormittag zum Kartenspielen ins Gasthaus gegangen sind", und die

„ihre Tiere besser behandelten als ihre Frauen und Kinder und trotzdem, wenn es sein mußte, den eigenen Hund mit ihrem Jagdgewehr kaltblütig abknallen konnten".

Und auch die Beschreibung eines Franziskanerklosters in Siroki Brijeg[425], „aus dem sich
im Zweiten Weltkrieg viele Ustascha-Führer
rekrutiert hatten" erinnert Paul „an seine
Internatszeit" und „war ihm ... auf erschre-
ckende Weise vertraut". Die kroatischen
Bilder werden so überblendet durch Erinne-
rungsbilder aus Österreich, die Gemeinsamkeiten zwischen zwei – bäuerlich und katholisch geprägten – Gesellschaften erkennen
lassen. Paul erkennt im Laufe der Reise und
der Recherche, dass seine besserwisserisch-
arrogante Einstellung gegenüber Kroatien,
aber auch Helena, unbegründet ist, sowie
dass es eigentlich fast keine Unterschiede zu
seiner Heimat Tirol und der Mentalität der
Menschen dort gibt[426].

---

[425] Stadt in Bosnien mit starker kroatischer Population

[426] Goran Lovrić, *Die Identität im Kriegsgebiet
suchend – Norbert Gstreins Kroatienromane*, in:
Bartoszewicz, I., Halub M., Tomiczek E. (Hrsg.)
Germanica Wratislaviensia 135 – Analysen und
Betrachtungen, Wroclaw, 2012, S. 57-70. Mari-
jan Bobinac, *Der wilde Krieger und der treue
Vaterlandsverteidiger. Zum Kroatenbild in der
deutschsprachigen Literatur,* Akten des XI. In-
ternationalen Germanistenkongresses Paris 2005.
Germanistik im Konflikt der Kulturen, Bd. 9 /
Valentin, Jean-Marie (ur.), Peter Lang Verlag,
2007. Bern et al., S. 131-137

Auch wenn man seine Helena nicht findet, kann ja mit einer anderen Partnerin auf Hochzeitsreise nach dem exotischen, aber nicht weit entfernten Kroatien gehen wie das neu getraute Paar Clayton aus den *Wasserfälle von Slunj* (Heimito von Doderer (1896 in Hadersdorf-Weidlingau/Österreich – 1996), wo man vielleicht „Frauen" treffen kann, die „getrocknete Lavendel" verkaufen"[427]. Seine zentrale kroatische Figur hört auf den Namen Andreas Milohnic, „ein Dalmatiner von der Insel Krk, der Sohn eines kroatischen Schiffskapitäns", der Französisch, Italienisch und Deutsch spricht („wie sein Vater"), „denn er hatte in Agram das Gymnasium besucht und die Reifeprüfung ordnungsgemäß abgelegt". Er tut zu Romanbeginn bereits Dienst auf einem Passagierschiff auf dem Bodensee tut und „heckt" für das Paar eine Reise-Route aus. Diese durch und durch positive Figur ist als romananfänglicher Wiener Hotelportier nicht nur für die gelungene Reiseroute des auf Hochzeitsreise sich befindenden Ehepaars Clayton zuständig, sondern dank seiner Vermittlungsleistung gelingt es der in Wien sich niederlassenden Firma Clayton & Powers, ihr dortiges aus-

---

[427] Heimito von Doderer, *Die Wasserfälle von Slunj*. Roman. München: C. H. Beck 1995

gezeichnetes Führungspersonal zu rekrutieren. Und auch bei der späteren Expansion dieses Unternehmens ist Milo, wie er bald schon vertraulich genannt werden darf, hilf - und erfolgreich. Der Kroate Milo hat somit eine ähnliche Funktion wie der gutmütige dicke ungarische Gutsbesitzer: Beide verweisen auf eine angeblich harmonische Integration der diversen Nationalitäten innerhalb des kaiserlich und königlichen Vielvölkerstaates, die in einem solch hohen Maße geglückt ist, dass durch die Adern der wenigen wirklich problematischen Gestalten zumeist allein österreichisches Blut fließt. Natürlich sind die ethnisch markierten Figuren aus der kaiserlich und königlichen Monarchie allesamt Nebenfiguren, die den Handlungsgang vermitteln oder unterhalten. Und noch etwas ist für die Figurenzeichnung wichtig: Milo weiß bei allem Erfolg um seine Unterlegenheit gegenüber Chwostik, dem künftigen Direktor der Firma Clayton & Powers, dass seine eigenen weltmännischen Attituden – „vom leicht nachlässigen Binden einer Krawatte bis zu der Art wie man im Lehnsessel lag oder an das Pult des Portiers trat" – nur „einzelweise" angelernt seien, bei Chwostik hingegen scheint all das „tiefer und sicherer zu sitzen". Anders gewendet: Die Anverwandlung an die große, weite Welt bleibt beim erfolgreichen Kroa-

335

ten inkohärent und oberflächlich, während die Adaption des erfolgreichen Wieners an die mondäne Welt eine tiefe Verwandtschaft enthüllt. Und natürlich ist allein das Metternich-Clubmitglied Zdenko von Chlamtatsch, ein junger Wiener Adliger und „Sohn eines hohen Beamten", gleichsam als Inkarnation des kaiserlich-königlichen Herrschaftsgefüges dazu berufen, die volle Bürde und Würde soldatischer Männlichkeit auf sich zu nehmen. Auch darin spiegeln sich noch in grotesker Form die wirklichen Machtverhältnisse der untergegangenen Monarchie wider (Dronske)[428].

Bei Doderer (wie auch bei Ernst Jünger...) lässt sich auf den ersten Blick ein positives Bild des Kroaten feststellen, das bei näherem Hinsehen brüchig wird. Dieses Bild ist Effekt jener Präferenz für die vorgeblich transnationale Herrschaftsform der K. u. K-Monarchie, die die Gleichbehandlung der ihr unterworfenen Ethnien postuliert und dabei trotzdem nicht umhinkommt, die hierarchische Zurichtung des sozialen Raums zu bekennen. In der elitären Distanz der jovial

---

[428] Doderer lässt unerwähnt, dass Slunj der Geburtsort des Bronzemedaillengewinners im Fechten bei den Olympischen Spielen 1900 in Paris war, Milan Neralić (1875 – 1918 Wien). 1908 zog er nach Berlin....

sich gebenden Erzählerfiguren enthüllt sich der herrschaftliche Kern ihres vordergründigen Wohlwollens gegenüber den Kroaten. Letztere sind keine dummen Räuber und keine „zottigen Barbaren" mehr, sie verbreiten nicht mehr mit ihren „hängenden Schnurrbärten und finsterem Blick" Angst und Schrecken, vielmehr macht ihre vermeintlich geglückte Integration in die Vielvölkermonarchie aus den einstigen Banditen harmlose „alte Knaben", die man bei aller Sympathie auch immer ein wenig von oben herab behandelt. Und so darf schließlich unser trotz allen Erfolgs nur schlecht an die Welt der gehobenen Schichten adaptierter Milo am Ende dann doch noch zu einem kulturellen Stereotyp inkl. Erfahrungsprägnanz zusammenschrumpfen, wenn er für Harriet Clayton letztlich nur Folgendes ist: „Ein schöner Bursch. Ein Südländer."[429] (Ulrich Dronske).

Seit einiger Zeit ist der in Kroatien geborene Saša Stanišić (geb: 1978 in Višegrad[430], dem Schauplatz von Ivo Andrićs *Na Drini ćupri-*

---

[429] Ulrich Dronske, *Kroaten in der deutschen Literatur* Neohelicon XXXII (2005) 2, 425–441

[430] Kleinstadt und der Name der sie umgebenden Gemeinde im östlichen Bosnien und Herzegowina, in der Republika Srpska, etwa acht Kilometer von der Grenze nach Serbien entfernt. Ivo Andrić verbrachte hier seine Jugend.

ja=Die Brücke über die Drina, 1992 nach Heidelberg geflohen) auch in Deutschland bekannt. Stanišić besuchte in Heidelberg die Internationale Gesamtschule Heidelberg, wo sein schriftstellerisches Talent von seinem Deutschlehrer gefördert wurde. Nach seinem Abitur im Jahr 1997 studierte der fußballbegeisterte junge Mann an der Universität Heidelberg Deutsch als Fremdsprachenphilologie und Slawistik. Als der Krieg in Bosnien-Herzegowina 1992 begann, war Stanišić gerade mal 14 Jahre alt. Vom Fenster des Wohnzimmers seiner Großmutter beobachtete er, wie die serbischen Panzer in seine kleine Stadt Višegrad[431] einrollten und die Bürgersteige zermalmten. Višegrad war einer der umfassendsten und skrupellosesten Kampagnen ethnischer Säuberung im bosnischen Konflikt ausgesetzt; serbische Milizen vertrieben und massakrierten 1992 muslimische Einwohner. Am neunten Tag der Belagerung von Višegrad packten Stanišić und seine Eltern die Koffer und flüchteten nach Deutschland. In seinem ersten Roman *Wie der Soldat das Grammofon repariert* schil-

---

[431] serbisch-kyrillisch: Вишеград; slawisch für „Hohe Burg"; deutsch veraltet *Wischegrad*; eine Kleinstadt und der Name der sie umgebenden Gemeinde im östlichen Bosnien und Herzegowina.

dert er die Geschichte Aleksanders, Kind serbisch - moslemischer Eltern und ein begeisterter Tito-Anhänger - wie auch sein Großvater. Dieser schätzt die „Gabe" der „Erfindung", der „Fantasie", durch die die „Welt schöner" aussieht – auch und gerade angesichts der Traumata der Geschichte. Er fabuliert sich die Angst weg und "die Zeit, als alles gut war" wieder herbei - und erinnert sich an den Adria-Urlaub. Der Roman, voller Jugoslavismen, wird erst nach der Übersetzung in andere Sprachen auch in die drei ‚Balkan'-Sprachen übersetzt[432].

Stanišićs Berufskollege Peter Handke dagegen wütet in *Eine Winterliche Reise zu den Flüssen Donau, Save, Morava und Drina oder Gerechtigkeit für Serbien* (1996) gegen all jene, die behaupteten, an den jugoslawischen Zerfallskriegen trage Serbien die Alleinschuld, auch wenn sie sich damit nicht beschäftigt hatten und löst damit einen der größten Skandale des deutschen Feuilletons aus. Handke hatte die Reise wenige Tage vor den den Krieg beenden sollenden Friedensgesprächen von Dayton (*Daytonski sporazum* Unterzeichnung: 21. 11.1995) begonnen. Das Abkommen wurde unterzeichnet von

---

[432] Boris Previšić, *Literatur topographiert*, S. 381.

- US-Präsident Bill Clinton
- Russlands Ministerpräsidenten Wiktor Tschernomyrdin=Виктор Степанович Черномырдин
- Frankreichs Präsidenten Jacques Chirac
- Jugoslawiens Präsidenten Slobodan Milosević
- Bosnien-Herzegowinas Präsidenten Alija Izetbegović
- Kroatiens Präsidenten Franjo Tuđman und
- Deutschlands Bundeskanzler Dr. Helmut Kohl.

Auf der serbischen Seite gilt Handke als ‚Apostel der Wahrheit'. Als Handke 2019 mit dem Literaturnobelpreis ausgezeichnet wurde, kritisierten viele die Entscheidung des Nobelkomitees. Sie waren sprachlos über die Auswahl eines Schriftstellers, der seine öffentliche Stimme dazu genutzt hat, historische Wahrheiten zu beschneiden und den Ausführenden eines Genozids Beistand zu leisten. Auch Buchpreisträger Saša Stanišić griff Handke an. Der für ihn schmerzvollste Text sei *Sommerlicher Nachtrag zu einer winterlichen Reise*, weil Handke dort das Massaker an Bosniaken in seiner Heimatstadt Višegrad relativiert habe.

Mittlerweilen ist *Titos Brille* der jüdischen Schauspielerin und Regisseurin Adriana Altaras (1960/Zagreb), ein Bestseller. Mit dem 7. Lebensjahr kam sie auf ein Waldorfinternat in Gießen und lebt nun in Berlin. Der Roman beschreibt eine Reise von Berlin, über Gießen, nach Slowenien, den Gardasee, ins heutige Kroatien und auf die Insel Rab und dort zur Gedenkstätte des ehemaligen Konzentrationslagers Kampor.

„Mein Vater war ein Held. Das weiß ich, seit ich denken kann. Er vertrieb die Faschisten aus Jugoslawien. Meine Mutter war auch eine Heldin. Sie baute mit Tito das sozialistische Jugoslawien auf. Es ist kein leichtes Erbe. Ich bin sicher, dass kein Therapeut weiß, wie man damit umzugehen hat. Im Grunde hilft am Ende wohl nur Nivea"[433]

Als ihr Freund sie anruft und sich nach ihrem Befinden erkundigt, antwortet sie:

„Es ist nichts passiert. Brauchst dir keine Sorgen zu machen. Es ist wirklich nichts Schlimmes passiert. Ich habe gelesen. Ich habe in zwei Tagen 12 Jahre Naziregime, 25 Jahre jugoslawischen Sozialismus und 20 Jahre BRD durchlebt anhand von Unterlagen, Briefen und Dokumen-

---

[433] https://www.deutschlandfunk.de/titos-brille-ein-sehr-persoenlicher-fast-intimer-film-100.html

ten aus zwei alten hellbraunen Lederkoffern. Mir geht´s gut..."[434]

Ihren Mann vergleicht sie mit einer „deutschen Eiche" … Kann es noch schlimmer kommen? Freude, aber auch Trauer mischen sich bei diesem multikulturellem Mikrokosmos eines ganzen Landes – Oder? Zumindest ist ein grosses Mass an (jüdischer) Chuzpe (Unverschämtheit, Frechheit u. Kühnheit) erforderlich, um die Wirren ab – und aufzufangen. Bleibt dem Leser das Lachen aus, wenn die Autorin die Probleme ihres Sohnes hört und fragt: „Was ist schon die Pubertät gegen den Holocaust?"[435]

Das Meer und die Informationsströme
Die Kroaten nehmen an allen Bewegungen der Renaissance, der Reformation, Gegenreformation, des Barocks, der Aufklärung, der Romantik und der Moderne in ihren Ausprägungen der Kunst und Technik teil. Heutzutage ist Kroatien mehrheitlich katholisch (Der gegenwärtige Kardinal Josip Bozanić fordert u. a. Verbot der Abtreibung, der gleichgeschlechtlichen Ehe).

---

[434]   https://www.gute-literatur-meine-empfehlung.de/autoren-a-f/altaras-adriana/adriana-altaras-titos-brille/
[435]

https://www.dokumentarfilm.info/index.php/dokinfo-archiv/317-titos-brille.html

1. Römisch-katholisch:
   3.697.143=86,4 %
2. Serbisch-orthodox: 190.143=4,4%
3. Moslems: 62.977=1,5 %
4. Protestanten: 14.653=0,3 %
5. Andere Christen: 12.961=0,3 %
6. Andere religiöse Weltanschauungen:
   5.64=10,1 %
7. Keine Angaben oder Agnosti-
   ker/Atheisten: 301.371=7 %

Latein

- galt neben dem Hebräischen („Altes" Testament) und Griechischen
  („Neues" Testament) im christlich
  bestimmten Mittelalter als eine „heilige" Sprache. Die Universalität der
  lateinischen Sprache im westlichen
  Europa ist begründet in seiner Funktion als Kirchensprache und als
  Sprache der Gebildeten.

- wurde Mitte des 7. Jahrhunderts von
  römischen Missionaren nach Kroatien gebracht als Sprache der Liturgie und des Gebets und in Abgrenzung zur kyrillischen Sprache der
  oströmischen Kirche. Die römische
  Form des Christentums hatte in den
  dalmatinischen Städten im 7. Jahrhundert und in dem fränkisch domi-
  nierten kroatischen Hinterland um
  800 n. Chr. Fuß gefasst mit dem Bi-

schofssitz der fränkischen Kirche in Aqileia im Nordosten Italiens nahe Venedig.

- war gegen 900 die Sprache der diplomatischen und kirchlichen Korrespondenz geworden.

Vor allem Rom brachte das Lateinische durch die extreme geographische Ausdehnung des Römischen Reiches in den gesamten europäischen Kontinent und weit darüber hinaus. Wissenschaftliche Abhandlungen wurden auf Lateinisch verfasst und Gottesdienste ebenso auf Lateinisch abgehalten. Einerseits drängte es Nicht-Kroaten immer wieder nach Kroatien; andererseits ist auch der Weg anders herum. Das Lateinische galt als lingua franca in den mediterranen Gebieten - bis weit in die Neuzeit hinein als Bildungssprache.

Kroaten suchten das Nicht-Kroatische, die Fremde und bekundeten so ihre Weltoffenheit. Hierbei erweist sich das Meer als Bildungsmittel, weil es als Medium der Verbindung entfernte Länder in die Beziehung des Verkehrs bringt: Wer keinen Meereszugang hat, steht in der Gefahr, in sich zu verdumpfen und in den fürchterlichsten und schmählichsten Aberglauben zu versinken (Georg Friedrich Wilhelm Hegel, *Grundlinien der Philosophie des Rechts* § 247). Verkehrsanbindungen wie die künstliche der

Eisenbahn haben horizonterweiternden Wirkungen - Die natürliche Anbindung durch
das Meer ist eine Horizonterweiterung im
doppelten Sinn. Die Seerepubliken Amal-
fi[436], Genua, Pisa, Venedig, Ancona und
Ragusa=Dubrovnik (Dalmatien) bilden
Thalassokratien (=θάλασσα, *thálassa*
=„Meer" und κρατία, *kratía* =„Herrschaft")
im Mittelalter[437]. Ursprünglich ist der
Mensch ein Landtreter. Er steht und geht
und bewegt sich auf der festgegründeten
Erde. Das ist sein Standpunkt und sein Boden (Carl Schmitt/*Land und Meer*). Der
Mensch hat aber „die Freiheit, aufzubrechen,
wohin er will."[438] (Friedrich Hölderlin, *Le-
benslauf*) und wird zum „Seeschäumer"
(Carl Schmitt). Durch die Verbindung zum
Meer wandelt sich ein Volk von rein autochthonen, d. h. landgeborenen, zu auch au-
tothalassischen, d. h. vom Meere bestimmten Menschen. Viele der höheren Geistlichen Kroatiens studier(t)en in den von Do-

---

[436] Kkein – und Hafenstadt in Süditalien

[437] https://www.hsozkult.de/conferencereport/id/tag
ungsberichte-3358 Die Frage, ob nicht auch
‚Landtreter‘ ein innovatives Potential haben,
wird erneut diskutiert (Jobst).

[438] https://www.deutschestextarchiv.de/book/view/h
oelderlin_gedichte_1826?p=83

minikanern und Franziskanern geprägten Gelehrtenstädten Paris, Bologna oder Padua (=Padova) – und geraten hierbei z. T. auf häretische Pfade. Diese Zeit ist die Goldene Zeit der kroatischen Philosophie[439].

- Der kroatische Mathematiker, Physiker und Astronom Frederik Grisogono (Federik **Grisogono Bartolačić,** auch Federicus De Chrysogonis, auch Chrysogonus 1472 in Zadar/damals venezianisch - 1538) wird in Padua ausgebildet und seine Bücher (z. B.: Kommentar zu Euklid) in Venedig gedruckt[440]. Er übersetzte Werke des umstrittenen islamischen Philosophen Avicenna (Ibn Sīnā 980 – 1037).

- Der erste wichtige Histeriograf Kroatiens, der Erzdiakon Thomas Split (um 1200), studiert in Bologna. Er hörte in Bologna als Student eine Predigt Franz von Assisis auf dem Stadtplatz. Ihm fiel der Kontrast zwischen der armselig-unattraktiven Gestalt des Heiligen und seiner

---

[439] (ed.) Ted Honderich, *The Oxford Companion of Philosophy*, 2. Ausgabe, Oxford University Press, Oxford, 2005.
[440]

https://www.croatianhistory.net/etf/et22a1.html

kraftvoll-bewegenden Predigt, die zur Versöhnung verfeindeter Clans führt, auf. Er berichtet in seiner *Historia Salonitana* (=Solin nahe Split), das „die Hauptstadt Kroatiens und Dalmatiens" ist, u. a. über

1. die Kroaten, deren Namen abgeleitet sei von (lateinisch) *currentes*, (=Herumirrend und Unstete), weil sie, durch Wälder und Berge herumlaufend, ein bäuerliches Leben führten. Aus der Rohheit ihrer Heimat ihre Natur ableitend, freuten sie sich an der Rauheit der Waffen, an Überfällen und Raubzügen nach tierisch wildem Brauch. Sehr kriegerisch und sozusagen für nichts erachtend, sich dem Tode auszusetzen, stellten sie sich „meistens nackt den feindlichen Waffen entgegen."

2. den Schüler des Apostels Paulus, Titus, Bischof von Kreta, der nach Dalmatien gekommen ist.

„Demas hat mich (=Paulus) verlassen und hat diese Welt liebgewonnen und ist gen Thessalonich gezogen, Kreszens nach Galatien, Titus nach Dalmatien." (2. Timotheus 4,10). Δημᾶς γάρ με ἐγκατέλιπεν ἀγαπήσας τὸν νῦν αἰῶνα καὶ ἐπορεύθη εἰς Θεσσαλονίκην, Κρήσκης εἰς Γαλατίαν, Τίτος εἰς Δαλματίαν·

3. die Zeit Kaiser des aus Salona stammenden Diokletians um 300 und der Christenverfolgungen.

„Wegen seiner pestbringenden Edikte wurden täglich so viele tausend Christen niedergeschlachtet, dass es fast schien, es stünde die Vernichtung des ganzen Menschengeschlechtes bevor. Von den Höflingen aber wurde dem Tyrannen geraten, ein so grausames Edikt zurückzunehmen, damit nicht täglich ein so großes Gemetzel an Menschen geschehe, weil zu befürchten war, dass es nach Auslöschung der ganzen Welt bald niemanden geben würde, den er später beherrschen könnte. Da wollte Diokletian seiner Wildheit eine gewisse Mäßigung auferlegen, indem er ein Gesetz erließ, dass derjenige, der sich nicht vom christlichen Gottesdienst abkehren wollte, nicht wie vorher sofort den Kopf abgeschlagen bekam, sondern, all seiner Habe beraubt, zur Arbeit in verschiedenen Bergwerken oder zum Ausheben von Arenen fern der Heimatstadt verurteilt würde."

Einige christliche Steinmetzen weigerten, in den Steinbrüchen Götterbilder zu erstellen.

4. den Überfall von Slaven und (‚ostasiatischen') Awaren auf Salona. Die Einwohner flohen auf die Inseln Brač, Hvar, Vis und Korčula. Der selbst aus Salona stammende Papst Johannes IV. (gest. Oktober 642 in Rom) hörte vom beklagenswerten Schicksal des dalmatinischen Volkes und empfand großen Schmerz darüber und schickte einen gewissen Abt namens Martin mit einer großen Menge Geld, um die awarisch-slawischen Gefangenen loszukaufen..

5. die Gründung der Stadt Ragusa (=Dubrovnik)

6. die dynastische Krise in Kroatien nach 1089, als nach dem Tod des kroatischen Königs Zvonimir 1089 der ungarische König Ladislaus Erbansprüche auf die kroatische Krone erhob

7. die Errichtung der unga-
   risch-kroatischen Herrschaft
   über Split 1105
8. die Einnahme von dem unter ungarischer Herrschaft
   stehenden Zadar durch den
   IV. Kreuzzug im November
   1202: Per Schiff von Venedig über Triest nach Zadar –
   Adria – Griehenland –
   Ägaisches Meer – Konstantinopel

Mit Hermann Dalmatin (=Sclavus – der
Slawe - Dalmata, Secundus 1110 in Istrien
damals zum Herzogtum Kärnten zählend
deswegen manchmal auch Hermann von
Kärnten genannt, oder auf der Insel Korčula
-1154) beginnt die mit der Provinz Istrien
verbundene Vernetzung Kroatiens mit Europa. Er beginnt seine Ausbildung in einem
Benediktinerkloster in Istrien. Er gilt als der
älteste Philosoph und Naturwissenschaftler
Kroatiens, als der erste istrische Intellektuelle des westeuropäischen Kreises. Er übersetzt wichtige Bücher aus dem Arabischen
ins Lateinische (z. B. Euklids *Elemente*) und
vermittelt dem Westen Gedanken der arabischen Kultur. Seine Übersetzung eines arabischen astronomischen Buches *Liber intro-
ductorius in astronomiam Albunasaris* er-

scheint 1489 in Augsburg. Mit seinem englischen Freund Robert Ketton (=Robertus Ketenensis, auch: Retinensis – 1110 – 1160), den er in Paris kennenlernte, zieht er durch Frankreich, Italien, Südosteuropa bis in den Nahen Osten. In Spanien arbeitete er über arabische Texte, übersetzte ein astrologisches Werk des islamischen Philosophen al-Kindi und auf Anregung des Abtes von Cluny, Petrus Venerabilis, zusammen mit Ketton und einem Araber ('Mohammed) Teile des Koran, die 1543, die durch den Schweizer Orientalisten Theodor Bibliander herausgegen wird, und verfasste noch weitere Schriften zum Islam (*De generatione Mahumet, Doctrina Mahumet*).

Dante Alighieri (1265 in Florenz – 1321 in Ravenna) erwähnt kroatische Pilger in Italien in seiner *Göttlichen Komödie* (Paradiso XXXI, 103-108):

„Come il pellegrino che forse dalla lontana Croazia viene a Roma per vedere il sudario della Veronica, e che per il desi- derio a lungo nutrito (per l'antica fame) non riesce a essere sazio di contemplarlo (non sen sazia)."[441]

---

[441]   http://www.edu.lascuola.it/edizioni-digi-ta-li/DivinaCommedia/data/files/m2_3/para_31.pdf

„Wie der, der von Kroatien hergekommen, um unser Schweißtuch (Veronika=Berenike: Markus 5, 25) zu betrachten, nicht satt wird, zu sehn, wovon er längst vernommen, Und, wenn man's zeigt, zu sich im Innern spricht: Herr Jesus Christus, wahrer Gott, hienieden War wirklich so geformt dein Angesicht?"

Dante hält sich auch in Kroatien auf und wird begleitet von dem Bischof von Trogir, **Augustin Kažotić** (1260 in Trogir – 1323 in Lucera/Italien, Studienaufenthalt an der Universität Paris). Dante bereist Zagreb, überquert die Sava in einem Boot, fährt dann nach Bosnien weiter, erreicht Dubrovnik, **Split, Korćula, Trogir, Zadar, die Insel Rab,** und kommt schließlich in Jurandvor auf der Insel Krk an. Sein Urenkel ist Apotheker in Zagreb gegen Ende des 14. Jahrhunderts. Šimun Kožičić Zadranin (1460-1536 in Zadar) wurde Bischof in Modruš nach der Niederlage der Kroaten im Kampf gegen die Osmanen in der Schlacht von Krbava 1493. Auf dem 5. Laterankonzil in Rom unter Papst Leo X. suchte er in seiner Schrift *De Croatiae desolatione* (1517 Paris) von der Res Publica Christiana Unterstützung im Kampf gegen die Osmanen, die 1493 bereits Modruš und Zadar zerstörten. Kann die Christenheit geeint werden? In dieser Zeit wird sowohl ein Kreuzzug gegen die Türken erwogen wie auch Bemühungen um eine

Union der west (Rom) – und oströmischen (Byzanz) Christenheit, der aristotelisierenden West – und platonisierenden Ostkirche, gesucht, wie auch das Beispiel von Nikolaus von Kues (1401-1464) zeigt.

Angesichts der Osmanenattacken flieht der Franziskaner Juraj Dragisić (=Georgius Beningnus de Salvatis; Georgius de Argentina, benannt nach den Silberminen, deswegen auch: Srebrenica; Georgius Beningnus Macedo, Georgius Beningnus de Bosnia 1445 in Srebrenica/heute: Bosnien – deswegen manchmal auch Georgius de Argentina „Silber..." „Magister Georgius de burgo Argentina, in provincia Bosne, quem Turci occupant" – 1520 in Rom). Sein im Osten des heutigen Bosnien-Herzegowina gelegener Geburtsort hat durch die von serbischen Milizen an Moslems begangenen Massaker (ca. 8000 Toten) im Juli 1995 eine sehr traurige Berühmtheit erlangt. Nach der Eroberung Byzanz (=griechisch: Ἅλωσις τῆς Κωνσταντινουπόλεως; türkisch: İstanbul'un Fethi=Eroberung von Istanbul) durch die Osmanen am 29. 5. 1453 und der osmanischen der Eroberung von Srebrenica (1462) flieht der Katholik Dragisić 1463 über Jajce/heute: Bosnien, Dubrovnik und Zadar nach Italien, studiert u. a. in Bologna, dann in Padua, Ferrara und in Rom (1469). Hier lernt er griechische Philosophen kennen, die ebenfalls hierher geflohen sind, z. B. Kardinal (Johannes?) Bessarion (auch: Basilius Bessarion, Βασίλειος Βησσαρίων 1403 in Trapezunt= Τραπεζούντα, in der Antike *Trapezus*; heute Trabzon im Nordosten der Türkei – 1472, benannt nach einem ägyptischen Anachoreten=Einsiedler; ab 1463 lateinischer Patriarch von Konstantinopel) kennen. Dieser ist ein ausgezeichneter Kenner der antiken Philosophie (Platon, Plotin, Proklos), wie seine Verteidigungsschrift Platons *In calumniatorem Platonis* (='Wider die Verleumder Platons') zeigt. Sie gilt als die erste Einführung in die platonische Philosophie im Abendland. So wird auch Dragisić zusätzlich in die Welt der Antike eingeführt und verteidigt Bessarions Schrift. Dragisić begibt sich nach Paris und Oxford, verbringt als päpstlicher Gesandter am kaiserlich Hofe Maximilian in Innsbruck, hält sich 1482 auf seinem Weg ins Heilige Land in Dubrovnik auf. Dragisić ist zu seinen Lebzeiten in den Kreisen, in denen er sich in Urbino, wo er Professor wurde, in Florenz, wo er wahrscheinlich den radikalen Bußprediger Giralamo Maria Savonaralo (1452-1498) kennenlernte. In Florenz bemüht man sich, verschiedene geistige Traditionen – orphische, pythagoreische, chaldäische, hermetische, hebräische, kabbalistische und christliche – zu vereinen. Florenz (Firenze,

Fiorenza) ist die „blühende" Stadt im 14. bis 16. Jahrhundert. Spitze der Renaissance und Führerin in Kunst und Wissenschaft ist das Florenz dieser Zeit mit dem antiken Athen zu vergleichen. Dragisić ist ein nicht zuletzt wegen seines Wissens und seiner Bildung hoch angesehener Mann. Nach einem Aufenthalt in England und Frankreich, zieht er nach Palästina und erwirbt eine Hand von Johannes dem Täufer, die er in Dubrovnik zurücklässt. In Florenz, wo er Leiter der Hochschule wird, erzieht er Lorenzo Medici (1448-1492), dessen Sohn Giovanni später Papst Leo X. werden wird. 1490 trifft er in Florenz die mit Marsilio Ficino verbundenen Vertreter des Platonismus (*Academia Platonica*) und lernt Pico della Mirandola kennen, dessen Entstehen wiederum verbunden ist mit dem Zustrom neoplatonischer Philosophen aus dem byzantinischen Osten (u. a.: Georgius Gemistos, Plethon, Pletho, Γεώργιος Πλήθων Γεμιστός 1355 – 1452), die Kenntnisse auch: „orientalischer" Gedanken (z. B. Zoroaster, Kabbalah) haben, und vielleicht sogar später (vor 1498) den deutschen Humanisten und Hebraisten Johannes Reuchlin, der vor allem wegen seiner Verteidigung jüdischer Schriften im sog. Judenbücherstreit, der Verteidigung gegen ihre Verleumdung (Johannes Reuchlin, *Tütsch missive ... warumb die Juden so lang im ellend sind* (Pfortzheim, 1505) und der Aufarbeitung der Kabbala bekannt ist. Dragisić unterstützt das anti-antisemitische Anliegen Reuchlins (*An Iudaeornm libri, quos Thalmud appellant, sint potiw supprimendi quam tenendi et conservandi* und *Defensio Protestantissmi Viri Johannis Reuchlin/*1517). Die Bücher werden noch zu Beginn des 16. Jahrhunderts auch ins Deutsche übersetzt und gelangen zur Kennntnis von **Kaiser Maximilian II.**, dem Dragisić ein Werk dediziert (*Ad Maximum Maximilianum Caesarem Romanornm imperatorem semper augustum Georgius Benignus archiepiscopus Nazarenus*). Es ist zu vermuten, dass die eigene Erfahrung von Flucht und Vertreibung Verständnis für die Juden bewirkte.

Venedig zwischen Kroatien und Deutschland

Dubrovnik entwickelt sich zu dem „kroatischen Athen." Der rege Verkehr mit dem mediceischen Florenz und dem übrigen Italien, besonders mit Venedig und Rom, wirkt sich hier in der Blütezeit der Renaissance und des Humanismus sehr fruchtbar aus und befördert auch das heimische Schrifttum[442]. Es war eine Welt der Migration von Perso-

---

[442] Siehe *Europe Legacy of he Humanists* Goethe-Institut Ljubljana, Cultural and Congress Centre Cankarjev dom Ljubljana, 2021.

nen und Ideen, unterstützt durch die Druckerkunst. Das Gebiet der mächtigen Republik Venedig reichte vom Gardasee bis nach Kreta, ihr Einfluss noch weiter. Griechen, Armenier, Juden waren ständig in der Stadt – und zudem Scharen von deutschen Kaufleuten. Sie brachten die neuesten Nachrichten von der anderen Seite des Gebirges mit - und natürlich auch die neuen Ideen. Das Zentrum der Händler aus den deutschen Landen war der *Fondaco dei Tedeschi*, einem Bau aus dem frühen 16. Jahrhundert, am Canale Grande im Herzen der Stadt, gleich neben der Rialtobrücke[443]: Es bestand ab dem 14. Jahrhundert ein reger Austausch zwischen Venedig und Deutschland (u. a.: über Straftaten, Handelsaustausch, Schiffsbrüche, Passfragen, gegenseitige Unterstützung in den ‚Türkenkriegen' …). Er war ein deutscher Mikrokosmos und bot den dort wohnenden Kaufleuten die Möglichkeit, auf ihre Art zu leben. Venedig war eine Stadt der Drucker, der Bücher, der Leser und über die Buchdruckerkunst verbunden mit Basel

---

[443] Henry Simonsfeld, *Der Fondaco dei Tedeschi in Venedig und die deutsch- venezianischen Handelsbeziehungen.* Stuttgart, 1887. Das Wort *Fondaco* soll hiernach ‚Magazin' (auch: Gasthaus) bedeuten. Es war ein Umschlagplatz auch für Waren aus dem Orient.

als dem Umschlagplatz der Ideen von Süden nach Norden. Venedigs Druckereien produzierten im Laufe des 16. Jahrhunderts geschätzte 15 bis 20 Millionen Bände in verschiedenen Sprachen. Der jüdische Talmud und sogar der Koran sollen hier das erste Mal gedruckt worden sein. Nach Venedig drang die Reformation: 1520 sollen die ersten Schriften Martin Luthers aus Augsburg, Nürnberg, Straßburg, Ulm, Nördlingen und Memmingen dort angekommen sein und wurden 1548 konfisziert und auf dem Rialtoplatz verbrannt. Viele Sympathisanten hatte Luther in der Niederlassung seines Ordens, dem Augustiner-Eremitenkloster mit der Kirche S. Stefano. Andrea Baura (Andrea da Ferrara). Ein Mitglied des Konvents predigte am Weihnachtstag 1520 vom Balkon des Palazzo Loredan zu einer Menge, die sich auf dem Campo S. Stefano versammelt hatte und wandte sich gegen Ablass und kirchlichen Ämterhandel. Der junge Mönch Flacius Illyricus[444] (=Matija Vlačić Ilirik) war elektrisiert. Er las, was er in die Finger bekommen konnte, und das war nicht

---

[444]Matija Vlačić oder Vlacich=Matthias Flacius Illyricus Albonensis=genannt Illyricus „der Illyrier", 1520 in Albona/damals unter venezianischer Herrschaft-heute: Labin/Kroatien -1575 in Frankfurt am Main.

wenig. Flacius Illyricus war ein Wanderer zwischen den Welten, der sich in verschiedenen städtischen und territorialen, politischen und konfessionellen Zusammenhängen zu behaupten hatte und am Ende verlassen verstarb - ohne kirchliches Begräbnis. In der San Marco-Schule (*Scuola Grande di San Marco*) in Venedig hatte er sich in der Absicht, ein Mönch zu werden, bei dem Humanisten Johann Baptista Aegnatius (Giambattista Cipelli-1478-1553) eine gründliche humanistische Bildung erworben. Der Provinzial des Franziskanerkonvents S. Francesco della Vigna in Venedig, Baldus Lupetinus (=Fra Baldo Lupetina aus „Albona"[445]/Istrien), der italienisch und kroatisch gepredigt hatte, ein (geheimer) Unterstützer Martin Luthers, „der erste Märtyrer" der Reformation (Henry Simonsfeld), riet Flacius zu einem Studium in Deutschland. Flacius begab sich dann nach Augsburg, wo 1530 das von Philipp Melanchthon verfasste Bekenntnis der lutherischen Reichsstände (*Confessio Augustana*) formuliert worden war, und 1539 begab er sich nach dem von Huldrych (=Ulrich) Zwingli und Johannes Oekolampadius geprägten Basel, das seit dem frühen 16. Jahrhundert als Wirkungsstätte bedeutender Humanisten (Thomas

---

[445] Heutzutage. Labin

Wyttenbach, Wolfgang Capito Fabricius, Bonifacius Amerbach, Hieronymus Froben und Nikolaus Bischoff) bekannt war.

1460 war in Basel eine Universität gegründet worden, die sich zu einem Zentrum humanistischen Denkens entwickeln sollte. Durch den hohen Bedarf an Druckwerken entwickelte sich die Stadt auch zu einer Metropole des Buchdrucks. Auch die Drucker werden vom Geist des Humanismus inspiriert, z. B. Johannes Amerbach und Johannes Froben. Der Humanist Erasmus von Rotterdam hatte hier in Basel mehrmals zwischen 1514–1516, 1521–1529, 1535–1536 gewirkt und war 1536 hier gestorben und wurde in einer reformierten Kirche beigesetzt. Er hatte einige Werke bei dem Basler Drucker Johann Froben publizieren können (1515: *Adagia*; *Moriae encomium*, zu deutsch: *Lob der Torheit*/1515; *Das Neue Testament in der griechischen Ursprache=Novum Instrumentum omne : diligenter ab Erasmo Roterodamo recognitum & emendatum. Valentina Sebastiani: Apud inclytam Germaniae Basileam Johann Froben*/1516).

Flacius inskribierte am 1. 5. 1539 an der dortigen protestantischen Universität als „Matheus de Franciscis de Albona Polensi Dioecesi in Illyrico sub Venetorum dicione, *pauper"* (d. h. er brauchte kein Kolleggeld und keine Gebühren zu zahlen). Es zieht

Flacius weiter nach Tübingen als dem Sitz der zweiten neugegründeten (1535) protestantischen Universität, an der er seine klassischen Studien bei seinem istrischen Landsmann Matija Grbac (=Matthias Garbitius Illyricus-1511-1559), Professor für Griechisch, fortsetzen konnte. Er zog dann 1541 über Regensburg nach Wittenberg, um Griechisch und Hebräisch zu studieren - und blieb 8 Jahre hier. Hier wurden Martin Luther und Philipp Melanchthon (*Praeceptor Germaniae)* seine Lehrer. Auf Flacius' Veranlassung von Flacius schreibt Martin Luther am 13. Juni 1543 einen Brief an die evangelischen Gemeinden in Venedig, Vincenza und Treviso. Die Adressaten waren Italiener. 1544 wird Flacius mit 24 Jahren vom sächsischen Kurfürsten Johann Friedrich dem Großmütigen zum Professor für Griechisch und Hebräisch an der Fakultät der Universität Wittenberg ernannt wird. In der Begründung des auch von Luther, Melanchthon und Bugenhagen unterstützten Ernennungsvorschlages heißt es u.a., Flacius unterrichte die Schüler „guetwillig", er würde ihnen sehr nützlich sein, denn

„er ist jung, gelehrt und ein Fremdling, arm" —
die Schüler würden weniger Scheu haben, ihm
„umb Bericht" zu „ider Zeit"[446]
anzusprechen.

Als Matthias gerade in Wittenberg Fuß fass-
te, überschlugen sich in Venedig für seinen
Onkel Lupetina die Ereignisse. In der Fas-
tenzeit 1541 hatte der Franziskaner auf der
Insel Cres gepredigt und dabei die Existenz
eines Fegefeuers geleugnet und bezweifelt,
ob man sich mit guten Werken von seinen
Sünden freikaufen könne: Er wurde von
seinem Mitbruder Jacopo Curzolo wegen
Häresie bei der Inquisition angezeigt und am
4. Dezember 1542 verhaftet. Flacius hatte
gehört, wie sein Onkel in Venedig litt. Kurfürst Friedrich von Sachsen bat den Dogen
Pietro Lando (1462-1545) um Großmut, und
die deutschen protestantischen Fürsten unterstützten das Anliegen mit ihren Unter-
schriften; Sein Neffe Flacius reiste aus Wittenberg 1543 nach Venedig, um den Dogen
zur Gnade zu erweichen. Im Gepäck hatte
Matthias Flacius einen Brief des Kurfürsten
von Sachsen, Johann Friedrich (1503-1554),
den Melanchthon verfasst hatte - aber ohne

---

[446] Luka Ilić, *Der Weg des Flacius von Wittenberg
bis Frankfurt.Aspekte eines theologischen Radi-
kalisierungsprozesses.*

Erfolg. Flacius' Onkel wurde als Lutheraner in Venedig eingekerkert und vom Santo Ufficio 20 Jahre gefangengehalten und in der Nacht vom 17. auf den 18. September 1562 in der Lagune von Venedig ertränkt, indem man einen Sack Steine an seine Füße hängte. Flacius wurde 1544 eine außerordentliche Professur der hebräischen Sprache verschafft, die er von Ende 1545 bis März 1549 versah. Daneben erwarb er am 25. Februar 1546 den akademischen Grad eines Magisters und fand am 1. Mai 1546 Aufnahme in den Senat der Philosophischen Fakultät. Vier Monate vor seinem Tod, im Herbst 1545, wohnte Luther der Hochzeit seines jungen kroatischen Freundes bei, der eine Pastorentochter Elizabeth (Vater: Michael Faustus) aus der Umgebung von Wittenberg (Dabrun/Sachsen-Anhalt) heiratete. Als die Universität Wittenberg in Folge des verlorenen Schmalkaldener Krieges 1547 vorübergehend geschlossen werden musste, hielt Flacius Vorlesungen am Paedagogium in Braunschweig und hielt sich bis 1557 im Magdeburg auf. Von hier betrieb er die Gründung der Universität Jena, an der von 1557 bis 1561 als Professor für das Neue Testament lehrte.

Mit dem Tod Luthers schienen neue Optionen innerhalb des Protestantismus möglich, in deren Auseinandersetzungen auch Flacius geriet, in denen er sich als einen in Opposition zu den Philippisten (Melanchthon!) stehenden genuinen Lutheraner (=Gnesiolutheraner) betrachtet und vor einer Rekatholisierung z. B. durch Melanchthon warnt, wie sie in den (sog) Leipziger Artikeln sichtbar wurde, in denen z. B. die Beibehaltung der lateinischen Messe, der Marienfeste und des Fronleichnamsfests vorgesehen wurden. Flacius zeichnete sich als ein äußerst streitbarer Reformator aus, der vehement die Ansichten seines Lehrers Martin Luther gegen andere reformatorische Strömungen der Zeit vertrat. Der unter einem inquisitorischen Katholizismus leidende Flacius dachte politisch anders als der selbst die päpstliche Autorität wieder anerkennende Melanchthon. Er scheute nicht die Auseinandersetzung, als sich katholische und evangelische Theologen im August 1547 auf einen Kompromiss (*Augsburger Interim*/1548) einigten. Artikel 26 beinhaltete eine fast vollständige Wiederherstellung der Kultordnung der katholischen Kirche.

- o Als Konzession an die Protestanten wurden nur der Laienkelch erlaubt und
- o die Ehe schon verheirateter Geistlicher anerkannt.
- o Die „alte[n] ceremonien" sollten übernommen und

durften nicht verändert werden. Vigilien und „begangcknuß der todten, wie es in der alten kirche gebreuchlich ist" sollten wieder abgehalten werden.

o Ein ausführlicher Festkalender wurde vorgeschrieben, der auch Fronleichnam und Allerheiligen umfasste, die im protestantischen Festtagskalender nicht auftauchten.

o Fastenbräuche, kirchliche Prozessionen und

o die Segnung des Taufwassers zu Ostern und Pfingsten wurden bekräftigt

o ebenso die Heiligenverehrung, jedoch mit der theologischen Klarstellung:

„wo sie irgent die rechte maß ubertretten, soll man sie corrigiren und besseren." [447]

Insgesamt blieb die katholische Lehre in ihren Grundfesten allerdings unangetastet. Melanchthon erschien in einem fragwürdi-

---

[447] https://wp-de.wikideck.com/Augsburger_Interim

gen Licht, zumal er im April 1548 an den kursächsischen Rat Christoph von Carlowitz geschrieben hatte:

„Der Kurfürst mag festlegen, was er will: Ich werde auch bei Beschlüssen, die nicht meinen Beifall finden, keinen Aufruhr erregen, sondern entweder schweigen oder weggehen oder ertragen, was kommt. Auch vordem ertrug ich eine fast entehrende Knechtschaft, da Luther oft mehr seinem Temperament folgte, in welchem eine nicht geringe Streitlust lag, als auf sein Ansehen und auf das Gemeinwohl zu achten."

Unter dem Pseudonym Christian Lauterwar schrieb (1548) Flacius die Schrift Wider Das INTERIM. Papistische Mess / Canonem / vnnd Meister Eissleuben / durch Christianum lau=terwar / zu dieser zeit nützlich zu lesen. Apocalips. 18. Aus Protest gegen die vermittelnden Lutheraner verließ Flacius Wittenberg und siedelte nach Magdeburg um, wo u. a. die Magdeburger Centurien (auch Zenturien) schrieb (erschienen 1559–1574), die der Versuch sind, eine umfassenden Kirchengeschichte aus Sicht der Reformation zu schreiben, ferner die Apologia Metthiae Flacij Illyrici ad Vitebergensem in adiaphorum causa. Eiusdem epistola de eadem materia ad Philip Malantho… Magdeburg, 1549 (=Entschuldigung Matthiae Flacij Illyrici, geschrieben an die Universitet zu

Wittemberg der Mittelding halben. Item sein brief an Philip. Melancthonem sampt etlichen andern schrifften dieselbige sach belangend. Verdeudscht. Magdeburg: Christian Rödinger, 1549) und seine Omnia Latina Scripta herausgab. Als Magdeburg durch Truppen von Kurfürst Moritz von Sachsen besetzt wurde, schrieb er die Trostschrift Ein geistlicher Trost dieser betrübten Magdeburgischen Kirchen Christi, das sie diese Verfolgung umb Gottes worts, und kein andern ursachem halben, leidet (Magdeburg, 1551). In Regensburg (1561) bemühte er sich auch um die Gründung einer Universität und in Klagenfurt um Institutionen, um Pfarrer und Prediger insbesondere für die südlichen habsburgischen Lande auszubilden. Dann ließ er sich in Magdeburg nieder: Der Kaiser Karl V. suchte mit allen Mitteln Lutheraner zu vernichten – mit dem Feuer zu strafen. Als 1566/67 in Antwerpen unter Wilhelm von Oranien (=Willem van Oranje (1533-1584), der führenden Persönlichkeit des niederländischen Unabhängigkeitskampfes gegen das katholische Habsburg-Spanien, der institutionelle Rahmen gegeben schien für den Aufbau einer lutherischen Kirche, wurde Flacius als hochkarätiger Berater geholt. Er verfügte über ein gewaltiges Netzwerk (Schweiz, Italien, Polen und Ostpreußen).

Als Matthias Flacius Illyricus am 11. März 1575 in Frankfurt am Main 55jährig starb, da verfasste einer seiner letzten Getreuen, der aus Lindau am Bodensee stammende Kaspar Heldelin, eine „*Christliche Leichpredigt über die Leiche des Ehrwürdigen und hochgelehrten Herrn Matthias Flacii Illyrici*", in der er den Verstorbenen so charakterisiert: „ … *er (hat) ein sehr geschwind ingenium, scharf iudicium, herrliche memoriam gehabt, das(s) sich menniglich darüber verwundert, so hat i(h)m a uch Herr Christus der weltlichen Vernunft und Witze viel gegeben.*" Er gilt neben Luther und Melanchthon als die markanteste Persönlichkeit der Reformation. Er schrieb das Hauptwerk der Hermeneutik des Humanismus und der Reformationszeit, die *Clavis scripturae sacrae* (Regensburg 1567), das von D. F. E. Schleiermacher, Twesten und W. Dilthey rezipiert worden ist. Die *Herzog-August-Bibliothek* in Wolfenbüttel führt ein Projekt der Digitalisierung seiner Schriften durch. Stimmt es, was Herzog Julius von Braunschweig-Lüneburg in seiner Wolfenbütteler „Liberey-Ordnung" von 1572 behauptete, dass Flavius seine Bibliothek mit langer Oberbekleidung und einem Messer betreten

habe, um an Bücher zu gelangen?"[448] Streit-
bar war er zweifelsohne – aber gleich so?

„Im Nürnberger Schottenkloster St. Ägidien
erwarb Flacius 1554 mit Cod. Guelf. 277 Helmst.
und 279 Helmst. zwei vollständige Handschriften. Erst jetzt stellte sich heraus, dass er dort aus
einem weiteren Codex die Blätter 132–174 her-
ausgetrennt und ebenfalls an sich genommen
hatte …; wo sich die Reste dieses Buches heute
befinden, ist unbekannt Die detektivische Klein-
arbeit des Erschließungsprojekts hat zahlreiche
Beweise erbracht, die Flacius eindeutig als Bü-
cherdieb überführen; dass die Spuren seiner
unrühmlichen Tätigkeit in Wolfenbüttel und in
Karlsruhe zu finden sind, ist ein weiteres Ergebnis. Schließlich hat sich gezeigt, dass Flacius
oder seine Beauftragten auch als ganz offizielle
Bibliotheksbenutzer nicht immer legale Wege
beschritten haben: Der in Wien aufbewahrte
Leihschein für die Handschrift Cod. Guelf 313
Helmst._aus dem Benediktinerkloster Melk in
Österreich ist auf den 7. September 1552 datiert
und damit längst abgelaufen…."[449] (Bertram
Lesser)

Ist dem Philologen die Liebe zum Wort Flacius zur Besssenheit geworden?

---

[448]   https://www.hab.de/der-ueberfuehrte-
buecherdieb/
[449]   https://www.hab.de/der-ueberfuehrte-
buecherdieb/

.Zwischen Härte und Unschuld: Von Grimmelshausen, Schiller zu Jünger

Die Kroaten erleben einen ersten – freilich unehrenhaften - Weltruhm durch die Geschichte des Simplicissimus Teutsch, d.h. die Beschreibung des Lebens eines seltsamen Vaganten, genannt Melchior Sternfels von Fuchsheim von Hans Jakob Christoph (Christoffel) von Grimmelshausen (1668 in Gelnhausen/Hessen - 1669). In der Form eines Schelmenromans werden Kriegsgräuel und Alltag aus der Perspektive der Kinder, Landsknechte und Bauern geschildert Berittene Kroaten kämpften im Dreißigjährigen Krieg vor allem unter Wallenstein in den Reihen der kaiserlichen Armee. Sie kämpfen als Söldner auf Seiten der Kaiserlichen Katholischen Liga innerhalb der bayerischen, spanischen, dänischen und französischen Truppen. Ihr rotes Halsband wurde als Krawatte (von Kroate) bekannt. 1634 erlebt von Grimmelshausen die Zerstörung seines Heimatortes durch kroatische Truppen. Sein Geburtsstadt Gelnhausen wird durch marodierende kroatische Trupps der kaiserlichen Seite vollkommen zerstört und dabei werden alle Kirchenbücher verbrannt. Feindliche Kroaten greifen den 14-jährigen von Grimmelshausen ihn auf, entführen und schleppen ihn fort. Er muss dann als Pferdeknecht für sie arbeiten.

Auch im *Lied vom Pappenheim* (benannt nach Gottfried Heinrich Graf zu Pappenheim (1594 in Treuchtlingen/Mittelfranken - 1632 in Leipzig) tauchen die Kroaten ("Krabanten") auf. Sie gelten als besonders grausam. Auf Befehl zünden sie Häuser und Kirchen an. Zu Pappenheim kämpfte auf der Seite Wallensteins, dem Befehlshaber der Kaiserlichen Armee des Heiligen Römischen Reiches Deutscher Nation, einer buntgewürfelten Truppe.

"Hascha, wen sieht man dort reiten? Was muß doch dieses bedeuten? Haben alle lange Stangen, Was werden sie nur damit anfangen? Krumme Degen an der Seiten; Wollt' auf mein Eid raten Das sind die Krabaten; …sie sind also ganz verwegen, Die schießen all zu, daß's donnert Dem Jodel, dem Becken, Im Rücken tut stecken Ein Spieß, ist abgebrochen. Der Hauptmann, der Jäger, Auch seine zween Schwäger Seind neben viel andern erstochen. …Wir wollen's drum nit verzeihen, Dem Pappenheim und den Krabaten, Das seind die rechten Teufelsbraten, Die wir wöllen erreichen, Ja alles vergeben, Die wütigen Löwen, Die seind schon unter ihnen. Die Unsern verzagen, Die Ihren nachjagen, Kein Teufel kann ihnen entrinnen. Reicher Christ, dich unser erbarm, Zu helfen uns, streck aus dein Arm, Weil wir jetzt nit mehr können.[450]"

---

[450] https://www.projekt-gutenberg.org/schoeppn/bysagen/chap0845.html

Der in österreichischen Diensten stehende Joseph Maria Friedrich Wilhelm Hollandinus von Sachsen-Hildburghausen (1702 in Hildburghausen/Thüringen - 1787 in Hildburghausen), österreichischer und reichsdeutscher Generalfeldmarschall schreibt 1780 als Ober-Militärdirektor und kommandierender General von Inner-Österreich, Karlsstadt und Warasdin ein Gutachten über die Militärgrenze und gibt hier auch eine Beschreibung vom "nationalcharakter der Croaten".

„Überall sahe ich ein krigerisches volk, rohe, kunstlose söhne der Natur bei schlechter einfacher kost, unter arbeit und fatiguen zur ächten hohen figur des ersten männergeschlechts, vereint und fest wie die eiche im Wald, ohne wartung und cultur empor wachsen, gutherzig und wild ... Und wenn ich bedenke, was die meisterhand eines monarchen, der dies volk schon zu gefährten in kriegsgefahren gehabt hat, aus einem solchen stoff noch machen kann, so wird mir der wilde muth der Croaten auch dadurch noch schätzbar, dass sie erst durch ihre empörungen ihre beherrscher genöthiget, sie kennen zu lernen."

Das von Johann Georg Krünitz (1728 in Berlin - 1796 Berlin) begründete Werk *Oekonomische Encyklopädie, oder Allgemeines*

System der Staats-Stadt-Haus-und Landwirt-schaft und der Kunstgeschichte) erschien 1773 bis 1858 in 242 Bänden und stellt eine der wichtigsten deutschsprachigen wissenschaftsgeschichtlichen Quellen für die Zeit des Wandels zur Industriegesellschaft dar. Der deutsche Enzyklopädist, Lexikograph, Naturwissenschaftler und Arzt beschreibt in seiner Enzyklopädie Kroatien.

- Kroatien ist ein Königreich, worunter Dalmatien mitinbegriffen ist.

- Kroatien ist gegen Norden an die Steiermark grenzend, vermittels der Drau an Ungarn, gen Osten an Slavonien, „an das türkische Kroatien und Bosnien; „gegen Süden an das venetianische Dalmatien; gegen Westen aber an das adriatische Meer und an Krain;"

- Slavonien gehört nicht zum eigentlichen Kroatien, ist mit ihm aber „verbunden"

- Drave, Sava, Kulpa- Die „Unna ist die Gränze zwischen dem östreichischen und türkischen Kroatien"- heutzutage: Una= Уна) entspringt nahe Donja Suvaja in Kroatien im Grenzgebiet zu Bosnien und fließt bei Jasenovac in die Save. Der Fluss bildet über weite Strecken die historische und heutige Grenze zwischen

Bosnien und Kroatien – wie z. B. ganz deutlich bei Maude Holbach (1910).

„It has been rightly said that on the banks of the Save River (which you cross to enter Bosnia) the two great currents of civilisation meet: one flowing from the West, the other from the East—the first advancing as the latter retires. The traveller who wants to study the evolution of a people will have here a fruitful field."[451]

Als Historiker kennt kein Geringerer als Friedrich (von) Schiller die Beteiligung von Kroaten am 30-jährigen Krieg. Dass die Kroaten in der deutschen Literatur eine eher unrühmliche Rolle zu spielen scheinen, verdanken sie Schillers *Wallenstein*, der sie als plündernde, ein wenig beschränkte und grundkatholische Soldaten schildert (Ulrich Dronske).

„Kroat mit einem Halsschmuck. Scharfschütze folgt. Vorige. SCHARFSCHÜTZ. Kroat, wo hast du das Halsband gestohlen? Handle dirs ab! Dir ists doch nichts nütz. Geb dir dafür das Paar Terzerolen. KROAT. Nix, nix! du willst mich betrügen, Schütz. SCHARFSCHÜTZ. Nun! geb

---

[451] Bosnia and Herzegovina, Some Wayside Wanderings, John Lane, London, 1910, S. 16.

dir auch noch die blaue Mütz, Hab sie soeben im Glücksrad gewonnen. Siehst du? Sie ist zum höchsten Staat. *KROAT läßt das Halsband in der Sonne spielen.* 's ist aber von Perlen und edelm Granat.Schau, wie das flinkert in der Sonnen! *SCHARFSCHÜTZ nimmt das Halsband.* Die Feldflasche noch geb ich drein. *Besieht es.* Es ist mir nur um den schönen Schein.TROMPETER. Seht nur, wie der den Kroaten prellt! Halbpart, Schütze, so will ich schweigen. *KROAT hat die Mütze aufgesetzt.* Deine Mütze mir wohlgefällt. SCHARFSCHÜTZ winkt dem Trompeter.Wir tauschen hier! Die Herrn sind Zeugen!" (Schiller, Wallensteins Lager, 3. Auftritt)[452].

In seiner *Geschichte des Dreijährigen Krieges* berichtet Schiller von einer „Würgeszene",

„für welche die Geschichte keine Sprache und die Dichtkunst keinen Pinsel hat. Nicht die schuldfreie Kindheit, nicht das hilflose Alter, nicht Jugend, nicht Geschlecht, nicht Stand, nicht Schönheit können die Wut der Sieger entwaffnen. Frauen werden in den Armen ihrer Männer, Töchter zu den Füßen ihrer Väter misshandelt, und das wehrlose Geschlecht hat bloß das Vorrecht, einer gedoppelten Wut zum Opfer zu die-

---

452

http://www.zeno.org/Literatur/M/Schiller,+Friedrich/Dramen/Wallenstein/Wallensteins+Lager/3.+Auftritt nen. Keine noch so verborgene, keine noch so geheiligte Stätte konnte vor der alles durchforschenden Habsucht sichern. Dreiundfünfzig Frauenspersonen fand man in der Kirche enthauptet. Kroaten vergnügten sich, Kinder in die Flammen zu werfen."[453] (*Geschichte des Dreißigjährigen Krieges*).

Schiller macht Isolani zum „General der Kroaten" in „Pilsen Böhmen im Jahr 1634", dem „16. Kriegsjahr" und charakterisiert ihn und „seine" Kroaten mit den Zeilen:

„Das ist der Auswurf fremder Länder, ist Der aufgegebne Teil des Volks..." (*Wallensteins Tod*; I,5)

Für Schiller repräsentiert der Kroate, welcher sich in seiner Dummheit übertölpeln lässt und „das Sprüchel des Pfäffleins" gläubig anhört, und

„den niedrigsten Haufen des Heeres, der wie das blöde Vieh zur Schlachtbank geführt wird."[454]

---

[453]

https://www.unterrichtsmaterial.ch/arbeitsblatt/1 79159-deutsch-anderes-thema-der-dreissigjaehrige-krieg-in-der-literatur

[454] Karl Hoffmeister, Schillers Leben für den weitern Kreis seiner Leser, Suttgart, 1854, S. 126.

Die Traditionslinie Schillers hat durch Hans Magnus Enzensberger ihre überraschende Fortsetzung gefunden. In seinem Jugendroman *Wo warst du, Robert?*[455], in dem ein Junge durch die Zeit reist und dabei zufällig auch in den 30-jährigen Krieg gerät, werden Schillers kroatische Räubersoldaten in einer Figur wiederbelebt: in dem Räuber Krawatt, der im Verlauf der Handlung einen Gutsbesitzer dadurch zum Reden bringen möchte, dass er ihm die Zunge abzuschneiden androht und hinterher mit seinem Kumpanen sich „über die Mägde her[...]macht". Die Inszenierung des Kroaten als negative Figur kann folglich in der deutschen Literatur auf eine gewisse Geschichte zurückblicken. (Ulrich Dronske)

In Ernst Jüngers *Dalmatinischem Aufenthalt* wird das eben beschriebene negative Kroatenbild in seinem Text explizit aufgegriffen, aber modifiziert. An einigen Stellen nimmt Jüngers Reisesubjekt die Stellung eines die Kultur(en) auslegenden Ethnologen ein oder er verhält sich wie ein Botaniker oder Zoologe, der mit den beschriebenen Objekten zweifellos vertraut ist. Einen

---

[455] Hans Magnus Enzensberger, *Wo warst du, Robert?* München, Wien 1998. Im Folgenden abgekürzt durch: EnWo.

Großteil des Textes stellen zoologische und botanische Betrachtungen dar. Unter den vorgefundenen Gegebenheiten hebt Jünger beispielsweise Nashornkäfer, Geckos, Gesellen, den Mulmbock, den Heldbock, Schakale und Waldesel hervor.

„Um die Zeit der Dämmerung wurde zuweilen aus einem der größten Fluglöcher vorsichtig ein langer, schwarzer Taster ausgestreckt. Er kündete das Erscheinen des großen Heldbocks an, der bei uns, wie der schwarze Storch und der Hirschkäfer, der untergehenden Tierwelt der germanischen Eichenwälder angehört. In dem sagenhaften Hercynischen Walde, der sich, sechzig Tagereisen weit, vom Rhein bis an die Sudeten dehnte, wird er häufig gewesen sein."

Hier in Dalmatien ist die Zeit stehen geblieben, obgleich es, wo der Erzähler-Autor mit seinem Bruder Friedrich Georg weilt, bekanntlich eine real existierende Region ist, aber im *Dalmatinischen Aufenthalt* wird es eindeutig als ein Raum der Ruhe und Ausgelassenheit stilisiert, in dem sich der moderne Mensch wieder als Mensch fühle und sich an seine mythische Herkunft erinnern und mit der Natur verbunden fühlen könne (Ivan Perica). Die Trägheit der gefleckten Kröte wird beispielsweise als „ein Sinnbild orientalischer Genügsamkeit" und die Sternblüten des Granatapfels als das „Sinnbild feuriger südlicher Liebe" versinnbildlicht, und die Prachtkäfer werden „als die wahren Kinder der Sonne" bezeichnet, da ihnen „die höchste Glut des südlichen Mittags (...) ein außerordentliches Leben" verleiht. Auch in der Darstellung von Menschen hält sich das Subjekt nicht fern von Symbolisierungen. Angenehm überrascht von „einem angenehmen und gut gewachsenen Menschenschlag" stellt das reisende Subjekt die Einheimischen als mit dem Boden und Meer zutiefst verbunden dar, mit dem Land, das zahlreiche alte Kapitäne willkommen heißt, die „ihre Wohnsitze mit der Ordnung und dem peinlichen Raumsinn einzurichten" pflegen, „an die man sich an den Schiffen gewöhnt", und in dem weiterhin eine Menschenart zu finden sei, die noch immer von der eigenen Hände Arbeit lebt. Allein schon der Genuss der Seeigel setzt den Besitz eines „rüstigen Sklaven voraus, der die stachligen Kalkschalen mit dem Messer halbiert". Der Autor beginnt denn auch die knapp 25 Seiten langen Beschreibungen seines Dalmatienaufenthalts im Jahre 1932 mit der Vorstellung des „kroatischen Typus", und zwar wie folgt:

„Die Kroaten hatte ich mir ungefähr so vorgestellt, wie sie bei uns zulande in der Erinnerung an den Siebenjährigen Krieg weiterleben – als eine Art von zottigen Barbaren mit hängenden Schnurrbärten und finsterem Blick."

Dalmatinischer Raum hinkt der weitreichenden und einschneidenden Industrialisierung hinterher. Die einheimische Bevölkerung lebt noch immer „vom Land und vom Meer", und der Steinbruch wird – im Unterschied zu einer modernen Industrieanlage – als die Arbeit an sich aufgewertet.

„Steinbrüche und Bergwerke sind die ältesten Bauten der Welt, und vielleicht nicht ohne Grund die einzigen, bei denen von einer Arbeit des Menschengeschlechts als solchem gesprochen werden kann."

Des Weiteren hat sich in Dalmatien das alte Patriarchat aufrechterhalten, das man in Deutschland nur noch in „östlichen Marken" kennt, „in denen der Patron noch als der ‚gnädige' Herr angesprochen wird", und das den Reisenden an das Zeitalter der Kultur (im Unterschied zur Zivilisation) erinnert:

„Mit Behagen tauchten wir in ein patriarchalisches Element, wie es bei uns schon seit Urgroßvaters Tagen verloren gegangen ist."

Obwohl auch hier entscheidende Veränderungen eingetreten sind, wird der dalmatinische Raum als das Reservat einer früheren

Zeit, einer Gesellschaft jenseits der Moderne gesehen. Das alte Österreich ist für uns, die wir wieder vor der Bildung von Imperien stehen, wie ein Fossil, aus dessen erhaltenen Knochen man den Aufbau einer andersartigen Welt errät – einer Welt, die hinter, aber vielleicht auch schon wieder jenseits der Moderne liegt. Der Dalmatien-Reisende leistet in diesem Raum, der „jenseits der Moderne" liege, eine kulturelle Erinnerungsarbeit.

„Es gibt wenige Dinge, denen wir uns ganz ohne Langeweile hingeben können und die das Heer der Gedanken zerstreuen, dessen unablässigem Angriff wir in unseren Städten unterworfen sind. Hierzu gehören die Betrachtung des flackernden Feuers, der Anblick der wirbelnden Schneeflocken und der dunkle, brausende Ton, mit dem die Welle am Strande sich überschlägt. Der ferne Anblick **der grauen Ringmauer von Korčula mit** ihren runden, mächtigen Wehrtürmen steigerte das Gefühl der Zeitlosigkeit; man konnte meinen, daß man sich an einem vergessenen Gestade des Mittelalters oder selbst der homerischen Welt befand."

Im dalmatinischen Boden erkennt man die Spuren der mythischen Geschichte.

„Im ersten Anstieg durchquerten wir zwischen Wein- und Maispflanzungen die Gärten einiger einsamer, von hohen Maulbeerbäumen beschatteter Gehöfte, in denen sich sicher seit Hesiods Zeiten das Leben nur wenig verändert hat."

Der Reisebericht endet nämlich mit Hölderlins Worten „Alle leben sie noch, die Heroenmütter, die Inseln, / Blühend von Jahr zu Jahr...(*Der Archipegalus*) [456]" und mit der Schlussfolgerung, dass

„das eigentliche Glück, das uns sein Anblick bietet, liegt darin, daß wir die Wirklichkeit unserer Träume bestätigt sehen".

Die Militärgrenze

Die Vorstellung, als antemurale christianitatis das Abendland vor den asiatischen Horden verteidigen zu müssen, ist im Geschichtsbild der Ungarn, Rumänen, Slowenen und Kroaten tief verwurzelt. Im 15. und 16. Jahrhundert stand das politisch in Personalunion zum Königreich Ungarn gehörende Kroatien an vorderster Front zum Osmanischen Reich. Die Osmanen verwüsteten und eroberten in mehreren Feldzügen große Teile Kroatiens. Die Militärgrenze, die Tag und Nacht bewacht werden musste, scheint den Charakter der Kroaten geprägt zu haben. Am 12. 12. 1519 erklärt Papst Leo X. gegenüber

---

[456]

https://gedichte.xbib.de/H%F6lderlin_gedicht_20 0.+Der+Archipelagus.htm

Ban Petar Berislavić (1475/Trogir – 1520) ungarisch: Péter Beriszló) Kroatien zum ‚Bollwerk', zur muslimischen Macht des Osmanischen Reiches=*antemurale christianitatis* (=Bollwerk der Christenheit). Nach dem Fall von Belgrad im Jahr 1521 bittet der katholische König Ludwig II. von Ungarn (ungarisch Lajos II., kroatisch Ludovik II.: 1506/Ofen=Buda/Ungarn - 1526 Mohács=Mohatsch/Ungarn) seinen Schwager Kaiser Ferdinand I. (1503 Alcalá de Henares/Madrid - 1564/Wien; 1527 vom Sabor zum König von Kroatien ernannt), die kroatische Küste samt dem Hinterland zu schützen. Mit seiner Krönung zum König von Kroatien im Januar 1527 übernimmt der Habsburger Ferdinand I. auch die Pflicht zur Verteidigung Kroatiens gegen die Türken, d. h. den Aufbau einer befestigten Linie und den Unterhalt der dafür nötigen Besatzung, nachdem die türkische Armee in der Schlacht von Mohacs am 26. August 1526 das ungarische Heer vernichtet hat. Die Habsburger Monarchie erweist damit sich als einzige Kraft des Widerstandes gegen die Osmanen. Wien richtet ab 1529 eine besiedelte Militärgrenze (kroatisch: *Vojna Krajina*=Војна крајина) als Schutzwall ein. Das Erwerben von Deutschkenntnissen hat deswegen in Kroatien eine lange Tradition wegen wegen der Herrschaft der Habsburger in kroatischen Territorien - vor allem der Nordwesten und Osten Kroatiens als ein Siedlungsgebiet deutschstämmiger Minderheit war.

Österreich übernimmt für dieses Gebiet eine Art Schutzherrschaft. Die Militärgrenze setzte sich zusammen aus Serben (ca. 40 %), Kroaten (ca. 35%), Rumänen (ca. 9%), Ungarn (ca. 7%) und Deutschen (ca. 5%) . Die Miltärgrenze umfasst ca. 9000 km. Die Kaiser setzten zudem kroatische Soldateska in den Glaubenskriegen des 16. und 17. Jahrhunderts gern im ganzen Heiligen Römischen Reich Deutscher Nation ein. Die Kroaten wurden so als Volk von Söldnern und Soldaten und als ‚Kriegsvolk' wahrgenommen. Ihnen haftete in der Publizistik der Nimbus von Raublust und Grausamkeit an – quasi das Pendant zu den negativen Wahrnehmungsmustern der Türken, die zur allgemeinen "Türkenfurcht" gesteigert wird, die nach dem (2.) Sieg auf dem Kosovo Polje (Косово Поље) in 1448[457] und der Eroberung Konstantinopels 1453 durch die türkischen Osmanen unter der Führung von Sultan Mehmed II. (1432 –1481) entsteht. Dieses Ereignis, für die Christenheit nur mit dem Untergang des alten Roms vergleichbar, führte zum Höhepunkt des westlichen

---

[457] Die erste Schlacht fand am 28. Juni 1389 statt.

Contra Turcos"-Schrifttums oder der *Turci-ca* (=Flugblätter und Traktaten über die Türken und den Türkenkrieg - Carl Göllner).[458]. Die Türken sollten nicht von den Trojanern abstammen, sondern von den Skythen, d. h. von denjenigen, die als Inbegriff des Barbarentums in der griechisch-römischen Antike galten. Eine paradoxe Situation: Die Christenheit ist durch reformatorische Bewegungen innerlich zerrissen, während die Türken eine Stadt nach der anderen und gar vor Wien stehen. Intellektuelle mischen sich ein: Viele folgten Marsilio Ficinos Warnung (*exhortatio ad bellum contra barbaros*/1480), die der Bedrohung Italiens durch die Osmanen entstammt. Die lateinisch schreibenden und sprechenden kroatischen (ca.) 200 Humanisten, beeinflusst durch die italienische Renaissance, traten als Berichterstatter über die Expansion der Osmanen und Mahner hervor. Das Lateinische als lingua franca der Intelligentsia war das verbindende Element, verstärkt durch die Herrschaft Venediks über Istrien im frühen 15. Jahrhundert[459].

---

[458] Vgl. dazu Carl Göllner, *Die europäischen Türkendrucke,* Berlin, 1961.
[459] Michael Petrovich, *The Croatian Humanists And the Ottoman Peril*

Koriolan Cipiko (=Coriolanus Capio, 1425/Trogir – 1493/Trogir), der selbst an einem unter venezianischen Kommando stehenden Feldzug gegen die Osmanen in Griechenland und Klein-Asien (1470 – 1474) teilnahm, veröffentlicht seinen Bericht (*Djela vrhovnog zapovjednika Petra Moceniga* (*Petri Mocenici Imperatoris gesta*) 1477 in Venedig. Später wurde dieser Bericht als: Coriolani Cippici Dalmatae Traguriensis; *De Bello Asiatico* (1594: Libri Tres in Europa) bekannt.

Stjepan Brodarić (=Stephanus Brodericus, 1480 in Koprivnica =Kopreinitz - 1539 in Vác/Ungarn) berichtet über die Schlacht von Mohács vom 29.8. 1526 (*De conflictu Hungarorum cum Turcis ad Mohacz verissima historia...*, die verheerende Niederlage des ungarischen Königreiches.

Am 19. November 1522 hielt Prinz Bernardinus de Frangepanibus (=Bernardinus de Frangepanibus, Bernardin Frankapan Modruški, Bernardin Frankapan Ozaljski. 1453 auf der Ozalj-Burg (Stari grad Ozalj or Gradina Ozalj) - 1529), der kroatischen Adelsfamilie Frankopan zugehörig, eine Ansprache (*Oratio pro Croatia Nürenbergae in senatu principum Germaniae habita)* vor dem Staatssenat in Nürnberg, in der er die westlichen Mächte um Hilfe bat und einen neuen Moses erbittet, der vor der Sklaverei schützen möge.

„Quam igitur pro tam pia in Turcas expeditione habui oratiunculam cui melius dicem quam Sanctitati Tuae, quae ut est beatissimum christiani nominis caput, ita summam humanitatem summae coniunxit sapientiae, ut quasi quidam novus Moyses afflictos Christi populos a dira Aegypto, atque adeo a barbarica liberet foeditate. Optimam quippe de te apud omnes concitasti opinionem, quam reverendus pater et dominus Franciscus Cheregatus orator tuus, ut omnium est horarum homo, mirifice secundat augetque, ut maxima sit spes vel solo tuo ductu posse immanem Turcarum contundi tyrannum. Non enim (quod sacrae testantur literae) in multitudine dominica consistit virtus, neque in equorum viribus eius voluntas.“[460]

Die Frankopan - Familie ist eine der bedeutendsten Familien Kroatiens. Ihre Nachfahren reichen bis zu den Royals des UK; sie sind als anerkannte WissenschaftlerInnen tätig oder als Manager der Internationalen Tennismeisterschaft in Umag[461]. Bernardi-

---

[460]   http://www.ffzg.unizg.hr/klafil/croala/cgi-bin/getobject.pl?c.165:1.croala
[461]

https://www.jutarnji.hr/vijesti/hrvatska/nazivali-su-ga-laznim-plemicem-a-on-je-tvrdio-da-zivi-samo-za-hrvatsku-umro-britanski-poduzetnik-

nus de Frangepanibus beendete seine Rede
mit einem Zitat von Horaz (Brief 1,18): "Et
tua res agitur, paries quum proximus ardet"
("Es geht um deine Sache, wenn das Haus
deines Nachbarn brennt."). Ein anderer
Frankopan, Vuk, kroatischer Ban von Kroa-
tien und Dalmatien, sprach auf dem Reichs-
tag von Augsburg 1530 vor Kaiser Karl V.
(*Oratio Ad Serenissimvm Carolvm V. Sacri
Romani Imperij Caesarem inclytum: Ac ad
Illustrissimos & potentissimos Principes:
Romani Imperij facta ex parte Regnicola
Croaci*). Dieser Reichstag hatte ja das Ziel,
gegen die Türkengefahr zu mobilisieren[462]

---

hrvatskog-porijekla-louis-doimi-de-frankopan-
7894041

[462] „ut deliberetur de auxiliis contra Turcam,
atrocissimum, hæreditariumatque veterem Christiani nominis ac religionis hostem, quomodo
illius scilicet furori et conatibus durabili et per-
petuo belli apparatus resisi posit; deinde et de
dissensionibus in causa nostræ sanctæ religionis
et Christianæ fidei." „damit er zu Hilfe gegen die
Türken, den grausamsten und erblichsten Feind
des christlichen Namens und der christlichen
Religion, überredet werden kann, durch die die
Wut und die Bemühungen der letzteren gegen
den Apparat eines dauernden und fortwährenden
Krieges zur Ruhe gebracht werden können ; dann
auch über die Meinungsverschiedenheiten in der
Sache unserer heiligen Religion und des christlichen Glaubens.

und die innerchristlichen Spannungen zwischen den Katholiken und Protestanten zu überwinden. Frangepanibus' bewegende Rede erschien gleichzeitig im lateinischen und einer deutschen Übersetzung. Er selbst fiel in der Schlacht von Schmalkalden 1546 auf der Seite der kaiserlich-katholischen Armee gegen die Protestanten.

Ganz persönliche Erfahrungen hatte Bartol **Đurđević (Jurjevic)** (1506 in Turopolje/nahe Zagreb – 1566) gemacht. Er wird nach der entscheidenden Schlacht von Mohács (1526/heute: Ungarn: Niederlage des Königreiches Ungarn durch die Osmanen) mit 20 Jahren gefangen genommen und in die Türkei verschleppt, um als Sklave beschäftigt zu werden. Nach 15 Jahren gelingt ihm über Armenien die Flucht nach Jerusalem, hält sich im dortigen Franziskanerkloster auf und kehrt nach Kroatien zurück und wandert wegen der fortbestehenden Osmanen Gefahr nach Brabant/heute Niederlande, aus, um vor ihr zu warnen (*De afflictione tam captivorum quam etiam sub Turcae tributo viventium Christianorum, De Turcarum ritu et caeremoniis, Epistola exhortaturia contra infideles…, Prognoma sive presagium mehemetanorum, primum de christianorum calamitatibus, Pro fide Christiana cum Tur-*

ca disputationis habitae et mysterio sanctae Trinitatis in Alchorano inuento.

Seinen Büchern verdanken wir Kenntnisse über die Sitten im Osmanischen Reich. Das Vordringen der Osmanen sieht er als Strafe für die Sünden der Christen. Seine Schriften wurden alsbald ins Italienische, Französische (*Voiage de la saincte cite de Hierusalem. Jointe la description des citez, villes, ports, lieux, & autres passages. Ensemble les ceremonies des Turcs* Liège/1600), Englische, Deutsche, Spanische und Niederländische (Flämische) übersetzt. Ein eindringlicher Mahner ist Tranquillus Andreis (Mattheus Parthenius Andronicus, Fran Trankvil Andrijevic (1490 in Tragurinus=Trogir/Dalmatien - 1571 in Trogir): Er studiert in Dubrovnik, Padua, Perugia, Siena, Bologna, Rom, dann Wien und Ingolstadt. Er wird Humanist, korrespondiert mit Erasmus von Rotterdam, hält u.a. Vorlesungen über Cicero und Quintilian an der Universität Leipzig1518 und seine *Oratio de laudibus eloquentiae*, die dort auch im Druck erscheint, und warnt vor den Osmanen in seiner Kaiser Maximilian gewidmeten und in Regensburg 1518 erschienen Schrift „*Oratio contra Thurcas ad Germanos habita*", Augustae Vindelicorum, 1518).

1510 sandte Papst Julius II. (1443 – 1513)
den Bischof von Modruš[463] =Simon (Simun)
Kožičič (Šimun Kožičić Benja, auch: Ben-
da, Begna, Simon de Begna, Simon Begnius,
1460 in Zadar – 1536 in Zadar/damals: Venedig) auf eine diplomatische Mission an
den Hof des kroatisch-ungarischen Königs
Vladislas II. (1456 -1615), der vom Papst
zum Krieg gegen die Osmanen bewegt werden soll. Modruš hält auf dem 5. Laterankonzil in Rom (1512 - 1517) eine Rede über
die Nöte der Kroaten angesichts der Bedrohung durch die Osmanen und verweist auf
die Verwüstungen von Zadar, Skradin
(=Σκάρδων), 17 km von Šibenik entfernt. Er
sieht in dem neuen Papst Leo X. (1475 –
1521 geboren als Giovanni de' Medici) den
(löwenartigen – leo, lat. Löwe) den Befreier
von den Osmanen und dem ‚Joch der mo-
hammedanischen'   Sklaverei
(=‚Maumethanae servitutis iugum'), widmet
ihm seine Schrift *De Croat[i]ae desolatione*,
in der er die Frankopan-Familie als Kämpfer
gegen die Osmanen lobt, deren Geschichte
er darstellt, und ruft zum Kreuzzug auf.[464]

---

[463] Geographisch gehört er zur Region Lika und
administrativ zur Gespanschaft Karlovac.
[464] Klein, Michael, *Geschichtsdenken und Stän-
dekritik in apokalyptischer Perspektive.* Ha-
gen 2004.

Leo X. ist der Papst, der in die Auseinandersetzung mit Martin Luther gerät und ihn
zunächst für einen

„betrunkenen Deutschen, der zur Besinnung
käme, wenn er nüchtern sei"[465]

hält. Luther hält zur gleichen Zeit seit 1517
seine Mahnreden gegen die ‚Türkische Gefahr'. Nach einer langen Phase der Unkennt-
nis bzw. des Halbwissens über den Islam im
Abendland breiten sich Kenntnisse zur islamischen Religion aus. Im Schatten der Tür-
kenkriege entstand im frühneuzeitlichen
Europa eine produktive Neugierde gegenüber der islamischen Welt, ein Interesse für
das Fremde des *homo islamicus* mit der Folge der Einrichtung von Lehrstühlen für das
Studium des Arabischen (1539 am Collège
de France in Paris, 1613 an der Universität
Lleida in Spanien, 1634 in Oxford).
Die Schrift des Humanisten Erasmus'
(=Erasmus Roterodamus, *Consultatio de
Bello Turcis inferendo et obiter enarratus
Psalmus XXVIII*, Wien, H. Vietor für U.
Alantsee, 1530= Beratung über einen gegen
die Türken zu führenden Krieg) spielt bei

---

[465]   http://www.christus-kommt-
bald.de/01987092ba0ceba01/031db69a5a0e7a60
3.html

392

der Warnung vor den Osmanen eine zentrale Rolle ('Türken' als grausame Barbaren, die die Christen bedrohen, aber auch Kritik an der Zwietracht unter den christlichen Königen): Gefahren wirklich zuhauf (Scabia gallica="wälsche pocken, Franzosen, syphilitische hautkrankheit."), die auch zur Umkehr auffordern. Die Frage taucht auf, wer der wirkliche Feind ist: Der Äussere (='Türke') oder der Innere (die 'Sünde')? Mit Erasmus korrespondiert auch der kroatisch, lateinisch und italienisch schreibende Marko **Marulić** (Marcus Marulus Spalatensis: 1450 in Split - 1524 in Split), der 'Vater der Kroatischen Literatur', dessen Wirksamkeit gerade zu einer Marulologie geführt hat[466]. Der 500-Kuna-Schein trägt sein Gesicht. Auch er bittet Papst Hadrian VI. um Hilfe gegen die Osmanen. Er war der erste, der Petrarca und **Dante ins Kroatische übersetzte.** Marulić gilt als eine der großen Figuren des europäischen Humanismus - und als der Erfinder des Wortes "Psychologie" (*Psichiologia de ratione animae humanae liber*). Sein erstes erfolgreiches Werk war die Schrift *De insti-*

---

[466] Franz Posset, *Catholic Advocate of the Evangelical Truth:* Marcus Marulus (Marko **Marulić** of Split 1450-1524), Wipf und Stock, Eugene, Oregon, 2021.

tutione bene vivendi per exempla sanctorum
von 1506, die 62-mal aufgelegt wurde, und
das von dem christlichen Ostasienmissionar
Francisco de Xavier (1506 - 1552) mit nach
Japan (1549 Kagoshima) genommen wurde;
er schrieb auch das erste säkulare Volks-
buch, ein Epos in kroatischer Sprache, die
Istoria svete udovice Judit (*Die Geschichte
der heiligen Witwe Judith*) – in Venedig
1521 in Venedig gedruckt. Mittels der "alt-
testamentlichen" Gestalt der Judith wollte er
auf die Bedrohung durch die Türken hinwei-
sen, die mit Holofernes verglichen werden,
dem assyrischen General des babylonischen
Königs Nebuchadnezzar. Die Wahl der alt-
testamentlichen Geschichte von der tapferen
Witwe als Stoff für eine poetische Behandlung wiederum sollte zeigen, dass man sich
der drohenden Türkengefahr durch Helden-
tum und Gottesglauben widersetzen könne.
Das Buch wurde sofort ins Englische, Französische, Italienische und Spanische übersetzt. Seine Werke wurden in Basel und
Venedig gedruckt und ins Deutsche übersetzt, z. B. sein *De institutione bene vivendi*:
Maruli Spalatensi, *Sechs Bücher Von ge-
dächtnuß würdigen Reden und Thaten, Das
ist: Von Lehr und underweisung, das Leben
wol und selig anzustellen, nach form der
Hailigen Lebens, Alten und Newes Testaments : Hochvonnöthen den gemeinen*

Landpriestern, dem Völcklin darauß aller-hand Materi Exempel fürzutragen: Auch allen Geistlichen und Weltlichen Personen, so die wolgebanete Straß zum Himmel wandlen und selig werden wöllen." Marulićs Werke erschienen z. T. bei dem Basler Drucker Adam Petri de Langendorf (1454 in Langendorf - 1527 in Basel), der auch bedeutende Werke vor allem von Martin Luther druckte und Holzschnittbordüren und -initialen von Künstlern wie Hans Holbein schmücken ließ. Das Druckerzeichen des Verlagshauses beschreibt das Bibelzitat "Das Wort Gottes ist feurig und durchdringender als ein zweischneidiges Schwert." (Hebräer 4, 12). In mehr als 60 Büchereien in Deutschland gibt es seine Werke. Auch die Nachfolger benutzten weiterhin das Druckerzeichen, welches die Bibelstelle aus Jeremias 23,29 symbolisiert: „Ist nicht mein Wort wie Feuer, spricht der Herr, wie ein Hammer, der Felsen zerschmettert?" Die Druckerei bzw. der Verlag geht 1868 an Benno Schwabe und wird zur Schwabe AG Basel – dem „ältesten Druck- und Verlagshaus der Welt" Gegründet 1488 in Basel durch Johannes Petri".

Das Jahr 1453 scheint eine Zäsur zu bilden. Wo endet, so der Kulturkreistheoretiker Huntington, Europa im Osten?

„Die zwingendste und gründlichste Antwort auf diese Fragen liefert die große historische Scheidelinie, die seit Jahrhunderten westlich-christliche Völker von muslimischen und orthodoxen Völkern trennt. Diese Linie geht auf die Teilung des Römischen Reiches im 4. Jahrhundert und auf die Errichtung des Heiligen Römischen Reiches im 10. Jahrhundert zurück. Ihren gegenwärtigen Verlauf nimmt sie seit mindestens fünfhundert Jahren. Im Norden verläuft sie entlang der heutigen Grenze zwischen Finnland und Russland, durch das westliche Weißrussland, durch die Ukraine, wo sie den unierten Westen vom orthodoxen Osten trennt, durch Rumänien zwischen Transsylvanien mit seiner katholisch-ungarischen Bevölkerung und dem Rest des Landes und durch das frühere Jugoslawien entlang der Grenze, die Slowenien und Kroatien von den anderen Republiken trennt. Auf dem ‚Balkan' fallen die Linien natürlich mit der historischen Grenzen zwischen dem österreichisch-ungarischen und dem osmanischen Reich zusammen. Diese Linie ist die kulturelle Grenze Europas ... Ein kultureller Ansatz liefert eine klare und eindeutige Antwort auf die Frage, die Westeuropäer bewegt: Wo hört Europa auf? Es hört dort auf, wo das westliche Christentum aufhört und Orthodoxie und Islam beginnen. ... Wie Michael Howard ausführt, ist es unerlässlich, die in den Sowjetjahren verwischte Unterscheidung zwischen Mitteleuropa und dem eigentlichen Osteuropa zu berücksichtigen. Mitteleuropa umfasst ‚die Länder, die einst Teil des christlichen Abendlandes waren; die alten Länder des Habsburgerreiches, Österreich, Ungarn und die Tschechoslowakei, dazu Polen und die östlichen Grenzmarken Deutschlands. Die Bezeichnung ‚Osteuropa' sollte jenen Regionen vorbehalten bleiben, die sich unter der Ägide der orthodoxen Kirche entwickelten: die Schwarzmeer-Gemeinschaften Bulgarien und Rumänien, die erst im 19. Jahrhundert aus osmanischer Herrschaft entlassen wurden, und die ‚europäischen' Teile der Sowjetunion.' Die erste Aufgabe Westeuropas muss es nach Howard sein, ‚die Völker Mitteleuropas wieder in unsere kulturelle und wirtschaftliche Gemeinschaft zu integrieren, in die sie von Rechts wegen gehören: die Bande zwischen London, Paris, Rom und München und Leipzig, Warschau, Prag und Budapest neu zu knüpfen.' Eine ‚neue Bruchlinie' sieht zwei Jahre später Pierre Bahar entstehen, ‚eine im wesentlichen kulturelle Scheidelinie zwischen einem Europa, das vom westlichen Christentum (römisch-katholisch oder protestantisch) geprägt ist, auf der einen Seite, und einem Europa, das vom Ostchristentum und islamischen Traditionen geprägt ist, auf der anderen Seite. ... Bei Anwendung dieses Kriteriums würden die Visegrad-Staaten (Polen, Tschechische Republik, Slowakei, Ungarn), die baltischen Republiken, Slowenien, Kroatien und Malta letzten Endes EU-Mitglieder werden, und die Europäische Union würde sich mit dem westlichen Kulturkreis decken, wie er historisch in Europa existiert hat."[467]

---

[467] Huntington 251ff.

Kroatien ist in Europa angekommen und unterliegt den Regeln der EU. Aus der Sicht von Moslems in BiH beherrscht dieser Topos des *Antemurale Christianitas* noch die Sichtweise kroatischer Politiker, der auf Pavao Ritter Vitezović zurückgeht und auch auf Luthers Schrift *Das ist, Vom Kriege und Gebet wider den Türcken, und von desselben Alcoran* Bezug nimmt[468]. Der Vorwurf von bosnischer Seite lautet, dass sich in dem Topos die Orientalisierung des Anderen i. S. von E. Saids (Orientalism/1978) wiederholt. Es wird der Vorwurf erhoben, dass Kroatien als EU-Land flüchtende Moslems an der Weiterreise hindert[469]. 256 führende Intellektuelle aus mehreren Balkanländern (u. a. die kroatische Ex-Außenministerin Vesna Pusic, der Direktor des Gedenkzentrums von

---

[468] Emir Suljagić, *The Role of Croatia in Bosnia and Herzegovina: Antemurale Christianitatis as a Policy of Choice",* Insight Turkey, 2019 Spring, Vol. 21 / No. 2 / 2019. Er ist Direktor des Memorial-Centers in Srebrenica. Bekannt wurde er durch sein Buch: Srebrenica – Notizen aus der Hölle. Aus dem Bosnischen von Katharina Wolf-Grießhaber. Wien: Zsolnay 2009. Er war Stipendiat am Hamburger Friedensforschungsinstitut IFSH, wo er über ethnische Säuberungen auf dem Gebiet des ehemaligen Jugoslawiens promovierte:
[469] https://www.woz.ch/-ac87

Srebrenica, Emir Suljagic) werfen der EU vor, Fehlentwicklungen auf dem ‚Balkan' i. S. ethnischer Grenzziehungen zu ignorieren. Nahezu 100 Jahre zuvor, 1916, hält der Orientalist (und spätere preußische Kultusminister) C. H. Becker vor dem Kaiser eine Rede[470] *Über das Türkische Bildungsproblem.* Der Kaiser habe die „zukunftsreiche Brücke über den Balkan" geschlagen: Der „Orient" schlummere noch geistig: Vom „Bildungsproblem" hängt „die Zukunft des Orients" ab: „mehr als von der Lösung wirtschaftlicher und politischer Fragen des Augenblicks". Es ist „das große Problem der Modernisierung des Islams", das sich stellt für eine Welt, die bisher nur „die Despotie" gekannt hat – und „niemals die freie städtische Entwicklung". Die freie Entfaltung – und nicht der Etatismus der „Staatskrippe" – weist den richtigen Weg. Aufschwung kommt nur über eigenständig wirtschaftlichen Fortschritt, „*Trieb zum freien Beruf, das wirtschaftlichen* Vorwärtsstrebens auf Grund eigenen Risikos". Becker verweist nicht grundlos auf das Wort Goethes aus *Iphigenie aus Tauris* „Der Frauen Zustand

---

[470] Friedrich Cohen, Bonn, 1916.

ist beklagenswert"[471]. Wird sich die EU weiter öffnen?

„Wir wissen nicht, wann Bosnien-Herzegovina ein Mitglied der EU wird, doch wir hoffen möglichst bald. Tomislavgrad konnte nicht mehr darauf warten, wir sind schon in Europa, beziehungsweise Europa ist hier!"[472] (Stadt Tomislavgrad)

Eine Wahlverwandtschaft - Deutschland und Kroatien

Deutschland hat eine ganz besondere kulturelle Nähe zu Kroatien. Deutschlands genießt in Kroatien große Wertschätzung, die verstärkt wurde durch die die frühe Anerkennung des unabhängig gewordenen Staates im Jahre 1991 durch Kanzler Dr. Helmut Kohl und Außenminister Hans-Dietrich Genscher[473]. Deutsch wird von der *Gemeinschaft der Deutschen in Kroatien – Zagreb* gepflegt[474].

---

[471]
http://www.zeno.org/Literatur/M/Goethe,+Johann+Wolfgang/Dramen/Iphigenie+auf+Tauris/1.+Akt/1.+Auftritt

[472] file:///D:/Benutzerprofil/Documents/Doc%20Martin.neu/Balkan/Tomislav.pdf

[473].

[474] https://www.gemeinschaft-der-deutschen.eu/

Die älteste Buchhandlung in Kroatien wurde in Agram 1795 gegründet: *Suppans Königliche Universitätsbuchhandlung.* Joachim Suppan (1749/Graz -1864/St. Lamprecht/Steiermark) war Benediktinermönch[475].

Die kroatischen Länder gehörten zu einem Raum, der von zwei Sprachen geprägt war: Italienisch und Deutsch. Letztere war in Mitteleuropa, also auch in Nordkroatien vertreten, mit der Tendenz, sich nach Ost- und Südosteuropa und sogar bis nach Russland zu verbreiten. Da sich die Zentren der kroatischen Nationsbildung in Zagreb und in anderen kroatischen kontinentalen Städten befanden, konnte sich das entlang der kroatischen Adriaküste verbreitete Italienische kaum durchsetzen. Der Großteil des kroatischen Territoriums lag innerhalb des deutschsprachigen Einflussbereichs, vor allem seit der zweiten Hälfte des 18. Jahrhunderts, als der Einfluss oft durch staatliche Maßnahmen verstärkt wurde. (Cvijović Javorina). Zudem wurde Deutsch als vorherrschende Verkehrssprache mit hohem Prestige benutzt - besonders in städtischen Gebieten. Lokale deutschsprachige Zeitungen

---

[475] Siehe: (hrsg.) Svjertlan Lacko Vidulić. *Südöstliches Europa*, Zagreber Germanistische Beiträge, 24, 2015.

erschienen in Zagreb früher als kroatisch-
sprachige, und selbst nach der Gründung
erster kroatischsprachiger Zeitschriften
(Danica horvatska, slavonska i dalmatinska,
Novine horvatske 1835–1849) erzielten die
deutschsprachigen viel höhere Auflagen. Bis
mindestens 1901 fand in Zagreb regelmäßig
Gottesdienst in deutscher Sprache statt. Das
Stadtbild war von deutschsprachiger Werbung, Aushängeschildern der Wirtshäuser
und Handwerker geprägt.[476]
Es gab im 19. Jahrhundert folgende deutschsprachige Zeitungen:

- *Agramer politische Zeitung: (=Luna
  Agramer Zeitschrift)* - seit 1830
- *Agramer-Amtsblatt* – seit 1856
- *Agramer Tagblatt* – seit 1856
- *Agramer (Amtsblatt zur Agramer)* –
  seit 1856
- *Agramer Presse (Kroatische Post)* -
  seit 1877
- *Kroatische Post* – seit 1877
- *Tagblatt-Der Morgen* – seit 1886

Darüber hinausgehend[477]:

---

[476] Kristian Novak; Barbara Štebih Golub

[477] Forschungsstelle: Deutschsprachige Zeitung-
en-
https://web.archive.org/web/20080219103702/htt
p://www.uni-giessen.de/zeitungen/laender.php

1786   *Agramer Deutsche Zeitung.*
1789   *Kroatischer Korrespondent.*
1815   *Agramer Theaterjournal.*
1839   *Croatia.*
1842   *Monatsblatt der Kroatisch-Slavonischen Landwirtschaftsgesellschaft.*
1845   *Der Pilger, Organ für vaterländi-sche Interessen, Kunst und Industrie/* Karlstadt (Karlovac), die stark auf die Kroatische Militärgrenze und auf die Abgrenzung vom ‚barbarischen' „Reich der Türken" abhebt.

„Bis hierher also reichen die Segnungen europäischer Kultur! Hier noch christliche Aufklärung und Milde – Sicherheit des Lebens und Eigenthumes – religiöse und bürgerliche Freiheit – ungehemmte, freie Entwickelung der Kräfte, zeitgemäßer Fortschritt, also alle Elemente des Glücks in einer durch weise Gesetze geordneten Gesellschaft! – Dort aber tiefe Herabwürdigung der Menschheit, namenloses Elend, Knechtschaft, Raub, Willkühr, Gesetzlosigkeit und gänzliche Verwilderung! – Hier also heller, schöner Tag! – dort lange, grauenvolle Nacht!" [478]

---

[478] Davor Dukić: *Die Karlstädter Zeitschrift ‚Der Pilger',* Zagreber Germanistische Beiträge 2015, S. 149ff. „Karlovac/Karlstadt wurde 1579 als Festung an der Grenze zum Osmanischen Reich gegründet und nach dem steirischen Erzherzog Karl II benannt. Von der Gründung der Stadt bis

1849 Ost und West. Politische Rundschau.

1849 Südslavische Zeitung.

1866 Die Neue Zeit. Nationalökonomische Zeitung.

1870 Die Klatschrose. Humoristischbelletristisches Wochenblatt.

1871 Agramer Lloyd.

1871 Agramer Sonntags-Zeitung (später: Agramer Nachrichten).

1871 Südslavische Korrespondenz.

1872 Agramer Nachrichten.

1872 Biene und Wespe.

1872 Landesverwaltungsblatt für die Kroatisch-Slavonische Militärgrenze.

1873 Agramer Wochenblatt, Organ für Volkswirtschaft und Handel.

---

zum Jahr 1777, als Königin Maria Theresia Karlovac den Status einer freien königlichen Stadt zuerkannte, war sie Zentrum der Kroatischen Militärgrenze bzw. des Karlstädter Generalats. Seitdem war die Stadt, ungerechnet einiger administrativen Änderungen während der Napoleonischen Kriege und der Nachkriegszeit (1809–1822), ein Teil Zivilkroatiens." (S. 156 Anm. 14). Auch: Davor Dukić, *Das Türkenbild in der kroatischen literarischen Kultur vom 15. bis zur Mitte des 19. Jahrhunderts,* 2014.

1877   *Forstwirtschaftliches Blatt*[479].

1877   *Die Kritik.*

1877   *Agramer Presse (später: Kroati-sche Post).*

1881   *Die Biene. Organ für Landwirt-schaft, Handel und Industrie.*

1882   Kroatische Revue. Berichte über die Sozialen und Literarischen Verhältnisse der südslavischen Völker.

1885   *Die Filarka.*

1888   *Der Geschäftliche Wegweiser.*

1893   *Neues Agramer Journal.*

1898   *Agramer Lloyd. Organ für Volks-wirtschaftliche Interessen.*[480]

1902   *Kroatisch-Slavonische Holzzei-tung. Organ des Agramer Lloyd für Interes-sen der Holzproduktion, des Holzhandels und der Holzindustrie.*

1904   *Mercantile. Organ für Handel, Volkswirtschaft und Creditverkehr von Kro-atien, Slavonien, Dalmatien, Bosnien und Herzegowina.*

1905   *Das Glück.*

1907   *Glücksbote.*

---

[479] Hugo H. Hitschmann, damals Verwalter auf dem Gute Osredek in Slowenien, wurde Chefre-dakteur

[480] Herausgeber: Adolf Blau – Familieangehörige kamen in Thereseinstadt um

1907   *Volksrecht. Organ der sozialde-mokratischen Partei.*

1908   *Rebach.*

1909   *Evangelischer Gemeindebote für Kroatien, Slavonien, Südungarn und Bosnien (später ab 1910: Der Morgenstern).*

1911   *Neues Agramer Journal.*

1917   *Südslavische Rundschau. Organ für Interessen der Kroaten, Serben und Slovenen.*

In der *Luna Agramer Zeitschrift* vom 27. Mai 1857 inseriert der Bäckermeister Anton Orkel zur Eröffnung seiner neuen Bäckerei in der *Ilica 731* „nächst dem *Hotel Pruckner*"[481], ein Hotel höchsten Standards bei moderaten Preisen und guter Verkehrsanbindung…

Parallel dazu gab es in Zagreb den Verlag *Svetozar Galac*, in dem Übersetzungen aus dem Deutschen ins Kroatische erschienen, z. B.

- Gotthilf Heinrich Schubert[482]: Naturlehre als kurzer Inbegriff der Stern-

---

[481]   Martina Pongrac, *ZAGREB U 19. STOLJEĆU: URBANISTIČKI RAZVOJ I PROSTORNA ORGANIZACIJA*, Zagreb, 2013, S. 15. https://www.hkv.hr/reportae/lj-krinjar/9011-vremeplovom-kroz-gornju-ilicu-do-duda-nad-sitnogoricom.html

[482] Steht mit Herder, Schelling, Baader und Hegel, mit Brentano, den Gebrüdern Schlegel,

kunde, der Physik sammt Chemie und der Lehre von der Erdbildung (1847, 1853)

- Opposition und Regierung des Drei-einigen Königreiches von Baron Hellenbach.
- Robinson Krusoe Aus dem Deut-schen von Cl. L. Heubner[483]

Viele deutschsprachigen Zeitungen erschienen in der gesamten K.-K.-Monarchie (z. B: Brioni, Brno (=Brünn), Bukarest, Temeswar, Teplice, Prag, Triest)[484]. Es ist kaum auszu-messen, welche bekannten Persönlichkeiten sie gelesen haben mögen…

Besonders in Osijek gründeten deutsche Einwander die ersten Zeitungen: Die erste Zeitung erschien 1864 unter dem Namen *Esseker Lokalblatt* und *Landbote* (*Belletris-tische Wochenschrift für Kunst, Industrie, Handel, Bewerbe und Landwirtschaft*, d. h. *Organ für ämtliche Verordnungen, Kunst, Industrie, Handel, Gewerbe, Landwirth-schaft und Unterhaltung*. Die deutsche Spra-

---

Tieck, Jean Paul, Kleist und Goethe, sowie mit dem Maler Caspar David Friedrich in Verbin-dung.

[483] Cf. Oesterreichischer Katalog, II. Theil, Wien, Verein des Verlages oesterreichischer Buchhänd-ler, 1865

[484] https://anno.onb.ac.at/alph_list.htm

che war die lingua franca einer interethnischen Kommunikation (G. Schubert).

In der *Bibliothek des Slawonischen Museums* in Osijek sind viele deutsche Schriften archiviert[485]. Professor Dr. Dr. h.c. Bernhard Fabian, Anglist und Buchwissenschaftler der Westfälischen Wilhelms-Universität Münster hat die Bestände registriert. Fabians Arbeiten haben entscheidend dazu beigetragen, dass Bibliotheken wieder zu Orten der geistes - und kulturwissenschaftlichen Forschung geworden sind[486].

In Osijek wurde auch die kroatische Schriftstellerin Wilma von Vukelich (1880 – 1956/Zagreb) geboren. Ihre Familie kam ursprünglich aus Ulm und kam entlang der Donau über Regensburg und Passau nach Wien. Nach Aufenthalten in Wien und München kehrt Wilma in ihre Heimat zurück. Sie beherrschte neben ihrer deutschen Muttersprache noch Französisch, Englisch, Ungarisch. und natürlich Kroatisch, die Sprache ihrer Heimat. Sie schrieb in deutscher Sprache (*Die Heimatlosen* (Roman)/1923, *In engen Grenzen* (Roman), *Zwölf um den Tisch* (Roman), *Spuren der Vergangenheit,*

---

[485] https://fabian.sub.uni-goettin-gen.de/fabian?Slawonisches_Museum(Osijek)
[486] https://biblio.hypotheses.org/2023

Osijek um die Jahrhundertwende (Memoiren), *Eine Chronistin des Judentums in Mitteleuropa*). In ihren Schilderungen des kleinstädtischen Lebens von Essek erkennt man einen Hauch der Wiener *high society*: So bekommt sie, Tochter eines Textilwarenhändler, mit siebzehn Jahren ihr erstes langes Kleid, ‚eine Wiener Toilette‘, der damaligen Sitte entsprechend, aus Rosshaar-Stoff und rauschender Seidenunterlage gearbeitet. Es war für sie, geschult an Lessings *Nathan der Weise*, selbstverständlich, dass die Jugend gegenseitig die Bälle der katholischen, serbischen und jüdischen Wohltätigkeitsvereine besuchte. Man las eine Wiener Zeitung, Kotzebue, Grillparzer und in großbürgerlichen Familien auch Schiller und Goethe. (Péter Varga). Sie berichtet:

„An der Komitatsgasse siedelten sich die Pfarrkirche und dem Komitatshause gegenüber die reich gewordenen Kaufleute mit ihren Geschäftsläden an. Die Häuser waren einstöckig und komfortabel, mit solidem Mörtelputz, viel Stukkatur, weißen und grünen Fensterläden, Blumengirlanden, Muscheln und geflügelten Engelsköpfen an den Fassaden. In den Höfen befanden sich die mit Waren vollgestopften Magazine, und durch die breiten Toreinfahrten rollten die hochbepackten Planwagen ständig aus und ein. ... Das, was man dort Sprache nennt, ist ein Konglomerat aus dem vom Wiener Handwerker noch zuzeiten

Maria Theresiens und des seligen Kaiser Joseph importierten Hernalser Deutsch und den württembergisch-hessischen Elementen des schwäbischen Bauern. Dazu das vom Musikfeldwebel der 78er hierher verpflanzte Böhmische, zahlreiche Jargonausdrücke, die dem Wortschatz des jüdischen Hausierers entstammen, das Rotwelsch der Landstreicher und Wanderburschen, die ihren Weg über Budapest, Prag und München nahmen, der serbische Einschlag der Unterstädter autochthonen Bevölkerung, das verdorbene Beamtendeutsch und - kroatisch der nahen Militärgrenze, der schlechte Stil der deutschen Lokalblätter und das falsche Bühnenpathos der zugewanderten Theatertruppen aus Olmütz und Pressburg. Das Exportgeschäft mit den Rohprodukten des Landes: Holz, Leder, Getreide und Wein, sowie mit den Erzeugnissen einer rasch aufblühenden Manufaktur nahm nach dem Jahre 1848 einen überraschenden Aufschwung. Es waren leichte Verdienstmöglichkeiten gegeben, und dieser Umstand bewog eine Reihe findiger Kaufleute aus Mähren, Böhmen, Ungarn und der Slowakei, sich hier anzusiedeln und der Stadt mit ihren Sitten und ihrem Sprachengemisch ein besonderes Gepräge zu geben, so daß sie sich von allen anderen Städten in Kroatien deutlich unterschied."

Das Theater hatte für die kulturelle Entwicklung – vor allem in Osijek/Slavonien - eine wichtige Funktion, reiften doch gerade auf der Bühne jene zum Teil romantischverklärten, zum Teil patriotisch-kämpferischen Ideen heran, auf die sich dann die nationalen Wiedergeburtsbewegungen beriefen. Auch „*Maria Stuart*" (1859) und „*Die Räuber*" sowie „*Wilhelm Tell*" von Schiller scheinen in diesem Geiste rezipiert und aufgeführt worden zu sein. Alle Ethnien sind in dieser Zeit von den Ideen der nationalen Wiedergeburt erfüllt, auch die Donauschwaben in der Diaspora. Zum Theater bemerkt Wilma:

„Der Direktor einer solchen Wandertruppe mußte mit allen Wassern gewaschen, gegen alle Eventualitäten gerüstet, Geschäftsmann, Scharlatan und guter Psychologe in einer Person sein. Er mußte es verstehen, die Reklametrommel zu rühren und seinem Publikum auch das Unmögliche zu versprechen. Sein Repertoire mußte jedes Genre umfassen: Burlesken, Grotesken, Possen, Lustspiele, Salonstücke, Schauerdramen und Schwänke. Er mußte heute Grillparzers ‚Ahnfrau' und morgen die ‚Lustige Witwe' geben, Opern, Ballettabende, Matineen, Galavorstellungen, Debüts, Gastspiele, Benefizabende, Jubiläen, Neuinszenierungen und auch sonst alles, wovon er voraussetzen durfte, daß es seine ewig leere Theaterkasse füllen würde. Ich glaube, es war gerade diese Vielseitigkeit des Repertoires und die große Zahl der Neuaufführungen, die das Esseker Theater noch irgendwie über Wasser hielten. Niemand wollte das gleiche Stück zweimal sehen ... Die Gagen wurden unregelmäßig

ausgezahlt, so daß auch der stolzeste Heldenlieb-
haber manchmal genötigt war, seiner Hausfrau
den Hof zu machen, um sie für die schuldig ge-
bliebene Miete zu entschädigen. Die Damen
dieser bunten Welt waren auf generöse Liebha-
ber angewiesen, auf ein paar meist schon ange-
graute Esseker Lebemänner, die ein paar Monate
lang im Laster schwelgten, indem sie die Wahl
zwischen der Primadonna und dem letzten kleinen Chormädchen hatten, wenn sie dieselben nur
soutenierten."[487]

In der Lorenz Jäger Straße (=Ul. Lorenza
Jagera) in Osijek gibt es ein Denkmal für
Wilma. Die Prachtstraße mit der Universität
von Osijek in der einstigen kaiserlich - königlich österreichischen Monarchie wurde
1892 nach dem Eichstätter Auswanderer
Lorenz Jäger (1826 – 1888) benannt. In der
Straße ist auch das *Institut für Germanistik*
angesiedelt, an dem u. a. Dr. Tihimor Engler
lehrt, der u. a. kooperiert mit Prof. Dr.
Thomas   Möbius/Justus-Liebig-
Universität/Gießen und die philosophische
Zeitschrift *Licus* herausgibt. Möbius ist hervorgetreten mit vielen Aufsätzen auch zur
kroatischen Literatur.

---

[487] Gabriella Schubert, *Das deutsche Theater in
Esseg (Osijek/Eszék)* Zeitschrift für Balkanologie, 39, 2003,1, S.93f.

Der Fassbinder Lorenz Jäger hat seine Heimatstadt in Bayern 1848 verlassen und ist
nach verschiedenen Stationen in Essek
(=Osijek) an der Drau im heutigen Kroatien
sesshaft geworden. Jäger hat als Holzgroß-
händler ein Riesenvermögen erworben und
ist in den Landtag gewählt worden. Beim
Schreiben seines Testaments hat Jäger an
seine Vaterstadt Eichstätt gedacht und dem
Heilig-Geist-Spital 30000 Gulden vermacht,
damals eine sehr große Summe. Therese
Jäger, seine Schwester, ist auch auswandert,
jedoch nach Amerika[488]. Der Anteil der aus
Deutschland eingewanderten ungarischen
Juden beträgt kaum mehr als ein Zehntel, die
meisten kamen aus Polen und Galizien. Die
jiddische Umgangssprache wurde zugunsten
des Deutschen abgestreift. Viele Juden ließen sich in Osijek nieder[489].

488

https://www.donaukurier.de/lokales/eichstaett/Mi
t-elf-Kindern-in-die-Fremde;art575,4364004
https://www.zaklada-
slagalica.hr/hr/filantropija/filantropi-
osijek/lorenz-jager-571/
[489] u. a.: der Journalist und Schauspieler David
Kuh (1819/Prag, Kaisertum Österreich -
1879/Prag; Rechtsanwalt Dr. Hermann Weiss-
mann: 1884/Virovitica – 1942/KZ-Auschwitz;
Maler Ivan Rein: 1905 -1943 - nach Folterung
durch die Ustaša; Malerin Elza Rechnitz: 1876

Der hochtalentierte Rein Maler Ivan Rein (1905 -1943) wurde endlich wieder bekannt gemacht durch die Kunsthistorikerin Jelica Ambruš (1941 – 2021), die die erste Ausstellung 1982, erst in Osijek, und dann in Zagreb und Belgrad, organisierte. Viele seiner Werke waren während des 2. Weltkrieges in Paris aufbewahrt und gesichert worden durch den Ateliereigentümer Lucien Lefébvre-Foinet 9 rue Vavin a Paris).

Oscar Nemon (1906/Osijek – 1985/Oxford), Sohn des Pharmazeuten Mavro Neumann und seiner Ehefrau Eugenia Adler, machte sein Abitur in Osijek, ging nach Wien, wo er u. a. Sigmund Freud traf. Er fertigte Büsten an von u. a. Sigmund Freud und von dessen blondem Chow-Chow Topsy[490], aber auch Portraits von Freud – z. T. erhältlich über Neumanns website und dem Freud-Museum in London[491]. In Osijek steht die Skulptur Nemons *Humanity* aus dem Jahr 1965.Sie zeigt eine Mutter, die ihr Kind hochhebt, ein Zeichen des Widerstandes und der Zuversicht. Seine Tochter schrieb 2013 u. a., er,

---

Wrocław/Polen – 1946/Osijek, u. a. Ausbildung in München; Bildhauer Oscar Nemon=Neumann: 1906/Osijek – 1985/Oxford)

[490] https://freudsbutcher.com/psychology/oscar-nemon-sculptor-of-freud-his-canine-circle/

[491] https://oscarnemon.org.uk/

habe in Wien studiert, den Komponisten Arnold Schoenberg kennengelernt und 1931 eine Skulptur zu Freud angefertigt, mit der Freud zufrieden war. Nemon traf sich mit Freud und dem Chow-Chow-Hündin Jofi durch Vermittlung von Paul Federn. Es dauerte bis 1970, dass die überlebensgroße, 1,70 Meter hohe Skulptur des sitzenden Freuds in Bronze gegossen wurde und 1970 unter Anwesenheit von Tochter Anna freigegeben wurde. Das Denkmal steht heute in Hampstead in Nordlondon, 20 Maresfield Gardens, nahe dem Haus, wo Freud seine letzten Lebensmonate verbracht hat und das heute das Freud-Museum beherbergt. Mit Hilfe eines Fundraising-Projekts hat die Medizin-UniWien 2018 einen Neuguss der von Nemon geschaffenen Skulptur Freuds realisiert. Bei der Übergabe waren Nemons Tochter Lady Aurelia Young und David Anthony Freud, ein Ur-Enkel Freuds und Präsident des Freud-Museums/London[492], anwesend. Nemons Tochter Lady Aurelia Young betonte, dass es

"der größte Wunsch meines Vaters war, dass seine Statue von Sigmund Freud, die er 1936 in Wien geschaffen hat, auch in Wien aufgestellt

---

[492] https://www.vienna.at/sigmund-freud-statue-auf-medizinuni-wien-enthuellt/5809637

werden sollte – dem ursprünglich dafür vorgese-
henen Ort."[493]

Eine hölzerne Büste Freuds hatte Nemon
bereits 1931 anlässlich Freuds 75. Geburts-
tags angefertigt, die heute im Freud Museum
in London ausgestellt ist. Aber auch von
anderen Psychoanalytikern (u. a.: Sandor
Ferenczi, Ernest Jones, Paul Federn, und
Marie Bonaparte), zudem auch von dem
österreichischen Tenor Richard Tauber
(1891/Linz – 1948/London) wurden Skulpturen angefertigt. Über 20 Mitglieder der
Familie Nemons wurden Opfer des Holocaust[494].

„Many of my father's papers have been lost
during his many moves from country to country.
His mother, brother and grandmother were mur-
dered in the Holocaust[495].

Das Osijeker Deutsch ist ein Teil der Kulturgeschichte nicht nur der Stadt Osijek und
der Republik Kroatien, sondern auch
Deutschlands und Österreichs bzw. der k. u.

---

[493] https://www.vienna.at/sigmund-freud-statue-
auf-medizinuni-wien-enthuellt/5809637
[494]   https://oscarnemon.org.uk/humanity-
returning-pleasant-land/
[495] https://freudsbutcher.com/psychology/oscar-
nemon-sculptor-of-freud-his-canine-circle/

k. Monarchie, das (sog.) Essekerischen, d. h.
warenbairisch-österreichische Dialekte, gemischt mit Elementen anderer deutscher
Dialekte wie des Fränkischen oder Schwäbischen sowie des (alten) Wienerischen[496]. Bis
in die 20er Jahre des 20. Jhs. hatte die deutsche Sprache in Osijek eine privilegierte
Position. Dies änderte sich jedoch nach dem
Zerfall der k. u. k. Monarchie und der Gründung des Königreichs der Serben, Kroaten
und Slowenen – das damalige Serbokroatisch übernahm die Führungsrolle und das
Essekerische verlor an Bedeutung, wurde
jedoch weiterhin von der weniger gebildeten
Bevölkerungsschicht benutzt. Deutsch erhält
dann eine herausragende Stellung, als man
Germanistik in Zagreb seit 1895 studieren
konnte (Lacko Vidulić)[497], dem Jahr des
Besuches Kaiser Franz Josefs in Zagreb:
1896 hatte die Germanistik an der Universität Zagreb im ersten Semester vier Studie-
rende, darunter zwei Frauen – die später
anerkannte Germanistin Camilla Luzerna
(1868 – 1963 Zagreb) und die bekannte kro-

---

[496] https://deutsche-gemeinschaft.cu/dc/ucber-
der-deutschen-gemeinschaft/
[497] Ivana Cvijović Javorina, *Deutschunterricht
und Germanistikstudium an der Philosophischen
Fakultät in Zagreb 1876–1904* spricht dagegen
vom SS 1875. Vielleicht meint sie damit den
Deutschunterricht als reinen Sprachunterricht.

atische Schriftstellerin Jagoda Truhelka
(1864 Osijek – 1957 Zagreb). Die Germanistik war verbunden mit den hervorragenden
Forscherpersönlichkeiten Zdenko Škreb
(1904 – 1985; u. a. durch Forschungen zu F.
Grillparzer, J. W. Goethe, Thomas Mann
hervorgetreten, *Kleine Geschichte der deutschen Literatur. Von den Anfängen bis zur
Gegenwart*, *Erich Kästner. Lirika Ericha
Kästnera i njeni povijesni temelji.* (*Erich
Kästners Lyrik und ihre geschichtlichen
Grundlagen*) , dem Slawisten Ivo Frangeš[498]:
1920 – 2003, u. a. Gastprofessor in Frankfurt a/M, Köln, München, Göttingen, Heidelberg) und vor allem mit Viktor Žmegač
(1929). Er spielt heute noch Klavier. In einem frühen Werk von 1959 beschäftigt er
sich mit der Rolle der Musik im Werke von
Thomas Mann. Žmegač wurde 1929 in Sla-
tina/Slavonien geboren, in der multiethnisch
geprägten Region Slavonien im Osten Kroatiens, an der Grenze zu Ungarn und Serbien.
nahe dem Fluss Drau (=Nebenfluss der Do-

---

[498] Ivo Frangeš, *Geschichte der kroatischen Lite-
ratur. Von den Anfängen bis zur Gegenivart*,
Böhlau Verlag, Köln, Weimar, Wien, 1995, Cf.
Oraić Tolić, Dubravka: *Viktor Žmegač und die
Zagreber Schule: Von Immanentismus bis zur
Kulturologie.* In: Kultur in Reflexion. Hgg. Ernö
Kulcsar-Szabo, Dubravka Oraić Tolić. Wien:
Braumüller 2008, S. 75–91.

nau). Über Jahrhunderte lebten hier auch Tschechen, Juden und Deutsche. Zu Hause sprach man in Žmegačs Familie Deutsch, die Mutter war aus Ludwigsburg in der Nähe von Marbach. Žmegač stammt aus derselben Stadt (Slatina) wie der Komponist Milko Kelemann (1924 – 2018 in Stuttgart), u. a. Professuren in Stuttgart, Düsseldorf und Berlin, zudem Mitarbeiter des deutschen Dirigenten und Komponisten Wolfgang Fortner (1907 – 1987) und Initiator der Zagreber Musik-Biennale[499].

Nach dem Zweiten Weltkrieg wurden die Deutschen enteignet, in Konzentrationslager geschickt und, wenn sie das überlebt hatten, vertrieben.[500] Deutsch galt nun als Sprache des Feindes. 1945 sollte Deutsch per Dekret im Jugoslawien Titos verboten werden. Žmegač lacht:

"Aber der Chef der Kommunistischen Partei Kroatiens bestimmte: Deutsch kann weitergesprochen werden, es ist schließlich die Sprache von Marx und Engels."

---

[499]

https://www.tportal.hr/showtime/clanak/umro-milko-kelemen-pokretac-muzickog-biennala-zagreb-20180308
[500] Stephanie Jug, *Vergangenheit und Gegenwart der deutschen Spracheinflüsse an der Germanistikabteilung in Osije*

Ab 1949 setzten sich dann schon Englisch und erneut Deutsch durch.

"In diesem Jahr kamen auch schon die ersten deutschen Touristen nach Kroatien. Die fünfziger Jahre waren keine schöne Zeit, aber die neuesten internationalen Filme, auch deutsche, kamen in Originalsprache in die Kinos."[501]

Žmegač studierte nach dem Abitur Deutsch und Musik in Zagreb und Göttingen. "Durch glückliche Umstände bin ich dann Professor für Literaturgeschichte an der Universität Zagreb geworden." Žmegač, der Deutsch für "die akrobatischste Sprache" hält, ist selbst ein großer Wortakrobat –und beweist immer wieder die Geburt des Originellen aus dem Geist der Konvention. Seine Publikationsliste ist seitenlang. Seine Arbeit bringt der Zagreber Germanistik internationale Bedeutung. Er hat internationale Standardwerke zur deutschen Literatur und Musik verfasst (*Geschichte der deutschen Literatur*, 2. Auflage, Beltz Athenäum-Verlag, Weinheim, 1994). Er übernimmt z. B. die Kapitel „Zeit für Lyrik" und „Postmoderne Zeichen" - mit 65 Jahren. Der „Zmegac" gehört seit seinem

---

501

https://www.fazschule.net/s/projectcontribution/a 0q1i000008xbpkAAA/a0q1i000008xbpk ersten Erscheinen zwischen 1979 und 1984 zu den unbestrittenen Standardwerken der Literaturgeschichtsschreibung. Das dreibändige Werk erfasst die Entwicklung der deutschen Literatur von der Frühaufklärung bis in die achtziger Jahre des 20. Jahrhunderts, bettet sie in den sozialgeschichtlichen Kontext ein und macht die Voraussetzungen und besonderen Prozeduren des literarischen Wandels in diesen drei Jahrhunderten erkennbar. Die Wirkungen dieses einmaligen Germanisten bleiben nicht aus. Heute wird Deutsch sogar als zweite Fremdsprache unterrichtet – ein Verdienst der SchülerInnen von Viktor Žmegač. Žmegač ist ein Musterbeispiel für die Wahlverwandtschaft zwischen Deutschland und Kroatien ist. Alle Germanistik-Professoren in Zagreb sind seine Schüler gewesen. Generationen von Studenten, die ihn "Zmegs" nannten, hat er in seinen Vorlesungen begeistert. Auch deutschen Germanistikstudenten ist er bestens bekannt.

Žmegač erhielt viele Preise, u. a.:

- 1974 die *Goethe-Medaille* für Germanistik (Goethe-Institut München)
- 1987 den *Friedrich Gundolf-Preis* der Deutschen Akademie für Sprache und Dichtung.

Seine Studentin Mirna Zeman erinnert sich:

"Ich erinnere mich gut daran, dass die dvorana 7, der größte Hörsaal der Fakultät, bei seinen Vorlesungen immer voll war ... Da die akustischen Bedingungen im Raum nicht die besten waren, bekam Professor Žmegač irgendwann ein kleines Mikrofon und scherzte, er würde sich wie ein Schlagersänger fühlen." [502]

Der Vergleich passt, denn viele Studentinnen verehrten ihn so sehr, dass sie in Begleitung zu seinen Vorlesungen kamen. Auch heute noch, 20 Jahre nach seiner Pensionierung, arbeitet Žmegač bis etwa um zwei Uhr in der Nacht, steht gegen elf Uhr auf. Noch immer berät er Studenten, hält Vorträge, besucht Kongresse. Jeden Tag schreibt er eine Seite, jedes Jahr ein Buch, auch zu aktuellen Themen, zum Beispiel "SMS-Essays". Denn Viktor Žmegač ärgert sich:

"Das gute Deutsch wird kaputtgemacht. Aber nicht vom Englischen, sondern dadurch, wie Englisch benutzt wird. Es macht mich wahnsinnig, wenn ein Ort nicht mehr Ort, sondern location heißt."

502

https://www.fazschule.net/project/jugendschreibt/1774
https://www.fazschule.net/project/jugendschreibt/1774

Auch der Esprit kennzeichnet Žmegač, der ihm auch in politisch schwierigen Zeiten geholfen haben mag. Im Gegensatz zu den benachbarten Ostblockstaaten konnten sowohl die Dozenten als auch die Studierenden österreichische und deutsche Universitäten besuchen. Aus diesen Ländern kamen auch die ersten Gäste, Professoren und Schriftsteller, die Vorträge hielten und Beziehungen zu den kroatischen Kollegen knüpften (V. Žmegač). Auch heute lernen in Kroatien wieder viele Menschen aus beruflichen Gründen Deutsch. Eine Enkelin Žmegač gehört dazu: "Sie träumt davon, als Architektin in Deutschland zu arbeiten."[503] Die meisten Studierenden haben sich für das Germanistikstudium aus Vorliebe für Sprachen entschieden, speziell für die deutsche Sprache, aus Interesse an der deutschen Literatur sowie aus dem Wunsch, Deutschlehrer zu werden.

„Die deutsche Sprache ist eine der schönsten Sprachen der Welt. Ich bin sehr glücklich, hier zu sein und dass ich das Germanistik-Studium gewählt habe." (Antonela Tomić/7. 2. 2022)

---

[503] Maja Häusler M./Karačić G. *Fremdspracheunterricht in Kroatien zwischen 1992 und 2005.* In: Zagreber Germanistische Beiträge 15(2006), S. 215-231

„Welche deutschen und kroatischen Wörter sind für Nicht-Muttersprachler unmöglich auszusprechen?

Petra Porubić: „Es gibt keinen Deutschen, der „čačkalica", „ljuljačka" oder „ćevapčići" beim ersten Mal reibungslos aussprechen kann. Doch die echten Zungenbrecher für uns sind „Sonnenblumenkernbrötchen", „Quietscheentchen" und „tschechisches Streichholzschächtelchen". Versuchen Sie dieses Wort dreimal schnell hintereinander zu sagen – unmöglich."

7. Welches ist Ihr deutsches Lieblingsgedicht?

Iskra Galzina: „Mein liebster Autor aller Zeiten ist Hermann Hesse. Ich mag seine Werke wie „Der Steppenwolf", „Demian", „Siddhartha"... mein Lieblingsgedicht von ihm ist „Soirée".

8. Was fasziniert Sie an der deutschen Sprache?

Lovro Fegeš: „Ich finde es interessant, dass in der deutschen Sprache das Verb am Ende eines Satzes steht. Unzählige Male befand ich mich in einer Situation, in der ich begann zu sprechen und mir einen Satz ausdachte und sobald ich das Ende erreicht hatte, herrschte Stille. Es passiert mir auch, dass ich nicht weiß, was ich antworten soll. Also fange ich mit dem Subjekt und dem Objekt an und hoffe, dass ich bis zum Ende des Satzes schon herausgefunden habe, was ich überhaupt sagen wollte. Die Deutschen reden und reden und bauen das Verb ganz am Ende des Satzes ein, als ob sie es die ganze Zeit vor ihrem Gesprächspartner verstecken und darauf warten, dass es an die Reihe kommt. Ich schlage vor, dass wir von nun an Sätze mit Verben einleiten. Das würde uns allen, die ständig auf der Suche nach Verben sind, das Leben viel leichter machen. **Ana Mihaela Velički:** „Ich würde sagen, dass man Deutsch wirklich lernen sollte. Deutsch ist meiner Meinung nach eine wirklich sehr schöne Sprache und Deutschland ist ein sehr sehr schönes Land. Trotz aller Stereotypen denke ich, dass die Deutschen sehr nette Leute sind. Und wenn man sich in diese Sprache und Kultur vertieft, kann man sehr angenehm überrascht werden. Mich fasziniert bei der deutschen Sprache, wie gut strukturiert sie ist, wieviel Sinn sie macht. Alles ist sehr logisch, genau wie die deutsche Kultur. Und ich denke, man kann Vieles über sich selbst herausfinden, wenn man Deutsch lernt." [504]

Žmegač ist ein Grenz überschreitender Kroate – und keine Ausnahme. Die Wohnung des vielleicht größten kroatischen Dichters des 20. Jahrhunderts, Miroslav Krleža (1893 – 1981, das *Memorijalni prostor Bele i Miroslava Krleže*=Die Bela und Miroslav Krleža Erinnerungsstätte)[505] zeigt u.a.:

504

https://glashrvatske.hrt.hr/de/leute/germanistik-in-zagreb-studieren-5239438
505

https://www.euromuse.net/en/museums/view_museum/view-m//Museums/show/memorijalni-prostor-bele-i-miroslav//en/
https://hvm.mdc.hr/muzej-grada-zagreba---

- einen Tisch (ca. 1800) mit Blick auf Venedig
- orientalische Teppiche
- Werke von Nikola Reiser (kroatischer Maler: 1918/ Mirnovac Samobor – 2010/Zagreb/-300 Ausstellungen im Ausland, u. a. in: Bonn, Kiel, München - Galerija Kaptol, Kaptol 13, Zagreb)
- ein Bild von Mersad Berber (1940 – 2012/Bosnischer Maler – lebte von 1992 bis zu seinem Tod in Dubrovnik und Zagreb)
- ein Klavier von Rudolf Stelzhemner
- eine Reproduktion des Holbein-Porträts von Erasmus
- eine Reproduktion eines Porträts von Michelangelo
- eine Büste einer Nigerianerin – ein Geschenk Titos

ein Teppich – ein Geschenk des ägyptischen Präsidenten Nasser (Slavko Šterk). Geboren am 7. Juli 1893 in der damals zum alten Habsburgerreich gehörenden Vielvölkerstadt Zagreb, sprach man in Krležas Familie Štokavisch und Kajkavisch, aber auch das Agramer Deutsch war geläufig.

---

memorijalni-prostor-bele-i-miroslava-krleze,762:ZAG-4/hr/info/

Es ist eine bunte Welt, so wie ‚Illyrien‘ für den Dichter eine Welt voller Spannungen ist – mit „permanenten Volksaufständen und – rebellionen, gegen die eigenen Herren ebenso wie gegen fremde Tyrannei" –

„Im Kampf gegen Franken und Rom, in Kriegen gegen Byzanz und Venedig, in der die Einen „mit Habsburg gegen die Pforte und mit der Pforte gegen den germanischen Kaiser kämpften": „Für Konstantinopel oder für Rom sterbend, als Verbündete des Heiligen Vaters oder Venedigs, Corvins [506] oder Habsburgs, zogen sie mit den Awaren und gegen sie, mit den Ungarn und gegen sie, mit den Türken oder mit den Kreuzrittern und gegen sie".[507]

Könnte „Krležas Raumimagination ›Illyrikum‹ »als ein Mikrokosmos aufgefasst werden", „in welchem sich der Makrokosmos der zentraleuropäischen Region spiegelt", die eine eigenständige „slawischostadriatischen Mischkultur" ist (Moritz Csáky) [508]? Es wird eine hybride Kultur

---

[506] Johann Corvinus (auch *Johannes Corvinus*; kroatisch: Ivaniš Korvin, 1473/Buda - 1504/ Krapina): Ban von Kroatien und Slawonien.
[507] Nach Csáky, S. 68.
[508] Lacko Vidulić „Das Illyrien Krležas ist … nicht mit der Napoleonischen Illyrischen Provinz oder dem Illyrischen Königreich der Habsburger in der ersten Hälfte des 19. Jahrhunderts iden-

veranschaulicht, die einen Möglichkeitsraum bietet[509] ... Faszinosum einer bunten Mannigfaltigkeit oder Bedrohung interner Spannungen?

Es gibt nicht *die* Aussage über Kroatien oder über den Kroaten. Die Kroaten sah man lange als die Fremden, die sich jenseits der Grenze der europäischen Kultur befänden – in pointierter Weise gar – wie oben erwähnt - als ‚Indianer'[510]. In vielen Reiseberichten tauchen sie als (vielleicht: edle) Wilde mit herkulische Kräften und einer unerschütterlichen Physis auf, aber mit einem großen Zivilisationsdefizit, das die Bewohner aber

---

tisch und noch weniger verweist es auf den politisch-kulturellen Illyrismus, dessen zunehmend kroatisch -nationalistische Färbung Krleža entschieden abgelehnt hatte." Es ist eher „die von den Südslawen bewohnte europäische Region ..., deren »blutige« Vergangenheit und deren transnationale kulturelle Verflechtungen er zum Gegenstand seiner Darstellung macht"="die Idee des Jugoslawismus". (Csáky)

[509] Hein, Kerstin (2006): *Hybride Identitäten: Bastelbiografien im Spannungsverhältnis zwischen Lateinamerika und Europa*. Bielefeld: Transcript, 1. Auflage

[510] Von Peter Handke wurden die Truppen der Republika Srpska mit Indianern verglichen. https://www.derstandard.de/story/200011004272 7/serbenvolk-und-indianer-handkes-texte-strotzen-vor-ethnisierung

auch bewahrt vor überfeinerter Künstlichkeit, wie es im 19. Jahrhundert auftaucht in der Beschreibung der dalmatinischen Morlaken, der ursprünglich-einfachen, unbefangen-aufrichtigen, großmütigen ‚wilden' (dalmatinischen) Morlaken, die mehr Jäger als Hirten, mehr Soldaten als Bauern waren und den Zustand eines Krieges aus einer falsch verstandenen Unabhängigkeit dem ruhigen Genuss einer friedlichen Lebensart vorgezogen haben, die Freundschaft über alles schätzen, aber eben auch ihre Feinde unendlich hassen – eine Mischung von Sanftheit und Gewalttätigkeit.

Es geht bei vielen Stereotypisierungen verloren, dass viele der Kroaten selbst ihre Landsleute als rückständig betrachteten, wie das Beispiel von Matija Antun Relković (1732 in Svinjar, heute Davor, nah bei Slavonski Brod, Kroatien/ - 1798 in Vinkovci/Ostkroatien) in seinem *Satir iliti divji čovik* (=*Satyr oder Der Wilde Mann*) (1762) zeigt, dessen Biografie bereits multikulturell angelegt ist (kroatisch, ungarisch, deutsch-österreichisch, französisch: Voltaire, Bayle, Diderot). Nach ihm seien die kroatischen Bauern rückständig, weil sie immer noch die Spinnstube und veraltete landwirtschaftliche Geräte benutzten, die Kroaten seien zu verschwenderisch und würden zu oft und sehr lang feiern und übermäßig essen und trinken. Da Reljković als Soldat viel reiste, sah er zahlreiche wirtschaftliche Neuigkeiten und sah die Bedeutung der Wissenschaft in Hinsicht auf die Entwicklung eines Landes ein und schlug für sein Land vor, man sollte die Häuser besser isolieren, damit man weniger Zündholz braucht, den Schnaps verkaufen, anstatt ihn zu trinken und man solle sparsamer sein und Vorräte schaffen.

Oft bestimmte ein eher negatives Bild der Kroaten Deutschlands Sicht auf dieses Land. Vor allem der 30-jährige Krieg, eines der gewalttätigsten Epochen Europas, spielte für die Fremd-Wahrnehmung Kroatiens eine fundamentale Rolle. Man sah die Kroaten als gewalttätige Krieger, wie sie durch den 30-Jährigen Krieg bekannt wurden, an die die vielen Kroatenkreuze in Deutschland (in Kevelaer, Saarburg, Schwäbisch Gmünd, Winkelhaid, Eichenberg (bei Suhl) und Altendambach erinnern, als Plünderer und als besonders berüchtigte Kämpfer, wie Friedrich Schiller sie in *Wallenstein* schildert. Der für Wallenstein kämpfender General der kroatischen Reiter, Johann L. Hektor von Isolani (1586 – 1640) sagt:

„Der Krieg ernährt den Krieg. Gehen Bauern drauf, Ei, so gewinnt der Kaiser mehr Soldaten." (Wallenstein, Piccolomini, 2. Aufritt).

Sie bilden Räder innerhalb einer Gewinn bringenden Todesfabrik. Ihre Aufgabe bestand darin, das Gebiet und die feindlichen Truppen aufzuklären, die Nachschublinien des Gegners anzugreifen und in evangelisch-protestantischen Gebieten die Bevölkerung terrorisieren. In Schillers *Geschichte des Dreißjährigen Krieges* tauchen sie als Soldaten auf, die ‚Kinder in Flammen werfen', als „Panduren"[511], also mit Flinte, zwei Pistolen, einem Säbel und zwei türkischen Messern bewaffnete Soldaten in der österreichischen Militärgrenze, „Grenzer" und eiserne, mutige, aber auch disziplinlose Soldaten, die unter dem Banner der Habsburger kämpften. Der Dreißigjährige Krieg hat die Kroaten unter dem Kroatengeneral Isolani „„weit und breit bekannt gemacht."
Zum 60. Regierungsjubiläum von Kaiser Franz Joseph I. (1848) führt der österreichisch-ungarische General Johann Ritter

---

[511] abgeleitet von lat.: banderius oder bannerius=Bannerherr/Fahne tragender Soldat der österreichisch-ungarischen Armee=Fähnrich, serbokroat.: pàndūr, bàndūr, ursprünglich die Leibwächter der Adligen, auch als ungarische Milizen oder als „Grenzer" bezeichnet.

Tomičić von Gorica (1835 Ričice/Gespannschaft Split-Dalmatien – 1909) die kroatischen „Helden" auf, die der österreichischen Monarchie gedient haben. Es existiert nach Tomičić

"kein Volk auf Gottes Erdboden, welches so viele Erdenkämpfe ausgefochten, so viele heldische Taten vollbracht, so viele Soldaten im Verhältnis zu seiner Bevölkerung gestell hat, wie die Kroaten. Ich spreche nicht von den Türkenkriegen und den unzähligen Kämpfen, welche sie als Wache der Christenheit durch Jahrhunderte hindurch bestanden."

Napoleon soll gesagt haben. "Les Croats, ce sont les premiers soldat du monde." (S. 7). Hierbei hätten sich besonders die Likaner, vor allem als "Grenzer", hervorgetan. Die Landschaft liegt zwischen den Gebirgszügen Mala Kapela im Osten und Velebit im Westen mit dem Hauptort Gospić, quasi das Gebiet von der nördlichen Adria im Westen bis zur Grenze zu Bosnien-Herzegowina im Osten, "im Schatten des Velebits und der Dalmatiner Berge". Die Likaner sind also die Bewohner der rauhen Gegend des Velebits, die durch hohe, zerklüftete Gebirgszüge von der jugoslawischen Adriaküste getrennt ist. Ob das Wort 'lika' von griech. 'Wolf' abstammt, ist offen.

Das *Grimmsche Wörterbuch* vermerkt interessanterweise:

1

KRABAT, krabate, m. die ältere form für Kroat, die unterm volke noch geltend oder herschend ist, sie ist hier aufzuführen, weil dieses slav. volk spuren in unserer sprache zurückgelassen hat. von der form s. 3. 1) ein wildes kind nennt man im scherze einen kleinen krabaten, wilden krabaten (wie ähnlich einen Panduren), wie es scheint allenthalben, oberd. (östr. bair. tir.) wie md. (schles. sächs. thür. hess.) und selbst nd. (brem. wb., SCHAM-BACH, DANNEIL), die Kroaten sind ja im 30jähr. kriege in ganz Deutschland und /Bd. 11, Sp. 1909/ noch später weit genug herumgekommen; selbst dänisch krabat, doch auch schlimmer, für schlechter kerl (sogar als adj., gleich unserm neuern famos), wie fläm. krawaat, s. SCHUERM. 290ᵃ. BÜRGER gab dem ausdruck ohne not die lat. form, von wilden schulknaben:
kroaten hintern bänken,
laszt nach mit lärm und schwänken!

Es folgt:

2) eignerweise hat aber das kroatische kriegsvolk seinen namen auch in einem modischen kleidungsstück hinterlassen, in cravatte (DIEZ 1, 145), das dann mit dem Pariser modestempel versehen über Europa hingieng: franz. cravate, ital. cravatta, aber auch croatta (in Parma crovata MALASPINA 1, 507ᵇ), span. corbata, engl. cravat, crabat u. s. w. Im franz. erscheint es schon in der

ersten hälfte des 17. jahrh. (s. DIEZ), also auch eine frucht des 30jähr. krieges; in den briefen der ELIS. CHARL. V. ORL. (1843) s. 404 vom jahre 1719.

3) Krabate war früher auch die schriftform, im 16. jh. z. b. wird das land angegeben 'Krabaten (das), Croatia' MAALER 250^b; das ist richtig deutsch, das land mit dem pl. des volksnamens bezeichnet (eig. im dat., vgl. ^{1}DWb Franken). unser Kroatien ist eben lateinisch, wie bei den Engländern z. b. Hungaria für Ungern, Austria für Österreich, d. h. ein rest der stubengelehrsamkeit, der ins leben eingedrungen ist. doch auch im 15. jahrh. schon halb gelehrt Krabazien LILIENCRON hist. volksl. 1, 230^a. Übrigens galt nach dem deutschen auch franz. früher Cravate und ist durch Croate verdrängt worden, ebenso engl. sonst Cravat, jetzt Croat; ital. mundartlich Crovat (z. b. in Parma), gebildet Croato, span. dagegen Corvato. auch bei uns findet sich im 16. jh. Krobaten, vielleicht durchs ital. veranlaszt, aus dem auch das lat. Croatia gekommen sein musz. Alle diese formen suchen ursprünglich den schwierigen klang des slav. namens selbst, Hrvat, nachzuahmen, altsl. Chrŭvatinŭ Kroate, doch auch Charĭbate MIKLOSICH 1098^b. [512] 21^a.

Nicht gerade zur Aufbesserung der Reputation trug es bei, dass einer der ersten Vampire ein Kroate namens Jure Grando (auch *Giure Grando*) (1656/ Kringa/Republik

---

[512] https://woerterbuchnetz.de/?sigle=DWB#2

Venedig, heute Kroatien in der Nähe von Pazin-Tinjan) gewesen sein soll[513]. Jure Gradno wurde auf dem örtlichen Friedhof beigesetzt. Kurz nach der Beerdigung begann der Verstorbene den Bewohnern des Dorfes zu erscheinen, indem er an ihre Türen klopfte. Jedes Haus, das Grando besuchte, sollte von einem großen Unglück heimgesucht werden - dem Tod eines der Hausbewohner. Grando hat das Dorf ganze 16 Jahre lang terrorisiert, bevor die Dorfbewohner schließlich beschlossen haben, etwas zu unternehmen. So soll der Bürgermeister neun kräftige Bauern zum Friedhof mitgenommen haben, um die Leiche von Jura auszugraben und sie mit einem Weißdornpfahl zu durchbohren. Mit Fackeln und Kruzifixen bewaffnet kamen die Bauern am Grab an, öffneten es und waren entsetzt. Sie fanden das Gesicht des Toten mit roten Wangen und verziert mit einem unheimlichen Lächeln vor. Neun der Männer flohen. Später kehrten sie trotzdem noch einmal auf den Friedhof zurück und zwar in Begleitung eines Priesters, der über dem Leichnam des Vampirs betete. Die Bauern versuchten vergeblich, den Weißdornpfahl in Grandos

---

513

https://web.archive.org/web/20120308163932/http://www.ice.hr/davors/simotamo_BorisPeric.htm

Brust zu bohren. Letztendlich schlug ihm einer der Bauern mit einer Axt den Kopf ab. Von diesem Moment an erschreckte Jure Grando nicht mehr die Bewohner von Kringa.

In seiner ethnologischen Schrift *Die Ehre dess Hertzogthums Crain: das ist, Wahre, gründliche, und recht eigendliche Belegen- und Beschaffenheit dieses Römisch-Keyserlichen herrlichen Erblandes.* Laybach / Nürnberg: Endter, 1689) beschreibt der slowenische Freiherr Johann Weichard von Valvasor (1641 in Laibach in der Krain=Ljubljana-1693 in Gurk-feld=Krško/Slowenien) 1689 auch die „Istri-aner Sprache / Sitten und Gewohnheiten".

Das X. Capittel.
Von der Istrianer Sprache / Sitten / und Gewohnheiten.
Inhalt.
DAß die Istrianer (Istriane) oder Histerreicher / im fünfften Theil deß Landes Crain[514] / seßhafft seyn / ist schon hiebevor / an seinem Ort / ange-deutet: Allhie haben wir / von ihren Sitten und Gebräuchen / uns fürgenommen zu reden. **Spra-che der Histerreicher**. Diese Histerreicher / oder Istrianer / reden zweyerley Sprachen; als

---

[514] Eigentlich (slaw.): Grenzland. Weitestgehend im heutigen Slowenien liegend, aber auch Teile von Nordost-Istriens umfassend

erstlich die Istrianische / so mit der Dalmatinischen übereinkommt; und hernach auch die Italiänische; aber schlecht. **Haar-Mode**. Ihrem Haupt verstatten sie keine Locken; sondern schneiden das Haar ab / und lassen nur vorn / an beyden Seiten / über den Ohren / einen Zwickel sitzen.

An stat der **Schuhe** / tragen meistentheils / sowol die Weiber / als Männer / Opanken / (Seynd Schuhe / so nur eine Solen haben / und mit einem Riemen oder Schnur an den Fuß fest gemacht werden; …Ihre **Gewehr.** Ihr tägliches Hand-Gewehr / ein solches nemlich / das sie täglich behändigen / und damit herum wandeln / ist ein Braduiza, insgemein Balcha genannt. Sonst aber pflegen sie sich auch / wider befahrende Anfeindung / mit Büchsen / oder Feur-Röhren / und Sebeln / oder Pallaschen zu bewehren. (**Brautwerbung**) Hat Einer ein verliebtes Auge / auf ein ehrliches Mägdlein / geworffen; so ersucht er Zween seiner Bluts- oder auch Muts-Freunden / daß sie zu deß Mägdleins / dem sein Hertz günstig / Eltern / oder Befreundte gehen / und bey denselben die Werbung thun mögen. Womit es aber gar förm- und feyerlich zugehet / und die Sache so zierlich angebracht wird / als man / von irgend einem Dorff-Cicerone, und gutem Ceremonien-Meister / immermehr könnte erwarten. Denn nachdem die zween Werber vorher ihre Ankunfft zu wissen gemacht / und der gelegenen Zeit sich erkündigt haben / erscheinen sie / vor der Haus-Thür: sintemal sie nicht hinein treten dörffen. Deß Mägdleins Vater und Mutter aber stehen in der Haus-Thür / um das Anbringen

437

dieser Beyden daselbst anzuhören: von welchen sie ungefähr also angeredet werden.

Rede der Frey-Werber an die Eltern. „Wir seyn anhero kommen / euch zu berichten / daß wir vernommen / was ihr für eine gute / feine / vernünfftige / und häusliche Tochter habt; und daß das rühmliche Gerücht ihrer Tugenden unserem Befreundten N. N. zu Ohren gelangt: Welches Zweiffels ohn / nicht ohne Göttlichen Willen und Schickung / ihn / zu einer ehrlichen Liebe gegen ihr bewogen; also / daß er sie / zu einem ehelichen Weibe / wünschet und verlangt. Er ist ein guter gescheidter Mensch / von guten Leuten / gedultig / und sanfftmütig. Sie wird sich besser / und ruhiger / bey ihm / befinden / als bey einem Andren / und an Essen und Trincken keinen Mangel haben." Nachdem sie ausgeredt / gibt ihnen der / in aller Reputation und Gravitet zwischen der Haus-Thür stehende / Vater Folgendes zur Antwort: Deß Braut Vatern Antwort. Ihr habt dieses zwar gar fein / und vernünfftig / angebracht: und dörffte dieses auch wol keine üble Sache seyn: Aber / für dißmal / weiß ich mich darüber annoch nicht / mit einer Antwort / zu erklähren; sondern werdet euch gedulden / biß über acht Tage. Unterdessen will ich das Mägdlein fragen / ob sie damit zu frieden / und Lust dazu habe? Alsdann bedancken sie sich / und gehen davon. Ihre Erscheinung zum andren Mal. Nach Verfliessung genommener achttägigen Bedenck-Zeit / stellen sich diese Zween wieder ein / und zwar / wie zuvor / vor der Thür deß Hauses; und der Vater bleibt / wie vorhin / unter seiner Haus-Thür / stehen. Da dann Jene diesen

fragen / Ob er sich nun habe besonnen? und
begehren / er solle nunmehr sich / gegen ihnen /
erklähren / ob er die Tochter geben wolle; damit
sie die Schuhe (welches Compliment gewöhnlich
dabey gebraucht wird) nicht umsonst zerreissen
mögen. Darauf spricht der Vater: Ich habe die
Sache noch nicht genug erwogen: über vierzehen
Tage aber / will ich euch eine ausführliche Antwort ertheilen. Damit bedancken sie sich abermal
/ und gehen wiederum ihres Wegs. Wie er die
abschlägige Antwort den Werbern vorher muß zu
wissen thun. Daferrn nun der Vater / seine Tochter dem Freyer zu geben / nicht gemeynt ist; so
muß er / innerhalb solcher vierzehen Tagen / zu
diesen zweyen Werbern / einen Mann schicken /
und ihnen sagen lassen / er könne dem Menschen
sein Kind nicht geben: dann kommen selbige
beyde Männer nicht wieder. Lässt er es aber
nicht abschlagen / und schickt Niemanden deßwegen an sie: so kehren sie / nach gesetzter vier-
zehentägiger Frist / wieder ein. Wie er ihnen
seine Bewilligung zu verstehen gibt. Da lässt er
sie dann alsobald ins Haus gehen: woselbst sie
miteinander essen und trincken / und sich unter-
reden / wann sie das Versprechen (oder / wie
mans in Teutschland / sonst auch nennet / Verlöbniß halten wollen / und der Hand-Streich
geschehen solle; wieviel Personen man mit sich
bringen müsse; und dergleichen. **Die Verlöbniß.**
Bey solchem Versprechen / (oder Hand-Streich)
geben Braut und Bräutigam einander die Hand.
Er gibt ihr auch einen Ring; empfähet aber hingegen / von ihr / keinen. Hernach küsset er sie /
und beredet sich / mit ihr / wegen deß Tages /

daran sie wollen ihre Hochzeit halten / und was
er / seines Theils / ihr darzu für einen Beytrag
thun werde: da er dann gemeinlich zwey Mernig
oder einen halben Metzen (denn vier Mernig
machen ungefähr einen Metzen) imgleichen
einen Kastraun / oder Schöpfen / und ein Legel
Weins / dazu steuret / nachdem sein Vermögen
sich erstreckt. Wie der Bräutigam die Braut ab-
holet. Wann dann der Hochzeit-Tag erscheint;
macht sich der Hochzeiter auf / samt einem Starashina[515], und einem Nastazhilo, oder Helffern
deß Starashina, der ihm hilfft / den Hochzeit-
Gästen zuzusprechen / mit einem Trunck. Denn
solch einen Helffer / welcher die Hochzeit-Leute
hilfft tractiren / nennet man / auf Istrianisch /
Nastazhilo. Es begleiten ihn / neben dem / auch
zween Brautführer / und andre geladne Gäste;
jedoch kein Weibsbild. Insgemein pflegen sie
alle miteinander zu reiten; und zwar gantz voran
Einer / mit einem Ochsen-Horn; dergleichen man
sonst / in diesem Lande / zum Jagen / an stat
eines Jäger-Horns / gebraucht. ... Sie ziehen alle
/ in Krabatischer Kleidung / daher. Hinten auf
ihren Kappen (oder Hauben) sitzt ihnen eine
Pfauen-Feder. ... Wann sie nun also angeritten
kommen / vor das Haus / darinn die Braut ist;
wünscht er / dem / welcher in der Thür steht /
einen guten Morgen. Jener bedanckt sich ...
Alsdann steigen Alle vom Pferde / und geht der
Starashina voraus / zu dem Thor (zu der Haus-
Thür / meyne ich) so alsdann zugemacht ist.
Kurtzweilige Aufzüge vor Auslieferung der

---

[515] Alter Mann

Braut. Der aber / so vorhin / in der Thür / gestanden / macht wieder auf / und praesentirt dem Starashina ein lumpicht-angelegtes / altes / garstigs Weib / welches den Kopff / mit einem alten Teppicht / behenckt hat; damit man ihr nicht könne ins Angesicht sehn. Oben auf dem Kopff / trägt sie einen Reiter (oder Sieb) woferrn der Starashina dieselbe für die Braut ansiht; wie er zwar mehrmaln vermeynt / sie sey es / weil er ihr Antlitz nicht sehen kann: so behält er sie: biß man den Reiter / samt dem Teppicht / herunter thut / und er gewahr wird / daß es die Braut nicht sey. … Denn es scheint / die Darstellung eines häßlich-alten und garstigen Weibes / an stat der verlangten jungen Braut / geschehe darum / damit gleichsam der vorher-erblickte tunckle Schatten deß weiblichen Alters / ihm den endlich anbrechenden Morgen-Glantz / das ist / den Anblick seiner Braut / desto angenehmer und beliebter machen möge. Braut wird / von ihren Führern / angelegt. Wenn nun denn ein Mal die rechte Braut ausgefolgt worden: so wird sie / von den Deueri, oder zween Brautführern / zuforderst hinter das Haus geführt: … Hiemit setzen sie sich Alle zu Pferde / und reiten / in folgender Zug-Ordnung: ..In der Kirchen / gehen sie zum Opffer; wie die Fiumaner / oder Liburner / bey Castua / und daherum / thun / als vorhin ist vermeldet worden. ..Braut und ihre Gefreundinnen zupffen dem Bräutigam / nach der Copulation / das Haar aus. Sobald sie nun zusammen gegeben seynd; springt die Braut auf den Bräutigam zu / und fällt ihm ins Haar: deßgleichen thun auch die andre Weibsbilder / so mit der Braut befreundet seynd: sie stehen alle darnach / daß sie ihm mögen das Haar aus dem Kopffe zupffen. Hingegen beschirmet ihn der Starashina, soviel er kann / deckt ihm das Haupt / mit seinem Rock / und laufft also / mit ihm / zur Kirchen / hinaus. Die Weiber setzen nach / zupffen / rupffen / und rauffen ihm immerfort das Haar aus / soviel Ihrer Ihm nur können beykommen / und ihn erreichen: biß sie zur Kirchen hinaus gekommen: alsdann ist er frey / und darff ihm Keine mehr ins Haar greiffen. .. Sitz-Ordnung / an der Hochzeit-Tafel. Daselbst setzen sich die Hochzeit-Leute / an eine lange Tafel. … Also sprechen sie den Schüsseln und Bechern / oder Gläsern / fleissig zu / trincken / sauffen / und fressen resolut drauf / und muß Einer dem Andren redlich Bescheid thun. Braut und Bräutigam / wie auch die beyde Deueri, trincken zwar / soviel ihnen beliebt: Doch müssen diese (nemlich die Deueri) dem Starashina, im Trincken Beystand leisten / und helffen: denn sie sauffen starck. … Nachdem man nun Essens und Trinckens die Gnüge und Ersättigung bekommen; bittet der Starashina der Braut ihre Eltern / daß sie der Braut mögen den Segen geben. Wie Braut und Bräutigam / von der Braut Eltern / den Segen empfangen. Hierauf breiten sie / mitten in der Stuben / einen Teppicht / auf den Flez (das ist / auf den Boden) worauf Braut und Bräutigam also gegeneinander knien / daß Eines dem Andren ins Gesicht schauet. ..**Heimführung der Braut** zu deß Bräutigams Hause. Nach Verrichtung sothaner wunderlichen Benediction / führet man die Braut / zu deß Bräutigams Hause. …Daselbst setzt sich die

Braut / in der Stuben / nider / auf einem rauhen Stuhl / drauf ein rauher Peltz / und das rauhe heraus gekehrt / ligt. Alsdenn giebt man ihr ein kleines Büblein (Kolenzèz) in den Schoß. So thut sie dann / als ob sie selbigem Kinde die Brust gäbe / und es säugen wollte. Bald darauf tritt ein Weib herzu / und stosst Ihr eine kleine / mit Honig bestrichene / Pogatschen ins Maul / welche man Jebazha nennet. Davon isset die Braut etwas Weniges; giebt hernach dem Bräutigam etwas davon ins Maul / und folgends auch denen andren Nebenstehenden davon zu essen. … Nach vollbrachtem Nacht-Mal / werden Braut und Bräutigam in eine Kammer gesperrt: darinn Eines dem Andren muß die Schuhe und Strümpffe abziehen. Womit sie sich alsdann schlaffen legen. Gebratenes Huhn wird ihnen aufs Bette gebracht. Uber eine Stunde hernach / bringt man ihnen eine gebratene Hänne aufs Bette / davon sie Beyde essen. Zu Morgens aber giebt man der Braut (oder neuen Ehfrauen) einen Kehr-Besem in die Hand / daß sie das Haus auskehre: Und indem sie solches thut; wirfft deß Bräutigams Mutter ihr allerley Kehrich / oder Staub / und Unflat / vor / was sie schon hat ausgekehrt / und streuet solches hin und wieder: auf daß die Braut nur / mit dem Haus-kehren / desto mehr zu thun bekomme. …Nachmals rufft der Starashina alle Anwesende zusammen: da sie dann der Braut eine Brenta (oder Butten) auf den Buckel geben / auch Brod / Käse / und Wein mit sich nehmen / und also hingehen zum nechsten Wasser. Deß Staraschina Rede zu dem Wasser. Da der Staraschina das Wasser anredet / mit diesen Worten:

Dobèr dan uoda jordana, koja se Korstila Boga nu Suetiga juana, je sem tebi perpelau leto neuestizo de bodesh ny uslusila nu njo zhisto ohranila. Welches die Teuschte Zunge also vorbringen würde: *Guten Tag / du Wasser Jordan! der du GOtt / und den H. Johann / getaufft hast. Ich habe dir diese Braut zugeführt / daß du Sie bedienen sollt / und sie fein rein halten.* Welchem er zu essen und zu trincken giebt. Hiemit schneidet er etliche Stücklein Brods und Käse / wirfft solche ins Wasser; und geusst auch ein wenig Weins ins Wasser. Also giebt er dem Gewässer zu essen und zu trincken: das übrige isst und trinckt er selber / nebst denen / so um ihn herstehen. Welche hierauf / in der Braut ihren Hafen / Wasser giessen. Aber die Deueri, oder Brautführer wehren ihnen / und giessens aus; gehen also endlich hiemit ingesamt wieder heim. Es sihet / als ob diß eine Nachaffung einiges altheidnischen Wasser-Opffers wäre. Ihr **Tantz.** Wann sie nun heimgelangt; so geht der Tantz an. Wobey nur der Bräutigam / und die Braut / und die Gesellen / tantzen. Zween und zween fassen jedweder den Zipffel eines Schweiß-Tüchleins / und halten / im tantzen / beyde denselben in Händen. Also hupffen sie dahin / nach dem Schall einer doppelten Pfeiffen / Uidalize genannt. Indem die jungen Leute herum tantzen / sitzen der Starashina, der Nastazhilo, der Fahnenführer / und der Hornbläser / still / und schauen / in aller Erbarkeit / dem Reigen zu / als gleichsam Richter deß Tantzes. **Garstige Zotten-Geschwätze der Alten.** Die andre Alten aber klagen Einer dem Andren / bald dieses /

bald jenes / was sie gethan; bringen allerley garstige Zotten vor / so schlimm / als Einer mag ersinnen: worauf ihnen auch bißweilen eine garstige Buß auferlegt wird. An solchen schlampigten Unfläteryen / und satyrischen Reden / mit derer Erzehlung ich weder das Papier / noch dem Leser die Augen besudeln / noch die liebe Zeit verderben mag; sondern mich begnüge / zu sagen / daß sie gantz ungereimt und schändlich seyen / haben alsdann die Garst-Hämmel ihren grössesten Spaß / Ergetzung / und Gelächter. Wie dann solche liederliche Fatz-Narren-Possen / welche Niemanden übler / als alten Leuten / die sich der Ernsthafftigkeit und Erbarkeit / oder eines unärgerlichen Schertzes / befleissen sollten / anstehen / zu nichts anders nütz / als zur Reitzung eines groben und unverschämten Gelächters. Dieses Wesen treiben sie also drey / oder vier Tage lang / und auch bißweilen wol noch länger. Der Bräutigam dankt der allzulangbleibenden Gesellschafft ab. .. Bey ihren **Kirchweihen** / setzt es gemeinlich grosse Rauff-Händel: weßwegen allstets zwölff oder funffzehen wolbewehrte Soldaten / sie im Zaum zu halten / oder voneinander zu bringen bestellt werden. ... **Todten-Gespenst** / so das Blut aussaugen soll. Das Land- und Bauers-Volck in Isterreich glaubt gar fest / es gebe gewisse Zaubrer und Hexenmeister / welche den Kindern das Blut aussaugen. Einen solchen Blut-Aussauger nennen sie Strigon[516],

---

[516] „Woher der Name Strigon komme. [Es hat das Ansehn / der Nam Strigon, welchen die Istrianer den boshafften Hexen-Unziefer zugeeignet /

imgleichen auch Vedarèz. … Was noch mehr ist / so glauben auch diese viel-glaubende Bauren / daß solche umgehende Strigons ihnen / bey nächtlicher Weile / ihre Weiber bekriechen / und würcklich beschlaffen / wiewol kein einiges Wort dabey reden. Ich besorge aber / daß auch offt wol die Witwen / zumal wann sie noch jung und schön seynd / von recht fleischlichen Geistern / recht würcklich und wachsamlich beschlaffen werden. Also seynd sie der gäntzlichen Meynung / es werde ihnen diß Gespenst keine Ruhe lassen / bevor sie ihm einen Pfahl von Dorn-Holtz durch den Leib schlagen. Deßwegen gehen auch der Behertzesten Etliche hin / solches zu verrichten / und zwar / allemal / nach Mitternacht: weil sie glauben / er befinde sich / vor Mitternacht / nicht im Grabe / sondern gehe alsdann herum. Dem die Bauren einen Pfahl durch den Bauch schlagen. So öffnen sie dann das Grab / und stossen / oder schlagen ihm einen Pfahl / der eine Faust- oder kleinen Arm dick ist / durch den Bauch / und schänden ihn häßlich aus. Darauf rinnt Blut hervor / der Leichnam krümmt und bieget sich auch / als ob er lebte / und den Schmertzen empfünde. Alsdenn verschütten sie das Grab wiederum mit Erden / und gehen ihres Weges. Solche Verfahrung / mit Eröffnung deß Grabes / und Durchpfählung deß todten Körpers / ist / unter den Istrianern / auf dem Lande / nemlich bey den Bauren / sehr gemein. Wiewol es die Obrigkeit strafft. Denn obgleich die Obrig-

---

so den Kindern das Blut aussauget / komme her von dem Lateinischen Wort"

keit / wann es auskommt / mit harter Straffe dawider eyfert / weil es dem Glauben entgegen ist: geschichts nichts destoweniger gar offt. Ein vor 15. Jahren geschehenes Exempel. Im 1672ten Jahr hat man gleichfalls / zu Khring in Isterreich / dem begrabenen Leichnam deß Giure Grando einen Pfahl durch den Leib zu treiben / sich bemühet; weil aber der Pfahl in den Leib nicht hineindringen wollen / ihm den Kopff abgeschnitten. Solches verwegenen Stückleins haben sich Ihrer Etliche unterfangen: .... Ein andres Exempel zu Lindar. Vor wenig Jahren / ist dergleichen geschehen / zu Lindar / und auch neulich erst / vor gleichfalls kurtzer Zeit / in einem Isterreichischem Dorff / wiewol Venetianischen Gebiets. Wie auch in einem Histerreichischem Dorff Venedischen Gebiets. Massen mir / im Jenner 1687ten Jahrs / eine fürnehme / und glaubwürdige Person zugeschrieben / daß / in jetztbemeldtem Venedisch-Histerreichischem Dorff / die Bauren / bey der Nacht / ein Grab aufgemacht / und dem Todten einen Pfahl durch den Leib gejagt. Was davon zu halten. Daß aber / aus sothanem todtem Körper / Blut zu fliessen scheint / ist eine blosse Augen-Verblendung / womit der Satan solche aberglaubige Leute narret. Daß das Gespenst herum gehet / und an das Haus klopffet / aus welchem Einer bald sterben soll / widerfährt ihnen ihres Aberglaubens halben: denn wie sie glauben / so geschicht ihnen. Und daß es / nachdem man den Körper / mit einem Pfahl / durchgebohrt / sich hernach nicht mehr sehen lässt / haben sie keines wegs dem Pfahl zu dancken: sondern der arglistige Geist stellet sich mit Fleiß so / als ob ihm dadurch die Wiederkunfft abgeschnitten wäre; damit er sie nur immer tieffer / in solchen Aberglauben / verführe. Daß er auch die Weiber beschläfft / bekommt er desto leichter Macht und Verhengniß / je weiter die Weiber beydes in der Furcht / und im Aberglauben / den Männern vorgehen. Hievon behandelt der Rabbi Iisaschar, in seiner gelehrten und leswürdigen Kabala denudata, eine leswürdige Frage / quare mulieres potiùs inclinent ad fascina, & incantationes, quàm viri[517]

Mehr als eine Kriegerische Horde?

Die Kabbalah in Kroatien? Das Beispiel, wie oben belegt, des Franziskaners Juraj Dragisić (=Georgius Benignus: 1445-1520) zeigt es (*Dragišićeva obrana Johannesa* Reuchlina=Die Verteidigung des J. Reuchlin). Er hielt sich in verschiedenen europäischen Ländern auf[518].

Kroatien hat immer die Nähe zu Europa – und hier ins besonders zu Deutschland[519] –

---

[517]

https://de.wikisource.org/wiki/Die_Ehre_des_He rtzogthums_Crain_-_Band_VI_- _Von_der_Istrianer_Sprache_/_Sitten_und_Gew ohnheiten

[518] Jan-Hendryk de Boer, *Unerwartete Absichten – Genealogie des Reuchlinkonflikts*, Mohr&Siebeck, 2016.

[519] Spätestens jetzt muss auf die erklärungsbedürftige Kategorie des ‚Deutschen' verwiesen werden. Sie wird dann deutlich, wenn man wie

gesucht. Auf die Anregung von Primož Trubar (deutsch Primus Truber: 1508 in Rašica, heute Gemeinde Velike Lašče=Großlaschitz in der Unterkrain - 1586 in Derendingen bei Tübingen), der seine Ausbildung in Rijeka erfuhr, wird im (protestantisch gewordenen), 45 km südlich von Stuttgart gelegenen Stift Urach in den 1560-er Jahren eine Druckerei unter dem württembergischen Herzog Christoph (1518 auf Schloss Urach -1565) für slowenische und kroatische Bibeln, Katechismen und Gesangbücher, eröffnet. Trubars in der Universitätsbibliothek Tübingen erhaltener Briefwechsel belegt seine Kontakte zu Memminger Predigern und zumindest einen kurzzeitigen Aufenthalt in der Reichsstadt Memmingen. Die Eberhard-Karls-Universität Tübingen gilt nach Luthers Tod (1546) als Hochsitz protestantischer Missionstätigkeit und ist für Gelehrte aus dem ‚Südbalkan' attraktiv (Matthias Garbitius Illyricus=Garbiz/1541; Matthias Flaccius Illyricus filis, ab 1564 in Tübingen immatrikuliert). An ihr studieren Studenten aus der Krain, der Steiermark, Kärnten, Tirol, Salzburg, Böhmen, Mähren, Schlesien, Ungarn, Siebenbürgen – und aus Istrien. Der Herzog

---

Stefan George und seine Schule vom ‚Geheimen Deutschland' spricht.

nahm Glaubensflüchtlinge nicht nur aus Frankreich und Italien und dem ('österreichischen') Kroatien auf, z. B. neben Paul Scalic (geb. in Zagreb) auch Pietro Paolo Vergerio=Pier Paolo Vergerio: Er ist 1498 in Capodistria geboren[520]. Er ist zunächst bis 1549 römisch-katholischer Priester und Bischof in Koper, lernt Martin Luther persönlich kennen, resigniert 1549 als Bischof von Koper, übersetzt einige deutsche reformatorische Schriften ins Italienische, wird 1567 als Pfarrer in Derendingen bei Tübingen eingesetzt, wo er am 28. Juni 1586 starb. Viele der Tübinger Studenten werden als ‚Söhne des östreichischen Erblandes' (Gebiete der heutigen Schweiz, Deutschlands, Frankreichs, Österreichs, heutiges Ungarn, Italien, Slowenien und Kroatien) zu ‚Kulturträgern im Osten'. Trubar konnte Freiherr Hans von Ungnad, Landeshauptmann in der Steiermark und oberster Feldherrn der 5 österreichischen Erblande und der Slowenischen (windischen) und kroatischen Gebiete, überreden, mit Unterstützung des Herzogs

---

[520] Es leitet sich her vom italienischen Capo d'Istria (Hauptstadt Istriens). Das Wort geht zurück auf die Zeit der auch Pula (Pola), Poreč (Parenzo), Rovinj (Rovigno), Umag (Umago) und Labin (Albona) umfasssenden venezianischen Herrschaft= heute: Koper)/Slowenien.

und weiterer protestantischer Herrscher *Windische, chrabatische und cirulische Thrukerey* (d. h. Slowenische, kroatische und kyrillische Druckerei; auch *Uracher Bibelanstalt* genannt) (Uracher Bibelanstalt) zu gründen. Urach hatte die erste schwäbische Papiermühle (1477) und die erste Druckerei drei Jahre später - nur 40 Jahre nach Gutenbergs Erfindung. Dort wurden 1562/63 eine von Primož Trubar übersetzte und bearbeitete Version der *Augsburgischen Konfession* sowie eine von Stephan Consul und Anton Dalmata angefertigte kroatische Übersetzung des Neuen Testaments, jeweils in zwei Versionen (in glagolitischen und kyrillischen Lettern), gedruckt.

In die unmittelbare Nähe, 40 km entfernt, gerät auch Jurij Dalmatin (=Georg Dalmatin=Georgius Dalmata: 1547 in Krško/heute: Slowenien — 1589): Er besucht die Lateinschule in Bebenhausen bei Tübingen, studiert an der Eberhard Karls-Universität Tübingen die Fächer Philosophie und Theologie und promoviert 1569 zum Magister. Dalmatin schreibt 1585 als Protestant *Ta kratki württemberški katekizmus* (=Kurzer Württemberger Katechismus) – erschienen in Wittenberg - und übersetzt die Bibel mit Slowenisch-Deutschem Titel ins Slowenische (*Bibilija, tu je vse svetu pismu stariga inu noviga testamenta, slovenski tolmačena*

451

skuzi Jurija Dalmatina (*Bibel, Hier ist die Ganze Heilige Schrift des Alten und Neuen Testamentes, Übersetzt ins Slowenische von Jurij Dalmatin*).

Die Einrahmung entspricht der Luther-Bibel und wird gesetzt vom Nürnberger Druck Hans Krafft (1565 – 1611). Die Übersetzung ist. wie er am Ende des Buches erklärt, auch für die Kroaten und die anderen Slawen gedacht. Im Auftrag des Leipziger Verlegers Samuel Selfisch (1529 – 1615) wird die Bibel dann in Wittenberg von Mai bis November 1583 in 1500 Exemplaren gedruckt und 1584 getarnt nach Laibach versandt. Lesen im Dunkeln kann schlecht für die Augen sein.

Der Ingenieur Franjo Hanaman (=Franz Hanaman, 1878 in Drenovci nahe Županja/Österreich-Ungarn - 1941 in Zagreb), von 1901 – 1904 Assistent am Institut für analytische Chemie in Wien, entwickelte gemeinsam mit seinem deutschen/ungarischen Assistenten Alexander Just (1874–1937) bei *Bayerischen Glühfädenfabrik* oder *Wolframlampen AG* in Augsburg-Lechhausen ein Verfahren zur Herstellung von Wolframglühdrähten für elektrisch betriebene Wolframdrahtlampen, die Grundlage der OSRAM-Glühbirne (Osmium&Wolfram) wurde. 1908 wurde die Fabrik von der Bayer. Glühfadenfabrik Augsburg-Lechhausen Gg.

Lüdecke & Co. übernommen. Die Vorteile sind evident…. Deutschland befindet sich auf einem Höhepunkt industrieller und wissenschaftlicher Innovation. In Göttingen gab es die Glanzzeit der Mathematik. William Feller (=Vilibald Srećko – 1906 – 1970) nutzt es, lernt bei Richard Courant (1888 – 1972), der u. a. Assistent von David Hilbert war. Sein Vater hatte bereits das Pflanzen-Fluid *Elsafluid* entwickelt, das schmerzstillend, heilend, erfrischend und entzündungswidrig wirkt. Feller promoviert in Göttingen *Über algebraisch rektifizierbare transzendente Kurven* (Göttingen/ Mathematische Zeitschrift, 1928). Nach seiner Habilitation im Jahre 1928 wird Feller Professor in Kiel, wo er bis 1933 lehrt, und muss auf Grund seiner jüdischen Herkunft fliehen. Er setzt seine Karriere in Skandinavien fort, bevor er in die USA auswandert, wo er 1950 Professor für Mathematik in Princeton wird. Feller gilt als Mitbegründer der Wahrscheinlichkeitstheorie. Sein bekanntestes Buch ist *An introduction to probability theory and its applications* (1950)

Die Feller-Apotheke in der Donja Stubica in Zagreb geht auf seine Familie zurück. Seine Familie lässt viele Gebäude in Zagreb errichten:

- das zweistöckige Haus am Tomislavov trg 4 aus dem Jahr 1903/1904
- das vierstöckige *Elsa fluid dom* aus dem Jahre 1905/1906 – seinerzeit das höchste Gebäude in Zagreb (heute das Europa-Haus) am Zentralplatz (an der Kreuzung von Jelacicev trg und Jurisiceva 1 am trg Bana Josipa Jelačića)

Ehemals Sitz der ersten kroatischen Bank – heute Sitz des Tourismusbüros…

Den ersten Lehrstuhl für Paläontologie nahm Karl Alfred von Zittel, ein Universalgelehrter[521], wahr, der den urzeitlichen Fragen der Anthropogenese großes Interesse hatte („Die

---

[521] 25. September 1839 in Bahlingen; † 5. Januar 1904 in München) studiert. Zittel, Sohn des evangelischen Pfarrers, Theologen und Politikers Carl Zittel (* 21.6. 1802 in Schmieheim / Südbaden, + 28.8. 1871 in Karlsruhe), geht 1862 an die Geologische Reichsanstalt Wien, wo er sich an der geologischen Kartierung von Dalmatien beteiligt und Assistent beim Hofmineralienkabinett in Wien wird. Seine grundlegenden Arbeiten hierzu gelten noch heute als maßgebende Lehr- und Handbücher, so z.B. „Handbuch der Paläontologie", „Grundzüge der Paläontologie", „Geschichte der Geologie und Paläontologie".

Natur beginnt nichts mit fertigen und reifen Zuständen.") In der Räuberhöhle bei Regensburg machte er seine Erfahrungen.

„Wie es dem rohen, nur mit Feuersteinwaffen versehenen Urmenschen gelungen ist, den Kampf mit den Höhlenlöwen, Höhlenbären, Rhinoceros und Mammuth siegreich zu bestehen, das ist freilich merkwürdig genug. Gelungen ist es ihm aber und nicht nur in unserer Räuberhöhle...Aus welchem Grunde aber sollte ein uncultivirtes Volk Thierknochen nach Hause schaffen, wenn nicht um das daran und darin befindliche Fleisch und Mark zu verzehren oder sonstig zu verwerthen?"[522]

Zittel gebührt das Verdienst, die wertvollen und interessanten Resultate seiner Forschung sind in den Berichten der kgl. *Akademie der Wissenschaften zu München* niedergelegt zu haben. Höhlen galten jahrzehntelang als einzige Unterkünfte der Neandertaler. Sie werden sogar als Höhlenmenschen bezeichnet, weil die meisten Skelettreste in Höhlen gefunden wurden. Immer noch strömen Anthropologen nach Krapina. 1899 werden Fossilien des diluvialen *sapiens neanderthalensis* auf dem Hušnjak-Hügel in

─────────────

522

https://lochstein.de/hrp/themen/H%C3%B6hlen menschen/troglos.htm

Krapina gefunden. Während einer 6-jährigen Forschung, geleitet von Dragutin Gorjanović-Kramberger (ursprünglich: Karl Kramberger), werden 876 Neandertaler-Fossilien gefunden.

„Krapina ist die einzige Lokalität, an welcher menschliche Reste in großer Anzahl gefunden werden." (Gorjanović-Kramberger)

Krapina hat auch deswegen Bedeutung, weil es der Geburtsort von Rudolf Valdec (1832 – 1929 in Zagreb) ist. In Wien und München ausgebildet, ist er ein Vertreter des Symbolismus und Jugendstils. Es gelingt ihm, in seinen Porträtbüsten den lebendigen Gesichtsausdruck festzuhalten.
Der vielleicht wichtigste Erfinder, Physiker und Elektroingenieur, Nikola Tesla (serbisch-kyrillisch Никола Тесла; 1856 in Smiljan/Kroatische Militärgrenze=Zentralkroatien - 1943 in New York), besuchte die Grundschule und die Mittelschule in Gospić und ab 1870 das Gymnasium in Karlovac. Dort (Rakovica) wurde in Deutsch unterrichtet. Die Serbische Akadmie der Wissenschaft und Künste (=Српска академија наука и уметности), 1841 gegründet, führt ihn als Mitglied an.
Wird Ihnen langsam alles zu viel? Wie sangen noch die *Rolling Stones*? „Mother's

Little helper, And it helps her on her way /
Gets her through her busy day"[523]). Kon-
sultieren Sie Dr. Leo Henryk Sternbach
(1909 in Opatija – 2005 in Chapel
Hill/North Carolina), - the Father of Mother's Little Helpers[524]. Vielleicht war es das
richtige Medikament für die anstrengenden
Wiederaufbaujahre. Die Familie kam aus
Drohobycz in der heutigen Ukraine (ukrai-
nisch: Дрогобич; russisch: Дрогобыче).
Michael Abraham Sternbach war ein Apotheker, der nach einigen Jahren in Krakau,
das damals zu Österreich gehörte, sich in
Opatija/Abbazia niederließ. Da traf und heiratete er die aus Ungarn Piroska Cohen, die
dort im Haus ihrer Großmutter ihren Som-
merurlaub verbrachte. Nach den Wirren des
1. Weltkrieges zog Michael wieder nach, um
eine Apotheke zu eröffnen. Er verstarb
1940, während seine Frau den Krieg überlebte und in New York 1975 verstarb.[525] In

---

[523]   https://www.benzo.org.uk/valium2.htm
https://www.songtexte.com/songtext/the-rolling-
stones/mothers-little-helper-2bc42cd2.html
[524] https://www.benzo.org.uk/valium2.htm
[525]   https://kehilalinks.jewishgen.org/drohobycz
/families/sternbach-family.html[525] https://austria-
fo-
rum.org/af/Wissenssammlungen/Essays/Medizin
/Mother%E2%80%99s_little_helper#ref-
Wissenssammlun-

der Familie wurde Deutsch gesprochen. Leo Sternbach studiert an der Jagiellonen-Universität in Krakau Pharmazie und Chemie. Er arbeitet dort „mit einer chemischen Gruppe von Heterocyclen, den Benzoheptoxdiazinen, die sich später als Chinazolin-3-Oxide herausstellten"[526] In Basel arbeitet er beim Chemiekonzern F. Hoffmann-La Roche, bevor er aus Sorge um einen Einmarsch Nazi-Deutschlands in die Schweiz und in die USA emigriert, um dort in den 50-er Jahren weiterhin für die Firma zu arbeiten. 1971 erhielt er den Ehrendoktor der Universität Wien. Trotz des erreichten Pensionsalters arbeitet er bis zu seinem Tod mit 96 Jahren weiter. Er soll gesagt haben:

„Not enough people kept in mind the suicides that were averted and the marriages that were saved because of this drug."[527]

Das Haus seiner Jugendjahre in Opatija lädt zum Besuch ein. Heute befindet sich in ihm das kroatische Tourismusmuseum. Auf der

---

gen/Essays/Medizin/Mother%E2%80%99s_little_helper-2

[526] Siehe: Esther Wißmüller, *Zum Langzeitverlauf und zur Mortalität von Benzodiazepinabhängigen im Vergleich zu Kontrollen,* Göttingen, 2012

[527] https://www.benzo.org.uk/valium.htm

Promenade in Opatija gibt es neben Portraits von Gustav Mahler und James Joyce auch eins von Sternbach mit dicker Hornbrille[528]. Sternbach ist in Basel Schüler von Leopold Ružička (Lavoslav (Leopold) Stjepan=Lavoslav Stjepan Ružička; geb. 1887 in Vukovar - 1976 in Mammern, Kanton Thurgau; seine Mutter Amalia hatte eine schwäbische Herkunft[529]). Ružička macht in Osijek sein Abitur, immatrikuliert sich 1906 an der Technischen Hochschule Karlsruhe für das Fach Chemie: 1939 bekommt er den Nobel-Preis für Chemie. Ružička kooperiert mit dem deutschen Chemiker Hermann Staudinger (1881 in Worms – 1965). Als Rektor der Freiburger Universität hält der Philosoph Martin Heidegger am 13. Juni 1933 eine Ehrung von Hermann Staudinger ab. Staudinger wird von Martin Heidegger heimlich aufgrund seines Pazifismus im Ersten Weltkrieg und als Verräter denunziert, da er im 1. Weltkrieg sich um die Schweizer Staatsbürgerschaft – Staudinger lehrte seit 1912 in Zürich am *Chemischen*

---

[528] Helmut Luther, *Österreich liegt am Meer Eine Reise durch die k.u.k. Sehnsuchtsorte*, Alnathea Signum Verlag, Wien 2017.
[529]

https://royalsocietypublishing.org/doi/10.1098/rs
bm.1980.0013

Laboratorium der Eidgenössichen Techni-
schen Hochschule[530] - bemüht habe und
behauptet habe, er würde für das ‚Vaterland‘
keine Waffen tragen[531].
Es gibt einen regen literarisch-kulturellen
Austausch zwischen Deutschland und Kroatien.

- Die Werke des vielleicht bedeutendsten und produktivsten kroatischen Schriftstellers, Miroslav
  Krleža (1893 in Zagreb – 1981)
  wurden von einem Mitglied der u. a.
  mit Günter Grass verbundenen
  Gruppe 47, nämlich von Milo Dor
  (1923 als Milutin Doroslovac in Budapest; Pseudonyme: Alex Lutin
  und Alexander Dormann - 2005 in
  Wien) ins Deutsche übersetzt (z. B.
  Galizien, Die Glembays, In Agonie,
  Leda, Die Wolfsschlucht). Dors
  Sohn Milan (geb. 1947) ist ein
  Filmproduzent, Drehbuchautor und

---

[530] Hier lehrte auch Albert Einstein 1912-1914.

[531] Es gibt eine kontrovers diskutierte Frage zu
Staudinger‘ Einstellung zu Juden:
https://www.stuttgarter-
zeitung.de/inhalt.strassenbenennung-in-freiburg-
die-last-der-belasteten-namen.458a65f8-129b-
4a77-81a0-dbee7d7c5f1d.html, https://bz-
ticket.de/hermann-staudingers-rolle-in-der-ns-
zeit-ist-zwielichtig--130112887.html

Regissseur, der bei der bei der Verfilmung des Böll-Romans *Gruppenbild mit Dame* mit Romy Schneider und Brad Dourif in den Hauptrollen assistierte. In seinem Roman *Der letzte Sonntag* (1982) gestaltet er das Attentat von Sarajewo auf den österreichischen Thronfolger am 28. Juni 1914 und erhebt den Attentäter Gavrilo Princip (Гаврило Принцип) zu einem David, der gegen Goliath kämpft, und vergleicht ihn mit Wilhelm Tell.

Karl Marx am Strand oder dionysischer Sozialismus ante portas? Seit den 1960-er Jahren (zwischen 1963 und 1974) fanden auf der Insel Korčula, einer ehemaligen Hochburg der Partisanen, philosophische Sommerschulen unter dem Leitmotto eines ‚humanistischen Marxismus' statt. Ihre Zeitschrift trug den Namen *Praxis.* Aus Deutschland waren vertreten u. a.: Ernst Bloch, Eugen Fink, Erich Fromm, Jürgen Habermas und Herbert Marcuse. Die Zeitschrift wurde 1975 verboten. Viele der kroatischen Teilnehmer Danko Grlić, (1923 – 1984), Milan Kangrga (1923 – 2008) waren Kenner deutscher Philosophie.

Der bis 2020 in Zagreb lehrende Philosophieprofessor Lino Velak (1950 in Rijeka) nahm als junger Student teil[532]. Kürzlich (19. 11. 2011) schrieb er einen Artikel in der kroatischen Zeitschrift Peščanik einen Artikel über die Belagerung und Bombardierung Vukovars, in dem er Ehrfurcht („piety"[533]) für die Opfer fordert. Er war auch Stipendiat der *Humboldt-von-Stiftung* und gehört so zum 1992 gegründeten *Klub kroatischer Humboldtianer* (=*Klub hrvatskih humboldtovaca*[534]=Marulićev trg 19, Zagreb), benannt nach Alexander v. Humboldt, der wie auch sein Bruder Wilhelm wegen seines Bildungskonzepts von Kroaten erforscht wird (z. B.: Tomislav Zelić/Zadar). Der weltweit bekannte Germanist Viktor Žmegač war 1992 bis 1994 Präsident der Gesellschaft; seine Nachfolgerin, die Biochemikerin Elsa Reiner[535] (1930 Osijek – ausgebildet an der Universität Heidelberg - 2011), pflegte internationale Beziehungen bis nach (dem heutigen) Kazachstan (Zrinka Kovarik[536]).

---

[532]
https://www.calvertjournal.com/articles/show/13038/marx-on-the-beach-the-forgotten-story-of-yugoslavias-rebel-communist-summer-school
[533] https://pescanik.net/vukovar-1991-2021-2/
[534] https://www.humboldt-club.hr/
[535] Institute for Medical Research and Occupational   Health University of Zagreb
[536] https://www.bib.irb.hr/586225

Im Februar 2022 fand vor dem Klub ein Vortrag des in Zagreb lehrenden Germanisten Prof. S. Gehrmann statt (="Jezik znanosti u doba globalizacije – s pogledom na Hrvatsku i status njemačkoga."= Die Wissenschaftssprache im Zeitalter der Globalisierung – mit Blick auf Kroatien und den Stellenwert des Deutschen).

Damit das Deutsche auch präsent sein kann, bedarf es der Übersetzungstätigkeit.

Die Germanistikprofessorin Maja Häusler, die ein Semester in Münster und mehrere Studienaufenthalte in Deutschland verbrachte, übersetzte z. B. K. Marx: *Mathematische Manuskripte*, Stvarnost, Zagreb, 1978.

Milan Soklic (1.11.1955 in Tuzla geboren) machte sein Abitur in Tuzla und studierte Philosophie und Soziologie an der Universität von Sarajewo und lebt heute in Pula. Er übersetzte u. a.

- Immanuel Kants Buch *Metaphysische Anfangsgründe der Naturwissenschaft*
- das Werk von Peter Sloterdijk "*Zur Welt kommen, zur Sprache kommen*" (="Tetovirani zivot"=Das tätowierte Leben),

- Thomas Manns Tetralogie *Joseph und seine Brüder*[537]

Marica Bodrožić (1973 in Svib/Süden Kroatiens=Splitsko-dalmatinska županija) wuchs ab ihrem 10. Lebensjahr in Hessen auf, studierte Kulturanthropologie, Psychoanalyse und Slawistik in Frankfurt/M., lehrte immer wieder für das Goethe-Institut und lebt in Berlin/Schönberg'Rote Insel', das sie liebt, weil es

„keine glatte Schönheit ist, die einem wie in Paris serviert wird. Man muss sich ihr aussetzen. Dasselbe gilt für die Literatur. Mir geht es darum, an der Sprache zu arbeiten. Ich will, dass sie etwas mit einem macht. Es ist ein Fehler, den Leser in dieser Hinsicht zu unterschätzen."[538]

Sie ist Mitglied des PEN-Zentrums Deutschland. Ihr Großvater war früher Koch bei den Partisanen und später Glöckner der katholischen Dorfkirche.

„Jugoslawien hat mich geprägt. Es gab keinen Fernseher, kein Telefon, aber den Kommunismus

---

[537]   https://www.euk-straelen.de/deutsch/das-kollegium/translators-in-residence/alle-translators-in-residence/milan-soklic/
[538]
https://web.archive.org/web/20141102124715/http://www.zitty.de/portrat-marica-bodrozic.html

und die katholische Kirche, an der ich als Pionie-
rin vorbeimarschiert bin", erinnert sie sich und
schiebt mit einem warmen Lachen hinterher,
dass Rosa Luxemburg und Jesus für sie genau
die richtige Mischung sei."[539]

Für sie als durch Kriegserfahrung Geprägte
kann Literatur das Leben retten. Sie erhielt u
a.

- 2005: den Adalbert Stifter Förder-
  preis
- 2008: den Kulturpreis Deutsche
  Sprache, Initiativpreis
- 2014: den Longlist NDR Kulturpreis
  mit „Mein weißer Frieden"
- 2015: den Literaturpreis der Konrad
  Adenauer Stiftung

Ihre Übersetzungen umfassen u.a. Slavko
Goldstein, *1941 Das Jahr, das nicht vergeht.*
Es gibt zudem einen ebenso regen wissenschaftlichen Austausch zwischen Deutschland und Kroatien. Schon vor dem Eintritt
als 28. Mitgliedsstaat der Europäischen Union im Jahre 2013 setzte mit der Unterzeichnung der Bologna - Deklaration im Mai
2001 eine Europäisierung der Hochschulbil-
dung ein. Z. Zt. lernen rund 20 % aller kroa-

---

[539]

https://web.archive.org/web/20141102124715/htt
p://www.zitty.de/portrat-marica-bodrozic.html

tischer Schüler Deutsch als erste Fremdsprache, ca. 75% lernen zumindest einige Jahre lang Deutsch[540].

Das *Max Planck Fellow-Programm* fördert die Zusammenarbeit von herausragenden Hochschullehrerinnen und - lehrern mit Wissenschaftlern der Max-Planck-Gesellschaft: Es werden viele Angebote auch für kroatische InteressenTinnen vermittelt, z. B. vom *Leibniz Institute of European History* oder *Leibniz Universität Hannover Institut für Philosophie*[541]. Der kroatische Molekularbiologe und Biochemiker Ivan Đikić (1966 in Zagreb) erhielt 2002 den Ruf auf eine Professur für Biochemie an der Medizinischen Fakultät der Goethe-Universität Frankfurt und ist seit 2009 Direktor des Instituts für Biochemie II an der Goethe-Universität Frankfurt. Đikić erforscht an der Goethe-Universität in Frankfurt auch die molekularen Ursachen von Krankheiten, insbesondere von Krebs. 2018 begann er seine Amtszeit am Max-Planck-Institut für Biophysik. Darüber hinaus möchte Ivan Đikić eine starke Verbindung

---

[540]   https://archiveagdm.fuen.org/mx5-mitglied-44/croatia/

[541]

http://www.stipendije.info/search.php?lang=en&pojam=institut&x=1&y=1

zum wettbewerbsintensiven Krebsforschungsprogramm der Goethe-Universität aufbauen.

Viele kroatische WissenschaftlerInnen wurden und werden vom Deutschen Akademischen Austauschdienst (=DAAD) gefördert. Der DAAD ist mit drei Lektoraten an der Josip-Juraj-Strossmayer-Universität Osijek, an der Universität Zadar sowie an der Universität Zagreb vertreten. Des Weiteren werden zwei Sprachassistenzen an der Universität Zagreb und der Universität Rijeka gefördert. Im Jahr 2015 waren laut UNESCO Institute for Statistics 0,5 Prozent der Studierenden in Kroatien ausländisch. Diese kamen vorwiegend aus: Bosnien und Herzegowina, Slowenien, Deutschland und Schweden. Die beliebtesten Zielländer für kroatische StudentInnen sind Bosnien und Herzegowina, Österreich, Italien sowie Slowenien und Serbien. Deutschland liegt (leider??) auf Rang 9.

2017 konnten 184 Geförderte aus Kroatien in Deutschland studieren, lehren und forschen. Zusätzlich fördert das Berliner Künstlerprogramm ausländische Künstler in den

Sparten Literatur, Bildende Kunst, Musik und Film[542].

Auf Einladung des *Rudjer Boskovic Institute of Nuclear Physics* der Universität Zagreb referierte der deutsche Philosoph Klaus Mainzer bei einer internationalen Tagung auf der Insel Brijuni 1998 über "*The Attractors of Research at the Turn of the Century*". Mainzer gehört dem KAAD (=Katholischer Akademischer Austauschdienst) an. Die KAAD–Förderung ist vor allem als Beitrag zur Stärkung katholischer/christlicher Bildungseliten vor Ort und zur akademischen Vernetzung deutscher Hochschulen mit den Hochschulen Mittelost-, Südost - sowie Osteuropas zu verstehen. Am 11. Oktober 2003 war der Wissenschaftstheoretiker zu einem Vortrag nach Zagreb eingeladen. Rahmen war eine internationale Konferenz über *Cognition and Analytical Philosophy*, die Mainzers ehemaliger Schüler Zvomir Culjak[543], jetzt Professor an der Universität Zagreb, gemeinsam mit Wissenschaftlern der Universität Oxford organisiert hatte. Culjak

---

[542] u. a. den Künstler, Collagen-Maler David Maljković/geb. 1973, der auch in Deutschland, z. B. Berlin Biennale) Ausstellungen durchführt)
[543] https://philpeople.org/profiles/zvonimir-culjak

hat über Rudjer Boskovic[544] bei Mainzer promoviert und zur Erkenntnis - und Wissenschaftstheorie Boskovics' ein Buch (*Hypothesen und Phänomene Die Erkenntnis- und Wissenschaftstheorie Ruder Boskovics zwischen Antirealismus und Realismus* (1998) geschrieben.

Boskovic („Pater Boscowitch") hatte früh (1759) eine Rezeption in Deutschland erfahren (*Briefe, die Neueste Litteratur betreffend*). Er erhält seine Ausbildung am Jesuitenkolleg in Dubrovnik (*Collegium Ragusinum*), wird Jesuit, studiert in Rom, erhält von Papst Benedikt XIV. den Auftrag, die Ursachen der Sprünge in der Kuppel von St. Peter zu erforschen, soll die Pläne für die Trockenlegung der Pontinischen Sümpfe entwerfen, hält sich in Deutschland auf, lernt u. a. Kaiserin Maria Theresia kennen, arbeitet für sie an dem Mailänder Dom. 1748 wird er in *Académie Royale des Sciences*

---

[544] Rudjer Josip Boscovich=Bošković (kroatisch: Ruđer Josip Bošković, italienisch: Ruggero Giuseppe Boscovich) (1711/Dubrovnik – 1787 Mailand) ist Jesuit, Physiker, Astronom, Mathematiker, Philosoph, Diplomat, Dichter und Kind seines aus Pokrajcici/nahe Travnik=Ost-Herzegovina) stammenden Vaters Nikola und seiner italienischen Mutter Paula Bettera, deren Vorfahren vor 100 Jahren aus Italien zugewandert und slawisiert worden sind.

augenommen, gerät aber in Paris in eine Auseinandersetzung mit Jean-Baptiste le Rond=d'Alembert, über die er seinem Bruder mitteilt.

„ma brate ja ne mogu prid njekijem od njih figurat. Ja cutim, koliko sam slab u onemu, sto ovi prvi dzeometri stimaju ... i valja (s tim) rano pocet, ko jezika naucit...' ('... aber, mein Lieber, mit einigen dieser hervorragenden Geometer hier kann ich überhaupt nicht mitreden, weil ich weiß, wie schwach ich bin in der Sache, die hier so hochgeschätzt wird..."[545]

1761 wird er Mitglied der britischen *Royal Society* und fordert sie auf, den Verlauf der Venus weiter zu erforschen[546]. Als Leiter des Instituts für Optik der Marine in Paris, übernimmt Bošković die französische Staatsbürgerschaft und schreibt in Wien sein Hauptwerk *Philosophia naturalis Theoria*, das dann in der 2. Auflage in Venedig 1763 erscheint: Hiernach haben Elementarteilchen

---

[545] https://www.fernuni-hagen.de/MATHPHYS/veselic/rudjer/
[546] Branislav Petronijević, "Vorwort zu": *Life of Roger Joseph Boscovich* A Theory of Natural Philosophy, Open Court Publishing Company, 1922. 1. Aufl.: 1753 Petronijević studierte in Heidelberg. Ivica Martinović, *Recepcija Boškovićeve teorije sila u Parizu*, 2013.

keinen Rauminhalt, sondern bilden lediglich 'variable Kraftfelder' - eine Idee, die erst im 20. Jh. bei den modernen Atom- und Kernphysikern Wiederhall fand, die berühmten Heisenbergschen Versuche gingen ja in die gleiche Richtung. Bošković hat wesentlich dazu beigetragen, dass Rom 1757 das Verbot aufhob zu lehren, dass sich die Erde um die Sonne bewegt. Obwohl italienisch sprechend und lateinich schreibend bleibt er seiner Heimatstadt verbunden. Hier hat Bošković den Dubrovniker Diplomaten Francesco Savino Ragnina (Frano/Franjo Sabov Ranjina) kräftig unterstützt, der auf diplomatische Mission zum polnischen König und Zarin Katherina II. (1729 – 1769) geht. In seinen Berichten verheimlichte er nicht seine politischen Sympathien, die vor allem dem habsburgischen Österreich galten, dessen Herrscher ja auch deutsch-römische Kaiser waren. Nach Bošković sind ein Gymnasium in Dubrovnik (*Biskupijska klasična gimnazija Ruđera Boškovića u Dubrovniku*) und das *Institut Ruđer Bošković* (=IRB), eine außeruniversitäre Forschungseinrichtung/Zagreb, das größtc kroatische Forschungsinstitut für Naturwissenschaften und Technologie, benannt, dessen (ehemaliger) Präsident Željko Marković (1889/Požega/Westslawonien - 1974/in Opatija) 1909 -1910 in Göttingen Mathematik studierte: Zagreb – Prag – Göttingen... Sind das Entfernungen – Oder erscheint es nur? Muss man dem Augenscheinlichen misstrauen?

Friedrich Nietzsche feiert die beiden Slawen, den Polen Kopernikus und den Kroaten Bošković, als die Kritiker des Augenscheins. Er leiht sich im Frühjahr 1873 die Schrift *Philosophia naturalis Theoria redacta ad unicam legum virium in natura existentium* (Wien 1759) von Rudjer Josip Bošković in Basel, in dem er im Januar aus Naumburg angekommen ist, aus. Zu dieser Zeit (22. 3. 1873) bekennt Nietzsche sich zu einem „Radikalismus, ohne den ich nun schon gar nicht mehr mit Jemandem umgehen kann."[547] – und schliesst seine Abhandlung *Die Philosophie im tragischen Zeitalter der Griechen* (Thales, Anaximander, Heraklit, Parmenides, Anaxagoras, Empedokles, Demokrit und Sokrates) ab und preist die vorauseilend-antizipatorische Leichtigkeit ihres Denkens, die auch die Stofflichkeit der Materie bezweifelt[548].

---

[547] http://www.nietzschesource.org/#eKGWB/BVN-1873

[548] „Die Dinge selbst, an deren Feststehen und Standhalten der enge Menschen- und Tierkopf glaubt, haben gar keine eigentliche Existenz..." http://www.zeno.org/Philosophie/M/Nietzsche,+

„Was die materialistische Atomistik betrifft: so
gehört dieselbe zu den bestwiderlegten Dingen,
die es giebt; und vielleicht ist heute in Europa
Niemand unter den Gelehrten mehr so ungelehrt,
ihr ausser zum bequemen Hand- und Hausge-
brauch (nämlich als einer Abkürzung der Aus-
drucksmittel) noch eine ernstliche Bedeutung
zuzumessen — Dank vorerst jenem Polen
Boscovich, der, mitsammt dem Polen Koperni-
cus, bisher der grösste und siegreichste Gegner
des Augenscheins war. Während nämlich Koper-
nicus uns überredet hat zu glauben, wider alle
Sinne, dass die Erde nicht feststeht, lehrte
Boscovich dem Glauben an das Letzte, was von
der Erde „feststand", abschwören, dem Glauben
an den „Stoff", an die „Materie", an das Erden-
rest- und Klümpchen-Atom: es war der grösste
Triumph über die Sinne, der bisher auf Erden
errungen worden ist. — Man muss aber noch
weiter gehn und auch dem „atomistischen Bedürfnisse", das immer noch ein gefährliches
Nachleben führt, auf Gebieten, wo es Niemand
ahnt, gleich jenem berühmteren „metaphysischen
Bedürfnisse" — den Krieg erklären, einen scho-
nungslosen Krieg auf's Messer: — man muss
zunächst auch jener anderen und verhängnissvol-
leren Atomistik den Garaus machen, welche das
Christenthum am besten und längsten gelehrt hat,
der Seelen-Atomistik. Mit diesem Wort sei es

---

erlaubt, jenen Glauben zu bezeichnen, der die
Seele als etwas Unvertilgbares, Ewiges, Untheil-
bares, als eine Monade, als ein Atomon nimmt:
diesen Glauben soll man aus der Wissenschaft
hinausschaffen! Es ist, unter uns gesagt, ganz
und gar nicht nöthig, „die Seele" selbst dabei los
zu werden und auf eine der ältesten und ehrwür-
digsten Hypothesen Verzicht zu leisten: wie es
dem Ungeschick der Naturalisten zu begegnen
pflegt, welche, kaum dass sie an „die Seele"
rühren, sie auch verlieren. Aber der Weg zu
neuen Fassungen und Verfeinerungen der See-
len-Hypothese steht offen: und Begriffe wie
„sterbliche Seele" und „Seele als Subjekts-
Vielheit" und „Seele als Gesellschaftsbau der
Triebe und Affekte" wollen fürderhin in der
Wissenschaft Bürgerrecht haben. Indem der neue
Psycholog dem Aberglauben ein Ende bereitet,
der bisher um die Seelen-Vorstellung mit einer
fast tropischen Üppigkeit wucherte, hat er sich
freilich selbst gleichsam in eine neue Oede und
ein neues Misstrauen hinaus gestossen — es mag
sein, dass die älteren Psychologen es bequemer
und lustiger hatten —: zuletzt aber weiss er sich
eben damit auch zum Erfinden verurtheilt —
und, wer weiss? vielleicht zum Finden. —[549]

---

[549]

http://www.nietzschesource.org/#eKGWB/JGB
http://www.zeno.org/Philosophie/M/Nietzsche,+
Fried-
rich/Jenseits+von+Gut+und+B%C3%B6se/Erste
s+Hauptst%C3%BCck.+Von+den+Vorurteilen+
der+Philosophen/11-20Zit. nach: ed. Karl

(*Jenseits von Gut und Böse. Vorspiel einer Philosophie der Zukunft*/1886)

Der Jesuit als Bahnbrecher einer radikalen Auflärung... Nietzsche profitierte von einem Kroaten. Sicherlich werden auch Kroaten vom Kulturaustausch mit Deutschland profitieren. Wo können die jungen Kroaten Deutsch lernen?
Seit 1998 wird in Kroatien der Deutschunterricht innerhalb des von der Kultusministerkonferenz eingerichteten DSD (=Deutsches Sprachdiplom) – Unterrichts angeboten (Njemački jezik – nastava za Njemačku jezičnu diplomu): An ca. 50 Gymnasien/Mittelschulen lernen ca. 2000 junge Kroaten im Rahmen eines fakultativen Faches Deutsch und werden mit der deutschen Kultur (Literatur, Geschichte) vertraut gemacht. Der Unterricht wird sowohl von kroatischen als auch von aus Deutschland entsandten Lehrern durchgeführt. Eine deutsche Fachkraft berichtet:

Schlechta, *Nietzsche Chronik Daten zu Leben und Werk*, München, 1984, S. 80. Siehe: Keith Ansell Pearson, *Nietzsche's Brave New World of Force: On Nietzsche's 1873 "Time Atom Theory" Fragment and the Matter of Boscovich's Influence on Nietzsche*, Journal of Nietzsche-Studies, Band 20, 2000, S. 5ff.

„Mir gefällt die Kleinstadt, dadurch ist Varaždin für mich ganz gut, und auch kleinere Städte wie Ivanec gefallen mir. Das Leben da ist ruhiger und langsamer als in Berlin und das genieße ich. Ansonsten: die ländliche Gegend hier, die Dörfer, das hüglige Land, aber auch die Drau, das gefällt mir landschaftlich ganz gut. Ich fahre gerne Rad und ich bewege mich gern in diese Landschaft, wann immer das möglich ist. Es gibt auch eine traditionsbewusste Kultur hier, so erlebe ich das. Wenn man die Volkstanzgruppen oder die Trachten irgendwo sieht, bei Festen, erinnert mich das so ein bisschen an meine Heimat … Ich finde, dass das Beste hier an der Arbeit sind die Schülerinnen und Schüler. Sie wollen wirklich Deutsch lernen."[550]

Dem Leiter des Programms, Herrn Dr. Ulrich Dronske, ist es zu verdanken, dass die deutsche Sprache in Kroatien bei der jungen Generation beliebt und präsent ist – und nicht durch die englische und italienische Sprachen verdrängt wird.

Demgegenüber gibt es den *Kroatischen Deutschlehrerverband*. Er klärt, wo und warum Deutsch gelernt und gelehrt werden sollte. Regelmäßig finden Fortbildungsveranstaltungen für kroatische DeutschlehrerIn-

---

[550] https://blog.pasch-net.de/pasch-global/archives/1944-Interview-mit-der-DSD-Fachschaftsberaterin-in-Kroatien.html

nen statt. Er arbeitet u. a. zusammen mit dem *Goethe-Institut*/Zagreb.

Hat die deutsche Sprache eine Zukunft im Zeitalter der Globalisierung? Die Sprachenpolitik ist auch Thema eines Kooperationsprojektes der Westfälischen Wilhelms-Universität Münster (Prof.' Dr. Marianne Krüger-Potratz, Professorin für Iinterkulturelle Pädagogik und historische Minderheitenbildungsforschung[551]) und der Universität Zagreb, Akademie für Lehrerbildung[552]. Ziel ist zum einen die Ausbildung von Bildungsberatern und Bildungsmanagern zur Initiierung und Steuerung europaorientierter Reformen in den verschiedenen Bereichen der nationalen Bildungssysteme, speziell in Südosteuropa und zum anderen durch weitere Fortbildungsangebote und grenzüber-

---

[551] In den Jahren 2007 bis 2010 war sie – gemeinsam mit Prof. Gehrmann von der Universität Zagreb – Direktorin des Internationalen Zentrums für Europäische Bildung der Westfälischen Wilhelms-Universität.

[552] Beteiligte Institutionen, als Projektträger: die Universität Münster, Lehreinheit Erziehungswissenschaft im Fachbereich 06 und die Akademie für Lehrerbildung der Universität Zagreb (Kroatien), ferner die Universität in Ljubljana, Rouen, Tilburg, Montenegro, Sarajevo, Zadar und Ankara.

schreitende Kooperations- sowie For-
schungsprojekte im Rahmen des Zentrums
die Nachhaltigkeit zu sichern. Beteiligte
Wissenschaftler sind u.a. Prof.' Dr. Irena
Horvatić-Čajko[553]) und Prof. Dr. Siegfried
Gehrmann[554].

Das Auswärtige Amt der Bundesrepublik
verweist darauf, dass „weltweit … immer
mehr Menschen Deutsch als Fremdsprache,
insgesamt sind es 15,4 Millionen" lernen.

„Deutsch als Fremdsprache spielt eine herausragende Rolle, um Menschen langfristig an
Deutschland zu binden, Brücken zu bauen und
ein modernes Deutschlandbild zu vermitteln. Die
Förderung von Deutsch als Fremdsprache ist

---

[553] Studium der Germanistik und Anglistik an der
Filozofski fakultet Sveučilišta u Zagrebuu. U. a.
Lektorin des kroatischen Buchverlages und Ver-
fasserin deutschsprachiger Lehrwerke für kroatische Schüler zweite.sprache@DEUTSCH.de1
[554] Universität Zagreb, Fakultät für Lehrerbildung, Lehrstuhl für Deutschlehrerbildung –
Interkulturelle Germanistik; Vorstand des Zentrums für Europäische Bildung; Koordinator des
TEMPUS IV-Projekts „Modernizing Teacher
Education in a European Perspective". Arbeits-
und Forschungsschwerpunkte: Mehrsprachigkeit
und Sprachenpolitik in Europa, Fremdsprachen-
lehrerausbildung, Spracherwerbsforschung, interkulturelle Kommunikation, Bildungspolitik in
Südosteuropa.

deswegen ein wichtiges Ziel der Auswärtigen Kultur- und Bildungspolitik."[555]

Danach lernten im Jahr 2020 ingesamt 181 177 Kroaten Deutsch (ungefähr so viel wie Spanien), davon 154 879 SchülerInnen – aber es gibt leider einen leichten Rückgang zu konstatieren. Der am 26. September stattfindende *Tag der Fremdsprachen* erinnert an die Notwendigkeit, einen Lingozid zu vermeiden. Die deutsche Sprache sollte den Wettbewerb mit der lingua-franca Englisch, das der „zweckgerichteten, am ökonomischen Denken ausgerichteten Logik" entspricht, bestehen und deren Sogwirkung widerstehen können, wenn doch „die mittelost- und osteuropäischen Politiker und Verhandlungspartner ausdrücklich Deutsch sprechen" (Gehrmann) wollen. Vielleicht haben sie ein ausgeprägteres Wissen von dem Reichtum des kulturellen Deutschlands als so mancher ‚indigene' Deutsche. Diese Äußerung soll nicht einen Graben aufreißen zwischen Unterhaltung und (‚Hoch'-) Kultur. Durch Karl May kann man viel lernen.

„Winnetou ist mir wohl deshalb in so lebhafter Erinnerung geblieben, weil mich die Freund-

---

[555]   https://www.auswaertiges-amt.de/de/aussenpolitik/themen/kulturdialog/-/2346768

schaft zwischen dem weißen Jäger Old Shatterhand und Winnetou beeindruckte. Und kaum
anders verhält es sich mit dem Roman "Ardistan
und Dschinnistan". "Die Erde sehnt sich nach
Ruhe", heißt es da, "die Menschheit nach Frieden, und die Geschichte will nicht mehr Taten
der Gewalt und des Hasses, sondern Taten der
Liebe verzeichnen." Das entsprach den Vorstel-
lungen, mit denen ich als Schüler während des
Krieges Karl May gelesen habe."[556] (Ex-
Bundeskanzler Dr. Helmut Kohl)

Kein Geringerer auch als der marxistische
Hoffnungs-Philosoph Ernst Bloch las neben
Hegel auch Karl May. „Karl May-Fans sind
hartnäckig"[557] (Dunja Rajter).
Im Norden Kroatiens - in der Kvarner Bucht
- ist die Stadt Rijeka. In ihrem Hinterland
befinden sich das Gebiet Grobnik polje und
die Region Platak: Hier wurden Karl May -
Filme gedreht. May verschaffte sich seine
Kenntnisse über die Welt (auch des ‚Balkans‘) über die zwischen 1823 und 1893
erscheinende Zeitschrift *Das Ausland. Ein
Tagblatt für Kunde des geistigen und sittli-*

---

[556] https://www.quotez.net/german/karl_may.htm
[557]

https://www.youtube.com/watch?v=BeTmx830R
sY Die Filme sind Kult geworden. Sie trifft sich
regelmäßig mit Karl-May-Fans in Kroatien und
gebraucht in ungewohnter Unschuld das Wort
‚Zigeuner‘.

chen Lebens der Völker oder *Wochenschrift für Erd- und Völkerkunde.* Die Ortswahl für Filmproduktion ist mehr als ein purer Zufall[558]. In Platak wurden in den meisten Fällen Indianerdörfer in die Landschaft gebaut oder Reitszenen aufgenommen. In den Plitvicer Seen sind die eigentlichen Drehorte der Filme. Den Silbersee (*Jezero Kaluderovac*) mit seiner Höhle findet man an den unteren Seen und gleich um die Ecke gibt es den höchsten Wasserfall mit über 70 Metern Höhe. Unter ihm entstanden die Anfangsszenen aus Winnetou 2 sowie die Fortsetzung im 3.Teil. Um an einem zentralen Punkt zu wohnen und sich von dort aus die einzelnen Drehorte anzusehen, kann man Zadar oder das Hinterland von Zadar empfehlen. Vielleicht ist Starigrad der beste Ausgangspunkt, um sich die Drehorte anzusehen, oder den Tag am Strand zu verbringen, z. B. die Paklenica- Schlucht: In ihr sind etliche Filme gedreht worden, angefangen mit dem *Schatz im Silbersee.* Im kleinen Hafen von Starigrad legt das Schiff ab, das unter anderem über die Zrmanja schippert, dort, wo Old Shatterhand mit Winnetous

---

[558] Martina Baleva, Boris Previšić, ‚*Den Balkan gibt es nicht' Erbschaften im südöstlichen Europa, Böhlau Verlag, Köln, Weimar,* Wien, 2016.

Vater kämpfte. Neben den genannten, der Wissenschaft und Kunst zugehörigen Personen gibt es die großen Bereiche des Sports und der Unterhaltung.

Winnetou ist verbunden mit der Dunja Rajter (1946 in Našice, in der Nähe von Osijek). Nach dem Besuch eines Gymnasiums in Zagreb und einer Schauspielschule spielte die Tochter eines Musikprofessors u. a. in *Winnetou Teil 1*, wurde als Sängerin in Deutschland bekannt, aber auch als Ehemann des Gründers der Pop-Gruppe *Les Humphries* bekannt[559]. Sie wurde in Deutschland von dem Konzertveranstalter Horst Lippmann (1927 – 1997), auch Mitarbeiter des Musikmanagers Fritz Rau (1930 – 2013), entdeckt. In Kroatien setzt sie sich für den Tierschutz stark. Vielleicht wussten Sie es noch nicht: Der (vielleicht bekannteste) kroatische Basketballspieler Dražen Petrović (1964 in Šibenik – 1993), der u.a. auch für Real Madrid, für Portland Trail Blazers und New Jersey Nets spielte, starb als Beifahrer bei einem Verkehrsunfall auf der Autobahn 9 in Denkendorf bei Ingolstadt. Die Fahrerin des Pkws war seine damalige Freundin Clara Szalanski (geb. in Negreşti-Oaş/Rumänien –

---

[559]

https://www.youtube.com/watch?v=qENfdopa9I4

Tochter eines Münchener Zahnarztes). Sie überlebte den Unfall und ist heute mit Oliver Bierhoff verheiratet. Moderne Gesellschaften lassen sich nicht beschreiben als abgeschottete Monaden, deren Fenster geschlossen sind.

Hinaus in die weite Welt

Die international-transeuropäische Anbindung Kroatiens reicht weit in die Frühe Neuzeit zurück. Hierbei spielte der globale Katholizismus, aber auch das Meer eine herausragende Rolle (Dubrovnik/Darko Zubrinic[560]). Vincente Buneus, besser bekannt als Vice Bune, wurde 1559 auf der Lopud-Insel bei Dubrovnik geboren (1612 in Neapel gestorben). Er soll als Seekapitän der spanischen Flotte unter dem aus dem Haus Habsburg stammenden spanischen König Philipp III. (Felipe: 1571 – 1621) zu den Salomonen in der Südsee gekommen sein und das eintausendzweihundert Kilometer nördlich von Australien gelegene Bismarck-Archipel (heute zu Papua-Neuguinea gehörig) und Vanuatu im Südpazifik, ca. 1800 km östlich von Australien (=Neue Hebriden) entdeckt haben[561]. 1884 wurde der Archipel

---

[560] https://www.croatianhistory.net/etf/et111.html
[561]

http://www.hellenica.de/Geographia/BismarckArchipelago.html

zum deutschen Schutzgebiet erklärt. Hier entstand die einzige deutsche Kreolsprache, das geheimnisvolle "Unserdeutsch" (=Falsche Deutsch, Kaputtene Deutsch), das während und nach der deutschen Kolonialzeit im Waisenhaus der katholischen Missionsstation Vunapope in der Nähe von Rabaul/heute Provinz East New Britain (vormals: unter dem deutschen Namen Simpsonhafen/Neupommern im Bismarck-Archipel) unter deutsch-indigenen Kindern entstanden sein soll und heute (2022) von ca. 100 Personen noch gesprochen wird. Diese Sprache wurde von dem australischen Germanisten Craig Volker und von Péter Maitz[562] erforscht. Es haben sich einige

---

562

https://www.germanistik.unibe.ch/forschung/proj ek-te/unserdeutsch_rabaul_creole_german/was_ist_ unserdeutsch/index_ger.html Zusammen mit dem in Bamberg lehrenden Linguisten Siegwalt Lindenfelser (.*Kreolsprache Unserdeutsch. Genese und Geschichte einer kolonialen Kontaktvarietät.* Berlin/Boston: de Gruyter (Koloniale und postkoloniale Linguistik). 263 S. *Ich glaub, dass Unserdeutsch will fade away – Geburt und Tod einer Kreolsprache im melanesischen Pazifik"*, Gastvortrag linguistisches Kolloquium zum Thema „Minderheitensprachen", Universität Osnabrück [DEU].

deutsche Lehnwörter erhalten hat, z. B. „raus" (rauswerfen) oder „gumi" (Gummi-schlauch).

In die Ferne geht es auch mit Jesuiten: Nikola Plantic (=Nikolaus Blantisch 1720 in Zagreb – 1777). Er studierte in Zagreb, Graz und Wien, lehrte Logik und Philosophie an der Jesuiten-Universität in Cordoba/Argentinien und begab sich auf Missionsreise nach Paraguay (Bekehrung der Guarani-Indianer), von wo er 1767 wegen anti-royaler Umtriebe vertrieben wird.[563]

Der Jesuitenmissionar Ferdinand Konščak (Spanisch: *Fernando Consag*) (1703 in Varaždin - 1759 in San Ignacio/Belize[564]) studierte Philosophie in Graz. 1729 brach er nach Cádiz/Spanien auf, ging dann nach Nordamerika, wo er Missionar auf der Halbinsel Baja California/heute: Mexico) von 1732 bis zum Ende seines Lebens war. Und der Jesuit Josip Marinovic (1741 Perast, heute: Montenegro[565]/-1801 in Rom): zunächst Theologieprofessor in Venedig. Er

---

[563] Mijo Korade, Mirjana Polić Bobić: *Paragvajska pisma,* Zagreb, Matica hrvatska, 2015. Cf. Carmen Verlichak, *Los Croatas de la Argentina*, Buenos Aires, 2004.
[564] Zentralamerikanischer Staat östlich von Guatemala gelegen.
[565] Damals unter osmanischer Herrschaft.

schrieb die erste Geschichte der Armenier (*Compendio storico di memorie cronologiche concernenti la religione e la morale della nazione Armena suddita dell'impero Ottomano / [Giuseppe Marenovich]. Opera divisa in sei libri, e presentata alla Sacra Congregazione di Propaganda dal marchese Giovanni de Serpos/* Venedig) und verteidigt die im Osmanischen Reich lebenden Armenier. Viele Armenier kamen über Dubrovnik nach Kroatien. Ist es Zufall, dass der in Dubrovnik verehrte Stadtheilige und Schutzpatron St. Blasius (Ἅγιος Βλάσιος=Agios Vlasios) aus Sebaste, dem heutigen Sivas (Türkei), kommt, das früher von einer großen Anzahl christlich-gläubiger Armenier bevölkert wurde[566].

Ca. 5600 km weiter geht es mit Dragutin Lerman (1863 in Požega/Slavonien - 1918 in Kreševo/Zentralbosnien). Er studierte in Budapest die Werke des vor allem wegen seiner Troja-Forschungen bekannten Archäologen Johann Heinrich Schliemann (1822-1890) und ging dann nach Karlovac/Kroatien, wo er den österreichischen Offizier Napoleon Luksic traf, der sich für die Expedition Henry Morton Stanleys in

---

[566] Siehe Vinicije B. Lupis: Paradigm of the Armenian Genocide and Armenian - Croatian contacts

den Kongo (heute: Demokratische Republik Kongo) beworben hatte. Stanley beschreibt ihn in seinem Buch *The Congo and the Founding of its Free State* als einen „gallant Croat", einen „gentleman", der ihn gelehrt habe, nicht zu unüberlegt Urteile auf Grund des Äusseren zu fällen, denn Lerman erwies sich trotz seines unscheinbaren Äußeren als ein „thoroughly valuable officer." [567]. Lerman vermachte seine 1882 im Kongo mit Stanley erworbenen ethnografischen Funde und Karten dem ethnologischen Museum in Zagreb. Er benannte die Wasserfälle Kouil-ou-Niari Rive nach der kroatischen Adelsfamilie Zrinski-Wasserfälle. Peter IV. Šubić (Peter IV. Zrinski, kroatisch Petar IV. Zrinski, 1621 in Vrbovec- 1671 in Wiener Neustadt) gilt gemeinsam mit Fran Krsto Frankopan in Kroatien als Nationalheld, da beide gegen die Herrschaft der Osmanen sowie der Habsburgermonarchie gekämpft haben.

Der Anthropologe und Ethnologe Ivan Benigar (=Juan Iván Benigar -1883 in Zagreb- 1950 Aluminé) studierte in Graz und Prag, schrieb eine bulgarische Grammatik, lebte in

---

[567] Henry M. Stanley, *The Congo And The Founding Of the Free State, A Story Of Work And Exploration,* New York, Harper and Brothers, 1885, SS. 212, 277.

Patagonien unter Indianern und erforschte die Mapuche-Kultur Argentiniens (*El Problema del Hombre Americano*/1928, *La Patagonia piensa*).

Sein Namensvetter Ivan Benigar (1845 in Ilirska Bistrica/Slowenien – 1920 Radece/Slowenien) besuchte das Gymnasium in Karlovac und schrieb 1870 in Wien seine Dissertation *Experimental-Untersuchungen über die Diffusion von Gasgemengen*, die in der Zeitschrift *Fortschritte der Physik* (Band XXVII, 1871, herausgegeben von der mit höchst prominenten Physikern – Emil Du Bois-Reymond, Ludwig E. Boltzmann, Hermann von Helmholtz - verbundenen *Physikalischen Gesellschaft zu Berlin*[568]) erschien. Benigar war der Physiklehrer von Mileva Marić, verheiratet: Einstein-geboren in Wojwodina/damals Österreich-Ungarn) als einziges Mädchen am Königlichen Obergymnasium in Zagreb (1892/93). Um ihre Unabhängigkeit zu demonstrieren, ging Mileva 1897 sogar für ein Semester alleine

---

[568] Sie hatte u. a. Schwierigkeiten mit der Orthographie der Eigennamen und Übersetzung der Vornamen (Johann, Ivan…). Benigars Vorname ist „J.", also wahrscheinlich für „Johann(es)". Das Namensregister dieser Zeitschrift ist eine Fundgrube für Geschichtsforscher und beweist das durch die Habsburger Monarchie ermöglichte internationale networking.

nach Heidelberg, wo sie für ein Semester als Gasthörerin eingeschrieben war. Da auch in Deutschland Frauen seinerzeit nicht zum Hochschulstudium zugelassen waren, musste Marić vor Beginn ihres Aufenthalts die persönliche Erlaubnis eines jeden Professors einholen, dessen Lehrveranstaltung sie besuchen wollte. Auch diese Hürde überwand die wissbegierige Studentin und hörte so unter anderem Vorlesungen bei den Physik- und Mathematikprofessoren Carl Köhler, Leo Königsberger und Philipp Lenard. Von den Inhalten der Seminare berichtete sie dem in Zürich verbliebenen Einstein in enthusiastischen Briefen[569]. Wird sie immer im Schatten ihres Mannes stehen? An ihn erinnert ein Bild in Opatija, gemalt an der Wand des Open Air Theater im Park Angiolina. Immerhin wandte Einstein sich zusammen mit Heinrich Mann nach der Ermordung des Historikers und Albanologen Dr. Milan Sufflay (1879/Lepoglava=Gespann-schaft Varaždin-veraltet *Schönhaupt* – 1931/Zagreb) in der *Dalmatinska ulica* während des Besuches des jugoslawischen Königs Alexander I. in Zagreb (18. 2. 1931)

---

[569] https://www.uni-heidelberg.de/de/universitaet/heidelberger-profile/historische-portraets/mileva-maric-die-fast-vergessene-einstein

489

gegen Tyrannei und Terror[570]. Er richtete einen Appell an die *International League of Human Rights.* Šufflay sprach und schrieb alle slawischen Sprachen so wie Alt-Griechisch, Latein, Italienisch, Spanisch, Deutsch, Englisch, Französisch und Ungarisch, ein homo universalis. Er betonte den nicht-arischen Ursprung der Kroaten und wandte sich gegen die Behauptung der 'arischen' Gegenposition, dass aufgrund ihres Ursprunges in den Karpaten die Kroaten eine besondere Beziehung zu Bergen hätten. Er meinte, dass die

„kroatische Nation als Bürger des großen Imperiums der westlichen Zivilisation das Recht hat, gegen jede Unterdrückung die Stimme zu erhe-

---

[570] New York Times/ May 6, 1931, Page 1"EINSTEIN ACCUSES YUGOSLAVIAN RULERS IN SAVANT'S MURDER; Charges the Slaying of Sufflay, Noted Croatian Leader, Was Inspired by Government. LINKS KING TO TERRORISM Protest With Heinrich Mann Virtually Lays Parliament Killing to Monarch. INCREASE IN CRUELTY SEEN League for Rights of Man is Urged to Take Action Against "Horrible Brutality" of Belgrade Regime. Noted for Scientific Works. Charges Threats to Croats. EINSTEIN ACCUSES YUGOSLAV RULERS" https://www.nytimes.com/1931/05/06/archives/einstein-accuses-yugoslavian-rulers-in-savants-murder-charges-the.html

ben und wenn es nicht anders geht, so durch occidentem appello [Anrufung des Abendlandes]."

Die Problematik der Ethnogenese Kroatiens taucht wieder auf[571] …

Ein Beispiel – Rijeka (=Fiume/ St. Veit am Pflaum)
Ein Zankapfel zwischen Ungarn, Italien, Kroatien

Das kroatische Volk hat sich in einem Raum erhalten, der den Einflüssen und Eroberungen durch die Griechen, Römer, Byzantiner, Franken, Venezianer, Türken, Deutschen, Ungarn, Italiener und Serben ausgesetzt war. Ein sicherlich herausragendes Beispiel ist

---

[571] Walter Pohl, *Die Awaren Ein Steppenvolk in Mitteleuropa 567 – 822 n. Chr.* Verlag Beck, 1988. Nach alter Erzählung hätten die Awaren im 6. Jahrhundert Dalmatien erobert, und die Kroaten hätten sich an den oströmisch-byzantinischen Kaiser Herakleios (Ἡράκλειος) gewandt mit der Bitte um Hilfe. Unter ihm wurden die slawischen Stämme der Serben und Kroaten in eine lose Bindung zum Reich gebracht. Kroaten sollten nun gegen die einfallenden ungetauften ‚Heiden' kämpfen. Das Christentum als gemeinsame identitätsstiftende Verbindung war nach innen wie außen außerordentlich wichtig, um diesen Plan umzusetzen (Stefan Esders). So unterstützten sie Kaal den Grossen gegen die Awaren.

die Hafenstadt Rijeka, die ‚Stadt der vielen Namen'.[572], die zu einem Epizentrum nationaler, ethnischer und religiöser Spannungen werden sollte (September 1919 – Dezember 1920). Der oberadriatische Raum der Habsburgermonarchie stellt sowohl wegen seiner multiethnischen, mehrsprachigen Dichte als auch wegen seiner staatsrechtlichen Lage einen interessanten Kleinraum dar, an dem sich makropolitisch relevante Fragen mit einem mikrogeschichtlichen Fokus beobachten und erforschen lassen.

Unter dem Habsburger Kaiser Karl VI. (1685/Wien – 1740/Wien, auch König von Kroatien und Ungarn)[573], wird Rijeka 1719 Freihafen (=zollfreier Handel und Umschlag), und unter seiner Tochter Kaiserin Maria Theresia (zugleich Königin von Ungarn) 1779 Teil des Habsburger Reiches: Die Stadt erhält nun eine relative Selbständigkeit (=separatum Regni Coronae Hunga-

---

[572] Fiume, abgeleitet von ital.: fiumara=Fluss; lateinisch: Tarsatica – jetzt: Trsat, ein Stadtteil - dann: Flumen St. Vitus, italienisch: Porto di Fiume - kroatische Dialekte: Rika und Reka, slowenisch: Reka, deutsch: St. Veit am Flaum). http://www.oberegger2.org/enzyklopaedie/e-hafen_rijeka.htm

[573] verheiratet mit der Deutschen Elisabeth Christina von Braunschweig-Wolfenbüttel=Mutter von Mara Theresia

riae adnexum corpus=getrennt, aber der Krone Ungarns verbunden), da Maria die ungarische Wirtschaft stärken wollte, indem Ungarn so einen Zugang zum Meer bekommt. Wie Triest für die Habsburger, wird Rijeka nun der Haupthafen der Ungarn.

Mit Napoleon wird die Stadt Teil ‚Illyrischen Provinzen' (Kroatien, Slowenien, Norditalien) (1809 -1813) und kommt 1816 wieder zur Österreichischen Monarchie und KuK-Monarchie und wird neben Triest der wichtigste Meereszugang Österreichs. 1850 wird Rijeka Kroatien angeschlossen und wird Zentrum einer Gespannschaft. Der ungarische Lajos Kossuth (1802 – 1894), Advokat der Unabhängigkeit Ungarns, fordert für Ungarn einen Zugang zum Meer, und Rijeka erhält 1868 nach dem unter Kaiser Franz Joseph I. errreichten *Österreichisch-Ungarischen Ausgleich* (1867) den Status eines „mit der ungarischen Krone besonders verbundenen Körpers" mit weitreichender Autonomie (=Freistadt=separatum sacrae regni coronae corpus), wonach der Status der Stadt nur mit der Zustimmung seincr Repräsentanten geändert werden kann (1872). Die Stadt wird einem Kronland gleichgestellt. 1873 wird eine Eisenbahn Budapest – Rijeka gebaut (*Königlich-Ungarische Staatsbahn/*Rijeka – Karlovac – Zagreb – Eszék=Osijek - Budapest/569 km[574]): Somit geht ein Wunsch Ungarns in Erfüllung. Fiume ist, wie die *Agramer Zeitung* berichtet, auch mit Karlovac verbunden.

Deutsche, Österreicher und Ungarn besiedeln die Stadt, die sich zu einem wichtigen Handelsplatz entwickelt. Ein wichtiger Industriebetrieb ist die Torpedo - und Schiffsfabrik des Engländers Robert Whitehead (1823/Bolton/England – 1905/Rijeka), der zunächst in Triest als Konstrukteur beim *Österreichischen Lloyd*, der größten Schifffahrtsgesellschaft Österreich-Ungarns, arbeitet, dann 1856 als Manager der Metallgießerei *Fonderia Metalli* in Fiume den Firmennamen in *Stabilimento Tecnico Fiumano* verändert (1858) und 1875 eine Werft gründet, die den Torpedo („Minenschiff"; ursprünglich Durchmesser: 35,5 cm, Länge:

---

[574] Lóránt Bali, *The Role of the Railway in Regional Development in Austro-Hungary and in Hungarian-Croatian Relations Today, Especially with Regard to the Availability of Rijeka* (Fiume) https://rail.ninja/route/budapest-to-rije-ka?utm_source=google&utm_medium=cpc&utm_campaign=PMax_Lan_EN_Ta_EU&utm_conte nt=&utm_term=&gclid=Cj0KCQjwma6TBhDIA RIsAOKuANzZR9ke3GoqbPddanD3A1yRVayz eAoR23p4d35-Igx5ReQJ9208wPMaAh3pEALw_wcB

3,35 m, Gewicht: 136 kg, davon 8 kg Sprengstoff) produziert. Er wurde von Giovanni Biagio Luppis (=italienisch: Giovanni Biagio Luppis Ritter von Rammer; österreichisch: Johann Luppis Ritter von Rammer; kroatisch: Ivan Lupis – Vukić; geb. 1813/Fiume – 1875 Torriggia/Comer See) erfunden, der Whitehead darüber berichtete. Österreichs Marine war also die erste, die den Wert dieser Waffe erkannte, sie ankaufte und jede Verbesserung derselben förderte. Die Werft belieferte auch die österreichisch-ungarische Marine. Das Haus der Familie (=Palača Roberta Whiteheada) ist in Rijeka noch zu sehen und als *Casa Veneziana* (Dolac 7, Rijeka, Nr. 5.) beliebt[575].

„Super netter Gastgeber. Hat uns sehr geholfen mit Tips für die Stadt, Restaurants und unserem verlorenen Gepäck. Zentrale Lage, schönes Zimmer und Bad. Nette Restaurants fußläufig gut zu erreichen. Dieses Appartement ist für Rijeka auf jeden Fall eine Empfehlung!" „Schönes altes Gebäude. Sehr zentral und nahe am Hafen für die Personenfähre."[576] (booking.com)

---

[575] 500 Meter entfernt von Museen, 1,2 km entfernt Nationaltheater Ivan Zajc.
[576] https://www.booking.com/hotel/hr/casa-veneziana.de.html?activeTab=photosGallery

Rijeka wird internationaler. Der österreichische Unternehmer Urs Josef Gottfried Schenker (1842/Olten-Schweiz – 1901/Wien) gründet 1879 die *Adria Dampfschiffahrts-Gesellschaft.* (ab: 1882 *Königliche Ungarische Seeschiffahrts A.G. „Adria"*). Verbindungen gibt es z. B. nach Amsterdam, Budapest, Buenos Aires, Hamburg, Korfu, Split, Triest, Wien … Die Schiffe, häufig Luxusschiffe, fahren z. T. unter den Namen *König Franz Joseph I.*, *Ferenc Ferdinánd* (=Erzherzog Franz Ferdinand: 1914 in Sarajewo ermordet, aber auch unter dem Namen *Árpád* (='Gründer Ungarns'/845 – 907) Der Adria-Palast der Gesellschaft, 1882 vom Triester Architekten Giacomo Zammatio (1862 -1927) erbaut als Palast Adria der *Österreich-ungarischen Schifffahrgesellschaft Adria* mit vier großen Skulpturen mit maritimen Bezügen und die Dachskulptur des Atlas. (heute: Hauptverwaltung der kroatischen Fährgesellschaft *Jadrolinija* - Riva 16) ist ein sehenswertes Bauwerk in Rijeka.

Die Population nahm zu. Zwischen 1880 und 1900 verdoppelte sich nahezu die Zahl der Einwohner (1868: 30 000; 1914: 50 000). 1891 waren bei einer Bevölkerung von ca. 30 000

- 44% Italiener
- 36% Kroaten

- 9.4% Slowenen
- 5% Deutsch und
- 3.6% Ungarn. (Ilona Fried)

Der Illyriker Mijo Krešić (1818–1888) schreibt einen Reisebericht (1898) und wundert sich bei einem Besuch in Rijeka, dass es in der ‚kroatischen' Stadt ein deutsches Gasthaus „Zu den drei Hähnen", ein deutsches Hotel und ein italienisches Gasthaus gibt. Kulturelle Unterschiede werden betont: Der Autor macht auf seinen Reisen Vergleiche zwischen Kroaten und anderen Völkern. So bemerkt er, dass in Kroatien viel Wert auf reichliches Essen und Luxus gelegt wird, während bei der deutschen Bevölkerung … mehr gespart und besser gelebt wird.[577]

1910: Gesamtbevölkerung: 49 806

- 48.6% Italiener (= 24 212)
- 25.9% Kroaten (=12 926)
- 13% Ungarn (=6 493)
- 2 387 Slowenen
- 2 135 Deutsche
- 425 Serben
- 240 Engländer
- 238 Tschechen und Mähren

---

[577] (hrsg.) Tomislav Zelić Zaneta Sambunjak und Anita Pavić Pintarić, *Europa? Zur Kulturgeschichte einer Idee*, Könighausen & Neumann, 2015, S. 88.

- 192 Slowaken
- 137 Rumänien und
- 291 andere Nationalitäten

Fast die Hälfte der Einwohner sind Italiener, während die Anzahl der Kroaten und Slowenen seit 1880 stetig gesunken ist.

1910:

- 45 130 (90, 61 %) waren römisch-katholisch
- 1 696 (3, 41 %) waren jüdisch
- 1 123 (2, 25 %) waren kalvinistisch
- 995 waren orthodox und
- 311 (0, 62%) Lutheraner[578]

Wird die Stadt diese Differenzen aushalten?

1910 gab es in Fiume und Gebiet

- 2511 Wohnhäuser
- 49 806 Einwohner (48 492 ohne stationierte Soldaten)
- 36 359 Bewohner, die lesen und schreiben können
- 3, 2 Kilometer fließendes Gewässer

1918:

- 62,5 % Italiener
- 19,6% Kroaten
- 9,6% Ungarn
- 3,6% Slowenen
- 3,5% Deutsche

---

[578] Ilona Fried, *Fiume. Città della memoria*, Del BIanco Editore, 2005, S. 102.

- 1,2% andere Nationalitäten (Stefan Wedrac[579])

Die autochthonen Italiener, Kroaten und Slowenen gehörten fast ausschließlich zur römisch-katholischen Kirche. Budapest strebte die Verstärkung der ungarischen Staatsmacht bzw. die ungarisch-magyarische Hegemonie über die Hafenstadt an[580].

Das Gespenst des Nationalismus erscheint. Wie lange wird sich Ungarn noch halten können? Wer kann sich der Magyarisierung widersetzen? Eine *Autonome Partei* (italienisch: Associazione Autonoma, Partito Autonomo, kroatisch: *Autonomna stranka*) gegründet von Michele Maylender (1863 in Rijeka – 1911), wehrt sich gegen die Magyarisierungspolitik und die die Assimilation betreibende Politik Ungarns und sucht die weitgehende Eigenständigkeit der Stadt zu erhalten (*Corpus separatum*). Die Dominanz Ungarns ist klar zur Zielscheibe geworden. Die *Associazione Autonoma* (=*Partito Autonomo*; *Autonome Partei*, kroatisch: *Autonomna stranka, Autonomaška stranka*) mit

---

[579] In: Clemens Jabloner.

[580] Péter Techet, Umkämpfte Kirche Innerkatholische Konflikte im österreichisch-ungarischen Küstenland 1890–1914, Vandenhoeck & Ruprecht, 2021, S. 40, 233.

ihrem Vorsitzenden Michele Maylender[581] (=Mayländer: 1863/Rijeka – 1911/Budapest) arbeitete mit den Kroaten und auch Teilen der irredentistischen Bewegung (=italienische Nationalisten) zusammen. Mayberger wird 1897 Bürgermeister von Rijeka und damit Nachfolger des ungarn-freundlichen Giovanni de Ciotta (1824–1903) und fordert die Unabhängigkeit von Ungarn. Nach Maylenders Tod (1911) wird Riccardo Zanella (geb. 1875 in Rijeka) Parteisekretär und Führer der Partei, der die Trennung von Ungarn anstrebt.

Im Vertrag von London (26. 4. 1915) – geschlossen zwischen, einerseits, Italien und, andererseits, Großbritannien, Frankreich u. Russland, verpflichtet Italien sich, die Alliierten zu unterstützten und erhält - neben Tirol - die meisten Gebiete an der Adria (von Umag, Pula, Zadar, Rovinj bis Makarska) zugesprochen – mit der Ausnahme von Rijeka [582]

---

[581] Michele Maylender schrieb eine mehrbändige *Storia delle accademie d'Italia,* posthum 1926–30). Manchmal wird er als italienischer, manchmals als ungarischer Politiker bezeichnet.

[582]

https://upload.wikimedia.org/wikipedia/common s/thumb/f/f3/Trattato_di_Londra.svg/1098px-Trattato_di_Londra.svg.png?20180626222702

Am 23.10.1918 verlässt der letzte ungarische Statthalter Zoltán Jekelfalussy die Stadt. Im Sondervertrag zwischen Österreich und Italien, dem *Waffenstillstand von Villa Giusti* (3. 11. 1918) wird u. a. vereinbart:

- „Evakuierung jedes von Österreich-Ungarn seit Kriegsbeginn mit Waffengewalt besetzten Gebietes und Zurückziehung der österreichisch-ungarischen Kräfte innerhalb eines vom Oberkommandierenden der alliierten Kräfte an den verschiedenen Fronten zu bestimmenden Termins jenseits einer wie folgt festgesetzten Linie. Sie wird desgleichen den jetzigen administrativen Grenzen der Provinz Dalmatien folgen, im Norden Lissarica und Tribam, im Süden eine Linie einschließen, welche an der Küste von Kap Planca ausgeht und gegen Osten die höchsten Punkte der die Wasserscheide bildenden Höhen verfolgt, so dass in den evakuierten Gebieten alle Täler und Wasserläufe inbegriffen werden, die gegen Sebenico abfallen, wie die Cicola, die Kerka, die Butisnica und ihre Zuflüsse. Sie wird auch alle im Norden und im Westen Dalmatiens gelegenen Inseln umfassen: Premuda, Selve, Ulbo, Scarda, Maon, Pago und Punta Dura im Norden, bis zum Süden von Meleda mit Einschluss von San Andrea, Busi, Lissa, Lesina, Torcola, Curzola, Ozza und Lagosta sowie auch die umliegenden Eilande und Inselchen und Pelagola mit Ausnahme der Inseln Tirona grande und piccola, Bua, Solta und Brazza.

- Alle geräumten Gebiete werden von den Truppen der Alliierten und der Vereinigten Staaten besetzt werden.
- Evakuierung der ganzen Küste und aller Handelshäfen, die von Österreich-Ungarn außerhalb seines nationalen Gebietes besetzt sind."

Neuer Gouverneur wird ein ‚fiumaner' Kroate, der allerding von italienischen und US-amerikanischen Soldaten vertrieben wird. Die Alliierten USA und Großbritannien unterstützen einen Staat der ‚Südslawen', der 1918 entsteht: *Königreich der Serben, Kroaten und Slowenen=Kraljevina Srba, Hrvata i Slovenaca*, =*Краљевина Срба, Хрвата и Словенаца*/1918, ausgerufen von Prinzregent Alexander Karadjordjević: 1888/Montenegro - 9. 10. 1934 ermordet vom Bulgaren Vlado Chernozemski). Im August 1919 einigen sich die Premierminister Frankreichs und Großbritanniens, Georges Clemenceau und Lloyd George, mit dem italienischen Außenminister Tommaso Tittoni darauf, Fiume als Freie Stadt unter Aufsicht des Völkerbundes zu stellen. Sie warteten noch auf die Zustimmung des US-Präsidenten Woodrow Wilson. Zwischen November 1918 und September 1921 ist die

Dalmatische Küste von US-Truppen besetzt – eine paradoxe Situation, da hiermit die USA eine verbündete Macht besetzt, um die Ansprüche eines anderen Verbündeten (=Italien) abzuwehren. Der US-amerikanische Präsident Woodrow Wilson widersetzt sich der Annektion Dalmatiens durch Italien, auch deswegen, weil Serbien – nunmehr ein Bestandteil des neuen jugoslawischen Staates - auf Seiten der Alliierten gekämpft hatte. Im Friedensvertrag von Saint Germain (10. September 1919) erhält Italien Triest, Istrien, Zadar und Teile der Küstengebiete, Dalmatien und Fiume werden aber dem Königreich der Serben, Kroaten und Slowenen (späteres Jugoslawien) zugesprochen. Die USA, GB und Frankreich plädieren dafür, dass Fiume Jugoslawien zugehört und besetzen den Hafen. Italienische Irredentisten wollen sich nicht mit den Bestimmungen des *Vertrages von Saint-Germain* 2. September 1919) zufriedengeben, nach dem Dalmatien dem neu gegründeten Königreich Jugoslawien (=*Kraljevina Jugoslavija*/Краљевина Југославија) zugesprochen wird. Sie beanspruchen auch die überwiegend von Italienern (60 %) bewohnte Stadt Fiume. Im Sommer 1919 kontaktieren italienische Offiziere Benito Mussolini (1883 – 1945). Hier greift der Dichter, Abenteurer, Kriegsheld und Pilot Gabriele d'Annunzio (1863 – 1933), der bekannteste Italiener der 20-er Jahre, der

„most revered decadent poet and womanizer"[583],

56 Jahre alt, mit einem erblindeten Auge ein, der bereits 1919 in die lebhafte Identitätsdebatte in der italienischen Schweiz eingegriffen hatte. Nach ihm gehört die Stadt zu Italien: Denn, wenn das nicht der Fall ist, wären 100 000 italienische Soldaten im 1. Weltkrieg umsonst gestorben, was einem ‚verstümmelten Sieg' (=*vittoria mutilata*), gleichkäme[584]. Er erklärt sich zur Führung der Stadt bereit, und besetzt am 12. September 1919 zusammen mit 2000 schwarzhemdigen *Arditi*[585], einer Art elitären Stoßtruppe und Freischärler, gegen den Willen der italienischen Regierung die Hafenstadt.

---

[583] https://www.zocalopublicsquare.org/2020/12/14/ christmas-of-blood-fiume-italian- nationalists/ideas/essay/

[584] https://www.dw.com/de/fiume-gabriele- dannunzio-und-die-kommune-der-faschisten/a- 50391359 Siehe Cedric James Lowe, *Italian Foreign Policy, 1870-1940,* Routledge & Kagan Paul, London &Boston, 1975.

[585] von italienisch *ardito*: kühn, mutig.

„Es war ein seltsamer Konvoi, der da am 12. September 1919 kurz vor Mittag auf dem Hauptplatz der Adriastadt Fiume Halt machte: 26 keineswegs schmucke Fahrzeuge, darunter auch ein paar rasch entwendete Heereslastwagen. Aber darauf achteten die 2500 wartenden Menschen gar nicht. Mit gewaltigem Jubel begrüßten sie die Ankömmlinge. Hurrasalven, Lorbeerkränze und zahllose grün-weiß-rote Fahnen, der Anfeuerungsruf "Eia, Eia, Eia - Alalá" und immer wieder die mitreißenden Klänge der Hymne "Giovinezza" (Jugend) - solch ein Fest hatte die Hafenstadt am nordöstlichen Zipfel der Adria noch nicht erlebt. "Arditi", Draufgänger, nannten sich die Freischärler, die den Ort, das heutige Rijeka, im Handstreich unter ihre Kontrolle gebracht hatten. Mit der großen Mehrheit der 30.000 Stadtbewohner waren sie sich einig: Fiume, bis dahin ein Teil des ungarisch regierten Kroatien, aber mehrheitlich von Italienern bewohnt, sollte endlich wieder italienisch werden."[586] (Johannes Salzwedel)

Die alliierten Truppen schießen nicht, ziehen sich zurück, und d'Annunzio kündigt an, so lange in der Stadt zu bleiben, bis diese von Italien annektiert wird. Der ‚Commandante' verstand es, Schock und Empathie zu ver-

---

[586] https://www.spiegel.de/geschichte/faschisten-kommune-d-annunzios-freistaat-fiume-von-1919-a-1285871.html Siehe auch Gerd Ruebenstrunk, *Ikarus oder Die 500 Tage von Carnaro*

binden, Dante zu zitieren und fäkale Tabu-Wörter zu gebrauchen, ein Dandy und Populist zu sein. Er ruft die *Italienische Regentschaft am Quarnaro* (=Reggenza Italiana del Carnaro) aus und übernimmt selbst das Kommando in der Stadt, die zu diesem Zeitpunkt aus einer Mehrheit von 60% Italienern besteht gegenüber 24% Kroaten, 13% Ungarn und 6% Slowen und einigen Deutschen besteht. D'Annunzio macht aus der Stadt ein politisches Versuchslabor: Rijeka sollte nach d'Annunzio die Keimzelle einer neuen Gesellschaftsordnung werden, einer ‚nie endenden Party'[587]: Es war ein Experimentierfeld (Feiern, Homosexualität, Promiskuität, Drogen, Nudismus) nach dem Motto: Je intensiver, je besser (Kersten Knipp). Als eine Art Dauerparty schilderte der Dichter Giovanni Comisso die Zustände in der Stadt: "Man aß, man tanzte, man trank." Es wurden ‚grenzenlose Bacchanalen' gefeiert, als ob am Anfang der Kultur Musik, Tanz und Rausch stünden, als ob Nietzsches Prophezeiung aus der *Geburt der Tragödie* wahr würde.Vor allem aber sei die Stadt "voller hübscher junger Frauen" gewesen, so Co-

---

587

https://www.youtube.com/watch?v=ZaX69JxSWck

506

misso - es habe "Liebschaften ohne Ende" gegeben.

"Zwischen dichtem Weihrauchnebel wurden dort unzählige Orgien veranstaltet, unterbrochen von satanisch anmutenden Trankopfern. (...) Das Kokain fiel bisweilen wie Schnee auf das Abendmahl, man atmete das noch in den Schädeln dampfende Blut."[588] (Léon Kochnitzky [589](1892 – 1965)

Gabriele D'Annunzio erklärt die Freistadt zur *Cittá di Vita* (Stadt des Lebens),

"die einzig glühende Stadt, die einzige Stadt der Seele, ganz Atem und Feuer, ganz Schmerz und Raserei, ganz Reinigung und Aufzehrung"

ist. Viele Bohémien, Künstler, Abenteurer, Dandies (z.B.: der Homosexuelle Henry Furst) strömen nach Fiume. Am 16. 9. 1919 besucht der italienische Futurist Filippo Tommaso Marinetti die Stadt, um öffentliche Gedichtlesungen durchzuführen („Wir werden die großen Menschenmengen besin-

---

[588] https://www.spiegel.de/geschichte/faschisten-kommune-d-annunzios-freistaat-fiume-von-1919-a-1285871.html#fotostrecke-4becc872-0001-0002-0000-000000170555
[589] Er war Außenminister Fiumes und schrieb später *Negro art in Belgian Congo*, New-York Belgian Government Information Center, 1952.

gen ... die Abenteuer suchenden Dampfer, die breitbrüstigen Lokomotiven")[590]. Die Bilder des Schutzpatrons der Stadt, Sankt Veit, werden durch Bilder von d'Annunzio ersetzt. D'Annunzio nimmt Konktat auf mit Sean O'Kelly, Mitglied der irischen Unabhängigkeitsbewegung (=Irish Republican Army=IRA), der Sinn Féin, mit der Sowjet-Regierung und anderen ‚unterdrückten' Nationalitäten. Lenin nannte d'Annunzio den einzigen wahren Revolutionär Italiens. Besonders wendet sich d'Annunzio gegen den britischen ‚Imperialismus', der Persien, Mesopotamien, Arabien und große Teile Afrikas verschlungen habe. D'Annunzio propagiert eine Revolte der Habenichts-Länder gegen die Großmächte des Westens. (Gerd Ruebenstrunk).

D'Annunzio nähert sich immer mehr linken Ideen und wird attraktiv für Aussteiger, wie dem Abenteurer-Piloten Guido Keller (=eigentlich Guido Baron Keller von Kellerer und Wolkenkeller: 1892/Mailand – 1929/Magliano Sabina-nördlich von Rom-Tod durch einen Autoverkehrsunfall), der d'Annunzio in Venedig getroffen hat: Er wird Aktionssekretär D'Annunzios, zuständig für die Sicherung der nötigen Vorräte an

---

[590] Gerd Ruebenstrunk, *Ikarus oder Die 500 Tage von Carnaro*

Waffen, Lebensmitteln und die Rekrutierung für *La Disperata*" bildet, einer Elitetruppe aus Entwurzelten. Briefe unterschreibt er mit ,Cavaliere del Ideale' oder ,Zarathustra'[591]: Bei Diskussionen unter einem Feigenbaum trägt er Pyjama und Fez, badet nackt, und geht – Zarathustra imitierend - mit einem Adler oder einem einäugigen Esel spazieren und besitzt auch noch eine Schlange. Keller soll von den Früchten der Bäume, Gemüse, Honig, Rosenblätter und Zucker gegessen haben. Seine *Unione Yoga* verkündet einen dionysischen Individualismus (Berghahn).

D'Annunzio wird zusehends beeinflusst durch den Syndikalisten und Anarchisten Alceste De Ambris (1874 – 1934), den er in sein Kabinett holt. Die Verfassung (Carta del Carnaro/27.8.1920) beinhaltet z. B.:

- einen Chor und ein Orchester für jede Kommune
- eine große Konzerthalle für Fiume – natürlich bei kostenlosem Zutritt": Es „sollten staatlich subventionierte Chöre und Orchester gegründet werden", da das „Leben schön" sei

---

[591] Günter Berghaus, *Futurism and Politics*, Berghahn Books, Oxford, 1996. Die Bewunderung Nietzsches geht hiernach auf den Futuristen Marinetti zurück.

und „in Freiheit gelebt werden" solle (Wedrac).

- eine parlamentarische, parteifreie Republik, deren Repräsentanten direkt für 2 - 3 Jahre gewählt werden
- neben Rechtsgleichheit und Pressefreiheit „das Recht auf Bildung, Leibeserziehung, Mindestlohn, Beistand bei Krankheit und Arbeitslosigkeit, Altersversorgung, den „Genuß rechtmäßig erworbener Besitztümer", die Unverletzbarkeit des Heims, das „habeas corpus" und eine Schadensregelung im Falle von „Rechtsirrtum und Machtmissbrauch"
- die Notwendigkeit von Kultur und Schönheit (Malerei, Musik)
- Beschränkung des Rechts auf Eigentum (Wadrac).
- das Amt der „Ädilen"[592], „die sich um die Stadtverschönerung kümmerten", und die „Bürger zum Schmücken anregen sollten[593]

---

[592] Benannt nach den römischen Tempelhütern (lat: aedis: urspünglich: Herd, Zimmer, dann auch: Tempel)
[593] Gerd Ruebenstrunk, *Ikarus oder Die 500 Tage von Carnaro*, tredition GmbH, Hamburg 2019.

Der Club Dada (Richard Huelsenbeck=Chronist das Dadismus, Johannes Baader=Dadaist und Aktionskünstler, Johannes Grosz=dadaistischer Karikaturist) sendet ein Schreiben an „Signore Gabriele d' Annunzio Corriere della sera, Milano" und feiert die Eroberung Fiumes als „dadaistische Großtat". Rijeka wird zum Modell des Kampfes ethnischer Minderheiten: Ägyptische, indianische und irische Delegationen als Repräsentanten der unterdrückten Völker kommen nach Rijeka (1919/20). Ist es richtig, d'Annunzio den ersten Duce zu nennen, wie es Michael A. Leeden (1977) tut, der ein „Experimentierfeld des Faschismus" bildete und „so zum Vorbild für Mussolini".

„Der Mann im roten Fiat liebt Blumen. Er liebt auch Frauen, er liebt donnernde Auftritte und Kampfflugzeuge, und er liebt sein Italien, das Mutterland, für das er im Krieg auf einer Seite das Augenlicht verloren hat. Bevor er in der Nacht zuvor zusammen mit seinen Mitverschwörern am Friedhof von Ronchi[594] aufgebrochen ist, einem Städtchen nahe Triest, hat er einen Brief geschrieben an seinen "lieben Kameraden" Benito Mussolini: "Die Würfel sind gefallen. Ich reise

---

[594] 30 km nordwestlich von Triest.Ca. 75 km von Rijeka entfernt. Am 12 September 1919 brach er zum sog. *March of Ronchi* auf. Er brach am 12. September 1919 auf

jetzt ab. Morgen früh werde ich Fiume mit Waffengewalt einnehmen. Der Gott Italiens möge uns beistehen." (Tobias Zick[595])

Ist er ein Aktivisten, vielleicht Ästhetizist, einSuperstar, ein Futurist avant la lettre (Kersten Knipp[596]), oder ein „politisierenderer Romancier" (W. Benjamin), ein „Mystiker des Futurismus" (Bettina Vogel) oder eher ein „Dichter als Kommandant" (Ulrich Gumbrecht[597]) oder ein Magier der Sprache,

---

[595] https://www.sueddeutsche.de/politik/faschismus-fiume-gabriele-d-annunzio-1.4587702

[596] https://www.dw.com/de/fiume-gabriele-dannunzio-und-die-kommune-der-faschisten/a-50391359

„D'Annunzio selbst war nicht brutal, er war ein feinsinniger Dichter. Aber die Anhänger teilweise schon. D'Annunzio hat sich später sehr deutlich distanziert von Mussolinis Faschismus. Sie sind weiter Freunde geblieben, aber politisch hat er Distanz geschaffen. Er hat gesagt, wenn das so weitergeht, wird ein Tag kommen, an dem sie Bücher verbrennen. Da wollte er als Dichter nicht mitmachen." Michael Arthur Ledeen, *D'Annunzio, the First Duce,* London 2002.

[597] Hans-Ulrich Gumbrecht, *I redentori della vittoria. On Fiume's Place in the Genealogy of Fascism*, in:Journal of Contemporary History 3 (1996), S. 253ff..; Hans Ulrich Gumbrecht, Friedrich Knittler, Bernhard *Siegert, Der Dichter*

der Italien wieder groß machen wollt, ohne Faschist zu sein[598] (Dominique Kirchner Reill)?

„Bereits in den Wochen davor hatten sich die Zeichen eines wirtschaftlichen Verfalls bemerkbar gemacht. D'Annunzios Talent lag nicht in Organisation, Ökonomie und Verwaltung: Kor-

---

als Kommandant. D'Annunzio erobert Fiume, München 1996. Ein Ausnahmezustand herrscht, der alles ergreift: den Krieg, die Politik, das Recht, die Herzen und die Sinne. Aber damit der Ausnahmezustand, von dem das Kommando des Dichters abhängt, aufrecht erhalten werden kann, darf das Fest nicht aufhören. So ist D'Annunzio in Fiume gezwungen, die großen politischen Formen und Themen des 20. Jahrhunderts zu erfinden: die Politik der Massenmobilisierung, die Verfolgung von "Völker-Rechten" jenseits des Völkerrechts, die Solidarität der unterdrückten Völker ("die dritte Welt") und nicht zuletzt die Zerstörung des noch nicht einmal unter diesem Namen existierenden Staates Jugoslawien durch die Insurrektion nationalistischer Volksgruppen des Balkans." https://www.uni-weimar.de/de/medien/professuren/medienwissensch aft/geschichte-und-theorie-der-kulturtechniken/publikationen/der-dichter-als-kommandant-dannunzio-erobert-fiume/
[598] „The Christmas of Blood"= Riječki krvavi božić; italienisch: Natale di sangue zwischen dem 24. Und 29.Dezember 1920.

ruption, eine Pleitewelle unter den Unternehmen der Stadt und ein chaotischer, ideologisch volatiler und unsicherer Regierungsstil ließen mehr und mehr Menschen an den Qualitäten des Poeten zweifeln." (Wedrac)"

Die deutsche Öffentlichkeit wird, wie das Beispiel der in Leipzig, Berlin, Wien, Budapest und New York erscheinenden *Illustrirten Zeitung* zeigt, informiert. Sie wird daran interessiert sein, dass d'Annunzio von Nietzsches Kritik des Parlamentarismus, seiner Bewunderung des Abenteurers[599], der Musik und seinem Ideal des ,Übermenschen' - Jenseits von Gut und Böse'- beeinflusst war: Hat er wohl, wie er behauptete, mit über 1000 Frauen geschlafen[600]?
Mit dem Vertrag von Rapallo (November 1920) wird Rijeka ein Freistaat Freistaat

---

[599] „Dies ganze Buch ist eben nichts als eine Lustbarkeit nach langer Entbehrung und Ohnmacht, das Frohlocken der wiederkehrenden Kraft, des neu erwachten Glaubens an ein Morgen und Übermorgen, des plötzlichen Gefühls und Vorgefühls von Zukunft, von nahen Abenteuern, von wieder offnen Meeren, von wieder erlaubten, wieder geglaubten Zielen. Und was lag nunmehr alles hinter mir!! (*Die Fröhliche Wissenschaft Vorrede zur Zweiten Auflage*)
[600] Sam(uel) Cohen, *The Influence of Friedrich Nietzsche Upon Gabrielle d'Annunzio's Leadership of Fiume,* Brandeis University, 2020.

Rijeka=ital: Stato libero di Fiume, kroat.: Slobodna Država Rijeka[601]), und Mussolini beendet seine Unterstützung d'Annunzios.

Am 24. Dezember 1920 schließen italienische Truppen das von d'Annunzio kontrollierte Rijeka ein, beginnen 2 Tage danach mit dem Angriff auf Rijeka und besiegen am 29. Dezember d'Annunzio (=*Riječki krvavi božić*='Blutiger Sonntag): Es kämpfen Italiener gegen Italiener, Freischärler gegen Soldaten der offiziellen italienischen Armee. Guido flieht, entsetzt über den Verrat, fliegt nach Rom und wirft als Zeichen seiner Verachtung einen Nachttopf über dem Parlament ab. Das italienische, 176 Meter lange Kriegsschiff ‚Andrea Doria', benannt nach einem genuesischen General aus dem 16. Jahrhundert, beschießt den Regierungspalast in Rijeka. D'Annunzio tritt zurück (29.12.), ergibt sich am 31. 12. 1920 den italienischen Truppen, die am 9. Januar 1921 das Kommando übernehmen, und zieht unter Mitführung reicher Kriegsbeute ab (16. 1. 1921). Das Abenteuer der ‚Republik Fiume' (*Le Petit Journal*) ist zu Ende[602].

---

[601] Italien erhielt große Teile der Küste Dalmatiens, Istrien und Triest.
[602] https://www.spiegel.de/geschichte/faschisten-kommune-d-annunzios-freistaat-fiume-von-

Kein Geringer als der weltweit bekannte Rechtsphilosoph Hans Kelsen, Berater des sozialdemokratischen, (deutsch-) österreichischen Staatskanzlers Karl Renner (1870 – 1950; Staatskanzler: 1918 – 1920) und Verfasser der österreichischen Verfassung, entwarf für den Stadtstaat Fiume (Rijeka), der sich 1919 in revolutionärem Weg gebildet hatte, eine Verfassung[603]. „Eines Tages", wahrscheinlich zwischen 1918 und 1921, sei

„ein Vertreter der (damals) freien Stadt Fiume überraschend bei Kelsen erschienen und wünschte von ihm ‚eine Verfassung'. Kelsen, den knapp vorher ein Freund launigerweise ‚Verfassungsmacher' genannt hatte, hielt dieses Verlangen zuerst für einen Scherz seines Freundes und fragte seinen Gesprächspartner lachend, ob er eine Verfassung ‚nach Maß oder in Konfektion' geliefert zu erhalten wünsche. Es stellte sich aber heraus, dass das Ersuchen wirklich ernst gemeint war und dass Kelsen die notwendigen politischen und fachlichen Informationen geliefert würden, die ihm gestatten sollten, den Entwurf einer Verfassung für die Freie Stadt Fiume auszuarbeiten. Sie ist freilich nie in Geltung getreten, da inzwischen Gabriele D'Anunnzio die Stadt mit seinen

---

1919-a-1285871.html#fotostrecke-4becc872-0001-0002-0000-000000170555

[603]Clemens Jabloner, Thomas Olechowski, Klaus Zeleny (Hrsg), *Das internationale Wirken Hans Kelsens* (2016).

Freischärlern besetzt und damit die spätere Ein-
verleibung durch Italien vorbereitet hatte."[604]

Am 3. März 1922 kapituliert Präsident Riccardo Zanella (1875 – 1959, Präsident seit 5.
Oktober 1921), nach dem heute eine Straße
in Rijeka benannt ist (*Trg Riccarda Zanelle* -
Riccardo Zanella bio je političar, jednu
godinu obnašao je dužnost predsjednika
Slobodne Države Rijeka=Riccardo). Zanella
war Politiker, ein Jahr lang Präsident des
Freistaates Rijeka). Rijeka wird nun 1922
von den Faschisten übernommen, und am 1.
September 1923 ernennt Mussolini ernennt
einen Militärgouverneur. Der Freistaat Fiume existiert bis zum 27. Januar 1924. Mit
dem Vertrag von Rom zwischen Italien und
‚Jugoslawien (27. Januar 1924) wird Rijeka

---

[604] Nach Jabloner S. 25 Vielleicht ist Kelsen im
Oktober 1921 vom 1. Präsidenten Rijeka, Riccardo Zanella (1875 – 1959; Präsident: 5. Oktober 1921 – 3. März 1922) und Mitglied der *Associazione Autonoma,* beauftragt worden, eine
Verfassung zu entwerfen, die aber nie in Kraft
trat, da Zanella schon 1922 von den Faschisten
gestürzt wurde. Stefan Wedrac hat zur Aufklärung der Ereignisse „drei Archivreisen unternommen: Eine nach Rijeka ins dortige Staatsar-
chiv, eine an den Gardasee in das Archiv Gabriele und eine nach Rom zum Museum und Archiv
der Vereinigung der Exilfiumaner."

italienisch und somit dem im Oktober 1922 neugebildeten faschistischen Staat Mussolinis einverleibt, während das neue Jugoslawien (der serbisch-kroatisch-slowenische Staat) den Stadtteil Sušak und einen Teil des Hafens in Fiume erhält. zwei Jahre später wurde die Stadt an Italien abgetreten. Zum Festakt der Annexion durch Italien reist 1924 auch Italiens König Viktor Emanuel III. an.

Die Nationalitätenpolitik Italiens gegenüber der kroatischen Bevölkerung in Rijeka ist intolerant: Es werden kroatische und slowenische Schulen geschlossen oder in italienische Schulen verwandelt und eine Italienisierung der slawischen Namen und Ortsbezeichnungen (Andrijanič zu Ježić; Potočar zu Pottari; Ivetič zu Gianetti) vorgenommen.

Am 10. September 1943 errichten die deutschen Faschisten die Verwaltungseinheit *Operationszone Adriatisches Küstenland*: Sie umfasst

- Teile des heutigen Italiens (Provinzen Udine und Gorizia)
- Sloweniens (Provinz Ljubljana) und
- Kroatiens (Provinzen Pula und Rijeka)

Sie wird als Teil des Reichsgaus Kärnten verwaltet mit der Hauptstadt Triest. Als „Oberster Kommissar" wurde der Chef der Zivilverwaltung in den italienischen Provin-

zen des Friaul[605] und Istriens und Reichs-
statthalter von Kärnten, Friedrich Rainer
(1903 – 1947 zum Tod verurteilt) eingesetzt.
Er erhielt den Auftrag, die Operationszone
zu „entitalienisieren". Militärbefehlshaber
der Operationszone war General der Ge-
birgstruppe Ludwig Kübler (1889 in München – 1947 Ljubljana). Wegen zahlreicher
italienischer, slowenischer und kroatischer
Partisanen wurden starke militärische Kräfte
stationiert und das Gebiet schließlich im
Dezember 1943 zum „Bandenkampfgebiet"
erklärt[606]. Die Einheit bleibt bis zur Befreiung Rijekas am 3.5.1945 durch die (antifa-
schistischen) Partisanen bestehen. 1947 wird
Rijeka gemäß Beschluss der Friedenskonfe-
renz in Paris 1947 wieder dem ursprünglichen Land Kroatien im Rahmen von Jugoslawien untergeordnet und wird Bestandteil
des "titoistischen" Jugoslawiens – eine
(Zwangs-) Emigration der italienischen Bevölkerung (ca. 300 000) beginnt. Italienern
bleibt es in Erinnerung ("la memoria della
tragedia degli italiani e di tutte le vittime
delle foibe, dell'esodo dalle loro terre degli
Istriani, Fiumani e Dalmati"). Rijeka wird

---

[605] Landschaft im Nordosten Italiens um die
Stadt Udine
[606] https://portal.ehri-project.eu/units/de-002429-
r_83_adriatisches_k%C3%BCstenland

nun zum Haupthafen des sozialistischen Jugoslawiens. Es kommt zum Wiederaufbau der traditionellen Industrie (z. B.: Schiffsbau, Papierfabrik, Ölraffinerie, Produktion von Schiffsgeräten - und Motoren, Bekleidungsindustrie, Wasserkraftwerken, Wärmekraftwerken und Schiffsunternehmen. Ist die Tatsache, dass Rijeka heute eines der fortschrittlichen Städte Kroatiens ist, ein Erbe d'Annunzios[607]? Rijeka ist immer liberal geblieben[608].

2020 wird Rijeka mit seinen 130 000 Einwohnern Kulturhauptstadt Europas (*Europäische Kulturhauptstadt 2020: Rijeka - Hafen der Vielfalt*). Die größte Hafenstadt des Landes mit etwa 200 000 EinwohnerIinnen, beschreibt sich selbst als „einen Ort für dynamisches Leben, ein Symbol für libertären Geist und progressive Ideen, und eine Stadt die jede*n willkommen heißt"[609]. Im Rahmen des Projekts Kulturhauptstadt Europas wird die Infrastruktur erneuert, und es werden neue Kulturinstitutionen eröffnet (Museum für moderne und zeitgenössische

---

[607] https://italicsmag.com/2019/09/12/gabriele-dannunzio-fiume-enterprise-100-years-on/

[608] https://www.deutschlandfunkkultur.de/die-kulturhauptstadt-2020-rijeka-literarisch-100.html

[609] https://www.treffpunkteuropa.de/europaische-kulturhauptstadt-2020-rijeka-hafen-der-vielfalt?lang=fr

Kunst, die Stadtbibliothek), und der kulturelle Austausch zwischen 48 Ländern Europas und der ganzen Welt weiter gepflegt. Rijeka beweist, dass Kroatien weltoffen und europafreundlich ist. Es ist pikant, dass am 12. September 2019 am 100. Jahrestag der Besetzung Rijekas ein Denkmal für Gabriele D'Annunzio in Triest enthüllt wird. Ist es ein Zufall, dass das Denkmal in Triest errichtet worden ist? Immerhin hat Triest zahlreiche Flüchtlinge aus dem ehemaligen Jugoslawien aufgenommen und für italienische Neo-Faschisten und italienische Nationalisten aufgeladen[610]. Dass der kroatische Außenminister Grlić Radman dem italienischen Botschafter in Zagreb eine Protestnote übermitteln ließ und sagte, für jene, die überkommene Ideologien propagierten, gebe es keinen Platz in der EU, macht Hoffnung; dass auch die (ehemalige) Staatspräsidentin Kolinda Grabar-Kitarović, gebürtig aus Rijeka, das Denkmal als skandalös einstufte, verstärkt die Hoffnung.

Anregung für eine Unterhaltung bei Wein oder Ähnlichem…

Nach diesem enzyklopädischen Durchlauf durch die kroatische Geschichte sollen Zitate

---

610

https://www.deutschlandfunk.de/denkmalstreit-um-d-annunzio-dichter-des-faschismus-100.html stehen, und zwar der Meisterdenker des Marxismus, weil sie auf hohem Niveau ihre, auch für Kroatien entscheidende Zeit beobachteten. Sie gehören der Zeit an, als am 25. März 1848 in Zagreb eine Landesversammlung sich formierte und den illyrisch gesinnten Graf Josip Jelačić (=Joseph Graf Jelačić von Bužim: 1801, geb. in Peterwardein =Petrovaradin =Петроварадин/heute: Novi Sad/Serbien – 1859/Zagreb) zum Ban (Statthalter) wählte, der im Parlament einen Forderungskatalog erhob (Vereinigung der kroatischen Länder Kroatien-Slawonien, Istrien und Dalmatien; Loslösung von der ungarischen Krone; Abschaffung der Leibeigenschaft; Bürgerrechte und Gleichberechtigung der Völker) und am 19. April 1848 die Union zwischen Ungarn und Kroatien für aufgelöst erklärte[611]. Zagreb forderte die Verstärkung der kroatischen Autonomie gegenüber Ungarn, was jedoch von ungarischer Seite abgelehnt wurde. Im nationalen Programm der Kroaten wurde eine Vereinigung der Siedlungsgebiete der

---

[611] Zugleich erklärte er seine Loyalität zum Kaiser von Österreich. Nach dem Scheitern der Revolution 1848/1849 und verschiedenen Zwischenlösungen brachte erst der symmetrisch aufgebaute österreichisch-ungarische Ausgleich von 1867 eine bis 1918 stabile Staatsordnung.

Südslawen gefordert, wobei aus der Sicht Zagrebs im Sinne des Illyrismus den Kroaten die Führungsposition zufallen sollte. Pro-habsburgisch gesinnt, verfolgte Jelačić eine austroslawische Linie, wonach die Habsburgermonarchie den optimalen Rahmen für die Zukunft der zentraleuropäischen Slawen bilden sollte, und unterband den Kontakt der kroatischen nationalen Eiferer zur großserbischen Bewegung, die sich in Belgrad formierte. Der kroatisch-magyarische Konflikt eskalierte in einer Reihe von militärischen Auseinandersetzungen, als Jelačić mit kroatischen Truppen in Südungarn einmarschierte. Nachdem sich die Situation in Ungarn unter der Führung von Lájos Kossuth, ein „revolutionärer Charakter", „der für seine Nation Danton und Carnot in einer Person ist" (Karl Marx[612]), radikalisiert und dieser den Marsch auf Wien befohlen hatte, um den Oktoberaufstand der Wiener Revolutionäre militärisch zu unterstützen, kam es am 30. Oktober 1848 zur Schlacht bei Schwechat[613] im Südosten der Residenz, bei der die ungarischen Revolutionstruppen von kroatischen Einheiten unter Jelačić zurückgeschlagen wurden.

---

[612]

http://www.mlwerke.de/me/me06/me06_165.htm
[613] südöstlich von Wien

Zeitgleich eroberten kaiserliche Truppen unter Feldmarschall Fürst Windisch-Graetz die Stadt. Damit hatte das Eingreifen der kroatischen Truppen unmittelbar zum Ende der Revolution in Wien beigetragen[614]. Dennoch wurden im Neoabsolutismus, dem nicht zuletzt die militärische Aktion Jelačićs zum Sieg verholfen hatte, die Forderungen der Kroaten nach einer Loslösung von Karte als Regulativ gegen die Ungarn nicht verwirklicht. Die daraus entstehenden Konflikte zwischen Zagreb und Budapest waren durchaus im Sinne Wiens, das die kroatische Forderungen der Magyaren ausspielen konnte. (Martin Mutschlechner) [615].

Engels schrieb die Niederlage der demokratischen Revolution in Mitteleuropa 1848/49 der konterrevolutionären Rolle zu, die die slawischen Völker (Tschechen, Slowaken, Mähren, Kroaten, Serben, Slowenen, Dalmatier etc.) gespielt hätten, die en masse in die kaiserlich-ungarisch-österreichisch und russische Armee eingetreten und von den

---

614

https://ww1.habsburger.net/de/kapitel/getreue-rebellen-die-rolle-der-kroaten-waehrend-der-revolution-1848

615

https://ww1.habsburger.net/de/kapitel/getreue-rebellen-die-rolle-der-kroaten-waehrend-der-revolution-1848

Mächten der Reaktion dazu benutzt worden waren, die liberalen Revolutionen in Ungarn, Polen, Österreich und Italien zu zerschlagen. Die Slawen mit Ausnahme der Polen waren immer die Hauptwerkzeuge der Kontrerevolutionäre: Unterdrückt zu Hause, waren sie in der Fremde die Unterdrücker aller revolutionären Nationen, soweit der slawische Einfluß reichte.

Marx und Engels waren besonders heftige Gegner jeder panslawistischen Idee, dessen Ursprung sie in „Agram" sehen, und die angesichts der Verschiedenheit der Nationen eine ideologisch-schwärmerische Konstruktion ist. Die „Südslawen", zu denen sie die Kroaten zählen, sind

„Völker, die nie eine eigene Geschichte gehabt haben, die von dem Augenblick an, wo sie die erste, roheste Zivilisationsstufe ersteigen, schon unter fremde Botmäßigkeit kommen oder die erst durch ein fremdes Joch in die erste Stufe der Zivilisation *hineingezwungen* werden. Sie haben keine Lebensfähigkeit, werden nie zu irgendeiner Selbständigkeit kommen können. ... Wo ist die Geschichte der illyrischen Slowenen, der Dalmatiner, Kroaten und Schokazen[616]. .. Seit dem 11.

---

[616] Untergruppe und Nachkommen der am Ende des 17. Jhd. nach dem damaligen Südungarn geflüchteten Serben, katholisch, serbokroatisch sprechend. Die Šokci sind Südslawen aus die

Jahrhundert haben sie den letzten Schein politischer Unabhängigkeit verloren und teils unter deutscher, teils unter venetianischer, teils unter magyarischer Herrschaft gestanden. Und aus diesem zerrissenen Fetzen will man eine kräftige, unabhängige, lebensfähige Nation zusammenstümpern? Sie haben nie eine eigne Geschichte gehabt und hängen historisch, literarisch, politisch, kommerziell und industriell von Deutschen und Magyaren ab, sind schon teilweise germanisiert, magyarisiert, italienisiert und werden, wenn sie selbständige Staaten konstituierten, von der deutschen und italienischen Bourgeoisie" beherrscht werden?"[617]

Marx und Engels übernehmen den Gedanken Hegels, dass es Nationen ohne Geschichte gibt - Also Kroatien hätte hiernach keine eigenständig-selbsterzeugte Zivilisation produziert und hat – wie auch Serbien, Slowenien, die Tschechei, die Ukraine und Slowakei - keine Kraft zur nationalen Selb-

---

Slawonien, dem ehemaligen Komitat (=Verwaltungseinheit) Baranya,/Ungarn, der Batschka=Gebiet in Südungarn und Nordserbien dem Banat=Gebiet in Rumänien, Serbien und Ungarn, Syrmien=serbisches Gebiet zwischen Donau und Save. Sie vorwiegend in verschiedenen Siedlungen entlang der unteren Save und mittleren Donau

[617] http://www.mlwerke.de/me/me06/me06_270.htm

ständigkeit. Das geschichtslose Volk der Kroaten wird von Marx verächtlich gemacht: Es sei

„ein Schwarm Landläufer, Schelme, Vagabunden, Kroatenabschaum, niedre Bauernknechte" (*Neue Rheinische Zeitung, Organ der Demokratie/*1849)

„Windischgratz, Jellachich und Auersperg" haben die Macht in Wien. Die Kroaten, vergewaltigen und brandschatzen, wie Marx ausführt, unter ihrem Ban „Jellachich" und werden als „Lumpenproletariat" und „Lazzaroni"[618] zum Kampf gegen die Revolution gebraucht.
Hat Friedrich Engels (*Der demokratische Panslawismus/*Neue Rheinische Zeitung, Nr.

---

[618] Bewohner der Unterschichtsviertel. Sie haben, so die Tradition, ihr Eigentum nur als Kleidung auf dem Leib. Für Marx zusammen gehörig „verkommenen und abenteuernden Ablegern der Bourgeoisie. Vagabunden, entlassenen Soldaten, entlassenen Zuchthaussträflinge, entlaufenen, Galeerensklaven, Gaunern, Gauklern…Taschendieben, Taschenspielern, Bordellhalter, Lastträger, Literaten, Orgeldreher, Lumpensammler, Scherenschleifer, Kesselflicker, Bettler, kurz, die ganze unbestimmte, aufgelöste, hin- und hergeworfene Masse, die die Franzosen la bohème nennen." http://www.mlwerke.de/me/me08/me08_159.htm

222/15. Februar 1849) vielleicht doch mit seiner Behauptung Recht, dass die

„die Schwärmereien von allgemeiner Völkerverbrüderung, europäischer Föderativrepublik und ewigem Weltfrieden im Grunde weiter nichts waren als Verhüllungen der grenzenlosen Ratlosigkeit und Tatlosigkeit der damaligen Wortführer."[619] (1849)

Dies ist, wie Engels unter Verwendung eines zukunftsträchtigen Terminus behauptet, „politische Romantik", da sie alle Völkerstämmen angehören,

die entweder wie die Südslawen durch ihre ganze geschichtliche Stellung notwendig kontrerevolutionär sind oder die wie die Russen von einer Revolution noch weit entfernt und daher wenigstens vorderhand noch kontrerevolutionär sind. Diese Fraktionen, demokratisch durch ihre im Ausland erworbene Bildung, suchen ihre demokratische Gesinnung mit ihrem Nationalgefühl, das bei den Slawen bekanntlich sehr ausgeprägt ist, in Harmonie zu bringen; und da die positive Welt, die wirklichen Zustände ihres Landes, keine oder nur fingierte Anknüpfungspunkte für diese Versöhnung boten, so bleibt ihnen nichts als das jenseitige "Luftreich des Traums", das Reich der frommen Wünsche, die Politik der

---

[619]

http://www.mlwerke.de/me/me06/me06_270.htm

Phantasie. Wie schön wäre es, wenn Kroaten, Panduren und Kosaken das Vordertreffen der europäischen Demokratie bildeten … Wir wiederholen es: Außer den Polen, den Russen und höchstens den Slawen der Türkei hat kein slawisches Volk eine Zukunft, aus dem einfachen Grunde, weil allen übrigen Slawen die ersten historischen, geographischen, politischen und industriellen Bedingungen der Selbständigkeit und Lebensfähigkeit fehlen."[620]

Unter allen Nationen des Habsburger Reiches sah Engels nur die Deutschen, Polen und Ungarn als Träger des Fortschritts. Haben die anderen ‚Stämme und Völker' Österreich-Ungarns nur ‚die Mission, im revolutionären Weltsturm unterzugehen' (*Der magyarische Kampf*)? Sind z. B. Tschechen, Slowaken, Serben, Kroaten und Ukrainer ‚notwendig' reaktionär? Sind Marx und Engels anti-slawische ‚Chauvinisten'[621]?

„Böhmen und Kroatien (ein anderes losgerissenes Glied der slawischen Völkerfamilie, mit dem die Ungarn so zu Werke gingen wie die Deutschen mit Böhmen, waren die Heimat jener Er-

---

620

http://www.mlwerke.de/me/me06/me06_270.htm
[621] Charles C. Herod, The Nation in the History of Marxian Thought: The Concept Of Nations With History And Nations Without History, Springer-Science+Business Media, B.V., 1976.

scheinung, die man auf dem europäischen Kontinent „*Panslawismus*" nennt. Weder Böhmen noch Kroatien waren stark genug, um als Nation eine selbständige Existenz führen zu können. Die eine wie die andere Nationalität, nach und nach durch die Wirkung geschichtlicher Ursachen untergraben, die unvermeidlich zu ihrer Aufsaugung durch kraftvollere Stämme führen, konnte nur dann hoffen, wieder eine gewisse Selbständigkeit zu erlangen, wenn sie sich mit andern slawischen Völkern verband. Es gab zweiundzwanzig Millionen Polen, fünfundvierzig Millionen Russen, acht Millionen Serben und Bulgaren; warum also nicht eine mächtige Konföderation aus den achtzig Millionen Slawen bilden und die Eindringlinge vom heiligen slawischen Boden vertreiben oder sie vernichten – den Türken, den Ungarn und vor allem den verhassten, aber unentbehrlichen „Njemez"[622], den Deutschen? … Aber hinter dieser lächerlichen Theorie stand die furchtbare Wirklichkeit des *russischen Reiches*, jenes Reiches, das mit jedem seiner Schritte den Anspruch erhebt, ganz Europa als Domäne der slawischen Rasse, insbesondere des einzig kraftvollen Teils dieser Rasse, der Russen, zu betrachten… Die böhmischen und

---

[622] slaw. Bezeichnung für die Deutschen. Ursprünglich „ein Stummer", der nicht die einheimische Sprache spricht, und so mit einer gewissen Verachtung gebraucht. Siehe: Von einem bekannten Ungenannten, *Russland unter dem Mikrokosp*, B. S. Berendson, Hamburg, 1861. Wahrscheinlich: Fjedor Wernirot

kroatischen Panslawisten arbeiteten also im direkten Interesse Russlands, die einen bewusst, die andern, ohne es zu wissen; sie verrieten die Sache der Revolution für den Schemen eine Nationalität, die bestenfalls das Schicksal der polnischen Nationalität unter russischer Herrschaft geteilt hätte. ... Die Böhmen und Kroaten riefen nun einen allgemeinen Slawenkongreß nach Prag[623] zur Vorbereitung einer allumfassenden slawischen Allianz. Dieser Kongress hätte auch ohne das Eingreifen des österreichischen Militärs einen entschiedenen Misserfolg erlitten. Die einzelnen slawischen Sprachen unterscheiden sich voneinander ebenso stark wie das Englische, das Deutsche und das Schwedische, und als die Versammlungen eröffnet wurden, fehlte es an einer gemeinsamen slawischen Sprache, in der die Redner sich verständigen konnten. Man versuchte es mit dem Französischen, aber die Mehr-

---

[623] Juni 1848 in Prag. Vorsitz: der Tscheche František Palackýa, als einziger Russe der ,Anarchist': Michail Bakunin. Dieser Kongress mündete nach der Ablehnung der Forderung nach der föderativen Umwandlung Österreichs in einen Bund gleichberechtigter Völker in den *Prager Pfingstaufstand* (12. - 17. Juni 18489), ein Aufstand tschechischer Nationalisten gegen das Kaisertum Österreich und wurde als „Pražské červnové povstání" bezeichnet. Bakunin war vorher schon mit Marx zerstritten. Das Programm des demokratischen Panslawismus liegt nach Engels vor in Bakunins Broschüre: *Aufruf an die Slaven*, Köthen 1848.

zahl kam damit nicht zurecht, und so waren die armen slawischen Enthusiasten, deren einziges gemeinsames Empfinden der gemeinsame Hass gegen die Deutschen war, schließlich gezwungen, sich der verhassten deutschen Sprache zu bedienen, weil sie die einzige war, die alle verstanden!"[624] (Friedrich Engels *Revolution und Konterrevolution in Deutschland IX. [Der Panslawismus – Der Krieg in Schleswig-Holstein]* London, Februar 1852)

Der u. a. von Bakunin entwickelte Panslawismus ist für die Chefdenker nicht in Russland oder in Polen, sondern in Prag und in Agram entstanden, dient aber, so Engels, dem Zarismus, der sich als Oberschirmherr der Serben, Kroaten und Tschechen positioniert. „Die panslawistische Einheit ist also entweder eine reine Schwärmerei oder aber - *die russische Knute.*"[625] Außer den Polen, den Russen und höchstens den Slawen der Türkei habe kein slawisches Volk eine Zukunft, ,aus dem einfachen Grunde, weil allen übrigen Slawen die ersten historischen, geographischen, politischen und industriel-

---

[624]

https://www.marxists.org/deutsch/archiv/marx-engels/1851/deutsch/kap09.htm
[625]

http://www.mlwerke.de/me/me06/me06_165.htm

len Bedingungen der Selbständigkeit und Lebensfähigkeit fehlen.'

„Wo ist die Geschichte der illyrischen Slowenen, der Dalmatiner, Kroaten und Schokazen[626]? Seit dem 11. Jahrhundert haben sie den letzten Schein politischer Unabhängigkeit verloren und teils unter deutscher, teils unter venetianischer, teils unter magyarischer Herrschaft gestanden. Und aus diesem zerrissenen Fetzen will man eine kräftige, unabhängige, lebensfähige Nation zusammenstümpern?"

Engels bestätigt die dem vorliegenden Buch zugrundeliegende Voraussetzung, dass die deutschsprachige Kultur zentral gewesen ist für die Geschichte der „südslawischen" Völker.

„Wie nach außen, so nach innen. Die treibende Klasse, die Trägerin der Bewegung, die Bürgerschaft, war überall deutsch oder magyarisch. Die Slawen haben es schwer, die Südslawen aber nur ganz stellenweise zu einer nationalen Bürgerschaft bringen können. Und mit der Bürgerschaft war die industrielle Macht, war das Kapital in deutschen resp. magyarischen Händen, entwickelte sich deutsche Bildung, kamen die Slawen

---

[626] Katholische Untergruppe der nach Ungarn geflüchteten Serben

auch intellektuell unter die Botmäßigkeit der Deutschen, selbst bis nach Kroatien hinein."[627]

Die Slawen waren hiernach nur ein Volk von Ackerbauern, und mit dem Anwachsen der Bevölkerung erfolgte eine Urbanisierung und Kommerzialisierung, als deren Subjekte sich die deutschen Einwanderer herausbildeten. (Friedrich Engels, *Revolution und Konter-Revolution in Deutschland* - London, Februar 1852) Nach Marx kann Deutschland sich nicht vom Adriatischen Meere abschließen lassen – aus kommerziellen Notwendigkeiten: Kroatien wird in die ‚Hände der deutschen Bourgeoisie' geraten und so ‚germanisiert' werden, so wie deutsche Industrie, deutscher Handel, deutsche Bildung die deutsche Sprache von selbst ins Land brachten[628].

Engels prophezeite, dass der nächste Weltkrieg wird nicht nur reaktionäre Klassen, sondern

„ganze reaktionäre Völker vom Erdboden verschwinden machen. Und das ist auch ein Fortschritt."

---

[627]

http://www.mlwerke.de/me/me06/me06_165.htm

[628]

http://www.mlwerke.de/me/me06/me06_270.htm

Auch hierin hat Engels sich getäuscht. Manche der Behauptungen von Marx/Engels finden sich auch bei Miroslav Krležas *Requiem für Habsburg Eine Novembernacht des Jahres 1918*, in dem er den Selbstbetrug des Zagreber Bürgertums beklagt.

„Österreich verschwand vor einigen Tagen so lautlos aus unserer kleinen Stadt, daß eigentlich keiner unserer sehr geehrten und lieben Mitbürger merkte, daß es gar nicht mehr unter uns weilt. [...] Wie einen krepierten Fisch in nasses Zeitungspapier (der Extraausgabe) eingewickelt, hatten die guten Bürger dieses tote Österreich unlängst nach Hause gebracht, dann aßen sie den zu Allerheiligen obligaten gebratenen Truthahn, und ihre einzige Sorge – ob auch am Ersten das Novembergehalt richtig ausgezählt werden würde – war ihnen vom Herzen gefallen."[629]

In der Haltung des kroatischen Burgertums vermißt er eine Reflexion über die 500-jährige Geschichte Kroatiens unter dem Haus Habsburg. Statt eines echten Neuanfangs wechsele Kroatien lediglich seine Partner, denen es sich Kroatien an den Hals wirft (Gestern Österreich, heute Serbien - und???)

---

[629] Krleža, *Requiem für Habsburg. Eine Novembernacht des Jahres 1918*, 1918, S. 206.

Mit Marx und Engels stellt sich radikal die Frage nach der Identität Kroatiens – Sicherlich von zentraler Bedeutung für die Positionierung des Landes im touristischen Wettbewerb. Dass Kroatien 2020 von dem World *Travel & Tourism Council* (=WTTC) das Siegel „Safe travel" für sichere internationale Reisen erhalten hat, zeigt auf bewundernswerte Weise, was dieses räumlich so kleine Land erreicht hat[630]. Dies ist ein weiterer Schritt auf den Weg des Landes zu einer Metropole des Tourismus. Möge auch dieses Buch dazu beitragen, dass Jedermann und Jederfrau klar wird, dass das Kleine das wirklich Große sein kann.

Haben Sie etwas gelernt?

Vielleicht findet der Leser des Buches Zeit, folgende Fragen zu beantworten.

1. Welche Stadt ist mit „Agram" gemeint?
2. Die österreichische Botschaft in Kroatien [631] verwendet (immer) noch diese Bezeichnung. Warum wohl?
3. Wer sind die Illyrer?
4. Bestimmen Sie die Länder, durch die die Donau fließt, von der Quelle

---

[630] https://www.safestayincroatia.hr/de/uber-den-wttc
[631] https://www.bmeia.gv.at/oeb-agram/

536

bis zur Mündung. Welches der 4
Länder gehören nicht dazu?

1. Deutschland
2. Österreich
3. Polen
4. Slowakei
5. Ungarn
6. Kroatien
7. Serbien
8. Frankreich
9. Rumänien
10. Griechenland
11. Bulgarien
12. Republik Moldau
13. Ukraine
14. Türkei

5. Welcher europäische Herrscher besetzte Istrien?
6. Welche Stereotypen gab es für die Kroaten?
7. Mit welchen Verkehrsmitteln gelangte man nach Dalmatien?
8. Nennen Sie Kurorte Kroatiens.
9. Welche Rolle spielte die Habsburger Monarchie für die Internationalisierung Kroatiens?
10. Welches Buch trug zur Berühmtheit Kroatiens innerhalb der europäischen Elite eine große Rolle?

11. Welche berühmten Deutschen sind in die Geschichte Kroatiens verwickelt?
12. Welche berühmten Schriftsteller und Dramatiker spielen in der Geschichte Kroatiens eine Rolle?
13. Was spricht Karl Marx den Kroaten ab?
14. Marx nennt drei Mächte, von denen Kroatien abhängig war. Kennen Sie noch andere?
15. Wer waren kroatische Vertreter des Panslawismus?
16. Welche Krankheit war lange Zeit in Istrien dominant.
17. Welche Rolle spielt die Donau für die Geschichte Kroatiens?
18. Welche Familie aus Deutschland siedelte in Vukovar an?
19. Welcher Nation entstammte Tito?
20. Welcher kroatische Politiker führte Kroatien in die staatliche Unabhängigkeit?
21. Welche Familie erinnert an die grausame Geschichte der Juden in Kroatien?

„Die Menschen machen ihre eigene Geschichte, aber sie machen sie nicht aus freien Stücken, nicht unter selbstgewählten, sondern unter unmittelbar vorgefundenen, gegebenen und überlieferten Umständen." (Karl Marx, *Der achtzehnte Brumaire des Louis Bonaparte*)

Lastet die Geschichte wirklich „wie ein Alp auf dem Gehirne der Lebenden.[632]"? Oder gilt eher:

„Weh denen die keine ahnen haben, keine lebendige Vergangenheit: sie haben weder gegenwart noch zukunft. Wer nur von heut ist der ist immer von gestern. Durch die auswahl und die deutung seiner vorbilder aus der geschichte charakterisiert sich jedes geschlecht: wir wollen auch von dieser seite her keinen zweifel über uns lassen."[633] (Friedrich Gundolf/1912)

Doviđenja i Siguran Put

Dr. Martin Arndt

---

[632]
http://www.mlwerke.de/me/me08/me08_115.htm
[633] Friedrich Gundolf, *Vorbilder,* Jahrbuch für die geistige Bewegung 3 (1912 [1911]), S. 1-20, hier S. 3.

Wissenschaftsautor; langjährige Dozenturen an nationalen und internationalen Universitäten (Indonesien, Kasachstan, Kroatien); Bücher und Aufsätze in Literaturwissenschaft, Philosophie u. Geschichte (u. a. zu: Australien&Neuseeland; Martin Heidegger, Immanuel Kant, Max Scheler, F. W. J. Schelling, Friedrich Nietzsche, Friedrich Schiller, Baruch Spinoza). Besondere Schwerpunkte: Jüdische Philosophie und Geschichte, Fragen der Bi-Kulturalität und Begriffsgeschichte und Metaphorologie.

Der Verlag

Wer aufhört
besser zu werden,
hat aufgehört
gut zu sein!

Basierend auf diesem Motto ist es dem novum Verlag
ein Anliegen, neue Manuskripte aufzuspüren, zu ver-
öffentlichen und deren Autoren langfristig zu fördern.
Mittlerweile gilt der 1997 gegründete und mehrfach
prämierte Verlag als Spezialist für Neuautoren in
Deutschland, Österreich und der Schweiz.

Für jedes neue Manuskript wird innerhalb we-
niger Wochen eine kostenfreie, unverbindliche
Lektorats-Prüfung erstellt.

Weitere Informationen zum Verlag und
seinen Büchern finden Sie im Internet unter:

w w w . n o v u m v e r l a g . c o m